Dans la même collection

Bernard BERNIER, Robert FERRANDIER, Yves SIMON,
Macroéconomie – Exercices et corrigés.

François LEROUX,
Micro-économie – Exercices et corrigés.

Marie-Agnès LEUTENEGGER,
Gestion de portefeuille et théorie des marchés financiers.

Claude MOUCHOT,
Exercices pédagogiques de statistique et économétrie, 2e éd.

Michel PIERMAY, Olivier HEREIL, Alain LAZIMI,
Mathématiques financières.

Collection Exercices et cas

dirigée par Yves Simon, Professeur à l'Université de Paris IX-Dauphine et à HEC-ISA

Elie COHEN
André SAUREL

ANALYSE FINANCIÈRE
Outils et applications

ECONOMICA
49, rue Héricart, 75015 Paris

Ce recueil d'exercices développe l'application des méthodologies et des outils de diagnostic présentés dans le manuel, *Analyse financière*

de **Elie Cohen**, Economica, 2e édition, 1990.

Remerciements

Nous souhaitons remercier ici tous ceux qui, par leur aide, ont apporté un appui à l'élaboration de cet ouvrage.

Les collaborateurs du Cabinet Brasseur au Mans et en particulier Denis Delamare ont bien voulu réagir à nos efforts de conception ou d'interprétation en faisant montre de rigueur mais aussi de disponibilité intellectuelle.

Plusieurs dirigeants d'entreprises, de sociétés d'assurance-crédit et des responsables bancaires nous ont fourni des éléments précieux pour la conception et le développement de nos cas. Nous ne pouvons les remercier à titre nominatif pour des raisons de discrétion. Qu'ils sachent cependant à quel point nous avons apprécié leur concours.

Les étudiants et stagiaires de formation continue qui ont participé à l'animation de ces cas nous ont aidés à améliorer leur pertinence technique et leur efficacité pédagogique.

Marie-Claude Longuet nous a aidés à corriger le manuscrit et les épreuves.

Armelle Mahaut a contribué à la mise en forme du manuscrit avec compétence et flexibilité.

Malgré la qualité de ces apports, cet ouvrage comporte des imperfections qui ne sont imputables qu'aux auteurs.

Elie COHEN
André SAUREL

Table des matières

Introduction générale

I - ORIENTATIONS DE L'OUVRAGE

Le présent ouvrage propose au lecteur un parcours qui devrait lui permettre d'acquérir la compréhension et la maîtrise des principaux concepts, outils et méthodes d'analyse financière grâce à un entraînement méthodique et progressif.

L'édition française propose déjà plusieurs ouvrages consacrés à la présentation et au traitement d'applications et d'études de cas en gestion financière et en analyse financière. Aussi ce simple fait incite-t-il les auteurs de tout nouveau projet éditorial concernant un champ aussi disputé à une certaine réserve.

Si nous croyons pourtant pouvoir proposer un nouveau recueil d'exercices, d'applications et d'études de cas corrigés en analyse financière, c'est parce que nous sommes convaincus de la possibilité et de l'utilité d'un certain renouvellement en ce domaine.

En effet, la plupart des ouvrages pédagogiques d'application consacrés à l'analyse financière développent des orientations dont on souhaite se démarquer ici de façon nette. Les choix d'orientation en question concernent aussi bien la conception de l'analyse financière sous-jacente à ces ouvrages que la démarche d'apprentissage suggérée aux utilisateurs.

11 - Des outils techniques à la logique d'analyse

En premier lieu, l'analyse financière est trop souvent réduite au rang d'une collection d'instruments techniques permettant d'effectuer le calcul de certains indicateurs (ratios, fonds de roulement, besoins en fonds de roulement entre autres notions) et de confectionner des états (tableaux de financement et autres tableaux de flux, par exemple). Or cette vision strictement instrumentale et techniciste ampute l'analyse financière de sa dimension la plus riche et la plus "noble", à savoir la démarche d'interprétation des résultats et des tableaux chiffrés, la formulation d'un diagnostic, l'énoncé d'un jugement relatif à la situation financière et aux performances de l'entreprise étudiée.

Par le choix de leurs thèmes et par la présentation de leur corrigé, les cas proposés ci-après devraient permettre au contraire de concilier l'acquisition des indispensables outils techniques mis à la disposition des analystes financiers et l'acquisition, étape par étape, d'une *logique d'analyse*. C'est dire qu'on s'attachera ici à "faire passer" une méthode, une démarche consistant à choisir de façon rationnelle les outils adéquats et à les agencer en vue de formuler un jugement, une appréciation, en un mot, un diagnostic.

De plus, on cherchera à accorder aux aspects techniques des calculs et des traitements toute la place qui leur revient sans renoncer à la discussion, éventuellement critique, de leurs conditions d'application et d'interprétation.

12 – Une présentation équilibrée des différents courants doctrinaux en analyse financière

En second lieu, l'acquisition d'une méthodologie ouverte du diagnostic financier requiert une présentation équilibrée de toute la gamme d'outils et de démarches d'analyse disponibles. Or, de nombreux auteurs adoptent une position doctrinale fermée et développent une présentation partielle et biaisée, privilégiant telle méthode ou tel instrument au nom de considérations doctrinales plus ou moins explicites.

Le présent ouvrage vise au contraire à ouvrir et éclairer les choix offerts à l'analyste. Il cherche à donner une vision aussi large que possible de la gamme d'instruments utilisables en analyse financière. Au risque d'être taxé d'éclectisme ou d'incohérence, on peut ainsi traduire la richesse des voies explorées au lieu de clôre prématurément les débats en cours en tentant d'imposer des solutions d'un monolithisme illusoire.

Ainsi, dans le débat qui oppose les tenants de l'analyse statique centrée sur l'étude du bilan et les tenants d'une approche en termes de flux financiers, on fera plutôt ressortir la complémentarité des approches que leur opposition trop souvent présentée comme irréconciliable.

De même, dans la controverse entre les partisans de l'analyse fondée sur les ajustements liquidité/exigibilité, les partisans d'une approche fonctionnelle et les partisans d'une approche en termes de "pool de fonds", on cherchera plus à comprendre la signification et la portée concrète des courants en présence qu'à afficher une référence et une préférence exclusives au bénéfice de l'un d'entre eux.

II - UNE DÉMARCHE MÉTHODIQUE D'APPRENTISSAGE

Les applications corrigées qui constituent ce recueil sont distribuées selon un ordre qui suggère une démarche d'apprentissage progressive et méthodique, mais susceptible d'être adaptée au niveau initial et aux objectifs de chaque utilisateur.

21 - Organisation de l'ouvrage

Le parcours proposé comporte deux séries de travaux d'application.

• La première série regroupe des cas centrés de façon précise sur *les outils et les méthodes de base de l'analyse financière.* Elle permet au lecteur de découvrir les instruments de diagnostic ou d'apprendre à maîtriser les conditions de leur mise en œuvre et de leur interprétation. Toutes les applications concernées présentent des situations classiques qui suggèrent le recours à une démarche nettement typée. Elles impliquent une certaine simplification du contexte et des aspects techniques de l'analyse. Généralement élaborées à partir de cas réels, ces applications en réduisent la complexité sans en sacrifier le réalisme fondamental.

• La seconde série permet de présenter des *applications d'approfondissement et de synthèse* qui illustrent l'utilité des méthodes d'analyse dans un contexte réel plus complexe, caractéristique des utilisations professionnelles de l'analyse financière. Elle permet deux extensions majeures par rapport à la première série.

D'une part, les situations décrites étant plus complexes et plus riches, elles n'orientent plus de façon évidente vers une démarche de diagnostic unidimensionnelle et prédéterminée mais se prêtent à des approches plus diverses et plus ouvertes. La richesse des options offertes à l'analyste quant au choix des outils d'analyse, à leur agencement, à leur traduction par des indicateurs pertinents s'y trouve ainsi illustrée de façon caractéristique.

D'autre part, le contexte de l'analyse financière étant présenté dans ces applications de façon plus réaliste, le lecteur s'y trouvera confronté à un ensemble de difficultés techniques soulevées par l'application professionnelle des méthodes de diagnostic financier.

22 - Les démarches d'apprentissage recommandées

Les démarches d'apprentissage proposées au lecteur dépendent à la fois de ses objectifs et de son niveau initial en analyse financière. Or la gradation et la variété des études de cas présentées ici permettent des parcours différenciés et pourtant efficaces. Deux démarches correspondant à des situations typiques peuvent, par exemple, être analysées de façon précise.

A – Pour *un lecteur abordant l'analyse financière en débutant,* le parcours adéquat peut comporter jusqu'à *quatre étapes.*

– Une *application élémentaire* relative à l'information comptable, matériau privilégié de l'analyse financière, assure la maîtrise des indications de base qu'il est nécessaire de réunir et de préparer avant de passer à la phase de diagnostic proprement dit (cas n° 1).

– Des *applications thématiques* relatives à un outil ou à une démarche d'analyse nettement spécifiée permettant l'appropriation des techniques de base du diagnostic financier et leur mise en œuvre dans un contexte simple mais qui autorise déjà la formulation d'interprétations et d'appréciations réalistes (cas n° 2 à 7).

– Une *application technique approfondie* (cas n° 8) conduit à affronter l'ensemble des problèmes de retraitement et de reclassement que peut soulever un cas réel complexe, présenté tel quel, sans simplification. Ce cas et la note pédagogique qui l'accompagne ont été élaborés sur la base d'une synthèse de la littérature disponible et d'une large consultation de praticiens spécialistes professionnels du diagnostic financier : analystes-crédit de banques, experts-comptables, conseils financiers, spécialistes de l'assurance-crédit et du credit management. Par son ampleur, sa complexité et la précision avec laquelle il affronte les problèmes soulevés par la préparation du matériau comptable en vue du diagnostic financier, ce cas fournit un véritable état de l'art sur la question.

– Enfin *des applications de synthèse* (cas n° 9 à 14) permettent au lecteur d'expérimenter la fécondité opérationnelle des outils et démarches de l'analyse financière à propos de situations caractéristiques qui exigent un recours à un diagnostic financier interne ou externe.

B – Pour *un lecteur maîtrisant déjà les outils et les démarches de l'analyse financière,* le parcours proposé comporte deux étapes.

– Les applications n° 2 à 7 peuvent sembler revêtir *a priori* un intérêt restreint pour un praticien confirmé. Elles présentent cependant des développements techniques qui, dans certains cas, justifient leur consultation sinon leur exploitation systématique. En effet, ces applications fournissent, même pour un utilisateur expérimenté, l'occasion de retrouver des précisions, des rappels ou des éléments d'actualisation relatifs à certaines méthodes ou difficultés techniques.

– En revanche, les cas n° 8 à 14 présentent des ouvertures analytiques nouvelles ou des approfondissements encore récents. A ce titre, ils constituent des instruments de travail susceptibles de répondre à des besoins professionnels ou aux besoins d'études de perfectionnement.

Des notes pédagogiques détaillées suivent les cas proposés dans l'ouvrage. Elles développent la présentation des démarches d'analyse tant en matière technique qu'en matière d'interprétation. Des approfondissements bibliographiques indispensables sont suggérés, en complément des explications fournies.

En particulier, des renvois systématiques aux passages adéquats permettent au lecteur de s'appuyer sur l'ouvrage de référence dont les cas proposés ici développent les démarches : Elie COHEN, *Analyse financière,* Economica, Paris, 1988.

PREMIÈRE PARTIE

Instruments et méthodes de base de l'analyse financière

Les applications réunies dans la première partie de cet ouvrage visent à présenter les principaux outils et démarches du diagnostic financier.

La première étape concerne les sources d'information utilisées par les analystes financiers.

La deuxième étape concerne les outils applicables au bilan.

Enfin, cette présentation des outils conduit à l'exposé des méthodes d'analyse dynamique centrée sur l'étude des flux financiers.

PREMIER TITRE

Information comptable et analyse financière

Le cas n° 1, Les Arts de la Table, fournit l'occasion d'une révision rapide concernant la structure et le contenu des états comptables de synthèse. Il permet également de poser le problème des rapports entre l'information comptable et le diagnostic financier en faisant apparaître à la fois la complémentarité et la différence profonde qui persistent entre l'approche comptable et l'approche financière.

Cas n° 1

Les Arts de la Table SA

Thèmes d'analyse :

- *Les documents comptables de synthèse, matériau pour l'analyse financière.*

Outils et méthodes :

- *Balance.*
- *Bilan.*
- *Compte de résultat.*

Objectifs pédagogiques :

- *Mise à niveau comptable préalable à l'étude des instruments et des méthodes d'analyse financière.*
- *Révision relative à la structure et à la composition des états comptables.*
- *Révision concernant la signification et le contenu des principaux postes du bilan et du compte de résultats.*

Lectures recommandées :

Analyse financière :

- *Chapitre 2. Section 2.*
- *Chapitre 3. Section 3.*

Les soldes des comptes tenus par la société Les Arts de la Table se présentent comme suit au 31 décembre 1987.

Achats de marchandises	
(-variation des stocks)	7 679
Achats de matières premières et de	
consommables (-variation des stocks)	164 170
Amortissement des	
immobilisations incorporelles	3 610
constructions	3 122
installations techniques	9 907
Autres créances d'exploitation	4 285
Autres produits	4 713
Avances et acomptes versés sur commandes	181
Capital social	26 219
Charges exceptionnelles	8 427
Charges financières	16 740
Charges sociales	65 110
Constructions	12 077
Créances clients et comptes rattachés	86 899
Dettes fiscales et sociales	22 235
Disponibilités	14 384
Dotations aux amortissements	12 706
Dotations aux provisions	2 596
Emprunts auprès des établissements de crédit	112 669
Emprunts et dettes financières divers	3 392
Fournisseurs et comptes rattachés	48 543
Immobilisations corporelles en cours	920
Immobilisations incorporelles	11 164
Immobilisations financières	31 301
Impôts sur les bénéfices	2 808
Impôts, taxes et versements assimilés	9 052
Installations techniques, matériel et outillage	36 725
Production immobilisée	2 002
Production stockée	5 208
Production vendue	380 903
Produits exceptionnels	7 395
Produits financiers	2 052
Provisions pour dépréciation	
des immobilisations financières	112
des stocks	1 637
Provisions pour risques et charges	3 116
Report à nouveau	1 248
Réserves	67 275
Résultat de l'exercice	6 812
Salaires et traitements	118 300
Stocks et en cours	104 077
Terrains	7 543
Valeurs mobilières de placement	341
Ventes de marchandises	12 127

Les montants mentionnés sont libellés en milliers de francs.

Les postes concernés par des déductions d'amortissement ou de provisions sont exprimés en valeur brute.

Travail à effectuer :

La présentation adoptée dans le document ci-dessus est arbitraire du point de vue comptable puisque :

- *les postes sont classés par ordre alphabétique et non par référence à la nomenclature du plan comptable,*
- *le "signe" des soldes n'est pas précisé.*

Malgré ces imprécisions, reconstituer les documents comptables de synthèse à fin 1987, sachant que la société applique la présentation prévue dans le cadre du système de base du plan comptable général de 1982.

N.B. : *Les données fournies sont adaptées d'informations relatives à une société réelle dont la raison sociale est occultée pour des raisons de discrétion.*

I - OBJECTIFS ET PLAN DE L'ANALYSE

Le texte proposé fournit l'occasion d'une révision relative aux principales rubriques et à la structure des états comptables de synthèse. Il s'agit donc de préparer le lecteur à l'acquisition et à l'application des outils d'analyse financière en lui assurant une maîtrise suffisante d'une source d'informations privilégiée.

Cette première application se situe à un niveau d'initiation. Elle exclut les développements techniques approfondis relatifs aux procédures d'enregistrement et aux rubriques les plus complexes, mais vise également à donner une vision d'ensemble du bilan, du compte de résultat et de la liaison entre ces deux états. Une présentation plus élaborée du matériau comptable et de son retraitement est proposée ci-après dans le cas n° 8.

L'analyse est conduite en trois étapes :

- rappels relatifs à la procédure comptable et à la structure d'ensemble des états de synthèse qu'il s'agit de reconstituer,
- reconstitution et vérification des états,
- préparation en vue de l'analyse financière.

II - ÉLÉMENTS DE CORRIGÉ

1 - La procédure de reconstitution

Les données proposées par le cas constituent en fait une *balance* dont la présentation a été modifiée pour rendre la démarche de reconstitution moins automatique et plus raisonnée.

Or la balance apparaît comme *une étape* dans la procédure d'enregistrement que la comptabilité générale met en œuvre. Le tableau 1 récapitule les différents moments de cette procédure et permet de mieux préciser l'objet de la balance.

Ainsi, les données du cas Les Arts de la Table sont recueillies dans la balance de fin d'exercice. Elles ne fournissent pas d'indication sur l'enregistrement des opérations ni sur les inscriptions détaillées figurant dans les comptes. En revanche, le lecteur dispose des soldes dont la ventilation conduira à la reconstitution des états de synthèse.

Au lieu de "partir" du tracé des états comptables normalisés pour rechercher dans le texte du cas les indications nécessaires, le lecteur pourrait trouver plus d'intérêt dans la démarche qui consisterait à :

• "partir" de la liste des comptes et des soldes fournie par l'énoncé du cas,

• raisonner pour chaque compte sur sa nature pour isoler les comptes de flux (qui concernent des *opérations* effectuées sur la période et permettent de reconstituer le compte de résultat) et les comptes de situation (qui indiquent *l'état* d'un élément du patrimoine à la fin de l'exercice et s'inscrivent donc au bilan),

Tableau 1
La balance dans la procédure de l'enregistrement comptable

Phase de la procédure	Objet	Principes d'enregistrement
1 – Journal	• Enregistrement chronologique des opérations.	• Saisie opération par opération. • En application du principe de la partie double, chaque opération est enregistrée par une inscription au débit ou au crédit des comptes qu'elle met en jeu.
2 – Grand-livre	• Récapitulation périodique de tous les mouvements ayant affecté chaque compte tenu par l'entreprise.	• Récapitulation de tous les mouvements portés au débit ou au crédit de chaque compte, au cours de la période comptable considérée. • Après addition de tous les mouvements inscrits au débit et au crédit, calcul du solde résultant pour chaque compte.
3 – Balance	• Récapitulation, en fin d'exercice, du solde de tous les mouvements ayant affecté chaque compte tenu par l'entreprise.	• Reprise de tous les soldes relevés au grand livre. • Classement des soldes selon les 8 classes de comptes prévues par le PCG.
4 – Etats de synthèse	• Présentation des flux de charges et de produits générés par l'activité (compte de résultat) et de la situation patrimoniale en fin d'exercice (bilan).	• Ventilation des soldes repris dans la balance. • Les soldes des comptes de flux (classes 6, 7 et 8) permettent la reconstitution du compte de résultat. • Les soldes des comptes de situation (classes 1 à 5) permettent la reconstitution du bilan.

• séparer parmi les comptes de flux ceux qui traduisent ce que l'activité rapporte ("produits") et les consommations qu'elle entraîne ("charges"),

• séparer parmi les comptes de situation ceux qui traduisent un droit de propriété ou de créance ("actifs") et ceux qui traduisent un engagement de l'entreprise vis-à-vis de ses propriétaires ou de ses créanciers ("passif").

2 – La reconstitution des états comptables

21 – Le compte de résultat

Le système de base prévu par le plan comptable de 1982 comporte un compte de résultat présenté selon le modèle repris dans le tableau 2.

1 – Récapitulation des produits

Parmi les soldes mentionnés dans la balance, on identifiera d'abord ceux qui traduisent des *flux de produit.*

– *Au titre de l'exploitation,* on peut recenser les éléments de flux suivants libellés en milliers de francs :

• Ventes de marchandises	12 127
• Production vendue	380 903
• Production stockée	5 208
• Production immobilisée	2 002
• Autres produits	4 713

– Au titre des *résultats financiers,*

• Produits financiers	2 052

– Au titre des *résultats exceptionnels,*

• Produits exceptionnels	7 395

2 – Récapitulation des charges

Quant aux flux traduisant des consommations, ils correspondent aux *charges* classées dans le compte de résultat, selon leur rattachement à l'activité courante (exploitation), à l'activité financière ou à des opérations de caractère exceptionnel.

– Au titre des *charges d'exploitation,* on relève ici les montants suivants, libellés en milliers de francs :

• Achats de marchandises	7 679
• Achats de matières premières et autres approvisionnements	164 170
• Impôts, taxes et versements assimilés	9 052
• Salaires et traitements	118 300

- Charges sociales 65 110
- Dotations aux amortissements 12 706
- Dotations aux provisions 2 596

– Au titre des *charges financières,*
- Charges financières 16 740

– Au titre des *éléments exceptionnels,*
- Charges exceptionnelles 8 427

3 – Dégagement du résultat de l'exercice

La globalisation des éléments ainsi recensés permet de déterminer :

- un montant total de produits de 414 400 000 F
- un montant total de charges de 404 780 000 F

Dès lors, le résultat avant impôt correspond à la différence :

	Produits	414 400 000 F
–	Charges	404 780 000 F
=	Résultat avant impôts	9 620 000 F

Ce montant donne par la suite lieu au prélèvement de l'impôt sur le bénéfice. On observe donc, selon les données figurant dans la balance :

	Impôt sur les bénéfices	2 808 000 F
+	Résultat (net d'impôt)	6 812 000 F
=	Résultat avant impôt	9 620 000 F

4 – Présentation du compte de résultat

Conformément à la présentation prévue par le système de base du PCG, on récapitule les éléments ainsi regroupés selon le classement suivant :

Charges	Produits
Charges d'exploitation Charges financières Charges exceptionnelles	Produits d'exploitation Produits financiers Produits exceptionnels
Impôt sur les bénéfices Bénéfice	

Tableau 2
La présentation normalisée du compte de résultat selon le plan comptable général de 1982

CHARGES (hors taxes)	Exercice N	Exercice N – 1
Charges d'exploitation (1) :		
Achats de marchandises *(a)*		
Variation de stock *(b)*		
Achats de matières 1ères et autres approvisionnements *(a)*		
Variation de stock *(b)*		
* Autres achats et charges externes		
Impôts, taxes et versements assimilés		
Salaires et traitements		
Charges sociales		
Dotations aux amortissements et aux provisions :		
Sur immobilisations : dotations aux amortissements *(c)*		
Sur immobilisations : dotations aux provisions		
Sur actif circulant : dotations aux provisions		
Pour risques et charges : dotations aux provisions		
Autres charges		
Total I	X	X
Quotes-parts de résultat sur opérations faites en commun (II)	X	X
Charges financières :		
Dotations aux amortissements et aux provisions		
Intérêts et charges assimilées (2)		
Différences négatives de change		
Charges nettes sur cessions de valeurs mobilières de placement		
Total III	X	X
Charges exceptionnelles :		
Sur opérations de gestion		
Sur opérations en capital		
Dotations aux amortissements et aux provisions		
Total IV	X	X
Participation des salariés aux fruits de l'expansion (V)	X	X
Impôts sur les bénéfices (VI)	X	X
Total des charges (I + II + III + IV + V + VI)	X	X
Solde créditeur = **bénéfice** (3)	X	X
TOTAL GÉNÉRAL	X	X
* Y compris :		
– redevances de crédit-bail mobilier		
– redevances de crédit-bail immobilier		
(1) Dont charges afférentes à des exercices antérieurs		
(2) Dont intérêts concernant les entreprises liées		
(3) Compte tenu d'un résultat exceptionnel avant impôts de		

(a) Y compris droits de douane.
(b) Stock initial moins stock final : montant de la variation en moins entre parenthèses ou précédé du signe (–).
(c) Y compris éventuellement dotations aux amortissements des charges à répartir.

Tableau 2
(suite)

PRODUITS (hors taxes)	Exercice N	Exercice N – 1
Produits d'exploitation (1) :		
Ventes de marchandises		
Production vendue (biens et services) *(a)*		
Sous-total A - Montant net du chiffre d'affaires *(b)*	X	X
dont à l'exportation :		
Production stockée (c)		
Production immobilisée		
Subventions d'exploitation		
Reprises sur provisions (et amortissements), transferts de charges		
Autres produits		
Sous-total B	X	X
Total I (A + B)	X	X
Quotes-parts de résultat sur opérations faites en commun (II)	X	X
Produits financiers :		
De participation (2)		
D'autres valeurs mobilières et créances de l'actif immobilisé (2)		
Autres intérêts et produits assimilés (2)		
Reprises sur provisions et transferts de charges		
Différences positives de change		
Produits nets sur cessions de valeurs mobilières de placement		
Total III	X	X
Produits exceptionnels :		
Sur opérations de gestion		
Sur opérations en capital		
Reprises sur provisions et transferts de charges		
Total IV	X	X
Total des produits (I + II + III + IV)	X	X
Solde débiteur = **perte** (3)	X	X
TOTAL GÉNÉRAL	X	X
(1) Dont produits afférents à des exercices antérieurs (2) Dont produits concernant les entreprises liées (3) Compte tenu d'un résultat exceptionnel avant impôts de		

(a) A inscrire, le cas échéant, sur des lignes distinctes.
(b) Cf. Terminologie, p. I.24 et Dispositions spéciales, p. II.123.
(c) Stock final moins stock initial : montant de la variation en moins entre parenthèses ou précédé du signe (–).

Tableau 3
Compte de résultat de l'exercice 1989
Système de base (*)

Charges	Exercice 1989	Produits	Exercice 1989
Charges d'exploitation		*Produits d'exploitation*	
Achats de marchandises	7 679	Ventes de marchandises	12 127
Achats de matières premières et autres approvisionnements	164 170	Production vendue	380 903
		Sous-total A Montant du chiffre d'affaires	393 030
Impôts, taxes et versements assimilés	9 052		
Salaires et traitements	118 300	Production stockée	5 208
Charges sociales	65 110	Production immobilisée	2 002
Dotation aux amortissements	12 706	Autres produits	4 713
		Sous-total B	11 293
Dotation aux provisions	2 956		
Total (I)	379 613	Total (I)	404 953
Quote-part des opérations faites en commun (II)	–	*Quote-part des opérations faites en commun* (II)	–
Charges financières (III)	16 740	*Produits financiers* (III)	2 052
Charges exceptionnelles (IV)	8 427	*Produits exceptionnels* (IV)	7 395
Participation des salariés (V)	–		
Impôt sur les bénéfices (VI)	2 808		
Total des charges (I) + (II) + (III) + (IV) + (V) + (VI)	407 588	*Total des produits* (I) + (II) + (III) + (IV)	
Solde créditeur (bénéfice)	16 812	Solde débiteur (perte)	414 400
Total général	414 400	Total général	414 400

(*) Les montants sont libellés en milliers de francs.

22 – *Le bilan à la fin de 1989*

1 – *Récapitulation des éléments de l'actif (en milliers de francs)*

Les éléments de l'actif sont regroupés en trois sous-ensembles :

- actif immobilisé
- actif circulant
- comptes de régularisation

Au titre de l'*actif immobilisé*, on relève les éléments suivants à la fin de 1989 :

• Immobilisations incorporelles	11 164	
– amortissement	– 3 610	7 554
• Immobilisations corporelles		
Terrains		7 543
Constructions	12 077	
– amortissement	– 3 122	8 955
Installations techniques...	36 725	
– amortissement	– 9 907	26 818
Immobilisations corporelles en cours		920
• Immobilisations financières	31 301	
– Provisions pour dépréciation	– 112	31 189

Après amortissement et provisions, le montant total des actifs immobilisés destinés à être conservés durablement par l'entreprise s'établit donc à 82 979 000 F.

Au titre de l'*actif circulant*, peuvent être identifiés les éléments suivants.

• Stocks et (en-cours)	104 077	
– Provisions pour dépréciation	– 1 637	102 440
• Avances et acomptes versés sur commandes		181
• Créances		
Créances clients...		86 899
Autres créances d'exploitation		4 285
• Valeurs mobilières de placement		341
• Disponibilités		14 384

Le montant total des actifs circulants, normalement liquides à court terme, s'établit à 208 530 000 F.

Enfin, on ne relève pas dans la balance d'éléments susceptibles d'être rattachés aux comptes de régularisation-actif.

2 – Récapitulation des éléments du passif (en milliers de francs)

Les composantes du passif doivent être, quant à elles, regroupées en quatre sous-ensembles :
- capitaux propres,
- provisions pour risques et charges,
- dettes,
- comptes de régularisation.

Les *capitaux propres* représentant les engagements de l'entreprise vis-à-vis de ses propriétaires comportent ici les éléments suivants :

• Capital social	26 219
• Réserves	67 275
• Report à nouveau	1 248
• Résultat de l'exercice	6 812

En l'absence d'indication précise de l'énoncé, on peut se demander si le bilan est présenté ici *avant* ou *après* affectation du résultat bénéficiaire de l'exercice. On supposera alors, à titre d'hypothèse provisoire, que le résultat n'est pas encore affecté. Si cette hypothèse était erronée, il serait impossible d'équilibrer le bilan par sommation des actifs et du passif faisant apparaître le résultat. Cette vérification et la confirmation ou l'infirmation qu'elle apportera à l'hypothèse provisoirement énoncée ne pourront intervenir qu'au terme de l'application. Sous réserve de confirmation, les capitaux propres ainsi reconstitués s'établissent à 101 554 000 F.

Les *provisions pour risques et charges* ne sont pas détaillées, mais incluent un montant total de 3 116 000 F.

Les *dettes* incorporent les composantes suivantes à fin 1989 :

• Emprunt auprès des établissements de crédit	112 669
• Emprunt et dettes financières divers	3 392
• Dettes fournisseurs et comptes rattachés	48 543
• Dettes fiscales et sociales	22 235

Elles se montent au total à 186 839 000 F.

On ne relève enfin ni comptes de régularisation-passif ni écart de conversion.

3 – Ajustement et présentation du bilan (en milliers de francs)

La récapitulation des éléments d'actif et de passif à la fin de 1989 permet de mettre en évidence l'ajustement global du bilan selon le schéma suivant.

Actif immobilisé	82 979	Capitaux propres	101 554
		Provisions pour risques et charges	3 116
Actif circulant	208 530	Dettes	186 839
Total	291 509	Total	291 509

Ainsi, la récapitulation des éléments de la balance permet d'ajuster globalement le bilan. Ce dernier peut donc être présenté de façon plus détaillée, sur la base de regroupements qui s'avèrent corrects.

Tableau 4
Modèle de bilan du plan comptable général

		Exercice N			Exercice N – 1
	ACTIF *(a)*	Brut	Amortissements et provisions (à déduire)	Net	Net
ACTIF IMMOBILISÉ	*Immobilisations incorporelles :*				
	Frais d'établissement				
	Frais de recherche et de développement				
	Concessions, brevets, licences, marques procédés, droits et valeurs similaires				
	Fonds commercial (1)				
	Autres				
	Avances et acomptes				
	Immobilisations corporelles :				
	Terrains				
	Constructions				
	Installations techniques, matériel et outillage industriels				
	Autres				
	Immobilisations corporelles en cours				
	Avances et acomptes				
	Immobilisations financières (2) :				
	Participations				
	Créances rattachées à des participations				
	Autres titres immobilisés				
	Prêts				
	Autres				
	Total I	X	X	X	X
ACTIF CIRCULANT	*Stock et en-cours :*				
	Matières 1ères et autres approvisionnements				
	En-cours de prod. (biens et services) *(b)*				
	Produits intermédiaires et finis				
	Marchandises				
	Avances et acomptes versés sur commandes				
	Créances (3) :				
	Créances clients et comptes rattachés *(c)*				
	Autres				
	Capital souscrit – appelé, non versé				
	Valeurs mobilières de placement (d) :				
	Actions propres				
	Autres titres				
	Disponibilités				
COMPTES de régularisation	*Charges constatés d'avance* (3)				
	Total II	X	X	X	X
	Charges à répartir sur plusieurs exercices (III)	X		X	X
	Primes de remboursement des obligations (IV)	X		X	X
	Ecarts de conversion Actif (V)	X		X	X
	Total général (I + II + III + IV + V)	X	X	X	X

(1) Dont droit au bail. (2) Dont à moins d'un an (brut). (3) Dont à plus d'un an (brut)

(a) Le cas échéant, la contrepartie du capital souscrit non appelé doit figurer distinctement comme premier poste de l'actif, avant immobilisation incorporelles. *(b)* A ventiler, le cas échéant, entre biens d'une part et services d'autre part. *(c)* Créances résultant de ventes ou de prestations de services. *(d)* Poste à servir directement s'il n'existe pas de rachat par l'entreprise de ses propres actions.

Tableau 4
(suite)

PASSIF		Exercice N	Exercice N – 1
CAPITAUX PROPRES*	Capital (dont versé...) *(a)* Primes d'émission, de fusion, d'apport,... Ecarts de réévaluation *(b)* Réserves : Réserve légale Réserves statutaires ou contractuelles Réserves réglementées Autres Report à nouveau *(c)* **Résultat de l'exercice (bénéfice ou perte** *(d)* Subventions d'investissement Provisions réglementées		
	Total I	X	X
PROVISIONS pour risques et charges	Provisions pour risques Provisions pour charges		
	Total II	X	X
DETTES (1) *(f)*	Emprunts obligataires convertibles Autres emprunts obligataires Emprunts et dettes auprès des établissements de crédit (2) Emprunts et dettes financières divers (3) Avances et acomptes reçus sur commandes en cours Dettes Fournisseurs et Comptes rattachés *(e)* Dettes fiscales et sociales Dettes sur immobilisations et Comptes rattachés Autres dettes		
COMPTES de régula-risation (1)	Produits constatés d'avance		
	Total III	X	X
	Ecart de conversion Passif (IV)	X	X
	Total général (I + II + III + IV)	X	X

(1) Dont à plus d'un an. Dont à moins d'un an. (2) Dont concours bancaires courants et soldes créditeurs de banques. (3) Dont emprunts participatifs.

* Le cas échéant, une rubrique "Autres fonds propres" est intercalée entre la rubrique "Capitaux propres" et la rubrique "Provisions pour risques et charges" avec ouverture des postes constitutifs de cette rubrique sur des lignes séparées (montant des émissions de titres participatifs, avances conditionnées,...). Un total I*bis* fait apparaître le montant des autres fonds propres entre le total I et le total II du passif du bilan. Le total général est complété en conséquence.

(a) Y compris capital souscrit non appelé. *(b)* A détailler conformément à la législation en vigueur. *(c)* Montant entre parenthèses ou précédé du signe moins (–) lorsqu'il s'agit de pertes reportées. *(d)* Montant entre parenthèses ou précédé du signe moins (–) lorsqu'il s'agit d'une perte. *(e)* Dettes sur achats ou prestations de services. *(f)* A l'exception, pour application de (1), des avances et acomptes reçus sur commandes en cours.

Tableau 5
Bilan avant affectation au 31 décembre 1989
(Milliers de francs)

ACTIF	31 décembre 1989 Brut	Amortis. et prov.	Net	PASSIF	31 décembre 1989
Actif immobilisé				*Capitaux propres*	
Immobilisations incorporelles	11 164	3 610	7 554	Capital social	26 219
				Réserves	67 275
Immobilisations corporelles				Report à nouveau	1 248
Terrains	7 543	–	7 543	Résultat de l'exercice	6 812
Constructions	12 077	3 122	8 955		
Installations techniques, matériel et outillage industr.	36 725	9 907	26 818	Situation nette	101 554
Immobilisations corporelles en cours	920	–	920	Subventions d'investissement	–
Immobilisations financières	31 301	112	31 189	Provisions réglementées	–
Total (I)	99 730	16 751	82 979	Total (I)	101 554
Stocks et en cours	104 077	1 637	102 440	*Provisions pour risques et charges*	
Avances et acomptes versés sur commande	181	–	102 440		
Créances	–	–	–	Total (II)	3 116
Créances clients et comptes rattachés	86 899	–	86 899	*Dettes*	
Autres créances d'exploitation	4 285	–	4 285	Emprunts obligataires	–
Valeurs mobilières de placement	341	–	341	Emprunts auprès des établissements de crédit	112 669
Disponibilités	14 384		14 384		
Total (II)	210 167	1 637	208 530	Emprunts et dettes financières divers	3 392
Charges à répartir	–	–	–	Dettes fournisseurs & comptes rattachés	48 543
Primes de remboursement des obligations	–	–	–	Dettes fiscales et sociales	22 235
Ecarts de conversion actif	–	–	–	Total (III)	186 839
				Ecarts de conversion passif	–
Total général			291 509	Total général	291 509

III - SYNTHÈSE ET CONCLUSIONS

1 – Le cas Les Arts de la Table n'appelle pas de commentaire financier particulier puisqu'il comporte surtout des éléments de révision ou de mise à niveau relatifs aux états comptables de synthèse, d'ailleurs présentés dans un contexte relativement simple.

2 – Le cas permet cependant d'illustrer les besoins en informations additionnelles que suscite l'utilisation des états comptables aux fins d'analyse financière :

- répartition des éléments de l'actif et du passif selon la durée,
- affectation du résultat,
- structure à terme de l'endettement,
- nature des provisions.

DEUXIÈME TITRE

Analyse statique : le bilan et l'étude de la solvabilité

Les cas n° 2 et n° 3 (Duval et Parsi) permettent de présenter une synthèse relative aux outils d'analyse du bilan. Ils conduisent aussi à aborder l'ensemble des démarches permettant d'apprécier la solvabilité de l'entreprise. Ces cas, élaborés dans une perspective pédagogique, s'appuient sur des situations réelles présentées dans un cadre simplifié afin de faciliter l'apprentissage et la mise en œuvre des méthodes d'analyse statique.

Cas n° 2

La société Duval

Thèmes d'analyse :

- *Formation du besoin en fonds de roulement.*
- *Niveau d'activité et besoins de financement.*

Outils et méthodes :

- *Besoins en fonds de roulement d'exploitation (BFRE).*
- *Ratios de rotation.*

Objectifs pédagogiques :

- *Entraînement au calcul et à l'interprétation des ratios de rotation.*
- *Entraînement au raisonnement sur les concepts de BFR et de rotation dans une optique prévisionnelle comme dans une optique rétrospective.*

Lectures recommandées :

Analyse financière :

- *Chapitre 4.*
- *Chapitre 5.*

Monsieur Jean Duval avait mis à l'étude l'idée de création d'une affaire de distribution de produits consommables destinés aux services informatiques des entreprises et autres organisations. Compte tenu de sa propre expérience de vendeur sur ce marché, M. Duval bénéficiait d'une excellente connaissance des habitudes de la clientèle et de très bonnes introductions auprès de fournisseurs français ou étrangers. En revanche, sa maîtrise insuffisante des problèmes financiers était pour lui un sujet de préoccupation d'autant plus lancinant que se rapprochait la date de lancement de son affaire.

Pour dégager plus clairement les enjeux financiers de son projet, M. Duval chercha à résumer de façon aussi synthétique que possible les variables qu'il pouvait d'ores et dejà prévoir.

Tout d'abord, le lancement de l'entreprise exigeait des investissements initiaux que M. Duval pensait pouvoir réduire au strict minimum. Il prévoyait de prendre en location un ensemble immobilier comportant un magasin de vente, un entrepôt et deux bureaux. Quelques meubles et du matériel de bureau et des agencements seraient strictement nécessaires pour aménager cet espace de travail. Un véhicule destiné aux déplacements et aux livraisons serait également indispensable. L'ensemble des immobilisations corporelles qui devaient être mises en place dès les premiers jours d'activité représentait une mise de fonds initiale de 250 000 F à l'acquisition.

Selon M. Duval, l'entreprise ne devrait employer que trois personnes pendant le premier exercice. Se réservant l'essentiel de l'activité commerciale, il avait prévu d'embaucher une secrétaire et un coursier assurant également les travaux de manutention.

L'activité de l'entreprise pourrait démarrer rapidement et atteindre un "rythme de croisière" dès les premières semaines. En effet, M. Duval disposait dès le départ d'engagements de commande de la part de futurs clients. De ce fait, l'entreprise n'aurait besoin que d'une période brève de mise en place pour lancer ses opérations.

Il envisageait pour le premier exercice un chiffre d'affaires de 3 500 000 F hors taxes. Sur ce montant, une part de 70 % devrait représenter des coûts d'approvisionnement, soit 2 450 000 F environ pour cette première année.

Quant aux conditions d'activité, M. Duval prévoyait que le stock de marchandises aurait un délai de rotation de 60 jours environ. Les fournisseurs devraient être payés à 90 jours alors que les clients se verraient accorder un délai de règlement de 30 jours.

Enfin, M. Duval avait prévu d'apporter 300 000 F en capitaux propres pour assurer la fondation de l'entreprise. Cette somme incluait un apport personnel mais également la contribution d'amis et de parents qui avaient accepté de soutenir le projet. M. Duval s'était engagé à leur racheter leurs participations dès que les résultats de la société le permettraient.

Travail à effectuer :

1 – Quel devrait être le besoin de financement du cycle d'exploitation, lorsque l'activité de la nouvelle entreprise atteindra son rythme de croisière, au terme des premières semaines d'activité ?

2 – De façon plus générale, quels liens peut-on établir entre la croissance d'une entreprise et l'évolution de ses besoins de financement et de son équilibre financier ?

N.B. : *la TVA peut être éventuellement prise en compte, au taux uniforme de 18,60 % sur les achats et les ventes.*

I - OBJECTIFS ET PLAN DE L'ANALYSE

La société Duval fournit un cas d'initiation qui permet d'une part la compréhension et l'application des ratios de rotation mesurant les délais d'écoulement des stocks, créances et crédits fournisseurs et, d'autre part, la mise en évidence du lien entre ces délais et la formation du besoin en fonds de roulement d'exploitation.

La démarche suggérée comporte tout simplement deux étapes :

• La première porte sur le calcul des différents emplois et ressources cycliques liés aux prévisions d'activité de M. Duval. La connaissance des délais de rotation probables permet en effet d'associer, à un niveau d'activité anticipé, des encours prévisibles de stocks, de créances commerciales et de dettes fournisseurs.

• La seconde étape concerne la détermination du besoin de financement induit par le cycle d'exploitation.

II - ÉLÉMENTS DE CORRIGÉ

1 - Les prévisions d'activité

M. Duval envisage une activité qui lui assure un chiffre d'affaires hors taxes de 3 500 000 F. On peut dès lors évaluer les différents flux d'exploitation susceptibles d'être associés à cette prévision.

	Montant hors taxes (HT)	Montant toutes taxes comprises (TTC)
Chiffres d'affaires	3 500 000 F	3 500 000 x 1,186 = 4 151 000 F
Approvisionnement (prix de revient des marchandises vendues)	2 450 000 F	2 450 000 x 1,186 = 2 905 700 F

2 - Le niveau des encours cycliques

21 - Les stocks de marchandises

M. Duval prévoit un délai de rotation de 60 jours pour son stock de marchandises. Or ce délai, exprimé en jours, est mesuré par le ratio :

$$D_{st} = \frac{\text{Stock moyen}}{\text{Prix de revient des marchandises vendues}} \times 360 \qquad [1]$$

En effet, le flux d'approvisionnement (prix de revient des marchandises vendues) permet d'assurer le renouvellement du stock moyen. Dès lors, le rapport [flux d'approvisionnement/stock moyen] mesure la durée nécessaire pour un renouvellement du stock. C'est ce que le ratio [1] ci-dessus exprime de façon rigoureuse.

Par un calcul inverse, on peut évidemment déterminer le niveau de stock moyen correspondant à un flux d'approvisionnement et à un délai de stockage déterminés. Ainsi on écrira :

$$\text{Stock moyen} = \frac{D_{st} \text{ x prix de revient des marchandises vendues}}{360}$$

Dans le cadre des prévisions de M. Duval, on calcule ainsi le stock moyen prévisionnel, SM :

$$SM = \frac{60 \text{ x } 2\,450\,000}{360}$$

$$\Rightarrow \boxed{SM = 408\,333 \text{ F}}$$

Le stock étant inscrit au bilan pour son montant hors taxes, le ratio prend également en compte le prix de revient des marchandises vendues pour son montant hors taxes afin d'assurer l'homogénéité des termes du calcul.

22 – L'encours des créances sur les clients

Le délai de recouvrement des créances commerciales D_{cr} s'établit à 30 jours. Or ce délai peut être mesuré en jours grâce au ratio suivant :

$$D_{cr} = \frac{\text{Encours moyens des créances}}{\text{Ventes TTC}} \times 360 \qquad [2]$$

En effet, les ventes assurent le renouvellement du portefeuille de créances. Dès lors, le rapport [ventes/créances] mesure le nombre des renouvellements observés au cours d'une période. Quant au ratio inverse, [créances/ventes], il permet d'évaluer la durée nécessaire pour un renouvellement de l'encours de créances, c'est-à-dire le délai moyen de recouvrement des crédits accordés aux clients. Les deux termes utilisés dans le calcul de ces deux ratios doivent être libellés TTC : puisque les factures adressées aux clients incluent la TVA, le flux des ventes doit être également libellé TTC pour pouvoir être comparé en termes homogènes à l'encours de créances.

Dans le cas de la société Duval, on peut effectuer les observations suivantes :

$$D_{cr} = 30 \text{ jours} = \frac{\text{Encours moyen de créances}}{\text{Ventes TTC}} \times 360$$

$$\Leftrightarrow \text{ Encours moyen de créances} = CR = \frac{30 \times \text{ventes TTC}}{360}$$

$$\Rightarrow CR = \frac{30 \times 4\,151\,000 \text{ F}}{360}$$

$$\Rightarrow \boxed{CR = 345\,917 \text{ F}}$$

23 – L'encours des dettes à l'égard des fournisseurs

Le délai prévisible de règlement des fournisseurs est estimé à 90 jours par M. Duval. Or ce délai peut être calculé à l'aide du ratio [3] :

$$\boxed{D_{fr} = 30 \text{ jours } \frac{\text{Encours moyens de crédit des fournisseurs}}{\text{Approvisionnement TTC}} \times 360}$$

Soit, pour la société :

$$D_{fr} = 90 = \frac{\text{Encours fournisseurs}}{2\,905\,700} \times 360$$

$$\Leftrightarrow \text{Encours fournisseurs} = FR = \frac{90 \times 2\,905\,700}{360}$$

$$\Rightarrow \boxed{FR = 726\,425\ F}$$

24 – L'incidence de la TVA

A l'occasion de ses ventes, la société Duval facturera à ses clients des montants TTC et collectera donc de la TVA pour le compte du fisc. Lorsqu'elle enregistre de nouvelles créances, l'entreprise doit donc enregistrer également la dette qu'elle contracte à l'égard de l'Etat au titre de la TVA collectée. Par la suite, elle règle la TVA collectée au cours du mois n ou le 25 du mois mois suivant, soit n + 1.

Si l'activité est régulière, l'entreprise dispose d'un délai moyen légèrement supérieur à un mois pour régler cette dette fiscale. Par simplification [1], on considérera ici que ce délai s'établit à 30 jours :

$$\Rightarrow 30 \text{ jours} = \frac{\text{Encours moyen dettes fiscales et sociales}}{\text{TVA collectée sur ventes annuelles}} \times 360$$

Or TVA sur ventes annuelles = 3 500 000 x 0,186 = 651 000

$$\Rightarrow \text{Encours moyen} = \frac{651\,000 \times 30}{360}$$

$$\Rightarrow \boxed{DFISC = 54\,250\ F}$$

Mais par ailleurs l'entreprise bénéficie de la possibilité de recouvrer la TVA sur les achats de biens ou services qu'elle effectue. Elle peut imputer la TVA récupérable du mois n – 1 sur la TVA collectée au titre du mois n. Cependant, si l'activité est relativement stable dans l'année, on peut estimer que l'entreprise détient à chaque instant une créance sur l'Etat CFISC correspondant à deux mois de TVA récupérable.

$$\Rightarrow 60 \text{ jours} = \frac{\text{Encours moyen de créance fiscale}}{\text{TVA récupérable sur les achats annuels}} \times 360$$

1. Les cas n° 6 et 11 ci-après abordent le problème dans toute sa complexité en dépassant la simplification introduite ici.

Or la TVA récupérable sur les achats annuels s'établit à :

$$2\,450\,000 \times 0,186 = 455\,700 \text{ F}$$

Dans ces conditions, l'encours moyen de la créance fiscale s'établit comme suit :

$$\text{CFISC} = \frac{455\,700}{6} = 75\,950 \text{ F}$$

$$\Rightarrow \boxed{\text{CFISC} = 79\,950 \text{ F}}$$

Au total, la dette fiscale s'établit donc à un montant égal à 54 250 – 79 950 = 21 700 F.

3 – L'évaluation prévisionnelle du BFRE (besoin en fonds de roulement d'exploitation)

On peut enfin récapituler l'ensemble des emplois et des ressources cycliques prévisibles, compte tenu à la fois des prévisions d'activité et des délais de rotation escomptés par M. Duval :

- Emplois cycliques (EC) :

	Stocks	408 333
+	Créances clients	345 917

$$\boxed{\text{EC} = 754\,250}$$

- Ressources cycliques (RC) :

	Dettes fournisseurs	726 425
+	Dettes fiscales	21 700

$$\boxed{\text{RC} = 704\,725}$$

- BFRE = EC - RC

$$\Rightarrow \text{BFRE} = 754\,251 - 724\,700$$

$$\Rightarrow \boxed{\text{BFRE} = 49\,525 \text{ F}}$$

III - SYNTHÈSE ET CONCLUSIONS

1 – M. Duval bénéficie pour le lancement de son entreprise de conditions exceptionnellement favorables quant aux besoins de financement prévisibles au titre du cycle d'exploitation. En effet, le chiffre d'affaires espéré exige l'avance de 754 251 F pour le financement des stocks et des créances nécessaires à l'activité. Or, du fait de la longueur des délais accordés par les fournisseurs, M. Duval peut espérer disposer en permanence d'une ressource cyclique de 726 425 F qui lui permet de couvrir la quasi-totalité de l'avance à consentir au titre du stock et des créances.

Une telle conjonction de délais peut sembler trop favorable pour être fréquente. Divers métiers, notamment ceux de la grande distribution, bénéficient pourtant de conditions analogues.

2 – Cependant, malgré la faiblesse du BFRE, le montage financier prévu par M. Duval se révèle relativement fragile. Le montant des capitaux propres mis en jeu lors de la fondation (300 000 F) et celui des immobilisations initiales (250 000 F) ne ménageront qu'un fonds de roulement net de 50 000 F. Dans ces conditions, le FRN apparaît certes suffisant pour financer un BFRE de 49 525 F, et ménager en outre un excédent de trésorerie de 475 F. En ce sens, la viabilité financière de la société Duval semble pouvoir être assurée, si les prévisions de son fondateur se confirment. Mais le niveau du FRN n'est assuré que par une limitation drastique de l'enveloppe des immobilisations. De même, le BFRE n'est contenu que si un ensemble d'hypothèses favorables se trouve réuni. Dès lors, la viabilité de la société apparaît conditionnée par des performances commerciales brillantes et par une gestion particulièrement rigoureuse de son exploitation. M. Duval ne dispose que d'une marge de sécurité particulièrement limitée.

3 – Au total, le cas de la société Duval illustre l'importance du lien entre le niveau d'activités, les délais d'écoulement, le BFRE et il permet d'évaluer la portée de la contrainte de financement que l'exploitation fait peser sur l'entreprise.

Cas n° 3

La société Parsi SA

Thèmes d'analyse :

- ***Croissance de l'entreprise et équilibre financier.***
- ***Formation du besoin en fonds de roulement.***

Outils et méthodes :

- ***Fonds de roulement net.***
- ***Besoins en fonds de roulement et trésorerie.***
- ***Ratios.***

Objectifs pédagogiques :

- ***Application de synthèse.***
- ***Mise en œuvre des instruments d'analyse financière statique dans un contexte simple.***

Lectures recommandées :

Analyse financière :

- ***Chapitre 4.***
- ***Chapitre 5.***
- ***Chapitre 9.***

La société Parsi et fils est une entreprise industrielle spécialisée dans la production de matériel de chauffage à usage domestique. Fondée en 1952, elle avait commencé par produire des poêles à bois. Son développement avait cependant été affecté par l'évolution des modes de chauffage, consécutive à l'évolution technologique et à l'urbanisation. Heureusement, Bernard Parsi, avait perçu à temps la nécessité d'une reconversion des activités. Il s'était ainsi attelé au développement d'une nouvelle gamme de matériel de chauffage à mazout et de convecteurs électriques, largement produits en sous-traitance.

Grâce à ce renouvellement de la gamme et à un effort commercial orienté vers des entreprises de bâtiment comme vers des installateurs, l'entreprise était parvenue à surmonter ses difficultés et à développer ses effectifs et sa production jusqu'en 1979. Depuis 1980, elle connaissait en revanche un certain tassement de ses activités et avait dû réduire ses effectifs. La société avait cependant pu éviter les licenciements, mais avait dû renoncer à compenser les départs (notamment en retraite) au cours des années récentes. Elle comptait en fin 1987 un effectif de 305 salariés contre 392 à fin 1980.

En 1987, Bernard Parsi avait décidé de développer à nouveau une gamme de poêles traditionnels en fonte et d'équipements pour cheminées qui connaissaient un regain de faveur auprès des consommateurs. Cette orientation apparaissait comme la seule possible pour remédier à la stagnation persistante des débouchés de la société et pour tenter de relancer sa croissance.

Cette politique se traduisit par un effort d'investissement et par l'appel à de nouveaux partenaires : sous-traitants, détaillants, constructeurs de cheminées. A la fin de 1989, cette nouvelle orientation et les efforts commerciaux entrepris s'étaient traduits par des résultats que M. Parsi jugeait satisfaisants, compte-tenu de la situation des principaux concurrents qui affichaient, pour leur part, des résultats franchement préoccupants. Bien sûr, le chiffre d'affaires n'avait progressé que de façon modérée. Mais, Bernard Parsi soulignait que cette croissance avait été réalisée malgré le retrait volontaire de toute une série de produits anciens qui avaient assuré jusqu'alors entre 15 et 20 % de l'activité de la société. Les produits nouveaux bénéficiaient ainsi d'un accueil très favorable de la part de la clientèle et on pouvait donc en attendre une marge de croissance future considérable.

Par ailleurs, M. Parsi pensait avoir fait preuve de courage en réglant de façon définitive certains problèmes qui affectaient la situation de la société depuis longtemps, même si leur gravité réelle avait été quelque peu occultée au cours des dernières années. Outre les décisions douloureuses prises à propos de la gamme, des effectifs et des stocks, Bernard Parsi avait souhaité tenir compte de façon réaliste de l'ensemble des risques encourus par l'entreprise. Alors que ces risques avaient été jusqu'alors sous-estimés ou ignorés, il avait été décidé de les anticiper en constituant des provisions d'un montant élevé. La dotation aux provisions avait été ainsi portée à 6 203 000 francs pour 1988 et 7 105 000 francs pour 1989. Ces provisions couvraient essentiellement des risques de dépréciation concernant les stocks de produits retirés de la gamme et des créances douteuses. Elles couvraient également des risques et charges liés à des litiges avec des fournisseurs et des distributeurs pour lesquels Bernard Parsi avait décidé de dénoncer des contrats en cours de validité.

Bien sûr, l'impact de ces décisions sur les résultats était sévère, et M. Parsi avait eu du mal à les arrêter. Il avait notamment hésité sur les provisions qui, dans leur ensemble, anticipaient des risques dont la manifestation éventuelle apparaissait encore lointaine et, de toute façon, certainement postérieure à 1990. En fin de compte, Bernard Parsi s'était cependant rallié à l'idée selon laquelle le niveau des résultats et la rentabilité de l'entreprise permettaient d'assumer une politique de clarté et de prudence.

Au total, avec deux ans de recul, Bernard Parsi estimait avoir tenu ses paris industriels, techniques et commerciaux. Cependant, il avait du mal à comprendre pourquoi l'amélioration de l'activité tardait encore à se traduire au plan financier, malgré les réels efforts qui avaient été consentis pour améliorer la structure du bilan.

Une augmentation du capital avait ainsi été effectuée en 1986. Les actionnaires avaient par ailleurs renoncé à tout prélèvement de dividendes. Mais la société était souvent confrontée à des problèmes de règlement et risquait de se constituer une réputation de mauvais payeur, ce qui, pour M. Parsi, apparaissait aussi injuste que préoccupant.

Pourtant, dans ses contacts avec des partenaires extérieurs comme avec ses collaborateurs, Bernard Parsi affichait une sérénité réelle. S'il lui arrivait de reconnaître les difficultés de l'heure, il ajoutait aussitôt que les orientations prises étaient les bonnes et qu'elles finiraient bien par manifester aussi leur pertinence en termes financiers.

Annexe 1
Informations diverses

La société Parsi est soumise à un taux de TVA que l'on supposera uniforme sur ses achats et sur ses ventes : 18. 60 %.

Ses comptes à fin 1987 faisaient apparaître les indications suivantes :
- Stocks et encours : 22 707 000 F
- Clients et comptes rattachés : 32 880 000 F
- Fournisseurs et comptes rattachés : 37 547 000 F
- Achats et autres charges externes : 69 620 000 F hors taxes

Les résultats des dernières années s'étaient établis au niveau suivant :

- 1987 : 6 500 000 F dont 3 200 000 F distribués,
- 1988 : 4 200 000 F dont 3 600 000 F distribués,
- 1989 : 3 694 000 F intégralement mis en réserve ou reportés à nouveau.

La rubrique "Autres charges externes" concerne essentiellement des prestations assurées par sous-traitants à propos de certaines opérations de fonderie et d'émaillage. Le montant de ces prestations s'établissait déjà à 16 207 000 francs pour 1988. Mais il devait subir une forte progression à partir de 1989, compte tenu de la fermeture d'un atelier dont Bernard Parsi avait jugé la modernisation trop onéreuse.

Les stocks englobent surtout des produits en-cours et des produits finis. Le recours à la sous-traitance avait quasiment supprimé, à partir de 1989, le stockage et le traitement de matières premières à l'état brut.

Les données ci-après sont libellées en milliers de francs.

Annexe 2
Compte de résultats

Charges	1988	1989
Achats consommés (HT)	59 560	63 250
Autres charges externes (HT)	18 500	26 130
Charges de personnel	35 920	38 550
Impôts et taxes	3 250	2 130
Dotations aux amortissements et provisions d'exploitation	8 804	10 310
Charges financières	2 690	2 540
Charges exceptionnelles	1 207	1 022
Impôts sur les bénéfices	3 113	2 674
Résultat	4 300	3 694
Total	137 344	150 300
Produits		
Production vendue (HT)	135 230	148 640
Produits financiers	2 114	1 660
Total	137 344	150 300

Annexe 3
Bilans en fin d'exercice
(après affectation)

Actif	1986	1987
Immobilisations incorporelles	330	290
Immobilisations corporelles	11 950	11 880
Immobilisations financières	500	580
Stocks et encours	26 120	31 560
Clients et comptes rattachés	36 290	46 980
Valeurs mobilières de placement	3 600	3 150
Disponibilités	4 280	5 620
Actif total	83 070	100 060
Passif		
Capitaux propres	26 050	31 750
Emprunts et dettes financières (1)	15 240	20 680
Fournisseurs et comptes rattachés (2)	40 130	40 730
Concours bancaires courants (2)	1 650	6 900
Passif total	83 070	100 060

(1) dont à plus d'un an	15 240	15 680

(2) intégralement à moins d'un an.

I - OBJECTIFS ET PLAN DE L'ANALYSE

Le cas société Parsi SA décrit une situation réelle dont la présentation a été adaptée et simplifiée. Ce cas est ouvert et permet d'appliquer et d'interpréter *les instruments de base de l'analyse financière statique* sans partir d'une idée préconçue sur les orientations qu'il convient de donner aux investigations. Dans la mesure où il ne mentionne pas d'emblée la nature des difficultés auxquelles la Société Parsi semble confrontée, il invite en effet à une démarche d'abord extensive mais qui pourra être progressivement resserrée et précisée, au fur et à mesure que les points faibles et les points forts de la situation financière auront pu être dégagés.

Dès lors, l'analyse pourrait être construite selon les étapes suivantes :

- calcul et appréciation du fonds de roulement, du besoin en fonds de roulement et de la trésorerie ;
- calcul et appréciation des principaux ratios relatifs à l'équilibre financier et aux performances ;
- synthèse et conclusions.

II - ÉLÉMENTS DE CORRIGÉ

1 - Les termes de la relation de trésorerie

11 - Le fonds de roulement net (FRN)

Le fonds de roulement net (FRN) est calculé ici sur la base d'un bilan dont les éléments sont classés :

- à l'actif dans un ordre de *liquidité croissante* – ce qui permet d'isoler les actifs liquides à plus d'un an et ceux liquides à moins d'un an ;
- au passif, dans un ordre d'*exigibilité croissante* – ce qui permet d'isoler les capitaux permanents mis à la disposition de l'entreprise à plus d'un an et les dettes à court terme, exigibles à moins d'un an.

Schéma A

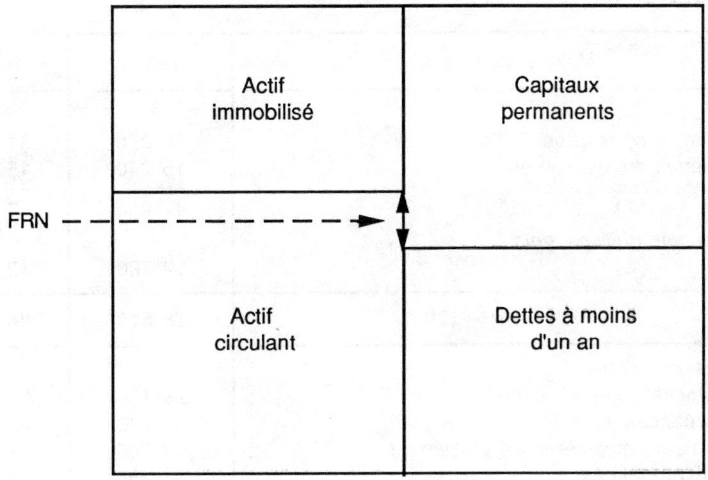

Grâce à ce découpage, le FRN peut être calculé à l'aide de deux formulations équivalentes. Avec les éléments du "haut du bilan" :

FRN = Capitaux permanents – Actifs immobilisés [1]

Avec les éléments du "bas du bilan" :

FRN = Actifs circulants – Dettes à moins d'un an [1 bis]

Le tableau 1 fait ainsi ressortir une augmentation du FRN (+ 21,6 %). Dans la mesure où le FRN apparaît précisément comme un indicateur de sécurité, le premier élément recueilli semble donc traduire une amélioration des conditions d'équilibre financier, assurée grâce à un effort de reconstitution des capitaux permanents et, surtout, des capitaux propres. Mais cette évolution du FRN ne peut être appréciée de façon réellement pertinente que si on la compare à celle du besoin en fonds de roulement (BFR).

Tableau 1
Le calcul du FRN

Milliers de francs	1988	1989
• *Capitaux permanents*		
– Capitaux propres	26 050	31 750
– Dettes à plus d'un an	15 240	15 680
(1)	41 290	47 430
• *Actifs immobilisés nets*		
(2)	12 780	12 750
FRN = (1) – (2)	28 510	34 680
• *Actifs circulants*		
– Stocks	26 120	31 560
– Créances	36 290	46 980
– Valeurs mobilières de placement	3 600	3 150
– Disponibilités	4 280	5 620
(3)	70 290	87 310
• *Dettes à moins d'un an*		
– Emprunts et dettes financières à moins d'un an		5 000
– Fournisseurs	40 130	40 730
– Crédit bancaire	1 650	6 900
(4)	41 780	52 630
FRN = (3) – (4)	28 510	34 680

12 – Le besoin en fonds de roulement (BFR)

Dans le cas de la société Parsi, le besoin en fonds de roulement (BFR) tient seulement compte :

• des éléments que le cycle d'exploitation contraint de financer, soit les "emplois cycliques" (stocks, créances sur les clients),

• des ressources que le cycle d'exploitation permet de dégager, soit les "ressources cycliques" (crédit fournisseurs).

Du fait de la simplicité du bilan, le BFR ainsi dégagé peut donc être considéré comme un besoin de financement résultant de l'activité courante, c'est-à-dire comme un BFR d'exploitation (BFRE).

Le calcul du BFR s'appuie donc ici sur la formule :

BFRE = Emplois cycliques (stocks, créances commerciales)
– Ressources cycliques (crédits fournisseurs) [2]

Tableau 2
Calcul du BFR

Milliers de francs	1988	1989
• *Emplois cycliques*		
Stocks	26 120	31 560
+ Créances	36 290	46 980
(1)	62 410	78 540
• *Ressources cycliques*		
Fournisseurs	40 130	40 730
(2)	40 130	40 730
BFRE = BFR = (1) – (2)	22 280	37 810

Le calcul du BFR fait apparaître l'ampleur de l'évolution intervenue entre 1988 et 1989. Le BFR augmente en effet de 69,7 % alors que le FRN ne progresse que de 21,6 %. Le constat d'une telle augmentation conduit à s'interroger sur les raisons d'un décalage aussi marqué entre l'évolution du FRN et celle du BFR. Enfin, ce décalage laisse également prévoir une nette détérioration de la trésorerie.

13 – La trésorerie

La situation de la trésorerie peut être dégagée grâce à la confrontation entre :

• les *emplois de trésorerie* correspondant aux affectations que l'entreprise apporte à ses excédents momentanés de liquidités,

• les *ressources de trésorerie* correspondant aux concours financiers obtenus à court terme, et notamment aux concours bancaires courants.

Soit

$$\text{Trésorerie} = \text{Emplois de trésorerie} - \text{Ressources de trésorerie} \quad [3]$$

On considère ici que les emplois de trésorerie incluent non seulement les disponibilités mais également les valeurs mobilières de placement. Bien que cette solution diffère de celle suggérée par la normalisation comptable française, elle semble devoir s'imposer pour des raisons financières. En effet, les choix relatifs à la gestion de trésorerie de l'entreprise portent en particulier sur l'arbitrage entre le niveau des liquidités détenues sur des comptes à vue ("disponibilités") et le niveau des disponibilités affectées à des placements rémunérés (dépôts à terme, titres de placement...) [1]. Dès lors, l'inclusion des valeurs de placement et des disponibilités dans les emplois de trésorerie permet de mettre en évidence l'enveloppe sur laquelle l'entreprise arrête ses décisions relatives au *montant* et à la *structure* de ses actifs financiers les plus liquides.

En conséquence, la situation de trésorerie de la société Parsi peut être appréciée d'après les données du tableau 3.

Tableau 3
Calcul de la trésorerie

Milliers de francs	Fin 1988	Fin 1989
• *Emplois de trésorerie*		
– Valeurs mobilières de placement	3 600	3 150
– Disponibilités	4 280	5 620
(1)	7 880	8 770
• *Ressources de trésorerie*		
– Concours bancaires courants	1 650	6 900
– Emprunts et dettes financières à moins d'un an		5 000
(2)	1 650	11 900
Trésorerie ou trésorerie nette T = (1) – (2)	+ 6 230	– 3 130

L'évolution observée se traduit par une très forte diminution de la trésorerie. Cette dernière apparaissait en net *excédent à fin 1988* : les emplois de trésorerie dépassant largement les ressources de trésorerie, la société Parsi était techniquement en mesure de rembourser ses dettes financières à court terme à l'aide des actifs immédiatement disponibles ou aisément transformables en monnaie ; elle faisait ainsi preuve d'autonomie par rapport aux concours financiers à court terme. Or la trésorerie se dégrade à un point tel (– 9 360 000 F), qu'elle accuse un net *déficit à fin 1989*. Au lieu de la situation d'autonomie qui prévalait à fin 1988, les données relatives à la fin 1989 traduisent donc une situation de dépendance. Si une telle dépendance ne met pas nécessairement en cause la solvabilité de la société Parsi, elle rend au moins l'entreprise tributaire du maintien des concours bancaires et financiers à court terme dont elle bénéficie.

---

1. Pour une justification plus détaillée de cette option, voir E. Cohen, *op. cit.*, chapitre 4, section 3.

14 – La relation fondamentale de trésorerie

Enfin, les calculs qui précèdent permettent de vérifier l'application de la relation fondamentale de trésorerie :

Trésorerie = Fonds de roulement net – Besoin en fonds de roulement	[2]

D'après les données relatives à la société Parsi :

Milliers de francs	Fin 1988	Fin 1989
FRN	28 510	34 680
– BFR	– 22 280	– 37 810
= Trésorerie	+ 6 230	– 3 130

L'évolution des termes de la relation permet alors de formuler des conclusions synthétiques sur les transformations financières subies par la société :

1 – Parsi a fortement reconstitué son FRN (+ 6 170 000 F soit un taux de croissance de 21,6 % en un an) au cours de l'exercice 1989. Cette évolution est d'abord imputable à une importante augmentation des capitaux propres. Elle est également due au fait que l'entreprise a marqué une pause dans sa politique d'investissement : les immobilisations nettes se maintiennent pratiquement au même niveau entre la fin 1988 et la fin 1989.

2 – Cependant, la reconstitution du fonds de roulement net est insuffisante pour accompagner le gonflement du besoin en fonds de roulement d'exploitation (BFRE). Ce dernier augmente de 15 530 000 F, subissant une progression de 69,7 % en un an !

3 – Dans ces conditions la détérioration de la trésorerie (– 9 360 000 F) enferme la société Parsi dans une situation de dépendance à l'égard des concours financiers à court terme. En effet, le BFR représente le besoin de financement résultant du cycle d'exploitation. Or le BFR apparaît comme *un besoin de financement durable* : quoiqu'il soit déterminé par des éléments de court terme (stock, créance, dettes fournisseurs), le BFR se renouvelle de façon permanente du fait de la rotation imprimée à ces éléments d'emplois et de ressources. Dans ces conditions, le BFR traduit la nécessité d'une avance permanente de fonds destinés à assurer la continuité de l'activité courante. A ce titre, il a vocation à être financé par des ressources elles-mêmes permanentes. Or le FRN représente précisément le montant de capitaux permanents qui excèdent les actifs immobilisés et sont de ce fait utilisables pour le financement du BFR. La confrontation entre le FRN et le BFR détermine ainsi la situation de trésorerie.

FRN > BFR ⇔ T > 0

Le schéma B illustre cette relation en faisant référence à la situation de la société Parsi à fin 1988.

Schéma B

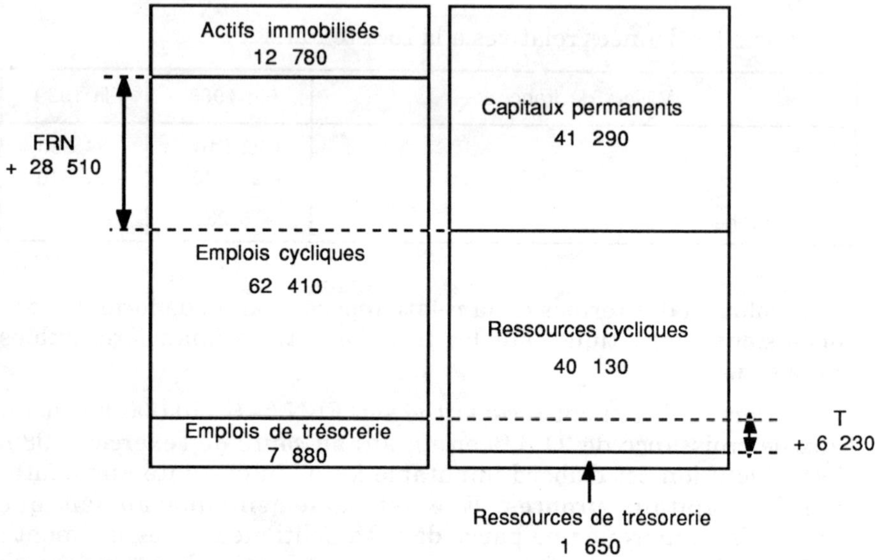

Une telle situation traduit le fait que le FRN est suffisamment élevé pour assurer le financement, par des capitaux permanents,
– de l'ensemble du BFR,
– d'un excédent durable de trésorerie.

FRN < BFR ⇔ T < 0

La situation de la société Parsi à fin 1989 illustre un tel ajustement.

Désormais, le BFR atteint un niveau tel (37 810 000 F) qu'il doit être financé par le recours conjoint
- à des capitaux permanents grâce au FRN de 34 680 000 F,
- à des ressources de trésorerie pour 3 130 000 F (schéma C).

Dans ces conditions, l'appel à des ressources de trésorerie traduit une situation de dépendance durable puisqu'il répond à un besoin de financement permanent induit par le cycle d'exploitation. L'importance de la dégradation subie par la situation financière de la société Parsi transparaît alors avec netteté et le rôle que le gonflement du BFR a pu jouer dans cette évolution se trouve particulièrement mis en lumière.

Schéma C

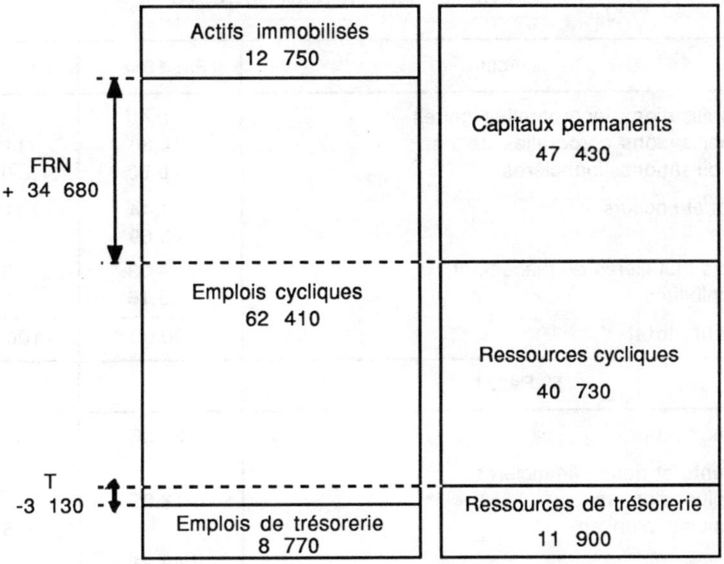

2 – La méthode des ratios et l'analyse de l'équilibre financier

21 – Les ratios de structure

Les ratios de structure permettent de mettre en évidence les principales évolutions intervenues entre fin 1988 et fin 1989 quant à la composition du bilan de la société Parsi. On se bornera ici à effectuer la réduction des postes du bilan en pourcentage de l'actif et du passif total.

L'analyse des indications fournies par le tableau 4 permet de constater quelques évolutions malgré la relative stabilité de la composition de l'actif.

A – En fin 1988 comme en fin 1989, l'actif apparaît essentiellement marqué par le poids des éléments circulants (84,62 % du total en fin 1988 contre 87,26 % en fin 1989) ; on constate cependant un renforcement de la part de ces actifs à court terme alors que la part des immobilisations revient de 15,38 % à 12,74 % du total.

1 – A l'intérieur de la masse des actifs immobilisés, on observe une contraction nette de la part des immobilisations corporelles. Celles-ci demeurent à peu près stables en valeur (11 880 000 F contre 11 950 000 F), ce qui traduit le fait que la société Parsi marque une pause dans sa politique d'investissement en 1989, après les années d'efforts mentionnés par le texte de présentation. Comme le montant du bilan augmente de 20 % environ en 1989, la part des immobilisations corporelles revient de 14,38 % à 11,87 % du total (– 2,51 %).

Tableau 4
Bilans réduits en pourcentages

% Actif	Fin 1988	Fin 1989
Immobilisations incorporelles nettes	0,40	0,29
Immobilisations corporelles nettes	14,38	11,87
Immobilisations financières	0,60	0,58
Stocks et encours	31,44	31,54
Clients	43,69	46,95
Valeurs mobilières de placement	4,33	3,15
Disponibilités	5,16	5,62
Actif total	100,00	100,00
% Passif		
Capitaux propres	31,36	31,73
Emprunts et dettes financières		
• à plus d'un an	18,35	15,67
• à moins d'un an	–	5,00
Fournisseurs	48,31	40,70
Concours bancaires courants	1,98	6,90
Passif total	100,00	100,00

2 – Quant à l'actif circulant, on y observe surtout la progression de la part des créances commerciales (+ 3,26 %) et la contraction relative des valeurs mobilières de placement (– 1,18 %).

B – Le passif subit pour sa part des transformations plus marquées.

1 – En grandes masses, le partage entre capitaux propres et dettes totales reste particulièrement stable. Les capitaux propres représentent 31,36 % du total en fin 1988 et 31,73 % en fin 1989, ce qui traduit un maintien de la situation acquise en termes d'autonomie globale. Mais si l'on ventile les éléments du passif selon la durée, on constate une nette contraction de la part des capitaux permanents (49,71 % en fin 1988, 47,40 en fin 1989), ce qui traduit une certaine perte de stabilité en matière de financement.

2 – Les principales évolutions concernent cependant les dettes à moins d'un an :

• repli de la part des crédits fournisseurs (– 7,61 %)

• progression de la part des dettes à court terme de nature financière (+ 11, 90 %).

Alors que la structure de l'actif semble marquée par une relative stabilité, la composition du passif traduit ainsi une profonde transformation. Elle signale, à l'intérieur même de l'enveloppe des dettes à court terme, la substitution de ressources à caractère financier (emprunts, concours bancaires courants) à des ressources d'exploitation (crédits fournisseurs).

22 – Ratios de rotation

Les ratios de rotation présentent un triple intérêt pour l'analyse statique. D'une part, ils permettent d'évaluer les conditions dans lesquelles les stocks et les créances peuvent être transformés en monnaie, donc de mesurer la liquidité de certains éléments de l'actif circulant. D'autre part, ils permettent d'évaluer les délais de règlement obtenus des fournisseurs et d'estimer ainsi l'exigibilité d'une composante importante des dettes à court terme. Enfin, ces ratios permettent de dégager les conditions dans lesquelles le besoin en fonds de roulement se forme, compte-tenu du niveau de l'activité de l'entreprise.

1 – La rotation des stocks

La rotation des stocks accuse, au cours de l'année 1989, un léger ralentissement. Le délai de stockage s'allonge en effet de 3,5 jours, ce qui traduit une perte de liquidité modérée mais certainement défavorable à la solvabilité de l'entreprise.

Tableau 5
Ratios de rotation des stocks
(Flux et stocks en milliers de francs)

Termes du calcul	1988	1989
Délai de rotation du stock		
• Stock moyen HT		
$\dfrac{\text{Stock initial + stock final}}{2}$	$\dfrac{22\ 707 + 26\ 120}{2}$	$\dfrac{26\ 120 + 31\ 560}{2}$
	= **24 413**	= **28 840**
• Coût d'achat des ventes HT		
Achats consommés	59 560	63 250
+ Autres charges externes	+ 18 500	+ 26 130
	= **78 060**	= **89 380**
• D_{st} (en jours)		
$\dfrac{\text{Stock moyen}}{\text{Coût d'achat des ventes}}$	$\dfrac{24\ 413}{78\ 060} \times 360$	$\dfrac{28\ 840}{89\ 380} \times 360$
	= **112,6 jours**	= **116,1 jours**
Vitesse de rotation du stock		
• V_{st}		
$\dfrac{\text{Coût d'achat des ventes}}{\text{Stock moyen}}$	$\dfrac{78\ 060}{24\ 413}$	$\dfrac{89\ 380}{28\ 840}$
	= **3,2**	= **3,10**

2 – La rotation des créances

L'évolution des délais de recouvrement des créances commerciales accuse également une dégradation. En effet, la rotation des créances se ralentit (4,23 rotations en 1989 contre 4,64 en 1988), la durée moyenne des délais accordés à la clientèle s'allongeant de 7,4 jours (85,02 jours de délai en 1989 contre 77,63 en 1988). Cette évolution peut être appréciée grâce à deux observations complémentaires :

• la liquidité du portefeuille de créances se détériore puisque l'entreprise doit retarder leur transformation en monnaie ;

• l'avance de fonds nécessaire pour financer ces créances s'alourdit, pesant sur les besoins de financement du cycle d'exploitation pour un niveau d'activité donné.

Tableau 6
Ratios de rotation des créances commerciales
(Flux et stocks en milliers de francs)

Termes du calcul	1988	1989
Délai de recouvrement des créances		
• Encours moyen des créances		
$\frac{\text{Montant initial + montant final}}{2}$	$\frac{32\ 880 + 36\ 290}{2}$	$\frac{36\ 290 + 46\ 980}{2}$
	= 34 585	**= 41 635**
• Ventes TTC		
Ventes HT x 1 186	135 230 x 1 186	148 640 x 1 186
	= 160 382,78	**= 176 287, 04**
• D_{cr} (en jours)		
$\frac{\text{Encours moyens de créances}}{\text{Ventes TTC}} \times 360$	$\frac{34\ 585}{160\ 383} \times 360$	$\frac{41\ 635}{176\ 287} \times 360$
	= 77, 63 jours	**= 85,02 jours**
Vitesse de recouvrement des créances		
• V_{cr}		
$\frac{\text{Ventes TTT}}{\text{Encours moyen des créances}}$	$\frac{160\ 383}{34\ 585}$	$\frac{176\ 287}{41\ 365}$
	= 4,64	**= 4,23**

3 – La rotation des crédits fournisseurs

On observe enfin une accélération de la rotation des dettes à l'égard des fournisseurs. Cette évolution est défavorable à l'entreprise, malgré la longueur des délais de règlement qu'elle parvient encore à obtenir en 1989 (137,30 jours, soit environ 4 mois et demi !) :

• les dettes à l'égard des fournisseurs deviennent plus exigibles dans la mesure où leur échéance se fait plus pressante ;

• la contribution des fournisseurs au financement de l'exploitation tend donc à se restreindre, pour un niveau d'activité donné.

Tableau 7
Ratios de rotation des crédits fournisseurs
(Flux et stocks en milliers de francs)

Termes du calcul	1988	1989
Délai de règlement des fournisseurs		
• Encours moyen des dettes fournisseurs		
(Montant initial + montant final) / 2	(37 547 + 40 130) / 2	(40 130 + 40 730) / 2
	= 38 838,50	**= 40 430**
• Approvisionnements TTC		
Achats	59 560	63 250
+ Autres charges externes x 1 186	18 500	26 130
	= 78 060 x 1 186	= 89 380 x 1 186
	= 92 579,16	**= 106 004,68**
• D_{fr} (en jours)		
Encours moyen / Approvisionnements	38 838,50 / 92 579,16 x 360	40 430 / 106 004,68 x 360
	= 151,03 jours	**= 137,30 jours**
Vitesse de règlement des fournisseurs		
• V_{fr}		
Approvisionnements / Encours moyen	92 579,16 / 38 838 50	106 004,68 / 40 430
	= 2,38	**= 2,62**

4 – La confrontation des différents ratios de rotation

Le tableau 8 permet de confronter les trois ratios de rotation concernant les encours cycliques du bilan (stocks, créances commerciales et dettes fournisseurs). Il conduit à observer la conjonction de deux tendances d'évolution défavorables à la solvabilité de l'entreprise.

• D'une part, les délais de stockage et de recouvrement des créances s'allongent au cours de la période étudiée : la durée d'attente entre le lancement d'une "vague" d'activité et le recouvrement des recettes sur ventes s'est donc étirée, contraignant l'entreprise à une avance de fonds plus lourde, pour un niveau d'activité donné.

Tableau 8
Synthèse des ratios de rotation

Délais en jours	1988	1989
Délai de stockage	113 jours	116 jours
Délai de recouvrement des créances	78 jours	85 jours
Délai de règlement des fournisseurs	151 jours	137 jours

• D'autre part, la durée du crédit accordée par les fournisseurs s'est contractée. Dans ces conditions, la durée de l'avance de fonds requise par l'exploitation s'est considérablement allongée passant de 40 jours à 64 jours comme le montre le schéma D.

Schéma D

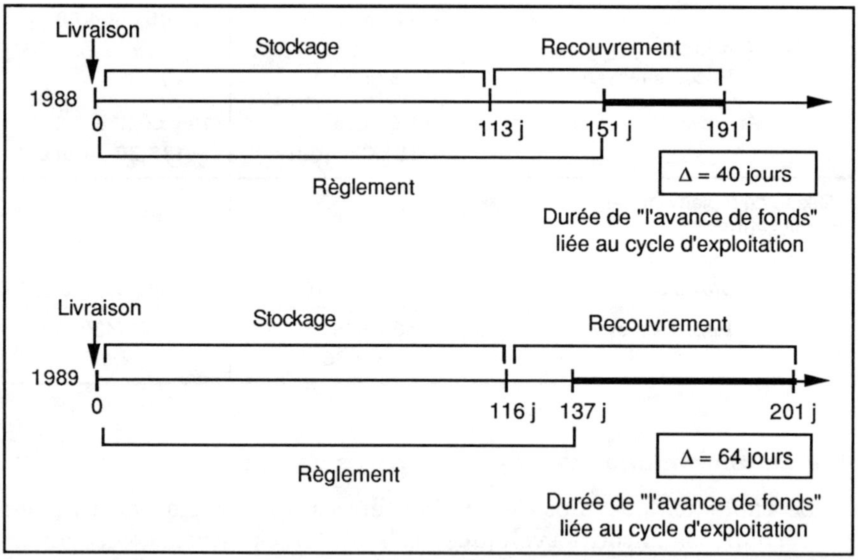

Ce schéma traduit en termes de durée la cause majeure de l'alourdissement du BFR. Si celui-ci est accru par la progression de l'activité (les ventes progressent de 10 % environ), il est surtout gonflé par l'évolution défavorable des délais qui imposent à l'entreprise une avance de fonds supplémentaire au titre du cycle d'exploitation.

3 – L'analyse des performances financières

Bien que les indications fournies à propos des résultats de la société Parsi restent relativement succinctes, elles permettent de confronter les mesures proposées par les différents indicateurs de performance financière et d'apprécier l'évolution de la rentabilité de l'entreprise.

31 – La mesure des résultats

On observe en premier lieu une réelle dégradation des indicateurs "traditionnels" du résultat.

Milliers de francs	1988	1989	Taux de variation (%)
Résultat d'exploitation	9 196	8 270	– 10,07 %
Résultat de l'exercice	4 300	3 694	– 14,09 %

Cependant, les changements apportés à la politique d'amortissement et de provision de l'entreprise au cours de la période récente incitent également à calculer des indicateurs monétaires de résultat tels que l'excédent brut d'exploitation (EBE) et la capacité d'autofinancement (CAF) qui neutralisent ou atténuent l'impact des dotations sur la mesure des performances économiques.

Le tableau 9 fait précisément ressortir le décalage entre indicateurs "traditionnels" et indicateurs dérivés de la notion de "cash flow". Alors que le résultat d'exploitation et le résultat global accusent une diminution sensible (respectivement – 10 % et – 14 %), le surplus monétaire apparaît en progression sur l'exercice 1988 :

- l'excédent brut d'exploitation (EBE) augmente de 18 000 000 F à 18 580 000 F (+ 3,22 %),
- la CAF progresse de 13 104 000 F à 14 004 000 F (+ 6,87 %).

Dès lors, l'évolution des résultats suscite une appréciation bien plus nuancée que celle suggérée à première vue par l'analyse du résultat d'exploitation et du résultat global. La réduction de ces derniers ne traduisait pas une évolution défavorable des ventes ni des charges consommées, mais surtout l'impact d'une nouvelle politique de constitution des provisions qui, en majorant fortement la dotation de 1989 affectait les résultats de l'exercice. Les politiques d'amortissement et de provision n'ont au contraire aucune incidence sur l'EBE qui reflète ainsi de façon fiable l'efficacité dont l'entreprise fait preuve sur son activité courante. Il apparaît alors que la société Parsi connaît une évolution plutôt favorable de ses "cash flows", même si la progression enregistrée s'effectue à taux faible.

Tableau 9
Les soldes intermédiaires de gestion

Milliers de francs	1988	1989
Valeur ajoutée		
Production vendue	135 230	148 640
– Consommation en provenance de tiers	– 78 060	– 89 380
(1) VA	**57 170**	**59 260**
Excédent brut d'exploitation		
VA	57 170	59 260
– Charges de personnel	– 35 920	– 38 550
– Impôts et taxes	– 3 250	– 2 130
(2) EBE	**18 000**	**18 580**
Résultat d'exploitation		
VA	18 000	18 580
– Dotation aux amortissements et prov. d'exploitation	– 8 804	– 10 310
(3) RE	**9 196**	**8 270**
Résultat courant		
RE	9 196	8 270
+ Produits financiers	+ 2 114	+ 1 660
– Charges financières	– 2 690	– 2 540
(4) RC	**8 620**	**7 390**
Résultat avant impôt		
RC	8 620	7 390
+ Produits exceptionnels	–	–
– Charges exceptionnelles	– 1 207	– 1 022
(5) RAI	**7 413**	**6 368**
Résultat de l'exercice		
RAI	7 413	6 368
– Impôt sur les bénéfices	– 3 113	– 2 674
(6) Résultat	**4 300**	**3 694**

Tableau 10
Calcul de la capacité d'autofinancement

Milliers de francs	1988	1989
Résultat net de l'exercice	4 300	3 694
+ Valeur comptable des éléments cédés	–	–
– Produits des cessions d'immobilisations	–	–
+ Dotation aux amortissements (*)	2 601	3 205
+ Dotation aux provisions	6 203	7 105
– Reprises de dotations aux provisions	–	–
– Quote-part des subventions virée au compte de résultat	–	–
= Capacité d'autofinancement (CAF)	13 104	14 004

* Le montant de la dotation aux amortissements est obtenu par la différence entre celui de la dotation (amortissements et provisions) mentionnée au compte de résultats (annexe 2) et celui de la dotation aux provisions signalé dans le texte du cas.

32 – *Les ratios de rentabilité*

Le tableau 11 récapitule les éléments permettant de calculer :

- les ratios de marge
- les ratios de rendement des actifs,
- les ratios de rentabilité.

Tableau 11
Ratios de rentabilité
(Flux et stocks en milliers de francs)

Termes du calcul	1988	1989
1 – *Ratios de marge*		
R_1 (ratio de marge nette) $= \frac{\text{Résultat net}}{\text{Chiffre d'affaires HT}}$	$\frac{4\,300}{135\,230} \times 100$ = **3,18 %**	$\frac{3\,694}{148\,640} \times 100$ = **2,49 %**
$R_2 = \frac{\text{Résultat d'exploitation}}{\text{Chiffre d'affaires HT}}$	$\frac{9\,196}{135\,230} \times 100$ = **6,80 %**	$\frac{8\,270}{148\,640} \times 100$ = **5,56 %**
$R_3 = \frac{\text{EBE}}{\text{Chiffre d'affaires HT}}$	$\frac{18\,000}{135\,230} \times 100$ = **13,31 %**	$\frac{18\,580}{148\,640} \times 100$ = **12,50 %**
2 – *Ratios de rendement des actifs*		
$R_4 = \frac{\text{Résultat net}}{\text{Actif total}}$	$\frac{4\,300}{83\,070} \times 100$ = **5,18 %**	$\frac{3\,694}{100\,060} \times 100$ = **3,69 %**
3 – *Ratios de rentabilité des capitaux propres*		
$R_5 = \frac{\text{Résultat net}}{\text{Capitaux propres}}$	$\frac{4\,300}{26\,050} \times 100$ = **16,51 %**	$\frac{3\,694}{31\,750} \times 100$ = **11,63 %**
$R_6 = \frac{\text{CAF}}{\text{Capitaux propres}}$	$\frac{13\,104}{26\,050} \times 100$ = **50,30 %**	$\frac{14\,004}{31\,750} \times 100$ = **44,11 %**

Ces indicateurs conduisent à observer un recul relatif des performances économiques et financières, dans l'ensemble de leurs aspects. Cependant, le niveau du ratio de rentabilité des capitaux propres demeure particulièrement élevé avec un taux de 11,63 % en 1989.

Bien sûr, les ratios de marge paraissent relativement faibles et évoluent de façon défavorable. Ainsi, le taux de marge nette revient par exemple de 3,18 % à 2,49 %. Mais cette faiblesse des marges unitaires est largement compensée par la vitesse des rotations imprimées à l'actif et aux capitaux propres. La société Parsi parvient donc à utiliser des capitaux et des actifs avec une intensité remarquable, ce qui assure une valorisation de ses actifs économiques et de son capital financier, malgré des marges unitaires étroites.

La capacité bénéficiaire de la société Parsi ne semble donc pas remise en cause de façon irrémédiable, même si de nombreux indicateurs traduisent une évolution défavorable des ses performances.

Tableau 12
Ratios de rotation globale
(Flux et stocks en milliers de francs)

Termes du calcul	1988	1989
Rotation des actifs dans le chiffre d'affaires		
Chiffre d'affaires HT / Actif total	135 230 / 83 070 = **1,63**	148 640 / 100 060 = **1,49**
Rotation des capitaux propres dans le chiffre d'affaires		
Chiffre d'affaires HT / Capitaux propres	135 230 / 26 050 = **5,19**	148 640 / 31 750 = **4,68**

III - SYNTHÈSE ET CONCLUSIONS

1 - Le diagnostic relatif à la société Parsi

Au terme de cette analyse (étude des termes de la relation de trésorerie, étude des principaux ratios de structure, de rotation et de performance), on peut dégager un diagnostic d'ensemble concernant la situation et l'évolution de la société Parsi.

1 – Les performances économiques et financières de la société évoluent de façon modérée, sans traduire d'amélioration remarquable ni de dégradation préoccupante :

- amélioration restreinte du chiffre d'affaires et des "cash flows",
- repli limité des résultats comptables et des ratios de rentabilité.

Or Bernard Parsi poursuit un objectif majeur qui consiste à enrayer le recul de l'activité de son entreprise menacée par l'évolution d'un marché particulièrement difficile. Dans ces conditions, l'analyse des performances traduit une évolution qui n'a rien de dramatique, même si elle reflète la difficulté de la tâche à laquelle il s'est attelé.

2 – Les évolutions relatives à la structure financière paraissent en revanche beaucoup plus préoccupantes. En effet, le FRN connaît une progression marquée (+ 21,6 %). Mais, dans le même temps, le BFR connaît une augmentation encore plus nette (+ 69,7 %) due surtout à une évolution défavorable des délais de stockage, de crédit à la clientèle et de règlement des fournisseurs. Dans ces conditions, la trésorerie connaît une très forte dégradation qui se traduit à la fois par un assèchement des liquidités et par un recours accru à des ressources financières à court terme.

3 – La dégradation de la trésorerie représentant l'aspect le plus préoccupant de l'évolution subie par la société Parsi, il est clair que seule une meilleure maîtrise des délais et un contrôle du BFR permettront d'améliorer la situation. A cet égard, il est nécessaire d'observer que la reconstitution du FRN (par exemple par l'injection de nouveaux capitaux permanents) permettrait d'améliorer la situation immédiate de trésorerie mais ne saurait constituer une solution durable à la dégradation relevée en 1988-1989. Si l'évolution du BFR n'est pas mieux maîtrisée, la reconstitution du FRN ne saurait suffire à résoudre les difficultés financières de l'entreprise.

2 – Questions de méthode

Le cas société Parsi SA fournit un support pour l'application de l'ensemble des outils de l'analyse financière. L'analyse statique de la solvabilité à partir de l'étude des bilans, l'analyse dynamique, l'analyse des performances peuvent en effet être développées à partir des indications fournies au lecteur. Cependant, les éléments nécessaires pour une reconstitution des flux financiers restent succincts ; c'est pourquoi la note pédagogique relative au cas ne développe pas cet axe d'analyse qui ne peut être illustré que de façon fruste. De même, l'analyse des résultats reste limitée. Le cas est donc principalement présenté ici comme le support d'une analyse statique de l'équilibre financier.

Dans cette perspective, il illustre l'intérêt que représente l'observation des termes de la relation de trésorerie et des principaux ratios de structure et de rotation.

TROISIÈME TITRE

Analyse dynamique : flux financiers et performances

Les cas regroupés dans cette partie de l'ouvrage abordent l'analyse des performances financières de l'entreprise. Certaines des situations exposées suggèrent une approche globale de la rentabilité. D'autres induisent au contraire une vision plus analytique des performances. Mais dans leur ensemble, ces applications mettent l'accent sur les techniques de calcul des indicateurs de résultat et sur les démarches d'appréciation que ces mesures permettent de développer.

Cas n° 4

La société Carbonari

Thèmes d'analyse :

- *Etude de l'évolution financière d'une entreprise.*
- *Reconstitution des flux financiers.*

Outils et méthodes :

- *Bilan différentiel.*
- *Tableau du financement du PCG 1982.*
- *Tableau de financement (variante de présentation).*
- *Tableau de calcul de la capacité d'autofinancement (CAF)*

Objectifs pédagogiques :

- *Première approche du tableau de financement.*
- *Initiation à l'établissement et à l'analyse des tableaux de flux financiers*

Lectures recommandées :

Analyse financière :

- *Chapitre 7.*
- *Chapitre 8.*

La société Carbonari avait effectué, en 1988 et 1989, un important effort d'investissement. Monsieur Charles Carbonari, le PDG de cette petite entreprise de distribution s'était vu proposer le rachat des murs de son magasin d'exposition. Les propriétaires, pressés de débrouiller des problèmes de succession passablement compliqués, avaient fait à M. Carbonari une proposition si favorable qu'il n'avait pas hésité longtemps avant d'y répondre.

Il avait dû jouer serré pour réunir les 800 000 F nécessaires pour la transaction. Mais le jeu en valait la chandelle : la société se trouvait aujourd'hui propriétaire d'un local admirablement placé et qui constituait un excellent placement immobilier. Bien sûr, M. Carbonari qui était habitué, à disposer d'une trésorerie abondante avait eu du mal à s'adapter à une certaine rigueur dans sa gestion financière après une opération qui l'avait obligé à "râcler des fonds de tiroir". Mais il était persuadé que ces difficultés ne seraient que transitoires. Le chiffre d'affaires avait progressé de 15 % en 1989 et M. Carbonari savait que son affaire était capable de dégager le "cash nécessaire" et de se tirer de cette période de vaches maigres.

M. Rouleau, l'expert-comptable qui assurait la tenue des comptes de la société ne partageait pas cet optimisme. Après l'arrêté des comptes de 1989, il évalua quelques indicateurs relatifs au bilan de la société et les soumit à M. Carbonari. Mais ce dernier réfuta avec irritation l'analyse de M. Rouleau. Il conclut sa réplique en mettant en question les indications fournies par une analyse du bilan, les qualifiant de "statiques" et de "passéistes". Il leur opposa une approche "dynamique" résolument tournée vers l'avenir et fondée sur l'investissement créateur de richesse et de ressources !

Bilans en fin d'exercice

Actif	1988	1989
Immobilisations incorporelles	800	950
– Amortissements	(200)	(500)
Immobilisations incorporelles nettes	600	450
Immobilisations corporelles	2 250 000	3 215 600
– Amortissements	(709 500)	(925 000)
Immobilisations corporelles nettes	1 540 500	2 290 600
Immobilisations financières	390 000	680 000
Stocks et encours	1 020 500	1 320 000
Clients et comptes rattachés	830 000	970 000
Valeurs mobilières de placement	490 000	140 000
Disponibilités	570 000	350 000
Total actif	4 841 600	5 751 050
Passif		
Capital social	800 000	800 000
Réserves	730 000	790 000
Report à nouveau	210 000	320 000
Résultat	190 000	170 000
Provisions pour risques et charges (1)	344 000	469 000
Emprunts et dettes financières (2)	1 550 000	1 990 000
Fournisseurs et comptes rattachés	1 017 600	1 212 050
Total passif	4 841 600	5 751 050

(1) Les provisions mentionnées ne couvrent pas des risques réels et prochains et peuvent donc être considérées comme stables.

(2) Dont montants à plus d'un an	300 000	450 000
Dont concours bancaires courants et soldes créditeurs des banques	612 500	795 000

Informations diverses

1 – On apprend en outre que les résultats ont donné lieu aux décisions d'affectation suivantes :

	1988	1989
Distribution de dividendes	20 000	30 000
Réserves	60 000	50 000
Report à nouveau	110 000	90 000
Total	190 000	170 000

2 – Au cours de l'année 1989, l'entreprise a procédé au remboursement par anticipation d'un emprunt dont l'échéance normalement prévue avait été fixée au 31 mai 1993. Le montant de ce remboursement s'établit à 180 000 francs. Les concours bancaires courants constituent des dettes à court terme.

3 – L'entreprise a cédé au cours de l'exercice 1989 des titres de participation pour un montant de 50 000. La transaction a été conclue à ce prix alors que les titres concernés figuraient précédemment au bilan pour une valeur comptable de 30 000 francs.

4 – Les titres de l'entreprise ne sont pas grevés par des provisions pour dépréciation.

5 – Au compte de résultats, on peut relever les indications suivantes :

	1989
Dotations de l'exercice aux	
• comptes d'amortissement	215 800
• comptes de provisions	125 000

I - OBJECTIFS ET PLAN DE L'ANALYSE

Le cas de la Société Carbonari propose une première approche des tableaux de flux financiers. La démarche suggérée se développe à partir d'états de synthèse dans lesquels certains postes présentant un caractère particulièrement technique (comptes de régularisation, écarts de conversion, capital souscrit et non appelé...) n'interviennent pas. La simplification ainsi recherchée ne porte pas en revanche sur les postes les plus significatifs pour la reconstitution et l'interprétation des flux d'emplois et de ressources. L'application n° 8 présentée ci-après permettra d'ailleurs de lever ces éléments de simplification pour aborder les problèmes posés par l'application du tableau de financement et de l'analyse des flux dans toute sa complexité technique à propos du cas d'une entreprise réelle.

La démarche préconisée comporte trois étapes :

- établissement d'un bilan différentiel qui récapitule les variations d'actif et de passif intervenues entre fin 1988 et fin 1989,
- établissement d'un premier tableau d'emplois et de ressources,
- établissement d'un tableau de financement conforme à la présentation préconisée par le PCG puis développement de variantes.

II - ÉLÉMENTS DE CORRIGÉ

1 - Le bilan différentiel

Le "bilan différentiel" ne constitue qu'un simple relevé des variations subies par les postes de l'actif et du passif entre deux dates consécutives (ici le 31 décembre 1988 et le 31 décembre 1989). Ce relevé ne présente en tant que tel aucun intérêt analytique mais constitue une étape nécessaire dans l'établissement du tableau de flux. En effet, les tableaux de flux financiers en général, et le tableau de financement en particulier, visent à la mise en évidence des opérations financières majeures de la période : emprunts, augmentation de capital, dégagement d'un autofinancement, investissement. Or ces opérations financières de la période entraînent en général des variations affectant les encours du bilan. Dès lors, la reconstitution des variations subies par les postes d'actif et du passif reflètera à son tour les opérations que l'on cherche précisément à mettre en lumière et à analyser.

Tableau 1
Le bilan différentiel

Variations affectant l'actif	31 décembre 1988	31 décembre 1989	Variations de l'exercice 1989
Immobilisations incorporelles brutes	800	950	+ 150
– Amortissements des immobilisations incorporelles	(200)	(500)	(+ 300)
Immobilisations corporelles brutes	2 250 000	3 215 000	+ 965 600
– Amortissements des immobilisations corporelles	(709 500)	(925 000)	(+ 215 500)
Immobilisations financières	390 000	680 000	+ 290 000
Stock et en-cours	1 020 500	1 320 000	+ 299 500
Créances clients...	830 000	970 000	+ 140 000
Valeurs mobilières de placement	490 000	140 000	– 350 000
Disponibilités	570 000	350 000	– 220 000
Total	4 841 600	5 751 050	+ 909 450
Variations affectant le passif			
Capital social	800 000	800 000	–
Réserve légale	80 000	80 000	–
Réserve facultative	650 000	710 000	+ 60 000
Report à nouveau	210 000	320 000	+ 110 000
Résultat	190 000	170 000	– 20 000
Provisions pour risques et charges	344 000	469 000	+ 125 000
Emprunts et dettes financières	937 500	1 195 000	+ 257 500
Fournisseurs et comptes rattachés	1 017 600	1 212 050	+ 194 450
Concours bancaires courants	612 500	795 000	+ 182 500
Total	4 841 600	5 751 050	+ 909 450

2 – La reconstitution des emplois et ressources de l'exercice

La reconstitution des emplois et ressources de l'exercice sera effectuée en deux étapes.

• Dans une première étape, on reclassera les variations d'actif et de passif selon le schéma suivant :

Emplois	Ressources
↑ Actif ↓ Passif	↑ Passif ↓ Actif

• Dans une seconde étape, on dépassera les indications fournies par le bilan différentiel pour tenir compte de toutes les informations complémentaires contenues dans l'annexe.

21 – L'établissement d'un premier tableau d'emplois et ressources

On peut tout d'abord reconstituer, pour la période, les emplois qui se traduisent au bilan :

- soit par l'augmentation de certains postes de l'actif (↑ A)
- soit par la diminution de certains postes du passif (↓ P).

Tableau 2-A
Les emplois de l'exercice 1989

Emplois de l'exercice 1989	
• *Emplois correspondant à des augmentations de comptes de l'actif (↑ A)*	
Immobilisations incorporelles brutes	150
Immobilisations corporelles brutes	965 600
Immobilisations financières	290 000
Stocks et en-cours	299 500
Créances clients...	140 000
• *Emplois correspondant à des diminutions de comptes du passif (↓ P)*	
Résultat	20 000
Total des emplois de l'exercice	1 715 250

Quant aux ressources, elles se traduisent au bilan :

- soit par l'augmentation de certains postes du passif (↑ P),
- soit par la diminution de certains postes de l'actif (↓ A),

Tableau 2-B
Les ressources de l'exercice 1989

Ressources de l'exercice 1989	
• *Ressources correspondant à des augmentations de comptes du passif (↑ P)*	
Réserves	60 000
Report à nouveau	110 000
Provisions pour risques et charges	125 000
Emprunts et dettes financières	257 500
Concours bancaires courants	182 500
Fournisseurs et comptes rattachés	194 450
• *Ressources correspondant à des diminutions de comptes de l'actif (↓ A)*	
Amortissement des immobilisations incorporelles	300
Amortissement des immobilisations corporelles	215 500
Valeurs mobilières de placement	350 000
Disponibilités	220 000
Total des ressources de l'exercice	1 715 250

22 – *La prise en compte des informations complémentaires*

Les indications complémentaires fournies par l'analyse permettent de préciser la reconstitution de certains flux d'emplois et de ressources.

1 – Les emprunts

D'après les bilans à fin 1988 et 1989, les encours d'emprunts et dettes financières (hors concours bancaires courants) sont passés de 937 500 à 1 195 000 F, subissant une augmentation de 257 500 F. Cette augmentation (↑ P) semble correspondre à l'apport de fonds dont l'entreprise a bénéficié à l'occasion des emprunts nouveaux, c'est-à-dire à une ressource. Or la Société Carbonari a procédé en 1989 au remboursement d'un emprunt pour 180 000 F, ce qui s'est traduit par un emploi de fonds.

On peut donc reconstituer comme suit le détail des flux financiers ayant affecté l'entreprise du fait des opérations liées aux emprunts et dettes financières, hors concours bancaires courants.

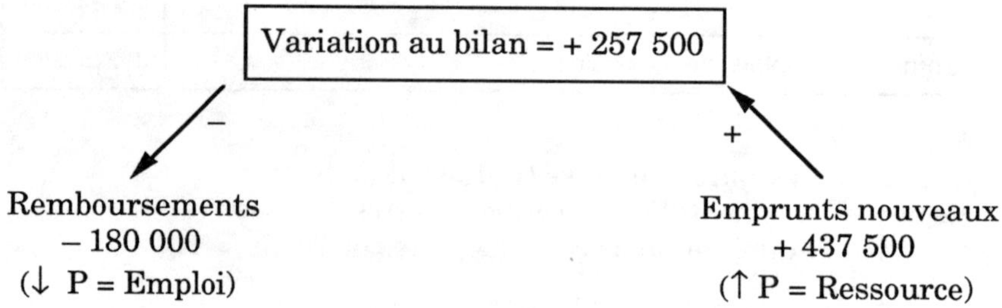

Cette reconstitution permet d'affiner la structure du tableau d'emplois et ressources sans modifier son équilibre. En effet, au lieu de l'inscription suggérée par le bilan différentiel

E	R
	Ressources sur emprunts
	257 500

On pourra noter avec plus de précision :

E	R
Remboursements	Ressources sur emprunts
180 000	437 500

2 – Les cessions

De même, les immobilisations financières qui englobent les titres de participation ont augmenté de 390 000 à 680 000 F (+ 290 000 F) d'après les bilans de fin d'exercice. Or des titres ont été cédés pour un prix de cession de 50 000 F alors que leur valeur comptable se montait à 30 000 F.

Cette observation permet de reconstituer avec une précision améliorée les mouvements ayant affecté les immobilisations financières :

Variation au bilan = + 290 000

+	–
Immobilisations acquises + 320 000 (↑ A = Emploi)	Immobilisations cédées (en valeur de bilan) – 30 000 (↓ A = Ressource)

L'indication ainsi obtenue peut être intégrée dans le tableau d'emplois-ressources et permet de substituer l'inscription [2] à l'inscription [1] suggérée initialement par le bilan différentiel, sans modifier l'ajustement global entre emplois et ressources.

[1]

E	R
Acquisitions d'immobilisations financières 290 000	

[2]

E	R
Acquisitions d'immobilisations financières 320 000	Cession d'immobilisations financières 30 000

L'évaluation de la ressource produite par la cession est ici exprimée en valeur comptable. La solution préconisée par le plan comptable de 1982 est différente puisqu'elle conduit à évaluer les ressources induites par les cessions en tenant compte *du prix de cession.* Cette solution sera présentée et commentée à l'étape suivante de l'analyse.

3 - Le tableau de financement

31 - La présentation préconisée par le plan comptable général de 1982

La présentation préconisée par le PCG de 1982 conduit à adopter pour l'établissement du tableau de financement le modèle présenté par le tableau A.

Elle exige en outre la reconstitution de la capacité d'autofinancement (CAF) de l'exercice et la prise en compte des cessions évaluées en prix de cession.

Tableau 3
Les rubriques du tableau de financement du PCG de 1982
(Emplois et Ressources en liste)

Ressources	Exercice N	Exercice N – 1
Capacité d'autofinancement de l'exercice Cessions ou réductions de l'actif immobilisé : Cessions d'immobilisations : – incorporelles – corporelles Cessions ou réductions d'immobilisations financières Augmentation des capitaux propres : Augmentation de capital ou apports Augmentation des autres capitaux propres Augmentation des dettes financières *(b)* *(c)*		
Total des ressources	X	X
Variation du fonds de roulement net global (emploi net)		
Emplois		
Distribution mises en paiement au cours de l'exercice Acquisitions d'éléments de l'actif immobilisé : Immobilisations incorporelles Immobilisations corporelles Immobilisations financières Charges à répartir sur plusieurs exercices *(a)* Réduction des capitaux propres (réduction de capital, retraits) Remboursements de dettes financières *(b)*		
Total des emplois	X	X
Variation du fonds de roulement net global (ressource nette)		

(a) Montant brut transféré au cours de l'exercice.
(b) Sauf concours bancaires courants et soldes créditeurs de banques.
(c) Hors primes de remboursement des obligations.

1 – La CAF de l'exercice 1989

La CAF peut être reconstituée à l'aide du tableau de calcul prévu par le PCG de 1982. La présentation détaillée de ce tableau est reprise ci-après.

Tableau 4
Le tableau de calcul de la capacité d'autofinancement (CAF)

	Excédent brut d'exploitation (ou insuffisance brute d'exploitation).
+	Transferts de charges (d'exploitation).
+	Autres produits (d'exploitation).
–	Autres charges (d'exploitation).
±	Quotes-parts de résultat sur opérations faites en commun.
+	Produits financiers *(a)*.
–	Charges financières *(b)*.
+	Produits exceptionnels *(c)*.
–	Charges exceptionnels *(d)*.
–	Participation des salariés aux fruits de l'expansion.
–	Impôts sur les bénéfices.
=	CAPACITÉ D'AUTOFINANCEMENT DE L'EXERCICE.

(a) Sauf reprises sur provisions.
(b) Sauf dotations aux amortissements et aux provisions financiers.
(c) Sauf : – produits des cessions d'immobilisations ;
– quotes-parts des subventions d'investissement virées au résultat de l'exercice ;
– reprises sur provisions exceptionnelles.
(d) Sauf : – valeur comptable des immobilisations cédées ;
– dotations aux amortissements et aux provisions exceptionnels.

D'après les données du cas, la CAF peut également être calculée comme suit pour la société Carbonari, au cours de l'exercice 1989.

	Résultat	+ 170 000	(↑ P)
+	Dotations aux amortissements	+ 215 800	(↓ A)
+	Dotations aux provisions	+ 125 000	(↑ P)
–	Produits de cessions des éléments d'actif (PCEA)	– 50 000	} (↓ A)
+	Valeur comptable des éléments d'actif cédés (VCEAC)	+ 30 000	
	CAF =	490 800 F	

Ainsi qu'on l'établira au paragraphe suivant, le traitement des flux sur cession revient dans ce tableau à *soustraire* une éventuelle plus-value (PCEA > VCEAC) ou à *additionner* une éventuelle moins-value (VCEAC > PCEA). Cette inscription paradoxale sera justifiée ci-après.

2 – Les flux liés aux cessions

On observe que la prise en compte des flux sur cession dans le calcul de la CAF revient à *soustraire la plus-value* de 20 000 F dégagée par cette cession. Or le résultat de l'exercice qui intervient également dans le cadre de la CAF a été calculé en tenant compte de cette plus-value au titre des produits et charges exceptionnels. L'évaluation des ressources de l'exercice dans le tableau de financement comporte donc un risque de double comptabilisation de la plus-value. Pour réduire cette difficulté, deux solutions techniques semblent possibles :

• Une première solution consiste à prendre en compte les plus-values seulement par leur incidence sur le résultat. Dans ces conditions, le résultat incluant déjà la plus-value, les ressources sur cessions seront évaluées en *valeur comptable.*

• Une seconde solution cherche au contraire à mesurer la rentrée de fonds effectivement assurée par les cessions. Elle conduit donc à avaluer les ressources sur cessions en *prix de cessions.* Dès lors, les plus-values (ou les moins-values) donnent lieu à une double comptabilisation. Celle-ci doit alors être neutralisée lors du calcul de la CAF par l'addition de la moins-value éventuelle ou la soustraction de la plus-value éventuelle. Dans ces conditions, le calcul de la CAF conduit à neutraliser les incidences de la plus-value, à ses implications fiscales près.

Tableau 5
Tableau de financement selon la présentation du PCG 1982

Ressources durables	Exercice 1989
Capacité d'autofinancement de l'exercice	490 800
Cession ou réductions de l'actif immobilisé	
• Cessions d'immobilisations incorp. ou corp.	–
• Cessions d'immobilisations financières	50 000
Augmentation des capitaux propres	–
Augmentation des dettes financières	437 500
Total (I)	978 300
Emplois stables	
Dividendes mis en paiement au cours de l'exercice	20 000
Acquisition d'éléments de l'actif immobilisé	
• Immobilisations incorporelles	150
• Immobilisations corporelles	965 600
• Immobilisations financières	320 000
Remboursement de dettes financières	180 000
Total (II)	1 485 750
Variation du fonds de roulement net global (I) – (II)	– 507 450

Tableau 5
(suite)

Variation du fonds de roulement net global	Besoins (1)	Dégagements (2)	Solde (2) – (1)
Variation "Exploitation"			
Variation des actifs d'exploitation			
Stock et en-cours	299 500	–	
Avances et acomptes versés sur commandes			
Créances clients, comptes rattachés et autres créances d'exploitation	140 000	–	
Variations des dettes d'exploitation			
Avances et acomptes reçus sur commande	–	–	
Dettes fournisseurs, comptes rattachés et autres dettes d'exploitation		194 450	
Totaux	439 500	194 450	
A – Variation nette "Exploitation"			– 245 050
Variations "Hors Exploitation"			
Variation des autres débiteurs	–	350 000	
Variation des autres créditeurs	–	–	
Totaux	–	350 000	
B – Variations nette "Hors Exploitation"			+ 350 000
Total A + B	439 500	544 450	+ 104 950
(Besoin net de l'exercice en fonds de roulement)			
Variation "Trésorerie"			
Variation des disponibilités	–	220 000	
Variation des concours bancaires courants	–	182 500	
Totaux		402 500	
C – Variation nette "Trésorerie"	–		+ 402 500
Variation du FRNG (A + B + C)	439 500	946 950	+ 507 450

4 – Une variante de présentation

Le tableau 3 reprend la présentation du tableau de financement préconisée par le PCG de 1982. Le tableau 4 développe pour sa part une variante qui se démarque des solutions "normalisées" sur cinq points.

a – Pour le traitement des ressources d'auto-financement, on suggère la prise en compte de *l'autofinancement effectif* plutôt que de la CAF. Le PCG préconise en effet :

• l'inscription de la CAF de l'exercice t en ressources,

• l'inscription en emplois des dividendes mis en paiement au cours de l'exercice t, c'est-à-dire les dividendes réglés sur les bénéfices de l'exercice t – 1.

Cette solution se justife par le fait que les décisions relatives à la distribution des dividendes interviennent plusieurs mois après la clôture de l'exercice, par exemple au mois de mai ou juin pour une clôture intervenant au 31 décembre. Dès lors, à la fin de l'exercice, une incertitude persiste quant à la part du bénéfice qui sera distribuée et quant à la fraction qui sera conservée par l'entreprise aux fins d'autofinancement. Dans une perspective analytique plus soucieuse de traduire la réalité des comportements financiers que de formalisme, on suggère ici de retenir le montant de l'autofinancement effectif, lorsque l'information disponible permet de l'évaluer.

b – Pour les cessions, on raisonne directement en valeur comptable puisque les plus ou moins values éventuelles sont déjà prises en considération au niveau du compte de résultats.

c – On inclut les mouvements relatifs aux valeurs de placement dans le recensement des flux de trésorerie.

d – A propos des dettes, on rétablit la distinction entre dettes financières à plus d'un an et dettes à moins d'un an au lieu de raisonner sur l'ensemble indifférencié des dettes financières, hors concours bancaires courants. Cette solution permet de mettre en évidence, avec précision, l'évolution des capitaux réellement permanents et non pas des ressources dites "durables" mais dont l'échéance effective pourrait être incertaine *a priori*. Enfin, cette solution permet d'éclairer la variation du FRN rigoureusement défini en fonction de la liquidité des emplois et de l'exigibilité des ressources, au lieu de déboucher sur la variation d'un "FRNG" dont la signification est en réalité imprécise.

e – Enfin, on adopte pour la présentation du tableau une structure d'ensemble qui fait apparaître l'évolution des termes de la relation de trésorerie de façon plus synthétique et plus nette.

La variante proposée confirme bien-sûr les grandes évolutions mises en évidence par le tableau du PCG (tableau 6) :

• un très important prélèvement sur le fonds de roulement induit par un plan d'investissement de grande ampleur,

• un alourdissement du BFRE,

• une dégradation marquée de la trésorerie.

Tableau 6
Une variante de présentation du tableau de financement

Emplois à long et moyen terme (ELMT)		Ressources à long et moyen terme (RLMT)	
Investissements		Autofinancement	
• incorporels	150	• bénéfice non distribué	140 000
• corporels	965 600	• dotations aux amortissements et aux provisions	340 800
• financiers	320 000		
			480 800
Remboursements	180 000	Ressources sur cessions	30 000
		Emprunts à plus d'un an	330 000
Total des ELMT	1 465 750	Total des RLMT	840 800
		Prélèvement sur le FRN	**624 950**

Emplois à court terme (ECT)		Ressources à court terme (RCT)	
Stocks	299 500	Crédits fournisseurs	194 450
Créances clients	140 000	**Augmentation du BFRE**	**245 050**
Total des emplois cycliques (EC)	439 500		439 500
		Cessions des valeurs mobilières de placement	350 000
		Prélèvement sur les disponibilités	220 000
		Augmentation des concours bancaires courants	182 500
		Augmentation des dividendes à verser	10 000
Total des emplois de trésorerie (ET)	–	Augmentation des autres dettes financières à court terme	107 500
Prélèvement sur la trésorerie	**870 000**		
	870 000		870 000
Total des ECT	439 500	Total des RCT	1 064 450
Prélèvement sur le FRN	**624 950**		

Mais si le changement de présentation n'affecte pas l'orientation générale de l'analyse, il affecte l'image que l'on peut avoir des ajustements partiels opérés par l'entreprise.

1 – Le prélèvement sur le FRN (624 950) est beaucoup plus sévère que celui relevé à propos du FRNG (soit 507 450 F). La

détérioration de la marge de sécurité apparaît d'autant plus nettement que la seconde présentation oriente l'analyse vers les seules ressources libellées à plus d'un an.

2 – Les deux méthodes parviennent à une évaluation identique à propos de l'augmentation du BFRE (+ 245 050 F). En revanche, la différence de traitement à propos des valeurs de placement conduit à une divergence d'appréciation nette à propos de la trésorerie.

La présentation du PCG assimile la cession des valeurs de placement à une ressource hors exploitation qui viendrait réduire les besoins globaux en fonds de roulement ; elle suggère donc une diminution du BFR (– 104 950 F) et une dégradation modérée de la trésorerie (402 500 F), exclusivement imputable à l'érosion du FRNG.

La présentation alternative débouche sur une vision beaucoup plus sévère de l'évolution :

• Le gonflement du BFRE n'étant compensé par aucune ressource hors exploitation, le BFR global apparaît en très net "dérapage" (+ 245 050 F).

• Comme le gonflement du BFR coïncide avec une dégradation du FRN, la trésorerie subit une chute sévère (– 870 000 F).

Les deux visions proposées de l'évolution de l'entreprise ne sont donc pas séparées par de simples nuances ou des subtilités académiques ou techniques mais elles débouchent sur des appréciations fortement divergentes. En l'occurence, il semble bien que la variante de présentation opposée à la formule du PCG rende bien mieux compte de l'évolution des conditions de gestion financière à court terme de l'entreprise :

• assèchement des liquidités traduit par la cession de 70 % des valeurs de placement et la réduction des disponibilités (+ 39 %),

• recours accru au crédit bancaire et aux autres modalités de concours financiers à court terme.

III - SYNTHÈSE ET CONCLUSIONS

1 – Le cas "La Société Carbonari" illustre sur une exemple simple l'intérêt mais aussi la difficulté d'une étude des flux financiers. En fournissant une image synthétique des opérations financières majeures effectuées par l'entreprise au cours d'une période, le tableau de financement apporte des indications précieuses pour l'appréciation de la politique financière.

2 – Cependant, des difficultés d'évaluation (cessions, remboursements) peuvent alourdir le travail d'analyse. En outre, les options

retenues par l'analyste quant à la présentation et à l'élaboration du tableau influent sur la qualité de l'image obtenue. Elles exigent donc un certain discernement dans le commentaire et un certain recul critique par rapport aux solutions retenues, même s'il faut bien en choisir une ou plusieurs et... s'y tenir !

3 – Le cas étudié montre par ailleurs que le tableau de financement ne procède pas d'une démarche exclusive de l'analyse statique, mais apparaît au contraire complémentaire de cette dernière. Ainsi, dans le cas de la société Carbonari, la portée des remarques avancées de la dégradation du FRN et de la trésorerie est d'autant plus nette que le *niveau initial* de ces grandeurs ne laissait pas à l'entreprise une marge de manœuvre considérable. Dès lors, l'analyse statique en soulignant l'inversion du signe du FRN et la faiblesse de la trésorerie renforce les conclusions suggérées par l'analyse dynamique.

4 – Enfin, le cas permet une première approche des tableaux de flux, approche qui pourra être complétée par la présentation d'autres méthodes d'analyse, celle du tableau pluri-annuel des flux financiers et du tableau de variations d'encaisse notamment.

Cas n° 5

Galère SA

Thèmes d'analyse :

- *Analyse des performances financières.*
- *Confrontation des différents indicateurs de résultat.*

Outils et méthodes :

- *Résultats comptables.*
- *Soldes intermédiaires de gestion.*
- *Capacité d'autofinancement (CAF).*
- *Excédent de trésorerie globale (ETG).*
- *Ratios de rentabilité.*

Objectifs pédagogiques :

- *Entraînement au calcul des indicateurs de résultat.*
- *Entraînement à l'interprétation des mesures de performance.*
- *Sensibilisation aux limites des indicateurs et aux problèmes de choix des instruments adéquats.*

Lectures recommandées :

Analyse financière :

- *Chapitre 9.*
- *Chapitre 7.*

Dans le TGV qui le conduisait à Paris, Philippe Grandgousier compilait avec une certaine inquiétude le dossier qu'il devait défendre devant le comité de direction du groupe Galère SA. Au début de février, les services comptables avaient arrêté une édition provisoire des comptes pour 1988 de la société Lactaval, filiale à 87 % du groupe Galère. Et, comme tous les ans depuis qu'en mars 1985 il avait accédé à la présidence de Lactaval, M. Grandgousier "montait" à Paris pour une séance de travail avec M. Jacques Aiglefin, le président du groupe et ses collaborateurs directs.

M. Grandgousier avait gardé un souvenir assez désagréable de ces séances annuelles de reporting. Tout au long de l'année, il avait en effet de très nombreux contacts avec M. Aiglefin et son "brain trust". Mais la sortie des comptes annuels était l'occasion d'un véritable "déshabillage" de Lactaval dont l'activité avait été examinée sous l'angle industriel, technique, commercial, social et financier.

S'il était parfaitement à son affaire pour présenter les aspects concrets de la vie de sa société, Philippe Grandgousier était plus mal à l'aise quand il s'agissait d'examiner les éléments financiers. Technicien de formation, il s'était hissé à la direction technique puis à la direction générale de Lactaval, grâce à une expérience industrielle et un sens commercial qu'il avait su faire reconnaître et apprécier en vingt ans de maison. Quand le groupe Galère SA prit le contrôle de Lactaval en 1980, M. Grandgousier figurait parmi les quelques cadres "à potentiel" susceptibles de briguer la succession du président-fondateur qui avait cédé ses intérêts dans la société pour prendre sa retraite. Philippe Grandgousier l'avait finalement emporté : ses réalisations passées, sa connaissance de l'entreprise et de sa clientèle avaient été perçus par les dirigeants de Galère SA comme un atout précieux et il avait été préféré à d'autres candidats issus de Lactaval, mais aussi du groupe.

En ce début de 1989, M. Grandgousier était assez satisfait du bilan de ces années passées à la tête de Lactaval.

Lorsqu'il était parvenu à la présidence, la société n'était qu'une PME locale. Assurant la transformation de produits laitiers, elle occupait une position assez défensive, limitée à la production de quelques spécialités fromagères (pâtes à tartiner ou fromages frais relevés d'herbes, de poivre ou d'autres ingrédients, produits frais). Face à la concurrence des grands groupes nationaux qui avaient peu à peu conquis le marché de la grande distribution, Lactaval voyait ses ventes stagner depuis plusieurs années.

M. Grandgousier avait compris qu'il fallait inverser ce mouvement en cherchant à reconquérir des positions dans les supermarchés et les hyper de la région. Ce fut sa préoccupation majeure à partir de 1985. Dès son arrivée à la présidence de Lactaval, il développa une offensive sur trois plans. Les produits de la société avaient une excellente image en termes de qualité, de saveur, de "naturel". Il ne fallait donc pas les remettre en cause, mais au contraire les valoriser. En particulier, un effort devait être fait pour prolonger leur durée de conservation et pour améliorer leur conditionnement si on voulait faire une percée sur le marché des grandes surfaces.

La force de vente devait être étoffée. Elle fut renforcée grâce au recrutement de deux représentants spécialisés dans la vente de produits frais par le canal de la distribution moderne.

Ces améliorations impliquaient un important effort d'investissement qui fut lancé dès l'automne 1985 avec l'appui total de M. Aiglefin, président de la société-mère. Le comité de direction de Galère SA avait étudié à fond le projet élaboré par Philippe Grandgousier et lui avait donné le feu vert après y avoir introduit quelques aménagements. En septembre 1985, Lactaval avait pu procéder aux acquisitions foncières et avait conclu les marchés relatifs à la construction des nouveaux bâtiments et à l'installation de nouveaux ateliers de production, de conditionnement et d'emballage.

La réalisation du plan d'investissement avait cependant causé de sérieuses inquiétudes à Philippe Grandgousier. On avait dû modifier en cours de route les spécifications techniques des chaînes de conditionnement, ce qui avait occasionné un grave surcoût. Par ailleurs, des évolutions du taux de change avaient notablement renchéri certains matériels importés à grands frais. Au lieu des 7 millions de francs initialement budgétés, l'enveloppe du projet se monta finalement à 10 500 000 francs. Pour faire face à cette dérive, Philippe Grandgousier dut convaincre ses actionnaires de participer à une augmentation de capital. Lactaval bénéficia ainsi d'une reconstitution de ses fonds propres à l'occasion de deux apports en 1986 et 1987. En outre, il fut décidé de ne distribuer aucun dividende jusqu'en 1990. Enfin, l'appui de la société-mère permit d'obtenir un crédit bancaire à moyen terme de 2 500 000 francs, dont 1 500 000 francs remboursables au 1er octobre 1989.

Mais en ce début de 1989, les difficultés rencontrées lors du lancement du plan d'investissement pouvaient apparaître comme de simples péripéties que le succès ultérieur du projet permettaient de relativiser. Les ventes avaient connu un bond en avant réellement spectaculaire et Philippe Grandgousier avait trouvé dans leur développement une confirmation de ses vues.

A l'approche de la séance de travail qu'il devait tenir avec l'équipe de Jacques Aiglefin, les problèmes financiers continuaient toutefois de le préoccuper. Il s'attardait sur les quelques feuillets des états comptables provisoires annexés au texte de son rapport sans parvenir à se déterminer sur la façon dont il les présenterait au cours de la réunion. Deux points le tourmentaient de façon particulière. D'une part, il voyait mal comment Lactaval pourrait sans mettre à mal sa trésorerie, rembourser le crédit bancaire de 1 500 000 frans qui venait à échéance dans quelques mois. La négociation d'un report d'échéance sur un an lui apparaissait donc comme une solution raisonnable qu'il comptait soumettre à M. Aiglefin. D'autre part, Philippe Grandgousier se sentait mis dans une position défensive à cause de l'évolution des résultats de Lactaval. Il avait en effet pris des engagements de redressement à l'égard de la société-mère. Or, le résultat d'exploitation de 1988 était en repli par rapport à celui de 1987. Quant au résultat net comptable, il avait connu une réelle amélioration par rapport à celui de 1987. Mais l'exercice 1987 avait été une année "noire" en matière de bénéfice et le niveau des résultats nets stagnait en 1988 par rapport aux niveaux atteints en 1985 et 1986.

Annexe 1
Bilans au 31 décembre (milliers de francs)

Actif	1985		1986		1987		1988	
	Brut	Net	Brut	Net	Brut	Net	Brut	Net
– *Immobilisations incorporelles*								
• Concessions, brevets...	–	–	600	550	600	430	800	480
– *Immobilisations corporelles*								
• Terrains	1 352	1 352	1 728	1 728	1 728	1 728	1 728	1 728
• Constructions	3 720	1 845	5 290	3 280	5 590	3 210	6 440	3 620
• Installations techniques, matériel et outillage industriel	10 950	6 415	15 310	8 705	16 790	9 510	19 160	9 642
• Autres immobilisations corporelles	1 400	1 190	1 600	1 212	1 600	1 010	1 600	845
– *Immobilisations financières*								
• Prêts	–	–	720	720	720	720	870	870
Total I	17 422	10 802	25 248	16 195	27 028	16 608	30 598	17 185
– *Stocks*								
• Matières premières, approvisionnements	828	828	955	955	1 102	1 102	1 515	1 515
• Encours de production de biens	228	228	251	251	284	284	350	350
• Produits finis	2 610	2 576	3 243	3 158	4 151	3 722	4 886	4 075
– *Créances*								
• Clients et comptes rattachés	4 906	4 906	6 472	6 220	7 412	7 095	8 537	7 917
– *Divers*								
• Valeurs mobilières de placement	1 430	1 430	680	680	600	600	620	620
• Disponibilités	1 015	1 015	940	940	873	873	850	850
Total II	11 017	10 983	12 541	12 204	14 422	13 676	16 758	15 327
Total général (I + II)	28 439	21 785	37 789	28 399	41 450	30 284	47 356	32 512

Annexe 1 (suite)

Passif	1985	1986	1987	1988
– *Capitaux propres*				
• Capital social	2 500	3 200	4 000	4 000
• Réserve légale	250	250	250	266
• Autres réserves	2 040	3 050	3 350	3 650
• Report à nouveau	820	1 180	1 420	1 424
• Résultat de l'exercice	570	540	320	580
Total I	6 180	8 220	9 340	9 920
– *Provisions pour risques et charges*				
• Provisions pour risques	203	325	360	380
Total II	203	325	360	380
– *Dettes* (1)				
• Emprunts et dettes auprès des établis. de crédit (2)	9 070	12 029	12 267	13 000
• Dettes fournisseurs et comptes rattachés	5 807	6 880	7 395	8 214
• Dettes fiscales et sociales	525	945	922	998
Total III	15 402	19 854	20 584	22 212
Total général (I + II + III)	21 785	28 399	30 284	32 512
(1) Dont montant à plus d'un an	4 980	7 600	7 600	6 100
(2) Dont concours bancaires courants et soldes créditeurs de banques	4 090	4 429	4 667	5 400

Annexe 2
Comptes de résultat

Produits et charges	1985	1986	1987	1988
– *Produits d'exploitation*				
• Production vendue	15 400	19 415	22 712	26 202
• Production stockée	420	630	645	335
Total I	15 820	20 045	23 357	26 537
– *Charges d'exploitation*				
• Achats de matières premières	7 310	8 970	11 705	12 940
• Autres achats et charges externes	570	1 215	807	751
• Frais de personnel	3 510	5 105	5 230	6 050
• Impôts, taxes et versements assimilés	310	417	442	833
• Dotations aux amortissements	655	1 733	1 997	3 063
• Dotations aux provisions	215	425	444	705
Total II	12 570	17 865	20 625	24 342
A – Résultat d'exploitation (I – II)	3 250	2 180	2 732	2 195
– *Produits financiers*				
• Autres intérêts et produits assimilés	101	83	44	38
– *Charges financières*				
• Intérêts & charges assimilées	1 015	1 415	1 380	1 420
• Pertes de change	410	115	–	–
B – Résultat financier	– 1 324	– 1 447	– 1 336	– 1 382
C – Résultat courant avant impôt (A + B)	1 926	733	1 396	813
– *Produits exceptionnels*				
• Produits de cession des éléments d'actif	–	201	225	110
• Autres	–	–	–	32
– *Charges exceptionnelles*				
• Valeurs comptables des éléments cédés	–	45	192	60
• Autres	876	–	839	–
Résultat exceptionnel	– 876	156	– 806	82
Impôt sur les bénéfices	480	349	270	315
Résultat de l'exercice	570	540	320	580

I - OBJECTIFS ET PLAN DE L'ANALYSE

Le cas Galère SA fournit l'occasion d'une synthèse relative aux instruments de diagnostic financier en général. On orientera ici la démarche plus particulièrement vers l'examen des indicateurs de résultats. Mais les données proposées pourraient sans difficulté servir de support à une analyse financière plus complète.

La présente note pédagogique abordera successivement les cinq points suivants :

- mise en évidence des principales évolutions affectant le bilan,
- étude des indicateurs comptables de résultat,
- étude des soldes intermédiaires de gestion et de la capacité d'autofinancement,
- étude de l'excédent de trésorerie globale et de l'excédent de trésorerie d'exploitation,
- étude des ratios de rentabilité.

La confrontation des mesures fournies par les trois séries d'indicateurs ainsi mis en œuvre permettra de poser le problème de leur convergence ou de leur divergence. Ainsi, le cas permettra un entraînement relatif au calcul des indicateurs de performance, traditionnels ou plus récents. Mais il débouchera également sur une appréciation critique de la portée, des limites et des conditions d'application de ces indicateurs.

II - ÉLÉMENTS DE CORRIGÉ

1 - L'évolution de la structure du bilan

Dans l'étude du cas Galère SA, l'analyse du bilan servira essentiellement à éclairer le contexte dans lequel s'effectue l'évolution des performances. C'est pourquoi on se limite ici à la mise en évidence des transformations majeures intervenues entre 1985 et 1988.

11 - L'évolution des bilans "réduits" en pourcentages

Le tableau 1 présente les bilans de la société Lactaval "réduits" en pourcentages. Les indications fournies concernent donc la *part* que chaque poste représente dans le montant total de l'actif et du passif.

Tableau 1A
Bilans en pourcentages - ACTIF

Actif (%)	1985	1986	1987	1988
– *Immobilisations incorporelles*	0	1,9	1,4	1,5
– *Immobilisations corporelles*				
• Terrains	6,2	6,1	5,7	5,3
• Constructions	8,5	11,5	10,6	11,1
• Installations...	29,4	30,7	31,4	29,7
• Autres	5,5	4,3	3,3	2,6
(sous-total)	(49,6)	(52,6)	(51,0)	(48,7)
– *Immobilisations financières*				
• Prêts		2,5	2,4	2,7
– *Stocks*				
• Matières	3,8	3,4	3,6	4,7
• Encours...	1,0	0,9	0,9	1,0
• Produits finis	11,8	11,1	12,3	12,5
(sous-total)	(16,7)	(15,4)	(16,8)	(18,2)
– *Créances*	22,5	21,9	23,4	24,4
– *Valeurs de placement*	6,6	2,4	2,1	1,9
– *Disponibilités*	4,7	3,3	2,9	2,6
Total général	100,0 %	100,0 %	100,0 %	100,0 %

Tableau 1 B
Bilans en pourcentages - PASSIF

Passif (%)	1985	1986	1987	1988
Capitaux propres	28,4	28,9	30,8	30,5
Provisions	0,9	1,1	1,2	1,2
Emprunts et dettes à plus d'un an	22,9	26,8	25,1	18,8
(sous-total)	(52,2)	(56,8)	(57,1)	(50,5)
Emprunts et dettes financières à moins d'un an	18,7	15,7	15,4	21,2
Fournisseurs	26,7	24,2	24,4	25,3
Dettes fiscales et sociales	2,4	3,3	3,1	3,0
(sous-total)	(47,8)	(43,2)	(42,9)	(49,5)
Total général	100,0 %	100,0 %	100,0 %	100,0 %

Quant au tableau 2, il constitue une contraction du tableau 1. Il ne retient en effet que les pourcentages relatifs aux "grandes masses du bilan".

Tableau 2
Grandes masses du bilan en pourcentages

	1985	1986	1987	1988
Actifs immobilisés	49,6 %	57,0 %	54,8 %	52,9 %
Actifs circulants	50,4 %	43,0 %	45,2 %	47,1 %
Actif total	100,0 %	100,0 %	100,0 %	100,0 %
Capitaux permanents	52,2 %	56,8 %	57,1 %	50,5 %
Dettes à moins d'un an	47,8 %	43,2 %	42,9 %	49,5 %
Passif total	100,0 %	100,0 %	100,0 %	100,0 %

Les tableaux 1 et 2 permettent de faire ressortir des modifications nettes de la structure du bilan.

111 – L'évolution de l'actif

A l'actif, on constate une forte croissance de la part des *immobilisations nettes* consécutive au lancement du plan d'investissement (+ 5,5 % en 1986). Le ralentissement de l'effort d'investissement et le jeu des amortissements justifient la contraction intervenant par la suite. Au total, la société ne subit pas une forte augmentation de la part des actifs immobilisés puisque, sur la période considérée, ces éléments voient leur part relative s'élever de 51,5 % à 52,9 %.

La part de l'actif circulant se contracte modérément pour sa part. Cependant, les composantes de l'actif à court terme connaissent des évolutions disparates. Alors que la part des stocks passe de 16,1 % à 18,2 % (+ 2,1 %) et celles des créances de 21,7 à 24,4 (+ 2,7 %), la part des éléments financiers (valeurs de placement et disponibilités) se contracte brutalement, revenant de 10,7 % à 4,5 % (– 6,2 %). Les emplois cycliques progressent donc relativement tandis que les éléments les plus liquides voient leur part réduite.

112 – L'évolution du passif

Sur l'ensemble de la période, la structure du passif subit des évolutions qui semblent à première vue parallèles à celles observées à l'actif :

• augmentation de la part des capitaux permanents de 1985 (53,9 %) à 1987 (57,10 %), puis contraction en 1988 (– 6,6 %) ;

• contraction de la part des dettes à court terme jusqu'en 1987 et augmentation en 1988.

113 – L'ajustement global de l'actif et du passif

La confrontation systématique des évolutions observées à l'actif et au passif permet d'énoncer trois remarques.

• Le différentiel entre capitaux permanents et actifs immobilisés évolue de façon heurtée, avec une nette dégradation en 1988.

Pourcentages du total du bilan	1985	1986	1987	1988
Part des				
• Capitaux permanents (1)	52,2 %	56,8 %	57,1 %	50,5 %
• Actifs immobilisés (2)	49,6 %	57,0 %	54,8 %	52,9 %
D = (1) – (2)	+ 2,6 %	– 0,2 %	+ 2,3 %	– 2,4 %

• Le différentiel entre emplois et ressources cycliques connaît au contraire une évolution régulière.

Pourcentages du montant total du bilan	1985	1986	1987	1988
Part des				
• Stocks	16,7 %	15,4 %	16,8 %	18,2 %
• Créances	22,5 %	21,9 %	23,4 %	24,4 %
Sous-total (1)	39,2 %	37,3 %	40,2 %	42,6 %
• Dettes fournisseurs (2)	26,7 %	24,2 %	24,4 %	25,3 %
• Dettes fiscales et sociales (3)	2,4 %	3,3 %	3,1 %	3,0 %
D_1 = (1) – (2)	12,5 %	13,1 %	15,8 %	17,3 %
D_2 = (1) – [(2) + (3)]	10,1 %	9,8 %	12,7 %	14,3 %

Ce différentiel représente la différence entre les emplois que l'entreprise doit financer au titre de son activité d'exploitation et les ressources dégagées par l'activité courante. Sa croissance, par rapport à l'ensemble du bilan, traduit donc un alourdissement relatif des besoins de financement engendrés par l'exploitation.

• Enfin, la part des éléments financiers à court terme évolue dans le sens d'un repli pour les actifs les plus liquides (les disponibilités et les valeurs de placement voient leur part décliner de 10,7 % à 4,5 %) et d'une nette expansion pour les dettes financières à court terme (18,1 % à 21,2 %). La dépendance de l'entreprise à l'égard des concours financiers à court terme semble donc s'être relativement accentuée au cours des années étudiées.

Pourcentages du montant total du bilan	1985	1986	1987	1988
Part des				
• Valeurs mobilières de placement	6,6 %	2,4 %	2,1 %	1,9 %
• Disponibilités	4,4 %	3,3 %	2,9 %	2,6 %
(1)	11,0 %	5,7 %	5,0 %	4,5 %
• Dettes financières à moins d'un an (2)	18,1 %	15,7 %	15,4 %	21,2 %
D_3 = (1) – (2)	– 7,7 %	– 10,0 %	– 10,4 %	– 16,7 %

12 – L'étude de la relation fondamentale de trésorerie

L'étude de la relation de trésorerie vient compléter celle des ratios de structure.

– Le fonds de roulement net (FRN)

Le FRN de la société sera défini strictement ici comme un fonds de roulement *permanent* défini à partir des éléments à plus d'un an du bilan :

FRN = capitaux permanents – actifs immobilisés

En l'absence de distribution de dividendes, le résultat est conservé par l'entreprise et doit donc être considéré comme une ressource à plus d'un an. De même, la permanence d'une enveloppe de provisions pour risques et charges, d'ailleurs en croissance, suggère de les considérer comme des ressources stables.

Milliers de francs	1985	1986	1987	1988
• Capitaux propres	6 180	8 220	9 340	9 920
• Provisions pour risques et charges	203	325	360	380
• Dettes à plus d'un an	4 980	7 600	7 600	7 600
(1) Capitaux permanents	11 363	16 145	17 300	16 400
• Immobilisations (2)	10 802	16 195	16 608	17 185
FRN = (1) – (2)	+ 561	– 50	+ 692	– 785

Comme le suggérait déjà l'étude des bilans réduits en pourcentage, l'analyse du FRN permet de souligner son instabilité au cours de la période 1985-1988 et sa très nette dégradation la dernière année.

– Le besoin en fonds de roulement (BFR)

Le BFR sera ici calculé à partir d'une distinction entre :

• le BFR d'exploitation (BFRE) défini rigoureusement sur la base des seuls éléments d'emplois et de ressources liés à l'activité courante,

• le BFR hors exploitation (BFRHE) qui tient compte des débiteurs et créditeurs divers.

Cependant, les valeurs mobilières de placement, bien qu'elles soient incluses dans l'ensemble des comptes de débiteurs divers, seront considérés comme des éléments de caractère financier, traduisant la gestion de la trésorerie de l'entreprise.

Milliers de francs	1985	1986	1987	1988
• Stocks	3 622	4 364	5 108	5 940
• Créances clients...	4 906	6 220	7 095	7 917
(1) Emplois cycliques	8 538	10 584	12 203	13 857
• Fournisseurs...	5 807	6 880	7 395	8 214
(2) Ressources cycliques	5 807	6 880	7 395	8 214
BFRE = (1) – (2)	+ 2 731	+ 3 704	+ 4 808	+ 5 643

On constate ainsi la très forte croissance du BFRE au cours de la période (+ 106,7 %). Cette croissance résulte de la progression conjointe des emplois cycliques (+ 62 %) et des ressources cycliques (+ 41 %). L'enveloppe des crédits fournisseurs croît en effet entre 1985 et 1988, mais pas suffisamment pour "suivre" l'expansion des stocks et des créances commerciales. On assiste dès lors à une très rapide croissance du besoin de financement induit par l'exploitation.

Milliers de francs	1985	1986	1987	1988
(1) Emplois hors exploitation	–	–	–	–
(2) Ressources hors exploitation				
• Dettes fiscales	525	945	922	998
BFRHE = (1) – (2)	– 525	– 945	– 922	– 998

Au total, le BFR subit donc une vive progression au cours de la période sous revue.

Milliers de francs	1985	1986	1987	1988
BFRE	+ 2 731	+ 3 704	+ 4 808	+ 5 643
BFRHE	– 525	– 945	– 922	– 998
BFR global	+ 2 206	+ 2 759	+ 3 886	+ 4 645

– La trésorerie (T)

Les résultats précédents induisent nécessairement une forte dégradation de la trésorerie. Or cette dégradation se trouve aussi bien traduite par la confrontation des emplois et ressources de trésorerie que par la confrontation entre FRN et BFR.

Milliers de francs	1985	1986	1987	1988
• Valeurs mobilières de placement	1 430	680	600	620
• Disponibilités	1 015	940	873	850
(1) Emplois de trésorerie	2 445	1 620	1 473	1 470
• Emprunts et dettes auprès des établissements de crédit, à moins d'un an	4 090	4 429	4 667	6 900 *
(2) Ressources de trésorerie	4 090	4 429	4 667	6 900
T = ET – RT	– 1 645	– 2 809	– 3 194	– 5 430

* On considère ici que la fraction à moins d'un an du crédit bancaire à moyen terme (1 500 000 F) peut être considérée comme une ressource financière à court terme, donc comme une ressource de trésorerie, au même titre que les concours bancaires courants.

D'après les termes du calcul du FRN et du BFR retenus ici, la relation de trésorerie permet évidemment de dégager des résultats concordants.

Milliers de francs	1985	1986	1987	1988
FRN	+ 561	– 50	+ 692	– 785
– BFR	+ 2 206	+ 2 759	+ 3 886	+ 4 645
T = FRN – BFR	– 1 645	– 2 809	– 3 194	– 5 430

– Les formulations suggérées par le plan comptable général de 1982

Le PCG de 1982 suggère une formulation des notions de FRN, BFR et T différente de celle retenue ici. Il semble donc utile de recourir également à cette formulation afin de confronter les conclusions suggérées par les deux modes de calcul successivement expérimentés.

Le *FRN* mentionné par le PCG a un caractère "global" (FRNG) en ce sens qu'il prend en compte au titre des capitaux permanents, l'ensemble des dettes financières, à l'exclusion des concours bancaires courants et des soldes créditeurs des banques.

La formulation retenue pour le *BFR* et la *trésorerie* diffère également de celle mise en œuvre ici à cause du traitement des valeurs mobilières de placement. Celles-ci sont considérées par le PCG comme une composante des comptes de "débiteurs divers" et assimilées à des emplois hors exploitation entrant dans le calcul du BFRHE. Dans les calculs qui précèdent on a au contraire privilégié le *caractère financier des valeurs de placement*, en les considérant comme des emplois de trésorerie.

Milliers de francs	1985	1986	1987	1988
Ressources durables (1)				
• Capitaux propres	6 180	8 220	9 340	9 920
• Provisions	203	325	360	380
• Dettes financières (*)	4 980	7 600	7 600	7 600
Total (1)	11 363	16 145	17 300	17 900
Emplois stables (2)				
• Immobilisations	10 802	16 195	16 608	17 185
FRNG = (1) – (2)	+ 561	– 50	+ 692	+ 715

(*) Hors concours bancaires courants et soldes créditeurs des banques.

Ce mode de calcul conduirait à constater une amélioration cumulative du FRNG à compter de 1986, alors que le FRN précédemment calculé accusait une très nette dégradation en 1989. Cette divergence est clairement imputable au traitement des dettes financières à moins d'un an. La prise en compte de leur *exigibilité* conduirait à les exclure des capitaux permanents alors que le PCG, mettant l'accent sur leur *caractère financier* suggère de les considérer comme des ressources durables. Dans une perspective d'appréciation de la solvabilité effective, cette seconde solution apparaît moins pertinente que la précédente.

Milliers de francs	1985	1986	1987	1988
BFRE	2 731	3 704	4 808	5 643
Emplois hors exploitation (1)				
• Valeurs mobilières de placement	1 430	680	600	620
Ressources hors exploitation (2)				
• Dettes fiscales et sociales	525	945	922	998
BFRHE = (1) – (2)	905	– 265	– 322	– 378
BFR global = BFRE + BFRHE	3 636	3 439	4 486	5 265

Quant au calcul du BFR, la solution suggérée par le PCG conduit à mettre en évidence un besoin de financement plus élevé, dans la mesure où les valeurs mobilières de placement y sont considérées comme un élément que l'entreprise est *contrainte de financer* dans le cadre de son activité courante. Au contraire, la solution suggérée ici conduit à estimer que la détention de valeurs de placement ne constitue pas une contrainte mais un choix relatif à l'allocation des excédents de liquidités détenus par l'entreprise à un instant donnée.

Milliers de francs	1985	1986	1987	1988
Emplois de trésorerie (ET) • Disponibilités (1)	1 015	940	873	850
Ressources de trésorerie (RT) • Concours bancaires courants... (2)	4 090	4 429	4 667	5 400
Trésorerie nette : TN = ET – RT	– 3 075	– 3 489	– 3 794	– 4 550
FRNF (3) BFR (4)	+ 561 + 3 636	– 50 + 3 439	+ 692 + 4 486	+ 715 + 5 625
TN = (3) – (4)	– 3 075	– 3 489	– 3 794	– 4 550

En fin de compte, les formulations retenues par le PCG de 1982 aboutissent à une vision plus favorable de la trésorerie en fin de période, du fait du traitement des emprunts à moins d'un an pris en compte dans le calcul du FRNG. En revanche, sur les trois premières années, la TN est fortement pénalisée par le fait que les valeurs de placement sont considérées comme un élément du BFR et non comme un emploi de trésorerie.

Milliers de francs	1985	1986	1987	1988
Trésorerie (mode de calcul suggéré)	– 1 645	– 2 809	– 3 194	– 5 430
Trésorerie nette (mode de calcul du PCG de 1982)	– 3 075	– 3 489	– 3 794	– 4 550

– Conclusions relatives à l'évolution du bilan

Au total, la situation de la société Lactaval accuse, au cours de la période sous-revue, une dégradation effective. Quel que soit le mode de calcul utilisé, cette dégradation se trouve confirmée. Même si son ampleur et ses causes sont élcairées de façon différente, elle se traduit par :

• une évolution heurtée du FRN qui demeure stable selon les formulations du PCG mais qui se contracte brutalement selon la formulation préconisée ici ;

• un gonflement du BFR qui, sur la période, apparaît en augmentation de 45 % selon les formulations retenues par le PCG, mais de 110 % selon la mesure expérimentée à titre alternatif ;

• une dégradation de la trésorerie dont le déficit se creuse selon les deux modes de calcul.

2 – L'analyse des performances

21 – L'étude des indicateurs traditionnels

La mesure des résultats à l'aide des indicateurs comptables traditionnels conduit à des conclusions qui semblent justifier les préoccupations du président de Lactaval SA.

On observe en effet un net décalage entre la progression du chiffre d'affaires et l'évolution décevante du résultat d'exploitation et du résultat global de l'exercice ; ce décalage est bien entendu clairement traduit par l'évolution des ratios de marge.

Flux et stocks en milliers de francs	1985	1986	1987	1988
Chiffre d'affaires hors taxes	15 400	19 415	22 712	26 202
Résultat d'exploitation (RE)	3 250	2 180	2 732	2 195
$R_1 = \frac{RE}{CAHT}$	21 %	11,2 %	12 %	8,4 %
Résultat global après impôt (RG)	570	540	320	580
$R_2 = \frac{RG}{CAHT}$	3,7 %	2,8 %	1,4 %	2,2 %

Le résultat d'exploitation accuse une nette détérioration sur la période malgré un sursaut en 1987 et le ratio de marge qu'il permet d'établir subit un brutal repli, à partir d'un niveau initial qui, à vrai dire, pouvait apparaître remarquable.

Le résultat global subit en 1988 un redressement marqué ; mais il ne fait que retrouver son niveau de 1985 après une nette contraction en 1986 et 1987. Quant au ratio de marge nette, il subit une réduction sensible entre 1985 et 1988.

Ces indications illustrent bien les difficultés rencontrées par l'entreprise pour assurer le succès de ses investissements. Malgré l'effort consenti pour le développement des immobilisations et de l'activité productive, l'entreprise dégage des résultats dont le niveau décevant suscite quelques doutes sur l'efficacité de sa gestion.

22 – *L'étude des soldes intermédiaires de gestion*

Si les indicateurs traditionnels justifient une vision pessimiste de l'évolution des performances, les soldes intermédiaires permettent de nuancer l'analyse.

Milliers de francs	1985	1986	1987	1988
Production vendue	15 400	19 415	22 712	26 202
+ Production stockée	+ 420	+ 630	+ 645	+ 335
+ Production immobilisée	–	–	–	–
= Production de l'exercice	15 820	20 045	23 357	26 537
– Consommation de l'exercice en provenance de tiers	– 7 880	– 10 185	– 12 512	– 13 691
= Valeur ajoutée (VA)	7 940	9 860	10 845	12 846
+ Subventions d'exploitation	–	–	–	–
– Frais de personnel	– 3 510	– 5 105	– 5 230	– 6 050
– Impôts, taxes...	– 310	– 417	– 442	– 833
= Excédent brut d'exploitation (EBE)	4 120	4 338	5 173	5 963
+ Reprises de charges	–	–	–	–
+ Autres produits	–	–	–	–
– Dotations aux amortissements et aux provisions	– 870	– 2 158	– 2 441	– 3 768
– Autres charges	–	–	–	–
= Résultat d'exploitation (RE)	+ 3 250	+ 2 180	+ 2 732	+ 2 195
± Quotes-parts de résultat sur opérations faites en communs	–	–	–	–
+ Produits financiers	+ 101	+ 83	+ 44	+ 38
– Charges financières	– 1 425	– 1 530	– 1 380	— 1 420
= Résultat courant (RC)	+ 1 926	+ 733	+ 1 396	+ 813
+ Produits exceptionnels	–	+ 201	+ 225	+ 142
– Charges exceptionnelles	– 876	– 45	– 1 031	– 60
– Participation des salariés	–	–	–	–
– Impôt sur les bénéfices	– 480	– 349	+ 320	+ 580
= RÉSULTAT DE L'EXERCICE (RG)	+ 570	+ 540	+ 320	+ 580

Alors que le résultat d'exploitation et le résultat global connaissent une évolution défavorable ou une forte volatilité, la valeur ajoutée et l'EBE s'améliorent notablement. De même, les taux de valeur ajoutée et un ratio de marge construit à l'aide de l'EBE bénéficient, malgré une légère érosion, d'une évolution beaucoup plus positive que les ratios de marge R_1 et R_2 précédemment calculés.

Flux en milliers de francs	1985	1986	1987	1988
CAHT	15 400	19 415	22 712	26 202
VA	7 940	9 860	10 845	12 846
Taux de valeur ajoutée $R_3 = \frac{VA}{CAHT}$	51,6 %	50,8 %	47,8 %	49 %
EBE	4 120	4 338	5 173	5 963
$R_4 = \frac{EBE}{CAHT}$	26,7 %	22,3 %	22,8 %	22,8 %

L'analyse détaillée de ces résultats permet de préciser les conditions de cette évolution de façon précise :

• L'entreprise a subi une hausse légère du coût des consommations en provenance des tiers dont la part dans le CAHT s'élève de 51,2 % en 1985 à 52,3 % en 1988.

• De même la part des salaires dans le CAHT évolue de façon modérée de 22. 8 % à 23. 1 %.

La dégradation du résultat d'exploitation n'est donc pas imputable à une dérive des rémunérations, à un renchérissement anormal des approvisionnements ou à une détérioration de la productivité. En fait, elle est dûe au gonflement des dotations aux amortissements et aux provisions induit par l'effort d'investissement de Lactaval.

	1985	1986	1987	1988
$R_5 = \frac{Dotations}{CAHT}$	5,6 %	11,1 %	10,7 %	14,3 %

Ainsi, l'analyse des résultats d'exploitation conduit à une appréciation plus défavorable que nécessaire de l'efficacité de l'entreprise et tend à pénaliser cette dernière pour son efficacité même. Le raisonnement en termes d'EBE permet au contraire de faire ressortir la stabilité relative des surplus monétaires dégagés sur la période 1986-1988.

23 – L'évolution de la capacité d'autofinancement

Le calcul de la CAF permet également de raisonner en termes de surplus monétaire, mais à l'échelle de l'activité globale de l'entreprise et non plus seulement à l'échelle de son exploitation. La mesure de la CAF à partir de l'EBE permet tout d'abord de faire ressortir les conditions de formation du "cash flow" ou surplus monétaire global de la période, grâce à la comparaison des flux d'encaissement et de décaissement potentiels engendrés par l'activité.

Flux en milliers de francs	1985	1986	1987	1988
EBE	4 120	4 338	5 173	5 963
+ Autres produits d'exploitation	–	–	–	–
– Autres charges d'exploitation	–	–	–	–
± Quote-part de résultat sur opérations faites en commun	–	–	–	–
+ Produits financiers (*)	+ 101	+ 83	+ 44	+ 38
– Charges financières (*)	– 1 425	– 1 530	– 1 380	– 1 420
+ Produits exceptionnels (*)	–	–	–	+ 32
– Charges exceptionnelles (*)	– 876	–	– 839	–
– Participation des salariés	–	–	–	–
– Impôt sur les bénéfices	– 480	– 349	– 270	– 315
= CAF	+ 1 440	+ 2 542	+ 2 728	+ 4 298

(*) – Sauf dotations (non décaissées) et reprises (non encaissées).
– Sauf éléments liés aux cessions.

L'examen de la CAF suggère une appréciation beaucoup plus favorable relative à l'évolution des performances financières de Lactaval. Alors que l'EBE progresse de + 44,7 % entre 1985 et 1988, la CAF augmente de 198 %. Cependant, la CAF manifeste une très nette instabilité à cause de l'influence exercée par les charges et les produits exceptionnels dont l'évolution apparaît nettement plus heurtée que celle des flux d'exploitation.

La seconde méthode en usage pour le calcul de la CAF permet pour sa part de faire ressortir l'influence des amortissements et provisions.

Au total, en introduisant un point de vue monétaire dans l'étude des résultats, l'EBE et la CAF enrichissent notablement le diagnostic relatif aux performances de l'entreprise. En particulier, ces indicateurs permettent de neutraliser ou de limiter les distorsions introduites par des évolutions marquées de la politique d'amortissement et de provisions. Que des inflexions dans la constitution des dotations interviennent à la suite d'un mouvement d'investissement (comme c'est le cas ici) à la suite d'un changement de méthode ou d'un réexamen des risques, et ces charges influent sur les résultats comptables traditionnels qui peuvent, de ce fait, subir d'amples oscillations. En revanche, les revirements de la politique d'amortissement et de provision :

• n'affectent en aucune façon le montant de l'EBE,

• n'affectent la CAF que de façon atténuée du fait de leur impact fiscal.

Flux en milliers de francs	1985	1986	1987	1988
Résultat net	+ 570	+ 540	320	580
+ Dotations aux amortissements et provisions	+ 870	+ 2 158	2 441	3 768
– Quote-part des subventions virées au compte de résultat	–	–	–	–
– Reprises sur amortissements et provisions	–	–	–	–
+ Valeur comptable des éléments cédés	–	+ 45	+ 192	60
– Produit des cessions d'immobilisations	–	– 201	– 225	– 110
= CAF	+ 1 440	+ 2 542	+ 2 728	+ 4 298

24 – L'étude des excédents de trésorerie

Si l'activité de l'entreprise engendre un surplus monétaire potentiel, elle suscite en revanche des besoins en fonds de roulement additionnels.

Ainsi, l'exploitation dégage avec l'EBE un surplus monétaire susceptible de renforcer les capitaux permanents et donc le fonds de roulement de l'entreprise. Mais elle occasionne des besoins de financement additionnels au titre du BFRE. L'appréciation de la variation de la trésorerie induite par l'évolution de l'activité courante doit donc tenir compte à la fois de ces deux influences. pour mesurer cette variation de la trésorerie, on écrira donc, *au titre de l'exploitation* :

$$\underbrace{\text{ETE}}_{\substack{\text{Excédent de}\\\text{trésorerie}\\\text{d'exploitation}}} = \underbrace{\text{EBE}}_{\substack{\text{Surplus monétaire,}\\\text{source de fonds}\\\text{durables induits}\\\text{par l'exploitation}}} - \underbrace{\Delta\,\text{BFRE}}_{\substack{\text{Besoins de finance-}\\\text{ment additionnels}\\\text{induits par}\\\text{l'exploitation}}}$$

De même, *au niveau de l'activité globale,* on peut écrire :

$$\underbrace{\text{ETG}}_{\substack{\text{Excédent de}\\\text{trésorerie}\\\text{induit par}\\\text{d'exploitation}}} = \underbrace{\text{CAF}}_{\substack{\text{Surplus monétaire}\\\text{global, source d'auto-}\\\text{financement durable}\\\text{par l'exploitation}}} - \underbrace{\Delta\,\text{BFR}}_{\substack{\text{Besoins de finance-}\\\text{ment additionnels}\\\text{induits par l'ensemble}\\\text{de l'activité}}}$$

Dans le cas de la société Lactaval, les deux tableaux suivants permettent d'étudier l'évolution de l'ETE et de l'ETG sur trois années.

Milliers de francs	1985	1986	1987	1988
BFRE *en fin* d'année	2 731	3 704	4 808	5 643
Variation du BFRE *au cours* de l'exercice	nd	+ 973	+ 1 104	+ 835
EBE – Variation du BFRE	– –	4 338 – 973	5 173 – 1 104	5 963 – 835
= ETE	–	+ 3 365	+ 4 069	+ 5 128

On constate ainsi que l'activité courante a exercé une influence particulièrement favorable sur la trésorerie de l'entreprise.

Quant à l'impact de l'activité globale sur la trésorerie, il est traduit par l'ETG. Pour calculer cet indicateur, on utilisera successivement les deux modes de calcul du BFR global utilisés dans la première partie de cette note pédagogique.

Milliers de francs	1985	1986	1987	1988
BFRE global en fin d'année (mode de calcul préconisé)	2 206	2 759	3 886	4 645
Variation du BFRE global au cours de l'exercice	nd	+ 553	+ 1 127	+ 759
CAF – Variation du BFR global	1 440 nd	2 542 – 553	2 728 – 1 127	4 298 – 759
= ETG_1	nd	+ 1 989	+ 1 601	+ 3 539

Milliers de francs	1985	1986	1987	1988
BFRE global en fin d'année (mode de calcul du PCG)	3 636	3 439	4 486	5 265
Variation du BFRE global au cours de l'exercice	nd	– 197	+ 1 047	+ 779
CAF – Variation du BFR global	1 440 –	2 542 + 197	2 728 – 1 047	4 298 – 779
= ETG_1	–	+ 2 739	+ 1 681	+ 3 519

On constate donc que l'activité globale de l'entreprise et surtout son activité d'exploitation ont engendré un surplus monétaire largement suffisant pour permettre de faire face aux besoins additionnels en fonds de roulement. La dégradation de la trésorerie constatée par le président de la société n'est donc pas imputable à une inaptitude à secréter du "cash-flow". Elle semble dûe à des difficultés d'ajustement entre les excédents de trésorerie et les autres ressources d'une part, les investissements et autres emplois d'autre part. C'est ce que traduirait un tableau de financement que l'on ne cherchera pas à développer ici, faute d'indications complémentaires.

25 – L'évolution des ratios de rentabilité et de rendement

251 – Le rendement des actifs

Le rendement global des actifs peut être apprécié grâce à la comparaison entre le montant total de l'actif et celui du résultat mesuré à l'aide de divers indicateurs.

Milliers de francs	1985	1986	1987	1988
Ratios de rendement des actifs				
$R_6 = \frac{\text{Résultat de l'exercice}}{\text{Actif total}}$	570 / 21 785 = **2,6 %**	540 / 28 399 = **1,9 %**	320 / 30 284 = **1 %**	580 / 32 512 = **1,8 %**
$R_7 = \frac{\text{CAF}}{\text{Actif total}}$	1 440 / 21 785 = **6,6 %**	2 542 / 28 399 = **8,9 %**	2 728 / 30 284 = **9 %**	4 298 / 32 512 = **13,2 %**

La comparaison entre le ratio R_6 qui met en jeu le résultat de l'exercice et le ratio R_7 défini à l'aide de la CAF conduit à des conclusions diamétralement opposées. Si le rendement se détériore d'après les indications de R_6, R_7 permet de constater que l'entreprise reste capable d'améliorer la mise en valeur de ses actifs au cours de la période, en secrétant un "cash flow" de plus en plus important, compte tenu des moyens de travail mis en œuvre.

Le rendement s'apprécie également sur une base plus précise grâce à la confrontation entre les *résultats d'exploitation* et les *actifs d'exploitation*, c'est-à-dire "l'outil de travail" effectivement mis en œuvre par l'entreprise dans le cadre de son activité courante. Ainsi, la centrale des bilans de la Banque de France suggère de mesurer les grandeurs suivantes représentatives de cet "outil" :

- capital économique = immobilisations d'exploitation + BFRE
- capitaux investis = valeurs immobilisées + BFRE.

Bien qu'elle soit plus précise, la première formulation ne peut être retenue à propos de la société Lactaval car elle exige des indications relatives à la répartition des immobilisations entre éléments utilisés dans le cadre de l'exploitation et éléments "hors exploitation". C'est pourquoi on calcule les ratios de rendement de l'actif sur la base des "capitaux investis".

Flux et stocks en milliers de francs	1985	1986	1987	1988
"Capitaux investis"				
• Immobilisations nettes	10 802	16 195	16 608	17 185
+ • BFRE	+ 2 731	+ 3 704	+ 4 808	+ 5 643
= capitaux investis	13 533	19 899	21 416	22 828
$R_8 = \frac{\text{Résultat d'exploitation}}{\text{Capitaux investis}}$	3 250 / 13 533 **= 24 %**	2 189 / 19 899 **= 11 %**	2 732 / 21 416 **= 12,7 %**	2 195 / 22 828 **= 9,6 %**
$R_9 = \frac{\text{EBE}}{\text{Capitaux investis}}$	4 120 / 13 533 **= 30 %**	4 338 / 19 899 **= 21,8 %**	5 173 / 21 416 **= 24,2 %**	5 963 / 22 828 **= 26,1 %**

Comme c'était déjà le cas à propos de l'analyse du rendement global, l'étude du rendement sur l'exploitation est beaucoup plus favorable à Lactaval lorsqu'on raisonne sur les "cash-flows" (EBE) au lieu de raisonner sur les résultats comptables.

252 – La rentabilité des capitaux propres

La rentabilité financière s'apprécie de façon classique à l'aide d'un ratio qui rapporte le résultat après impôt aux capitaux propres. Le ratio R_{10} est précisément calculé sur cette base. On observera à son propos qu'il est rationnel de retenir au dénominateur un montant de capitaux propres *avant* prise en compte du résultat de l'exercice puisque c'est ce résultat qui permet soit de rémunérer soit d'augmenter l'enveloppe de fonds mis à la disposition de l'entreprise par ses actionnaires. En outre, sur la base de données plus complexes, le montant des capitaux propres aurait dû être "corrigé" pour tenir compte de retraitements exigés notamment par la prise en compte des non-valeurs, des risques, des pertes et gains latents auxquels l'entreprise peut être exposée. Cette procédure de retraitement est détaillée ci-après dans l'application n° 8 et les suivantes.

	1985	1986	1987	1988
$R_{10} = \frac{\text{Résultat de l'exercice}}{\text{Capitaux propres}}$	570 / 5 610 **= 10,2 %**	540 / 7 680 **= 7 %**	320 / 9 020 **= 3,5 %**	580 / 9 340 **= 6,2 %**

On observe une fois de plus une dégradation du résultat financier et du ratio qu'il permet d'établir. Mais, pour ne pas être mis en difficulté lors de la séance de reporting à laquelle il se soumet, le président de Lactaval SA devrait argumenter sur la qualité des résultats obtenus en termes de CAF et d'EBE. Si sa société dégage bien une rentabilité financière en diminution, elle secrète des surplus monétaires dans des conditions de plus en plus favorables. Elle semble donc présenter une capacité bénéficiaire inentamée, malgré le handicap que représente l'absorption de dotations multipliées par 4,33 au cours de la période, à cause de la politique d'investissement et du développement des ventes.

III - SYNTHÈSE ET CONCLUSIONS

La société Lactaval présente une situation assurément dégradée en termes de solvabilité comme en termes de résultat comptable.

Cependant, une étude affinée des résultats et de la solvabilité conduit à une appréciation beaucoup plus nuancée de la situation et des performances.

1 – En particulier, la progression marquée de l'EBE révèle que la capacité bénéficiaire de l'entreprise n'est nullement compromise.

2 – La progression de la CAF, quasiment multipliée par trois au cours de la période sous-revue, est certes plus remarquable encore. Elle est cependant amplifiée par rapport à celle de l'EBE, surtout à cause de la maîtrise des charges financières dont l'entreprise a fait preuve. Ces charges financières sont en effet maintenues à un niveau presque constant alors que l'EBE progresse. De même, l'impact des charges exceptionnelles ampute sévèrement les résultats de 1985 et 1987 et fait donc ressortir avec plus de netteté encore le redressement opéré en 1988.

3 – Enfin, la prise en compte des excédents de trésorerie permet d'intégrer l'étude des résultats et celle des équilibre financiers.

Le cas Lactaval, par les rapprochements qu'il suggère entre indicateurs de résultat propose un support de travail pour une discussion critique des instruments de mesure de performance. Il permet de souligner la portée et les limites de ces indicateurs et de poser la question du choix de l'instrument le plus adapté aux objectifs de l'analyste financier.

Cas n° 6

Bâtimur

Thèmes d'analyse :

- *Prévision du besoin en fonds de roulement d'exploitation.*
- *Sensibilité de ce besoin aux variations des délais.*
- *Ajustement de l'activité aux ressources en fonds de roulement de l'entreprise.*
- *Simulation des ajustements de la structure du bilan.*

Outils et méthodes :

- *Méthode des temps d'écoulement.*
- *"Fonds de roulement normatif".*
- *Variations de l'encaisse.*
- *Tableau de financement.*
- *Relation fondamentale de la trésorerie.*

Objectifs pédagogiques :

- *Entraînement au calcul des emplois et des ressources en fonds de roulement.*
- *Traduction des délais de rotation en encours.*
- *Interprétation du besoin en fonds de roulement dans le cadre du tableau de financement et du tableau de variation de l'encaisse.*

Lectures recommandées :

Analyse financière :

- *Chapitre 4. Section 3.*
- *Chapitre 5. Section 2 C.*
- *Chapitre 8. Section 1.*
- *Chapitre 8. Section 2.*

Première étape

Depuis qu'il assume la direction de la société Préfatlantique, M. Roldès a opté pour une stratégie de diversification de la gamme de matériaux de construction produits par l'entreprise. Son projet actuel est de lancer un nouveau type d'éléments préfabriqués sous la marque Bâtimur.

Ce projet va entraîner l'acquisition d'un matériel de production de 187 500 F amortissable en cinq ans. De plus, il permettra de créer cinq emplois supplémentaires dont quatre de main-d'œuvre directe.

Pour M. Roldès, la rentabilité du projet est évidente. Avec une capacité de production de 1 500 unités de Bâtimur par an et un excédent brut d'exploitation de 600 F par unité vendue, il espère récupérer le montant de l'investissement en moins de six mois d'activité.

Son calcul est le suivant. L'excédent net d'impôt sur les sociétés (au taux de 42 %) se monte à : 1500 x 600 x 58 % = 522 000 F. Sans même tenir compte de l'économie d'impôt due à l'amortissement du matériel, la capacité d'autofinancement du projet est très importante et permet d'entrevoir un retour sur investissement particulièrement rapide.

Pourtant, M. Demeyre, le chef de file du pool bancaire de la société, vient de lui refuser le financement qu'il demandait. Les raisons avancées par M. Demeyre sont sévères puisqu'il invoque l'insuffisance de fonds de roulement net de Préfatlantique, aggravée par un manque de capitaux propres et une trésorerie exsangue.

Furieux, mais aussi déterminé qu'à l'ordinaire, M. Roldès se retourne vers les principaux actionnaires de Préfatlantique pour solliciter de leur part un apport en compte courant. Leur bonne volonté lui permet de réunir 547 500 F. Ainsi, il dispose d'une marge de manœuvre de 360 000 F (547 500 – 187 500). Il va pouvoir réaliser son projet malgré les objections stériles de la banque.

Toutefois, M. Roldès est bien conscient qu'il ne doit se permettre aucun écart défavorable de trésorerie puisque M. Demeyre s'oppose à toute renégociation de la ligne de découvert actuelle. Il a rapidement rassemblé quelques éléments relatifs au cycle d'exploitation de Bâtimur.

Fort de son expérience des procédés de fabrication, M. Roldès a élaboré une fiche dégageant le coût de revient et le résultat comptable avant impôt d'une unité de Bâtimur (tableau 1).

Il a traité l'amortissement de la façon suivante. Dans le cadre de la procédure d'amortissement dégressif, pour une durée de 5 ans on applique un coefficient multiplicateur de 2. Le taux applicable à la valeur résiduelle s'établit alors à : $\frac{1}{5} \times 2 = 40\,\%$.

Pour la première année la dotation est de 187 500 x 40 % = 75 000 F. Rapportée à 1 500 unités produites, la dotation unitaire aux amortissements s'établit à 50 F par article.

Tableau 1
Fiche de coût de revient et de résultat d'une unité de Bâtimur

+ Prix de vente unitaire	2 000 F
+ Matières premières	800 F
+ Main-d'œuvre directe	300 F
+ Salaires indirects	100 F
+ Dotations aux amortissements	50 F
+ = Coût de production unitaire	1 250 F
+ Coût de transport unitaire	200 F
- = Coût de revient unitaire	1 450 F
= Résultat unitaire	550 F

Par ailleurs, M. Roldès pense que la durée de fabrication peut être négligée. Mais l'approvisionnement en matières premières va imposer un stock qui devrait tourner quatre fois par mois. Une fois la fabrication achevée, il estime devoir attendre un mois, en moyenne, avant que la vente se réalise.

Les salaires étant payés en fin de mois, il admet qu' au démarrage de cette nouvelle production, le personnel lui fera l'avance moyenne d'un demi-mois de salaire. Son argument est le suivant : le retard de paiement est de 30 jours pour la première journée de travail du mois, il est nul pour la dernière journée de travail du mois, en moyenne il est donc de 15 jours.

Pour la TVA, il choisit d'arrondir à un mois le versement de la TVA collectée sur les ventes et à deux mois le délai de récupération sur les achats de matières premières.

Il est probable que les fournisseurs maintiendront le délai de règlement qu'ils accordent actuellement, soit un mois. Par contre, les clients intéressés par Bâtimur risquent d'exiger un délai compris entre 2 et 2 mois et demi.

Tableau 2
Délais en mois

Stocks matières premières	0,3	
Stocks produits finis	1	
Clients	2	ou 2,5
TVA déductible	2	
Fournisseurs	1	
Salaires	0,5	
TVA collectée	1	

Enfin, M. Roldès choisit d'arrondir le taux de la TVA à 20 %.

Deuxième étape

Dans le but d'affiner ses calculs, M. Roldès demande au chef du service comptable, M. Barbisan, de lui indiquer les conditions et les délais exacts de paiement.

Quelques jours plus tard, il reçoit une note en six points dans laquelle il reconnaît le précieux mais pointilleux goût de la précision propre à M. Barbisan.

Note du Service Comptablité
Taux, délais et évaluations de Bâtimur

1) Le poste salaires de la fiche de coût de revient contient 37,5 % de charges sociales, les salaires étant versés le 25 de chaque mois, et les charges sociales le 15 du mois suivant.

2) Les clients, sur la base des montants inscrits sur le carnet de commande actuel, se répartissent en trois groupes :
– 40 % règlent à 60 jours, fin de mois,
– 35 % règlent à 60 jours, le 5 (du mois suivant),
– 25 % règlent à 60 jours.

3) Les fournisseurs de matières premières ont toujours exigé d'être payés à 30 jours fin de mois, le 10 (du mois suivant).

4) La TVA est à verser le 25 du mois qui suit la vente, avec un taux de18,6 % et non de 20 % !

5) Le taux de l'impôt sur les sociétés sera l'an prochain de 39 % pour les bénéfices non distribués et de 42 % pour les autres.

6) L'activité correspondant à la production de Bâtimur doit supporter une imputation des coût de structure de Préfatlantique qui s'élève à 75,57 F par unité produite et vendue sur la base d'une activité normale correspondant à 1 500 unités par an.

I - OBJECTIFS ET PLAN DE L'ANALYSE

De façon générale, une activité industrielle est génératrice d'un besoin de financement du cycle d'activité d'autant plus grand que la phase de production est longue. Ici, même si la production est presque instantanée, la durée du cycle d'exploitation de Bâtimur reste assez importante : entre 3,25 et 4,25 mois (en additionnant les délais de stockage et la durée du crédit-client). Ni les apports des fournisseurs, ni ceux des créditeurs divers (salariés, Etat,...) ne suffisent à le financer entièrement.

L'évaluation du besoin en fonds de roulement d'exploitation (BFRE) induit par cette nouvelle activité va résulter d'une traduction en termes monétaires de ces délais. Chacun d'eux doit être pondéré par la valeur de l'élément d'actif ou de passif d'exploitation auquel il correspond [1].

Exprimé en pourcentage du chiffre d'affaires hors taxes (CA HT), le BFRE va pouvoir être confronté à la limite que M. Roldès entend ne pas dépasser (360 000 F). Le respect de cette contrainte permettra de fixer le niveau d'activité maximum et de simuler les modifications que connaîtra le bilan de Préfatlantique.

Dans un premier temps, les calculs seront effectués avec les estimations initiales de M. Roldès. Dans un deuxième temps, la prise en compte des délais en jours et des montants exacts sera réalisée.

II - ÉLÉMENTS DE CORRIGÉ

1 - Première étape : une estimation

11 - L'évaluation du besoin en fonds de roulement d'exploitation en fonction du chiffre d'affaires hors taxes

Les emplois et les ressources d'exploitation pour une seule unité de Bâtimur sont les suivants :

– Le stock de matières premières est de 800 F comme l'indique la fiche de coût de revient.

– Le stock de produits finis doit en principe être évalué au coût de production, ce qui exclut les coûts de transport engagés seulement au moment de la vente. Les dotations aux amortissements sont aussi

1. Ainsi on pourra dépasser la simplification introduite ci-dessus dans le corrigé du cas n° 3 à propos duquel le décalage temporel dû aux délais d'exploitation n'avait été calculé qu'en jours et non traduit en besoins de financement exprimés en termes monétaires.

écartées car elles ne correspondent à aucun décaissement, c'est-à-dire qu'elles n'exigent pas la constitution d'une avance spécifique de monnaie. Une raison supplémentaire vient du fait que la passation des écritures d'amortissement se situe en fin d'exercice ; c'est à ce moment qu'elle seront introduites dans l'analyse. Le stock sera donc valorisé à 1 200 F l'unité.

– La créance sur les clients doit être considérée TVA incluse : 2 000 x 1,20 = 2 400 F.

– La TVA à récupérer sur les achats de matières premières et sur le service de transport est de : (800 + 200) x 0,20 = 200 F.

– Le poste fournisseurs TTC comprend les mêmes éléments : (800 + 200) x 1,20 = 1 200 F.

– Les salaires représentent au total : 300 +100 = 400 F

– La TVA collectée sur la vente se monte à : 2 000 x 0,20 = 400 F

Ces montants ont été reportés dans le tableau 3. En les rapportant au prix de vente hors taxes d'une unité de Bâtimur, on obtient les coefficients qui permettent de relier chaque poste de l'actif ou du passif d'exploitation au chiffre d'affaires. Ensuite, le produit des délais par ces coefficients donne une expression de chaque poste en mois de chiffre d'affaires.

L'interprétation peut être conduite en prenant pour échelle de temps le mois de chiffre d'affaires hors taxes.

Par exemple, la créance-client représente 2 400 F, soit 1,20 fois le prix de vente hors taxes. La détention de cette créance dure 2 mois. Par conséquent, l'encours de cette créance commerciale représente : 1,2 x 2 = 2,4 mois de chiffre d'affaires hors taxes.

Tableau 3
Besoin en fonds de roulement d'exploitation en mois de CA HT

	Montants	Coefficients	Délais	Coef. x délais
Stocks matières premières	800	0,4	0,25	0,1
Stocks produits finis	1200	0,6	1	0,6
Clients	2400	1,2	2	2,4
TVA déductible	200	0,1	2	0,2
Emplois				3,3
Fournisseurs	1200	0,6	1	0,6
Salaires	400	0,2	0,5	0,1
TVA collectée	400	0,2	1	0,2
Ressources				0,9
BFRE en mois de CA HT =	*Emplois - Ressources*		=	2,4

En d'autres termes, si Préfatlantique ne vendait qu'une seule unité de Bâtimur tous les deux mois, son chiffre d'affaires mensuel hors taxes serait de 1 000 F en moyenne, tandis que le poste client se maintiendrait à 2 400 F, c'est-à-dire à 2,4 fois le chiffre d'affaires hors taxes (CA HT).

Au total, les besoins dépassent les ressources de 2,4 mois de CA HT. En supposant que le chiffre d'affaires se réalise sur les douze mois de l'année, on peut exprimer le BFRE en pourcentage du CA HT : 2,4/12 = 20 %.

12 – Le volume d'activité optimum

Le chiffre d'affaires qui peut être associé au montant maximum du BFRE est alors :

360 000 / 20 % = 1 800 000 F.

Il correspond à un volume de vente égal à : 1 800 000 / 2 000 = 900 unités de Bâtimur.

Si le délai client s'accroît d'un demi-mois, le BFRE augmente de : 1,2 x 0,5 = 0,6 mois de CA HT. Le BFRE s'élève alors à 3 mois et représente 25 % du CAHT. Le chiffre d'affaires maximum s'abaisse à 1 440 000 F et le volume de vente se réduit à 720 unités.

Tableau 4
Le BFRE et le volume d'activité

		Délai- client	=	2	2,5	mois
BFRE en % du CA HT	=	BFRE en mois de CAHT / 12	=	20	25	%
CA HT annuel	=	BFR maximum / BFRE en % du CAHT	=	1 800 000	1 440 000	F
Volume de vente annuel	=	CA HT annuel / Prix de vente unitaire	=	900	720	unités

Pour assurer le financement du cycle d'exploitation M. Roldès devra donc se résoudre à maintenir une capacité de production excédentaire, la première année d'exploitation au moins. Le volume de vente annuel maximum se situera très en deçà de l'activité normale qui correspond à un flux de 1 500 unités par an. Le taux de sous-emploi de l'équipement devrait se situer entre :

$$\frac{(1\,500 - 900)}{1\,500} = 40\ \% \quad \text{et} \quad \frac{(1\,500 - 720)}{1\,500} = 52\ \%$$

L'embauche de personnel mérite d' être réduite dans les mêmes proportions. Créer deux empois de main-d'œuvre directe au lieu des quatre initialement prévus va éviter de grever le résultat de la période d'un coût fixe décaissé et non absorbé par l'activité.

13 – Les incidences sur l'équilibre financier de l'entreprise

131 – Au travers du tableau de variation de l'encaisse

A la fin de la première année d'exploitation l'EBE doit s'élever à : 900 x 600 = 540 000 F.

Diminué de la variation du BFRE (360 000 F), il va faire apparaître un ETE de 540 000 – 360 000 = 180 000 F, dans la meilleure des hypothèses.

Si le délai client est de 2,5 mois, alors l'ETE se réduira à 72 000 F.

Tableau 5
Tableau des variations d'encaisse

	Délai- client	=	2	2,5 mois	
+	Excédent brut d'exploitation........................ EBE	=	540 000	432 000	F
-	Variation du BFR d'exploitation .... ΔBFRE	=	-360 000	-360 000	F
=	Excédent de trésorerie d'exploitation.......... ETE	=	180 000	72 000	F
-	Flux d'investissement		187 500	187 500	F
=	Variation de l'encaisse		-7 500	-115 500	F

Dans la mesure où l'avance en compte courant doit être remboursée avant la fin de l'année, le financement de l'investissement qui doit être assuré par l'ETE. La variation de trésorerie résultante sera soit faiblement (– 7 500 F), soit fortement négative (– 115 500 F).

Le tableau de financement va conduire aux même constatations, par une voie plus traditionnelle, mais aussi plus longue.

132 – Au moyen du tableau de financement

Le résutat net comptable de l'opération Bâtimur devrait correspondre à :

(EBE – dotations aux amortissement) x 58 %, soit :

– (540 000 – 75 000) x 0,58 = 269 700 F avec un délai client de 2 mois et,

– (432 000 – 75 000) x 0,58 = 207 060 F avec un délai client de 2 mois et demi.

La capacité d'autofinancement induite est égale au résultat net comptable majoré des mêmes dotations aux amortissement, soit :

269 700 + 75 000 = 344 700 F avec un délai client de 2 mois et,

207 060 + 75 000 = 282 060 F avec un délai client de 2 mois et demi.

Sur la base d'un chiffre d'affaires mensuel de 150 000 F (ou de 120 000 F) il est possible de simuler l'impact de la production du Bâtimur sur le bilan de fin d'année en adoptant la présentation du tableau de financement (tableau 6).

Les postes du BFRE ont été obtenus en réalisant le produit des besoins et des ressources en mois de CA HT (tableau 3) par le CA HT mensuel prévisible : 150 000 F ou 120 000 F ; par exemple, dans la première hypothèse : Δ stocks = (0,1 + 0,6) x 150 000 = 105 000 F.

Les autres créances d'exploitation concernent la TVA à récupérer. Les autres dettes d'exploitation englobent l'avance de salaires du personnel et la TVA collectée.

Parmi les dettes hors exploitation, ne figurent que celles induites par l'impôt sur les sociétés puisque l'avance en compte courant doit en principe être remboursée avant la fin de l'année.

Tableau 6
Tableau de financement

	Délai client =	2 mois	2,5 mois
	Capacité d'Autofinancement	344 700	282 060
-	Acquisition d'immobilisations	-187 500	-187 500
=	Δ FRN	157 200	94 560
	Δ Stocks	105 000	84 000
+	Δ Clients	360 000	360 000
+	Δ Autres créances d'exploitation	30 000	24 000
-	Δ Fournisseurs	-90 000	-72 000
-	Δ Autres dettes d'exploitation	-45 000	-36 000
=	Δ BFRE	360 000	360 000
	Δ Créances hors exploitation	0	0
-	Δ Dettes hors exploitation	-195 300	-149 940
=	Δ BFRHE	-195 300	-149 940
	Δ TRE = Δ FRN - Δ BFRE - Δ BFRHE	-7 500	-115 500

133 – Conclusion

Quel que soit le délai-client, le BFRE restera calé sur 360 000 F. Cependant l'augmentation, même importante, du FRN jointe à une ressource en fonds de roulement hors exploitation ne suffira pas à rembourser en totalité l'avance en compte courant. M. Roldès sait que la trésorerie de Préfatlantique ne doit pas se dégrader et que M. Demeyre est intraitable. De plus, si le délai-client s'avérait être de 2,5 mois, M. Roldès devrait convaincre les actionnaires de prolonger cette avance pendant quelque temps encore pour un montant de 115 000 F.

En son for intérieur, M. Roldès, commençe à reconnaître le bien fondé des objections de M. Demeyre.

Faire la différence entre un délai de récupération qui donne une appréciation sur la rentabilité d'un projet et le délai des retours de trésorerie qui garantissent l'équilibre financier de l'opération lui semble devenir un impératif.

Sa décision d'investissement va en entraîner deux autres. Il prend en effet la résolution de :

1 – négocier des règlements à 60 jours au maximum avec ses clients.

2 – ne pas distribuer les bénéfices de l'opération Bâtimur afin de renforcer le fonds de roulement net et de permettre un plein emploi de la capacité de production dès la fin de la deuxième année d'exploitation.

2 – Deuxième étape : un calcul affiné

21 – Les délais en jours

La pratique des règlements commerciaux a répandu l'usage de certaines mentions destinées à préciser la date d'échéance. Elles sont souvent sibyllines et peuvent gêner l'évaluation des délais.

La mise au clair va s'effectuer en associant les flux et les dates d'échéance correspondantes. Chaque flux (achat, vente, prestation de travail....) d'un mois quelconque, m, est supposé être régulier du premier au trentième jour. La date moyenne qui lui est associée est le 15 du mois m. Le délai est le nombre de jours qui séparent cette date moyenne de l'échéance prévue.

En considérant quelques-uns des postes présentés dans la figure 1 on voit que :

– les salaires étant versés le 25 du mois, il en résulte un délai de : 25 – 15 = 10 jours,

– etc.

– pour les clients réglant à 60 jours, le 5 (du mois suivant), l'échéance du règlement se situe d'abord 60 jours plus tard (le 15 du mois m + 2), puis finalement le 5 du mois suivant (le 5 du mois m + 3) ; avec un délai total de : 15 + 60 + 5 = 80 jours.

Figure 1
Schéma de calcul des délais en jours

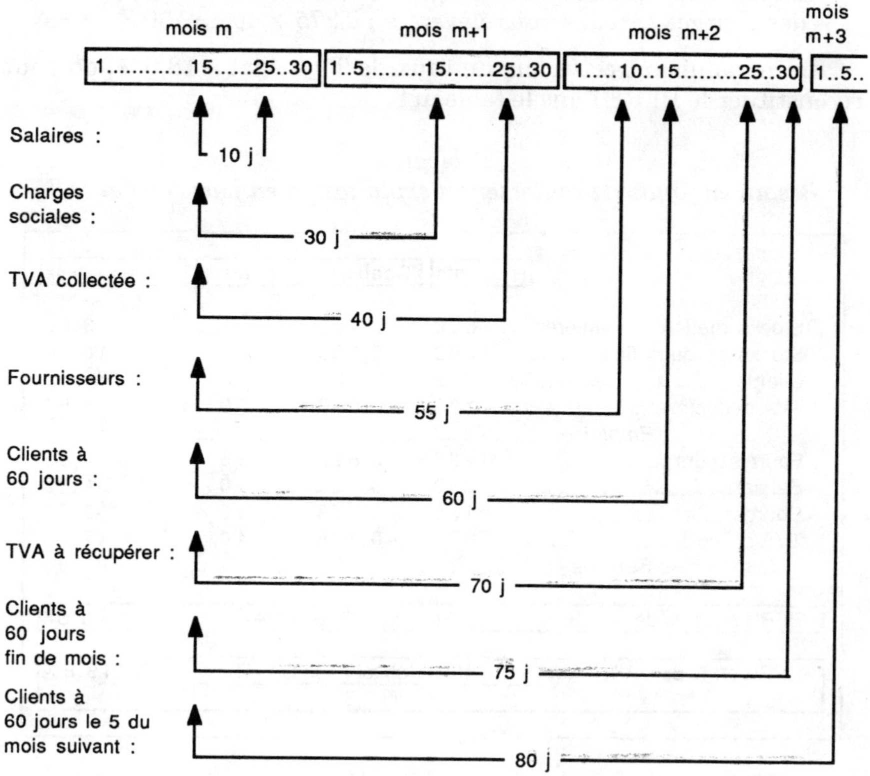

Le délai moyen de règlement des clients est obtenu en pondérant chacun des trois délais qui apparaissent sur la figure 1 avec la part que représente la catégorie de client correspondante dans le chiffre d'affaires :

Tableau 7
Calcul du délai-client moyen en jours

Part	Délai	Part x Délai
0,40	75	30
0,35	80	28
0,25	60	15
Délai-client moyen	=	73

22 – Le besoin en fonds de roulement d'exploitation

Le poste salaires de la fiche de coût de revient correspond en fait à :
– un montant de salaires nets égal à : 0,625 x 400 = 250 F,
– des charges sociales qui s'élèvent à : 0,375 x 400 = 150 F.

En introduisant cette fois un taux de TVA égal à 18,6 %, on peut reconstituer le BFRE dans le tableau 8.

Tableau 8
Besoin en fonds de roulement d'exploitation en jours de CA HT

	Montants	Coefficients	Délais	Coef. x délais
Stocks matières premières	800	0,400	7,5	3,00
Stocks produits finis	1200	0,600	30	18,00
Clients	2372	1,186	73	86,58
TVA déductible	186	0,093	70	6,51
Emplois				114,09
Fournisseurs	1186	0,593	55	32,62
Salaires	250	0,125	10	1,25
Charges sociales	150	0,075	30	2,25
TVA collectée	372	0,186	40	7,44
Ressources				43,56

BFRE en jours de CA HT =	*Emplois - Ressources*	=	70,53
BFRE en % du CA HT =	BFRE en jours de CA HT / 360	=	19,6%

Evalué avec plus de précision, le BFRE est du même ordre de grandeur : 20 % du CA HT. Entre le tableau ci-dessus et le tableau correspondant de la première étape les différences d'évaluation tiennent, pour l'essentiel aux délais clients et fournisseurs. Le délai-clients est passé de 60 à 72 jours ; le délai-fournisseurs, de 30 à 55 jours. Dans ce cas, en considérant les montants, on constate que les effets favorables et défavorales sur le BFRE se compensent.

Les résultats de la première partie, relatifs au volume d'activité et à l'équilibre financier, peuvent être reconduits.

23 – Remarques

La dernière information communiquée par M. Barbisan ne mérite pas d'être utilisée.

Certes, l'imputation des coûts de structure de Préfatlantique a un intérêt si l'on considère que Bâtimur doit contribuer au même titre que les autres activités à la couverture des coûts fixes de l'entreprise. Alors on pose que le résultat unitaire devient :

550 – 75,57 = 474,53 F pour une activité de 1 500 unités par an,

$$550 - 75{,}57 \times \frac{1\,500}{900} = 424{,}05 \text{ F}$$ pour une activité de 900 unités par an.

Toutefois, ces coûts de structure seront supportés par Préfatlantique, que le projet Bâtimur soit réalisé ou non. Comme ils ne correspondent à aucun décaissement supplémentaire, ils restent à l'écart de l'évaluation des stocks et du tableau de financement.

Dans la mesure où l'embauche de main-d'œuvre directe sera fonction de l'activité prévue, tous les coûts de production seront proportionnels aux quantités produites sauf un : celui de la main-d'œuvre indirecte qui correspond à l'emploi d'une personne. Pour plus de précisions, le coût unitaire de la main-d'œuvre indirecte aurait du être ramené à :

$$100 \times \frac{1\,500}{900} = 166{,}67 \text{ F.}$$

Après avoir introduit cette nuance dans les calculs précédents le BFRE représente 19,8 % du chiffre d'affaires hors taxes, au lieu de 19,6 %. La différence est négligeable.

III - SYNTHÈSE ET CONCLUSIONS

1 - Conclusions

La prévision du besoin de financement du cycle d'exploitation apparaît bien comme un préalable à l'établissement d'un dossier de financement. Les ressources à rassembler pour réaliser un projet peuvent être plus importantes pour financer le besoin en fonds de roulement d'exploitation que pour acquérir les immoblisations.

Une lacune à ce stade peut compromettre gravement l'équilibre financier d'une entreprise, pourtant saine avant la mise en œuvre du projet. Une fois scellé l'accord entre l'entreprise et ses partenaires financiers sur un investissement, il sera difficile, voire impossible, de les mobiliser à nouveau sur le même projet avec pour seul objectif de remédier à des incidents de trésorerie. L'analyse (voir le cas n° 11) et l'expérience montrent que les premiers concours bancaires courants ne suffisent pas et que les insuffisances de trésorerie vont en s'amplifiant au fur et à mesure que l'activité "monte en puissance".

Par conséquent, l'évaluation des délais doit être conduite avec la plus grande précision pour les composantes les plus importantes du BFRE, à savoir, les stocks, les clients et les fournisseurs. Pendant la gestion de l'activité, la surveillance et le contrôle de ces mêmes délais contribuent de façon déterminante au succès de la gestion de trésorerie. Dans une situation de rigidité des coûts de revient et des délais de fabrication, le contrôle de gestion doit être orienté autant vers ces variables financières que vers le suivi des conditions techniques de production.

2 – Prolongements

21 – Questions complémentaires

Afin de poursuivre l'exploitation de ce cas, on peut développer les questions suivantes :

1) Si M. Roldès utilise en totalité la capacité de production disponible, quelle sera l'insuffisance de trésorerie d'exploitation (ITE) ?

2) Avec les précisions introduites dans la deuxième étape, si les délais de règlement impartis aux clients sont ramenés à 60 jours très exactement, quelle est l'incidence sur le BFRE et sur le niveau de production maximum ?

3) En supposant que 25 % des clients acceptent un escompte pour règlement comptant égal à 2,5 % du prix de vente hors taxe, quelles seraient les conséquences sur la rentabilité et l'équilibre financier de Préfatlantique ?

4) En cas de sous-activité, l'imputation rationnelle des charges d'amortissement a-t-elle une influence déterminante sur la rentabilité d'une unité de Bâtimur ?

22 – Travaux d'approfondissement

Enfin, l'étude de ce cas peut servir de point de départ à d'autres développements :

1) Le coût, en taux annuel, des capitaux stables qui financent un projet étant connu, comment vont être fixées les limites de négociation des taux d'escompte pour règlement comptant ou à une échéance plus courte qu'habituellement ? Qu'en est-il pour les clients et les fournisseurs ?

2) La rentabilité des placements à court terme et le coût des ressources de trésorerie représentent un coût d'opportunité si on les confronte aux escomptes de règlement. Comment poser les termes de l'arbitrage entre ces deux variables ?

3) Dans une activité commerciale concurrentielle, la relation prix de vente-volume de vente-délai de rotation des stocks va influer sur le BFRE. De quelle manière se formule cette influence ?

4) Après avoir réalisé la nécessaire introduction des délais de rotation des encours cycliques dans le tableau de contrôle de gestion, comment évaluer les écarts enregistrés afin de les rendre comparables aux écarts de quantités et de prix calculés sur les coûts de production ?

Cas n° 7

Homecar

Thèmes d'analyse :

- *Résultat d'exploitation.*
- *Seuils de rentabilité.*
- *Dissociation des coûts fixes et des coûts variables.*
- *Evaluation des stocks.*

Outils et méthodes :

- *Soldes intermédiaires de gestion.*
- *Modèle du point mort.*
- *Méthode des coûts complets.*
- *Méthode du direct costing.*

Objectifs pédagogiques :

- *Discerner l'influence des coûts fixes sur le résultat de l'activité.*
- *Réaliser la détermination du point mort à partir d'un compte de résultat.*
- *Différencier le point mort comptable et le point mort financier.*

Lectures recommandées :

Analyse financière :

- *Chapitre 9. Section 1 A.*
- *Chapitre 9. Section 3 B.*

Première étape : Analyse externe

M. Tardieu fabrique des caravanes, des camping-cars et des abris de chantier mobiles. Depuis un an il subit la concurrence de la société Homecar, dirigée par M. Renier et spécialisée dans la production et la vente d'un unique modèle d'abri de chantier. M. Tardieu a tenté en vain d'éliminer ce concurrent en développant des techniques de vente très agressives.

Aujourd'hui, afin de mieux comprendre la gestion de son concurrent, il vient de retirer du greffe du Tribunal de commerce le compte de résultat du premier exercice comptable de la société Homecar.

Tableau 1
Compte de résultat de la société Homecar

Charges		Produits	
Achats	1 452 500	Ventes de marchandises	0
Variations de stocks	-15 500	Production vendue	4 200 000
Autres charges externes	691 875	Production stockée	1 505 000
Impôts et taxes, et vers. ass.	470 250	Production immobilisée	55 000
Rémunération du personnel	649 000	Subventions d'exploitation ...	0
Charges sociales	324 500	Autres produits	0
Dot. aux amort. et aux prov.	1 254 000		
Autres charges	78 375		
Charges financières	150 000	Produits financiers	45 000
Charges exceptionnelles	50 000	Produits exceptionnels	2 500
Impôts sur les bénéfices	295 050		
Bénéfice	407 450		
	5 807 500		5 807 500

L'an passé, M. Tardieu a aligné le prix de vente unitaire hors taxe de l'abri de chantier mobile sur celui de la société Homecar : 56 000 F. A partir de la production vendue, il déduit que le volume de vente de son concurrent a été de : 4 200 000 / 56 000 = 75 unités.

Le poste "production stockée" représente une évaluation au coût de production complet des modèles invendus qui figurent dans le stock à la fin de cette première année d'exploitation. M. Tardieu est satisfait de constater que son unique concurrent n'a pu atteindre ses objectifs de vente, alors qu'il se trouve lui-même en rupture de stock.

Par ailleurs, il s'interroge sur la rentabilité de Homecar. Rapporté au chiffre d'affaires hors taxes, le bénéfice net d'impôt atteint 9,7 %, un taux que M. Tardieu n'a jamais pu atteindre.

Il se demande aussi quel est le niveau de vente en dessous duquel la société Homecar commencera à subir des pertes d'exploitation... des pertes telles qu'elle soit contrainte de cesser son activité.

De ses propres comptes, M. Tardieu tire quelques informations utiles pour la suite. L'activité des abris de chantier atteint un taux de valeur ajoutée de 65 %, tandis que les coûts fixes représentent 60 % du coût de revient d'un modèle.

Deuxième étape : Analyse interne

M. Renier, président-fondateur de la Société Homecar aborde pour sa part l'analyse d'un point de vue totalement différent. S'il éprouve une réelle préoccupation à propos du gonflement des stocks, il ressent une vive satisfaction quant au montant du bénéfice réalisé. Il sait que 35 modèles finis sont restés invendus et que 15 autres sont en cours de production. En conséquence, il imagine que le bénéfice aurait pu être encore nettement plus élevé.

Sommairement il pose : $9{,}7\ \% \times \dfrac{(75 + 35)}{75} = 14{,}2\%.$

Il ne regrette plus d'avoir refusé la proposition de la société Solac. Celle-ci lui avait offert d'acheter la totalité de la production annuelle moyennant une diminution de 10 % du prix de vente.

Avant de redéfinir ses objectifs et ses méthodes de vente, il souhaite faire le point sur les coûts de revient. Sa politique de prix va en effet dépendre de l'analyse des marges de rentabilité et aussi de la vulnérabilité de l'entreprise face à l'évolution de la demande.

A cette fin, il dispose de la répartition des charges d'exploitation :

Tableau 2
Répartition de l'activité et des coûts

Centre d'activité	Fabrication	Finition	Distribution	Administration
Quantité traitée en unités (u)	125 u	110 u	75 u	
+ Matières premières	450 000 F	0 F	0 F	0 F
+ Pièces et fournitures	600 000 F	365 000 F	0 F	0 F
= COUTS DIRECTS	1 050 000F	365 000 F	0 F	0 F
+ Coûts var. indirects	150 000 F	75 000 F	75 000 F	0 F
+ Coûts fixes	1 460 000F	630 000 F	485 000 F	560 000 F
= COUTS INDIRECTS	1 610 000F	705 000 F	560 000 F	560 000 F
% de répartition de l'administration	25 %	25 %	50 %	

L'entreprise Homecar est structurée en quatre centres d'activité. L'administration est considérée comme un centre auxiliaire dont les prestations aux trois autres centres se répartissent selon les pourcentages figurant sur la dernière ligne du tableau.

I - OBJECTIFS ET PLAN DE L'ANALYSE

MM. Tardieu et Renier cherchent à juger la rentabilité de l'exploitation. La première voie d'analyse doit les conduire à développer les soldes intermédiaires de gestion jusqu'au résultat d'exploitation.

Au lieu de se référer à un bénéfice influencé par des opérations financières ou exceptionnelles et par des considérations fiscales, ils vont pouvoir s'appuyer sur l'évaluation de ce solde pour obtenir une première mesure de la rentabilité intrinsèque de la production et de la vente des abris de chantier.

Au-delà, il est nécessaire de réaliser le passage du résultat d'exploitation au résultat analytique pour former un jugement définitif. En effet, la présence de coûts fixes dans l'évaluation des stocks entraîne un réexamen de la rentabilité. Faire figurer à l'actif une charge d'exploitation, par le biais des stocks, revient à la considérer comme reportable sur les exercices ultérieurs.

Quand il s'agit des dotations aux amortissements incluses dans les coûts de revient, le procédé est contraire à la règle des annuités, mais l'incidence financière est nulle puisque ces charges ne sont pas décaissées. Lorsque l'on s'intéresse à des charges fixes décaissées, telles que les salaires du personnel d'encadrement par exemple, il devient injustifiable de les "stocker". Tout se passe comme si l'on cherchait à en différer la couverture.

Les coûts, supportés pendant la période, doivent, en principe, être couverts par les produits de la période. Les analystes, externes ou internes, se devront donc de réévaluer les stocks en éliminant tous les coûts fixes.

Le modèle du point mort permet d'ajouter une dimension supplémentaire au jugement acquis sur la base du résultat analytique. L'écart entre le seuil de rentabilité et le niveau de vente actuel représente un indicateur de risque.

Selon que l'objectif sera d'évaluer la vulnérabilité de l'entreprise en termes de rentabilité ou en termes d'aptitude à couvrir les charges décaissées, l'évaluation des coûts fixes incluera ou non les dotations aux amortissements et aux provisions. Alors, selon l'option retenue, le seuil de rentabilité sera un point mort "comptable" ou un point mort "financier".

Les deux entrepreneurs n'ont pas les mêmes moyens pour analyser les charges d'exploitation. Grâce à la comptabilité analytique de l'entreprise, M. Renier dispose de toute l'information nécessaire. Par contre, M. Tardieu, en position d'analyste externe, doit se résigner à quelques approximations puisqu'il ne dispose que du compte de résultat.

II - ÉLÉMENTS DE CORRIGÉ

1 – Première étape : analyse externe

11 – Les soldes intermédiaires de gestion

La production de l'exercice comprend les productions vendue, stockée et immobilisée. Elle représente un ensemble hétérogène car la production vendue est évaluée au prix de vente, tandis que les productions stockée et immobilisée le sont au coût de production. Ce solde donne cependant une évaluation de l'activité globale de l'exercice. Pour analyser la performance industrielle au travers de l'efficacité commerciale, il est préférable de choisir la production vendue, c'est-à-dire le chiffre d'affaires hors taxes. La confrontation entre cet indicateur et le coût de revient des ventes donnera une mesure de la rentabilité de l'exploitation pour la période.

Tableau 3
Soldes intermédiaires de gestion

+	Production vendue	4 200 000
+	Production stockée	1 505 000
+	Production immobilisée	55 000
+ =	PRODUCTION DE L'EXERCICE	5 760 000
-	Achats	-1 452 500
-	Variations de stocks	15 500
-	Autres charges externes	-691 875
+ =	VALEUR AJOUTEE PRODUITE.....	3 631 125
-	Impôts et taxes, et vers. ass.	-470 250
-	Rémunération du personnel	-649 000
-	Charges sociales	-324 500
+ =	EXCEDENT BRUT D'EXPLOITATION	2 187 375
-	Dotations aux amort. et aux prov.	-1 254 000
-	Autres charges	-78 375
=	RESULTAT D'EXPLOITATION	855 000

Les consommations intermédiaires, autrement dit, toutes les charges réglées à d'autres entreprises, comprennent les achats nets des variations de stocks et les autres charges externes, soit 2 128 875 F. Déduites de la production de l'exercice, elles laissent apparaître une valeur ajoutée produite de 3 631 125 F. Cette valeur ajoutée représente 63 % de la production de l'exercice.

Ce taux n'est pas directement comparable à celui de M. Tardieu. Celui-ci n'a aucun stock de fin de période. Il est alors nécessaire d'éliminer de la production stockée le montant des consommations intermédiaires. La production immobilisée le sera aussi en supposant qu'elle ne comprennne que des fournitures ou des prestations extérieures, à l'exclusion de toute main-d'œuvre interne. Dans ces conditions, les consommations intermédiaires qui correspondent uniquement à la production vendue s'élèvent à : 2 128 875 – (1 505 000 + 55 000) = 568 875 F.

La valeur ajoutée calculée à partir du chiffre d'affaires conserve la même valeur : 3 631 125 F (= 4 200 000 – 568 875), mais le taux de valeur ajoutée calculé par rapport au chiffre d'affaires hors taxes passe à :

$$\frac{\text{Valeur ajoutée produite}}{\text{Chiffre d'affaires HT}} = \frac{3\,631\,125}{4\,200\,000} = 86{,}5\ \%$$

La différence avec le taux enregistré par l'entreprise de M. Tardieu donne à penser que la société Homecar a une plus forte capacité à dégager de la valeur ajoutée. Ce décalage peut tenir au fait que M. Tardieu a peut être utilisé plus de services de sous-traitance et de publicité. Cette première indication n'apporte qu'une présomption d'efficacité plus grande en faveur de la société Homecar.

Après déduction des impôts indirects et des charges salariales, l'EBE représente plus de la moitié du chiffre d'affaires hors taxes. Malgré le poids très élevé des amortissements, il subsiste un résultat d'exploitation positif de 855 000 F avant impôt sur les sociétés. Après impôt, ce résultat s'établirait à : 855 000 x (1 – 0,42) = 495 900 F, soit encore un peu plus que le bénéfice comptable.

A ce stade, la rentabilité d'Homecar se trouve donc confirmée.

12 – Les seuils de rentabilité

121 – La dissociation des charges en coûts fixes et coûts variables

La détermination du seuil de rentabilité passe par la décomposition des charges d'exploitation en une partie fixe et une partie variable. Il s'agit d'opposer :

– les coûts opérationnels (variables) qui dépendent du volume d'activité ; par exemple, les coûts de matières premières ;

– les coûts de structure (fixes) qui sont invariants pendant la période et incluent par exemple, les dotations aux amortissements ou les salaires d'encadrement.

L'analyste externe est relativement démuni pour réaliser cette séparation. Cependant, grâce à son expérience professionnelle, M. Tardieu dispose de quelques points de repère.

Les achats nets des variations de stock sont des charges variables par nature auxquelles il ajoute les autres charges externes qu'il considère comme variables dans leur ensemble. Il obtient ainsi un premier total qui correspond aux consommations intermédiaires.

Les consommations (matières, fournitures etc.) ont trois destinations apparentes dans le compte de résultat :
– l'obtention des produits finis et vendus (production vendue),
– l'élaboration des produits finis non vendus et des produits en cours de fabrication (production stockée),
– les travaux faits par l'entreprise pour elle-même (production immobilisée).

Afin d'isoler les coûts variables engendrés par les seuls produits vendus, M.Tardieu retire du total précédent :

– la part des coûts variables inclus dans la production stockée :

40 % x 1 505 000 = 602 000 F

– la production immobilisée pour sa totalité, en supposant qu'il n'y a eu aucune imputation de charge fixe dans l'évaluation des travaux faits par l'entreprise pour elle-même.

Il obtient un montant de coûts variables égal à 1 471 875. Par différence avec le chiffre d'affaires, la contribution de l'activité de la période à la couverture des coûts fixes se monte alors à 2 728 125 F.

Tableau 4
Marge sur coûts variables et résultat analytique

+ Chiffre d'affaires	4 200 000
+ Achats	1 452 500
+ Variations de stocks	-15 500
+ Autres charges externes	691 875
- Prod. stockée (Part variable)	-602 000
- Production immobilisée	-55 000
- = COUTS VARIABLES	1 471 875
+ = MARGE SUR COUT VARIABLES.....	2 728 125
+ Impôts et taxes, et vers. ass.	470 250
+ Rémunération du personnel	649 000
+ Charges sociales	324 500
+ Dot. aux amort. et aux prov.	1 254 000
+ Autres charges	78 375
- = COUTS FIXES	2 776 125
= RESULTAT ANALYTIQUE	-48 000

Toutes les autres charges d'exploitation vont être rangées dans les coûts fixes. Certaines contiennnent sans doute des coûts variables, les commissions sur le chiffre d'affaires versées au personnel commercial, par exemple. En l'absence d'informations plus précises, leur montant sera cependant négligé.

122 – Le point mort comptable

Le concept de coût fixe est implicitement, mais étroitement, associé à la la notion de période. Le montant des salaires est fixé avec pour référence le mois ou l'année. Les dotations aux amortissements sont calculées comme des annuités. En conséquence, c'est bien au *chiffre d'affaires de la période* qu'échoit la couverture des coûts fixes de la période.

Dans le cas de la société Homecar, le rapport de la marge sur coûts variaables au chiffre d'affaires donne un taux de contribution, contribution à la couverture des coûts fixes :

$$\text{Taux de contribution} = \frac{\text{Marge sur coûts variables}}{\text{Chiffre d'affaires hors taxes}} = \frac{2\ 728\ 125}{4\ 200\ 000} \approx 65\ \%$$

Ce taux signifie que chaque franc de chiffre d'affaires comprend 35 centimes pour financer les coûts variables et 65 centimes qui peuvent couvrir les coûts fixes. D'une autre façon, si les coûts fixes sont de 65 KF, il suffit de réaliser 100 KF de chiffre d'affaires pour les couvrir.

Le seuil de rentabilité de la société Homecar est représenté par le chiffre d'affaires critique qui assure juste la couverture des coûts fixes :

$$\text{Point mort comptable} = \frac{\text{Somme des coûts fixes}}{\text{Taux de contribution}} = \frac{2\ 776\ 125}{0{,}65} = 4\ 270\ 000\ \text{F.}$$

Rapporté au prix de vente d'un abri de chantier mobile, ce chiffre d'affaires critique correspond à une vente annuelle de :

$$\frac{4\ 270\ 000}{56\ 000} \approx 76\ \text{unités.}$$

M. Tardieu est à la fois satisfait et étonné ; satisfait de constater que les ventes actuelles de M. Renier frôlent le niveau correspondant au point mort estimé ; étonné de trouver une rentabilité quasi nulle alors que le résultat d'exploitation effectivement constaté ressort à 855 000 F.

L'explication vient des coûts fixes inclus dans les stocks de produits finis et en cours de production. En appliquant au montant du stock final de la société Homecar le pourcentage de coûts fixes de l'entreprise Tardieu, on peut obtenir une estimation de la variation de la part des coûts fixes inclus dans la production stockée.

Variation de la part des coûts fixes inclus dans la production stockée = 1 505 000 x 60 % = 903 000 F.

Ces coûts ont été supportés pendant l'exercice, mais ils n'ont pas été absorbés par les ventes. Au lieu de repousser leur échéance à l'exercice suivant, il est préférable d'exiger leur couverture par l'activité de la période considérée, c'est-à-dire par le résultat d'exploitation :

Résultat analytique	= Résultat d'exploitation	–	Variation de la part des coûts fixes inclus dans la production stockée	
	= 855 000	–	903 000	= – 48 000 F

123 – Le point mort financier

Dans cette situation de perte, Homecar n'est pas pour autant vulnérable en termes financiers. Certains coûts fixes, en particulier les dotations aux amortissements et aux provisions, n'entraînent aucun décaissement ; ils peuvent être exclus de l'analyse. Alors, le calcul du point mort financier donne un autre chiffre d'affaires critique en dessous duquel l'activité dégage un flux d'exploitation négatif.

D'abord, il faut isoler les coûts fixes décaissés :

Somme des coûts fixes	2 776 125 F
– Dotations aux amortissements et aux provisions	– 1 254 000 F
= Coûts fixes décaissés	1 522 125 F

Ensuite, il suffit de poser :

$$\text{Point mort financier} = \frac{\text{Coûts fixes décaissés}}{\text{Taux de contribution}} = \frac{1\,522\,125}{0{,}65} = 2\,340\,000 \text{ F.}$$

Enfin, le nombre d'unités à vendre pour atteindre ce seuil sélève à :

$$\frac{2\,340\,000}{56\,000} = 42 \text{ unités.}$$

Cette évaluation néglige l'influence des délais de paiement. Implicitement ils sont supposés invariants. Par exemple, si d'une année à l'autre le délai-client augmentait de 72 jours, le point mort financier serait approximativement augmenté de : (72 / 360) = 20 % ; il s'établirait alors à :

$$2\,340\,000 \times 1{,}2 = 2\,808\,000 \text{ F}$$

ou à :

$$42 \times 1{,}2 \approx 50 \text{ unités.}$$

Si les ventes annuelles de la société Homecar (75 unités par an), sont proches du point mort comptable (76 unités), elles dépassent nettement le point mort financier. En maintenant une forte pression concurrentielle M. Tardieu peut occasionner des pertes sérieuses à la société Homecar. Mais il ne peut espérer amoindrir la trésorerie de son concurrent en l'amenant à supporter une insuffisance brute d'exploitation.

Désappointé, M. Tardieu ne mène pas plus loin cette analyse. A la recherche d'un coup décisif pour éliminer son concurrent, il se reporte au cas n° 6. Il y a fort à parier qu'il introduise le délai-client dans sa tactique concurrentielle.

124 – La détermination graphique du point mort

La lecture du chiffre d'affaires critique peut s'organiser très simplement sur un graphique avec :

– une mesure horizontale de l'activité, le chiffre d'affaires en millions de francs,

– une lecture vecticale du montant du chiffre d'affaires hors taxes, du coût total et par différence du résultat en millions de francs.

Trois informations seulement sont nécessaires :

– le chiffre d'affaires hors taxes :	4 200 000	≈ 4,20 MF
– la somme des coûts fixes :	2 776 125	≈ 2,78 MF
– le coût total : 1 471 875 + 2 776 125 =	4 248 000	≈ 4,25 MF

Le coût total est exprimé linéairement en fonction du volume d'activité, lequel est reflété par le chiffre d'affaires. Pour le visualiser il suffit de poser :

– un premier point d'abscisse 0 et d'ordonnée 2,78 MF,

– un deuxième point d'abscisse 4,20 MF et d'ordonnée 4,25 MF.

La droite, en trait gras sur la figure 1, passe par ces deux points. Sa pente est égale à :

$$\frac{4{,}25 - 2{,}78}{4{,}20 - 0} = 0{,}35$$

Elle signifie que chaque franc de chiffre d'affaires engendre 35 centimes de coût variable et, on le sait déjà, 65 centimes de contribution. l'équation de la droite de coût peut alors s'écrire :

$$\text{Coût total (en MF)} = 0{,}35 \times \text{CA HT (en MF)} + 2{,}78 \text{ MF}$$

Exprimer le chiffre d'affaires en fonction de l'activité revient à construire une droite du type y = x, elle apparaît en pointillé sur la figure 1. Dans un repère orthonormé, elle se confondrait avec la bissectrice de l'angle formé par les deux axes.

Figure 1
Les seuils de rentabilité

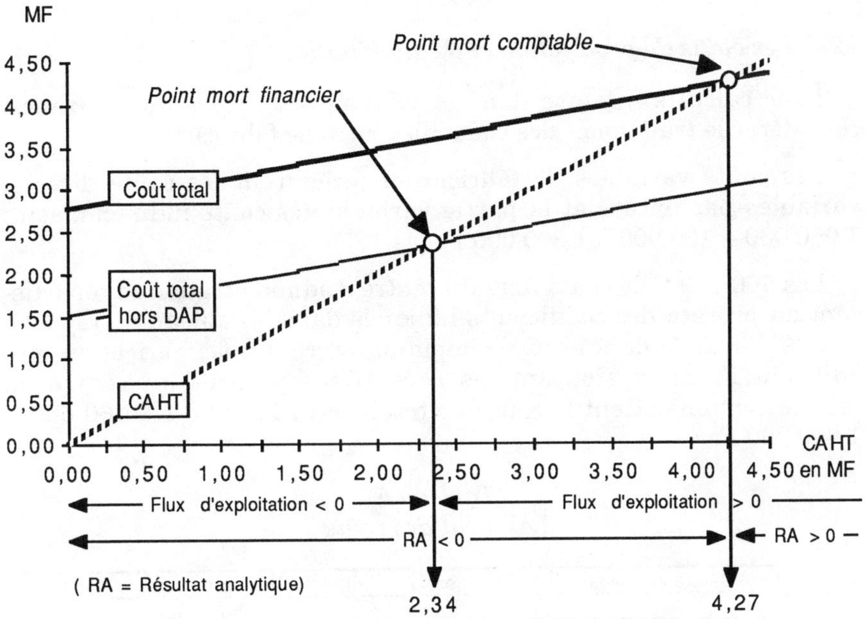

Pour une activité nulle, la perte est égale au montant des coûts fixes, 2,78 MF. Ensuite, pour chaque franc de chiffre d'affaires réalisé, elle se réduit de 0,65 F. Elle finit par s'annuler pour un chiffre d'affaires de 4,27 MF, c'est-à-dire lorque la droite du CA HT coupe celle du coût total. Au-delà du point mort comptable chaque franc de CAHT dégage un profit de 0,65 F.

De la même manière, le point mort financier se situe à l'intersection de la droite du chiffre d'affaires et de celle du coût total hors dotations aux amortissements et aux provisions (DAP). Celles-ci s'élèvent à 1 254 000 F ≈ 1,25 MF. La nouvelle droite de coût total provient d'une translation de 1,25 MF vers le bas de la prédédente droite de coût. Son ordonnée à l'origine est le montant des coûts fixes décaissés : 1 522 125 F ≈ 1,52 MF. Le nouveau point mort est à l'abscisse de 2,34 MF de CA HT.

2 - Deuxième étape : analyse interne

De son côté, M. Renier a obtenu les mêmes soldes intermédiares de gestion. Au moyen du tableau de répartition de l'activité et des coûts, il va pouvoir évaluer avec plus de précision :

– les coûts de production et de distribution,

– les résultats,
– les stocks,
– les seuils de rentabilité.

22 – *Les coûts de production et de distribution*

Leur calcul s'organise dans le tableau 5. Par exemple, on peut considérer le traitement des coûts du centre de fabrication.

Les coûts variables de fabrication recouvrent les coûts directs, variables par nature et la partie variable des coûts indirects, soit : 1 050 000 + 150 000 = 1 200 000 F.

Les 560 000 F de coûts fixes du centre d'administration se répartissent au prorata des coefficients indiqués dans le tableau de répartition. Ainsi, 25 % de ces coûts s'imputent au centre de fabrication, soit 140 000 F. En y ajoutant les coûts fixes propres au centre de fabrication, on obtient le coût fixe total, soit : 140 000 + 1 460 000 = 1 600 000 F.

Tableau 5
Le calcul des coûts

Centre d'activité	Fabrication	Finition	Distribution	Total
+ Coûts directs	1 050 000	365 000	0	1 415 000
+ Coûts var. indirects	150 000	75 000	75 000	300 000
= COUTS VARIABLES	1 200 000	440 000	75 000	1 715 000
+ Coûts fixes propres	1 460 000	630 000	485 000	2 575 000
+ Coûts fixes imputés	140 000	140 000	280 000	560 000
= COUTS FIXES	1 600 000	770 000	765 000	3 135 000
= Coût total	2 800 000	1 210 000	840 000	4 850 000
/ Quantité traitée	125 u	110 u	75 u	
= Coût variable unitaire	9 600	4 000	1 000	14 600
= Coût complet unitaire	22 400	11 000	11 200	44 600

Pour calculer le coût de fabrication des abris de chantier, M. Renier peut opter pour deux méthodes au moins.

– Soit il opte pour celle des coûts complets, et englobe la totalité des coûts fixes et variables ; le coût unitaire de fabrication s'élève alors à : (1 200 000 + 1 600 000) / 125 = 22 400 F par unité.

– Soit il choisit la méthode du direct costing ; dans ce cas il ne retient que les coûts variables et le coût unitaire de fabrication est égal à : 1 200 000 / 125 = 9 600 F par unité.

Les calculs se réalisent de la même façon pour les centres de finition et de distribution.

Le coût de revient résulte de la somme des coûts de production et de distribution. Par unité vendue, il s'élève à 44 600 F avec la première méthode ; mais il ne représente que 14 600 F avec la deuxième méthode.

22 – Les résultats

Seules les 75 unités vendues sont génératrices de résultat. Le tableau 6 reprend d'abord les éléments du coût de revient, puis il fait apparaître la marge réalisée en confrontant le coût au chiffre d'affaires.

Tableau 6
Les résultats analytiques.

	méthode des coûts complets		méthode du direct costing	
	1 u vendue	75 u vendues	1 u vendue	75 u vendues
+ Chiffre d'affaires HT	56 000	4 200 000	56 000	4 200 000
+ Coût de fabrication	22 400	1 680 000	9 600	720 000
+ Coût de finition	11 000	825 000	4 000	300 000
= COUT DE PRODUCTION	33 400	2 505 000	13 600	1 020 000
+ Coût de distribution	11 200	840 000	1 000	75 000
= Coût de revient	44 600	3 345 000	14 600	1 095 000
= Marge sur coût de revient	11 400	855 000	41 400	3 105 000
- Coûts fixes non imputés		0		3 135 000
= Résultat de la période		855 000		-30 000

La méthode des coûts complets répartit les coûts fixes entre les produits vendus et les produits qui restent en stock ; elle ne laisse donc pas de coûts fixes non imputés. Par conséquent, le résultat analytique est identique à la marge sur coût de revient, soit 855 000 F. Une approche analytique et interne explique donc la formation du résultat d'exploitation obtenu lors du calcul des soldes intermédiaires de gestion.

La méthode du direct costing traite la totalité des coûts fixes comme des coûts de période ; dans le tableau de calcul des coûts, ils représentent à 3 135 000 F. La marge sur coût de revient est insuffisante pour les absorber, de telle sorte que le résultat de la période est déficitaire de 30 000 F. L'analyse externe de M. Tardieu avait donné un résultat voisin, 48 000 F.

23 – L'évaluation des stocks

Il reste à expliquer de la divergence entre le résultat d'exploitation et le résultat analytique : 855 000 – (– 30 000) = 885 000 F.

Dans le tableau 7 l'évaluation du stock final des encours de production et des produits finis au coût complet de production permet de retrouver la variation de stock qui figurait dans le compte de résultat. La prise en compte des seuls coûts variables donne un montant inférieur. L'écart montre que le décalage entre les résultats tient à la différence d'évaluation des stocks.

Tableau 7
Evaluation des stocks

		Encours de production	Produits finis	Total
· ·	Quantités	15 u	35 u	
x	Coût complet unitaire	22 400	33 400	
+ =	Stock final	336 000	1 169 000	1 505 000
x	Coût variable unitaire	9 600	13 600	
- =	Stock final	144 000	476 000	620 000
=	Différence d'évaluation	192 000	693 000	885 000

24 – La détermination des seuils de rentabilité et la discussion des performances

Une évaluation plus pessimiste de la performance de l'entreprise va inciter M. Renier à reconsidérer la rentabilité du premier exercice de la société Homecar. Il peut alors mesurer pleinement les conséquences monétaires d'un manque d'efficacité commerciale. Lorsqu'il évaluait à 9,7 % du chiffre d'affaires la rentabilité actuelle et, à 94,2 % celle qu'il aurait obtenu en vendant la totalité de la production, il commettait une grave erreur d'appréciation relative à la couverture des coûts fixes.

Actuellement Homecar subit une légère perte d'exploitation égale à :

$$\frac{30\,000}{4\,200\,000} = 0{,}7\ \%\ \text{du chiffre d'affaires.}$$

A supposer que M. Renier ait vendu la totalité des 120 produits finis, il aurait enregistré :

– un chiffre d'affaires = 56 000 x 110 = 6 160 000 F,

– une marge sur coûts variables = 41 400 x 110 = 4 554 000 F,

– un résultat analytique = 4 554 000 – 3 135 000 = 1 419 000 F et,

– un taux de rentabilité = 1 419 000 / 6 160 000 = 23 % du chiffre d'affaires.

Il s'aperçoit que s'il avait concédé une réduction de 5 600 F par abri de chantier à la société Solac pour réussir à vendre la totalité de sa production, il aurait réalisé :

– un chiffre d'affaires = 6 160 000 – (5 600 x 110) = 5 544 000 F,

– une marge sur coûts variables = (41 400 – 5 600) x 110 = 3 938 000 F,

– un résultat analytique = 3 938 000 – 3 135 000 = 803 000 F et,

– un taux de rentabilité = 803 000 / 5 544 000 = 14,5 % du chiffre d'affaires.

Dans sa réponse à la proposition de la société Solac, il avait refusé de sacrifier près de la moitié de la marge sur coûts de revient unitaire (calculée par la méthode des coûts complets). Cette attitude n'était pas fondée. Désormais il se promet de calculer plus rigoureusement le prix de vente minimum, le prix qui conduit à un résultat nul en écoulant la totalité de la production. Il pose la formule suivante :

$$\text{Prix de vente minimum} = \frac{\text{Somme des coûts fixes}}{\text{Volume d'activité}} + \text{coût variable unitaire}$$

Ce prix minimum n'est rien d'autre que le coût complet unitaire calculé en additionnant le coût fixe et le coût variable unitaires. Désormais M. Renier a reconnu une évidence : le coût fixe unitaire diminue en fonction du volume d'activité.

S'il avait appliqué cette relation il aurait obtenu :

$$\text{Prix de vente minimum} = \frac{3\,135\,000}{120} + 14\,600 = 28\,500 + 14\,600 = 40\,725 \text{ F}$$

Cette nouvelle approche l'incite à construire un diagramme (figure 2) qui lui permettra de lire le prix de vente minimum pour différents volumes d'activité.

Figure 2
Le coût complet unitaire

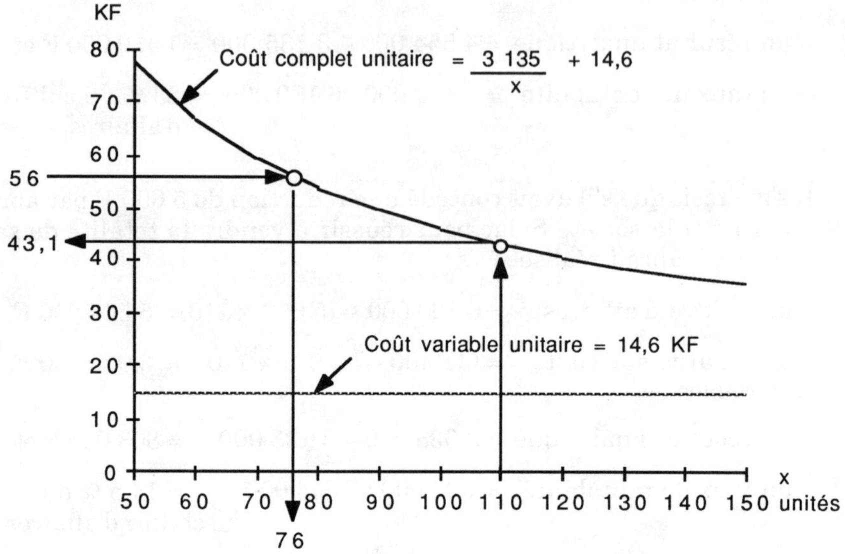

Pour une activité annuelle de 110 unités, il vérifie que le résultat analytique est positif avec un prix de vente supérieur à 43,1 KF. Il note également qu'avec un prix de vente de 56 KF l'activité n'est rentable que si elle dépasse 76 unités. Ce seuil n'est rien d'autre que le point mort comptable.

Pour vérifier cette lecture graphique, on peut calculer le taux de contribution et le chiffre d'affaires critique.

En rapportant la marge sur coûts variables d'une unité vendue au prix de vente, on obtient un taux de contribution de :

$$\frac{41\,400}{56\,000} = 74\ \%.$$

Par conséquent, le point mort comptable s'établit à :

$$\frac{3\,135\,000}{0{,}74} = 4\,236\,486 \text{ F de chiffre d'affaires, soit encore :}$$

$$\frac{4\,236\,486}{56\,000} = 76 \text{ unités vendues.}$$

III - SYNTHÈSE ET CONCLUSIONS

1 - Des difficultés de l'analyse externe

En position d'analyste externe, M. Tardieu sous-évaluait le résultat analytique de 18 000 F ; il obtenait – 48 000 F au lieu de – 30 000 F. Cette divergence vient du fait qu'il estimait à 903 000 F la part des coûts fixes inclus dans le stock final alors qu'elle est en vérité de 885 000 F.

Il n'a pu calculer correctement le taux de contribution et a raisonné avec un taux de 65 % contre 74 % en réalité. Ce décalage tient aux approximations relatives à la décomposition des charges du compte de résultat en coûts fixes et coûts variables. M. Tardieu a isolé 2 776 125 F de coûts fixes tandis que M. Renier les évalue à 3 135 000 F.

Cependant, il est parvenu à estimer correctement le seuil de rentabilité de son concurrent.

La présentation du compte de résultat ne prépare pas à un traitement analytique des charges et des produits d'exploitation. Avec une liasse fiscale pour seul point de départ, la précision de l'analyse est amoindrie par une accumulation d'approximations. Si l'on considère une entreprise dont les activités sont très diversifiées, la tâche devient impossible. On imagine que M. Renier aurait connu de plus grandes difficultés à analyser le compte de résultat de l'entreprise Tardieu qui élabore trois produits.

2 - Le problème de l'évaluation des stocks

Les règles du Plan comptable général ont introduit l'imputation rationnelle des coûts fixes pour évaluer les stocks (décret n° 83-1020 du 29 nov. 1983, art. 7). Cette procédure permet de prendre en compte la sous-activité dans la détermination du coût de production. Ainsi, une entreprise n'ayant utilisé que 75 % de sa capacité d'activité n'impute que 75 % des coûts fixes aux quantités produites. Elle fait supporter le reste, le coût de la sous-activité, au résultat (comptable) de l'exercice.

Les services fiscaux recommandent une évaluation des stocks au coût complet de production recouvrant "toutes les charges directes ou indirectes de production" (C.G.I., ann. III, art. 38 nonies). Les entreprises qui se risqueraient à les évaluer au coût variable ou encore à pratiquer une imputation rationnelle des coûts fixes devraient réintégrer au bénéfice imposable la différence d'évaluation (Trib. adm. de Paris, 9 mai 1989, n° 68 616/2).

En pratique l'obligation d'établir des comptes donnant "une image fidèle" de l'entreprise peut s'effacer devant la règle fiscale. Lorsque l'on s'intéresse à des entreprises dont l'activité principale est industrielle, le poids important des coûts fixes dans les stocks interdit, s'ils sont évalués au coût complet, une interprétation correcte de la production stockée.

3 - La pertinence du coût complet

La méthode des coûts complets peut conduire à des appréciations inexactes voire de graves erreurs de décisions. Cependant, si le raisonnement est conduit avec un coût complet décomposé en un coût variable et un coût fixe, il aboutit aux mêmes conclusions que celles tirées de la méthode du direct costing.

4 - Travaux complémentaires

1) Construire le graphique des seuils de rentabilité de la société Homecar avec les informations extraites de la comptabilité analytique.

2) Inscrire sur le graphique 1 les droites de chiffre d'affaires associées à des réductions de 5 %, 10 %, 15 % du prix de vente et observer le déplacement du point mort.

3) Exprimer les seuils de rentabilité en mois d'activité en supposant que l'activité soit régulière dans l'année.

DEUXIÈME PARTIE

Les applications professionnelles de l'analyse financière

L'ensemble des applications regroupées dans la seconde partie de cet ouvrage illustre la fécondité des démarches d'analyse financière dans des situations professionnelles variées. Certains de ces cas suggèrent une optique d'analyse interne en posant le problème du diagnostic financier du point de vue des dirigeants ou de partenaires internes à l'entreprise. D'autres au contraire proposent une démarche d'analyse externe conduite par un interlocuteur extérieur à la firme.

Cette série de cas présente des situations réelles pour lesquelles on s'est borné à introduire des modifications mineures dans un souci de clarté ou de discrétion.

Cas n° 8

Finabase SA

Thèmes d'analyse :

- *Constitution d'une base de données financières à partir d'une base de données comptable constituée principalement de la liasse fiscale.*
- *Préparation des éléments destinés à l'élaboration du bilan financier et des tableaux d'emplois-ressources, au calcul des ratios et des scores, etc.*

Outils et méthodes :

– Documents de la base de données comptables :

- *Liasse fiscale.*
- *Annexe relative aux engagements de crédit-bail.*

– Tableaux de la base de données financières :

- *Bilan financier.*
- *Tableau des soldes intermédiaires de gestion.*
- *Tableau de la capacité d'autofinancement.*
- *Tableau des agrégats de la Banque de France.*

Objectifs pédagogiques :

- *Réaliser les retraitements des informations contenues dans le bilan et le compte de résultat.*
- *Approfondir la signification et le contenu des indicateurs comptables et financiers.*
- *Appliquer les notions de liquidité et d'exigibilité à une présentation fonctionnelle.*

Lectures recommandées :

Analyse financière :

- *Chapitre 2. Section 2.*
- *Chapitre 3. Section 3.*
- *Chapitre 9. Section 1 A.*

Au retour du greffe du Tribunal de commerce de Montauban qui vient de lui délivrer un extrait de la liasse fiscale de la société Finabase SA, M. Nérac se promet de se livrer à une analyse approfondie sur les comptes de cette entreprise. N'envisage-il pas de jouer, un jour, le rôle du repreneur ?

En fin de soirée, le regard perplexe de M. Nérac oscille de la liasse fiscale de la société Mata-agri à la couverture rouge de l'ouvrage de gestion financière qu'il a compulsé activement. Les concepts financiers, dont les définitions lui paraissent pourtant claires, semblent poser de redoutables difficultés d'application.

La multitude des cases de la liasse (sur les 12 pages en sa possession : 1 127 cases dont 216 relatives à l'exercice précédent) alimente sa frustration. Le fait qu'un grand nombre de cases soient restées vierges ne le rassure pas non plus. Qu'en sera-t-il le jour où il consultera les comptes des entreprises concurrentes ?

Il se prend à espérer une procédure qui lui permette de reconstituer dans les meilleures conditions les tableaux qui servent de base à l'analyse financière ; des tableaux qui aient la même simplicité que dans les manuels !

Le sommeil l'ayant emporté, il rêve maintenant de fixer à un analyste-programmeur-expert-comptable un cahier des charges dont les principales lignes seraient traduites par trois règles :
– associer à chaque opération comptable un nombre suffisant de codes pour faciliter leur ventilation et leurs regroupements, selon des critères analytiques, financiers, fiscaux... ;
– installer un menu d'aide qui, à tout moment, donne la signification financière et économique de chaque poste sans contraindre l'utilisateur à une démarche comptable trop laborieuse ;
– élaborer un tableau de bord financier avec des informations arrondies en milliers de francs et à partir desquelles on pourrait réfléchir et décider sans calcul additionnel ni retraitement.

Avant de participer à une démarche donnant aux supports comptables la forme d'une base de données décisionnelles, il faut organiser l'exploitation de la liasse présentée aux pages suivantes.

Remarques à propos des documents comptables et fiscaux de la société Finabase SA :

Ils sont précédés de deux notes documentaires qui précisent les obligations d'information des entreprises à l'égard des services fiscaux et des tiers.

Afin de réduire le nombre des tableaux à compulser, les documents reproduits aux pages suivantes ne reprennent que les 12 premiers imprimés de la liasse fiscale et l'annexe relative au crédit-bail.

Dans le but de ne pas introduire de distorsions d'un cas à l'autre, un modèle unique de modèle de liasse est utilisé : celui qui s'applique aux exercices clos en 1988. Les chiffres de la société Finabase SA, bien que concernant l'exercice clos le 31 décembre 1985, ont été reportés sur ce modèle. Néanmoins, le taux de l'impôt sur les sociétés reste celui qui était en vigueur en 1985, soit 50 %.

Note relative à la présentation de la liasse fiscale

Dans le cadre du régime du bénéfice réel normal, l'obligation de remplir ce document incombe :
– aux sociétés passibles de l'impôt sur les sociétés,
– aux entreprises industrielles ou commerciales relevant de l'impôt sur le revenu dans la catégorie des bénéfices industriels et commerciaux.

La liasse fiscale comprend trois parties :

1) Tableaux comptables :

Ils se présentent sous la forme de huit imprimés distincts :

(1) *bilan-actif, n° 2050-N,*

(2) *bilan-passif (avant répartition), n° 2051-N,*

(3) *compte de résultat (en liste), n° 2052-N,*

(4) *compte de résultat (en liste), n° 2053-N,*

(5) *immobilisations, n° 2054-N,*

(6) *amortissements, n° 2055-N,*

(7) *provisions, n° 2056-N,*

(8) *état des échéances des créances et des dettes à la clôture de l'exercice, n° 2057-N.*

2) Informations détaillées :

Rédigées sur papier libre, elles portent sur les points suivants :
– liste des filiales et des participations,
– dérogations aux prescriptions comptables,
– modifications affectant les méthodes d'évaluation et la présentation des comptes annuels,
– produits à recevoir et charges à payer,
– comptes de régularisation.

3) Tableaux fiscaux :

Trois imprimés concernent la détermination du résultat fiscal, trois autres sont relatifs aux plus-values et aux moins-values, un dernier tableau est réservé aux écarts de réévaluation :

(9) *détermination du résultat fiscal, n° 2058-AN,*

(10) *déficits et provisions non déductibles, n° 2058-BN,*

(11) *renseignements divers, n° 2058-CN,*

(12) *détermination des plus et moins-values, n° 2059-AN,*

(13) *affectation des plus values à court terme, n° 2059-BN,*

(14) *affectation des plus et moins-values à long terme, n° 2059-CN,*

(5 bis) *écarts de réévaluation sur immobilisations amortissables, n° 2054 bis-N.*

Note concernant le dépôt des comptes au greffe

Toute société par actions ou à responsabilité limitée (S.A.R.L. ou E.U.R.L.) est tenue de déposer ses comptes en double exemplaire au greffe du Tribunal de commerce ou du Tribunal de grande instance statuant en matière commerciale dans le mois qui suit l'approbation des comptes.

Les documents à déposer sont les suivants :

1) Les comptes annuels :

Ils comprennnent le bilan, le compte de résultat et l'annexe. Les entreprises ont la possilité de remplacer certains documents comptables par les imprimés de la liasse fiscale, en particulier les tableaux comptables numérotés de 2050-N à 2057-N. Elles ne sont pas pour autant dispensées de déposer les éléments de l'annexe comportant des informations significatives absentes de la liasse fiscale.

2) Des pièces complémentaires :

– le rapport de gestion,
– le rapport des commissaires au comptes,
– les comptes consolidés, le cas échéant,
– la proposition d'affectation du résultat soumise à l'assemblée ou à l'associé unique, et la résolution votée,
– le rapport du conseil de surveillance pour les sociétés anonymes à directoire.

cerfa N° 30-2335

Formulaire obligatoire (article 53 A du code général des impôts).

① BILAN — ACTIF

D.G.I. N° 2050-N 9
(Janvier 1989)

Désignation de l'entreprise : FINABASE S.A. Durée de l'exercice exprimée en nombre de mois* 12

Adresse de l'entreprise 155 Avenue Marceau Hamecher à MONTAUBAN Durée de l'exercice précédent* 12

Numéro SIRET* 1 5 5 3 1 0 4 6 5 1 2 3 6 9 Code APE 2 2 0 2 1

Exercice précédent (N.1) clos le : 31 12 84

(Ne pas reporter le montant des centimes)*

Exercice N, clos le : 31 12 85

			Brut 1		Amortissements, provisions 2	Net 3	Net 4
	Capital souscrit non appelé (0)	AA					
ACTIF IMMOBILISÉ* — IMMOBILISATIONS INCORPORELLES	Frais d'établissement*	AB		AC			
	Frais de recherche et développement*	AD		AE			
	Concessions, brevets et droits similaires	AF		AG			
	Fonds commercial (1)	AH	52 920	AI		52 920	52 920
	Autres immobilisations incorporelles	AJ		AK			
	Avances et acomptes sur immobilisations incorporelles	AL		AM			
IMMOBILISATIONS CORPORELLES	Terrains	AN	51 972	AO	1 141	50 831	50 829
	Constructions	AP	1 342 496	AQ	1 029 046	313 450	331 478
	Installations techniques, matériel et outillage industriels	AR	924 057	AS	746 869	177 188	236 426
	Autres immobilisations corporelles	AT	1 996 223	AU	1 373 924	622 299	349 778
	Immobilisations en cours	AV		AW			
	Avances et acomptes	AX		AY			
IMMOBILISATIONS FINANCIÈRES (2)	Participations	AZ	13 997	BA		13 997	9 347
	Créances rattachées à des participations	BB		BC			
	Autres titres immobilisés	BD		BE			
	Prêts	BF	276 297	BG		276 297	230 243
	Autres immobilisations financières*	BH	46 928	BI		46 928	33 203
	TOTAL (I)	BJ	4 704 890	BK	3 150 980	1 553 912	1 294 230
ACTIF CIRCULANT — STOCKS*	Matières premières, approvisionnements	BL	21 700	BM		21 700	23 250
	En cours de production de biens	BN		BO			
	En cours de production de services	BP	4 126	BQ		4 126	6 367
	Produits intermédiaires et finis	BR		BS			
	Marchandises	BT	12 475 434	BU	1 177 492	11 297 942	12 850 082
	Avances et acomptes versés sur commandes	BV		BW			
CRÉANCES	Clients et comptes rattachés (3)*	BX	6 304 851	BY	164 058	6 140 793	3 740 570
	Autres créances (3)	BZ	609 994	CA		609 994	377 117
	Capital souscrit et appelé, non versé	CB		CC			
DIVERS	Valeurs mobilières de placement (dont actions propres :..........)	CD		CE			
	Disponibilités	CF	521 966	CG		521 966	33 976
	Charges constatées d'avance (3)*	CH	60 138	CI		60 138	64 275
	TOTAL (II)	CJ	19 998 209	CK	1 341 550	18 656 659	17 095 637
Comptes de régularisation	Charges à répartir sur plusieurs exercices* (III)	CL					
	Primes de remboursement des obligations (IV)	CM					
	Ecarts de conversion actif* (V)	CN					
	TOTAL GÉNÉRAL (0 à V)	CO	24 703 099	1A	4 492 530	20 210 569	18 389 867

Renvois : (1) Dont droit au bail :		(2) part à moins d'un an des immobilisations financières nettes :	CP	(3) Part à plus d'un an :	CR
Clause de réserve de propriété :*	Immobilisations :	Stocks :		Créances :	

* Des explications concernant cette rubrique sont données dans la notice n° 2032-N

1er EXEMPLAIRE DESTINÉ À L'ADMINISTRATION

N° 2050-N - Série G - Imprimerie Nationale 9403010.L..35 [33] - Octobre 1988

cerfa N° 30-2336
Formulaire obligatoire (article 53 A du Code général des impôts)

② **BILAN — PASSIF avant répartition**

D.G.I. N° 2051-N 9
(Janvier 1989)

Désignation de l'entreprise FINABASE SA

	(Ne pas reporter le montant des centimes) *		Exercice N 1	Exercice N − 1 2
CAPITAUX PROPRES	Capital social ou individuel (1)* (Dont versé : ....)	DA	1 521 976	1 521 976
	Primes d'émission, de fusion, d'apport, ...	DB		
	Ecarts de réévaluation (2)*	DC		
	Réserve légale (3)	DD	158 615	158 615
	Réserves statutaires ou contractuelles	DE		
	Réserves réglementées (3) (4)	DF	209 777	209 777
	Autres réserves	DG	1 885 941	1 885 944
	Report à nouveau	DH	(79 078)	(10 408)
	RÉSULTAT DE L'EXERCICE (bénéfice ou perte)	DI	(418 407)	(68 670)
	Subventions d'investissement	DJ		
	Provisions réglementées *	DK		
	TOTAL (I)	DL	3 278 824	3 697 234
Autres fonds propres	Produit des émissions de titres participatifs	DM		
	Avances conditionnées	DN		
	TOTAL (II)	DO		
Provisions pour risques et charges	Provisions pour risques	DP	159 098	121 700
	Provisions pour charges	DQ		
	TOTAL (III)	DR	159 098	121 700
DETTES (5)	Emprunts obligataires convertibles	DS		
	Autres emprunts obligataires	DT		
	Emprunts et dettes auprès des établissements de crédit (6)	DU	2 908 956	3 208 471
	Emprunts et dettes financières divers (7)	DV	1 671 903	2 180 264
	Avances et acomptes reçus sur commandes en cours	DW		
	Dettes fournisseurs et comptes rattachés	DX	9 939 242	7 113 300
	Dettes fiscales et sociales	DY	2 113 760	2 040 122
	Dettes sur immobilisations et comptes rattachés	DZ		
	Autres dettes	EA	138 787	28 776
Compte régul.	Produits constatés d'avance (5)	EB		
	TOTAL (IV)	EC	16 772 648	14 570 933
	Ecarts de conversion passif* **(V)**	ED		
	TOTAL GÉNÉRAL (I à V)	EE	20 210 570	18 389 867

Total du bilan de l'exercice N en francs et centimes * 20 210 569 | 45

RENVOIS	(1) Écart de réévaluation incorporé au capital	1B		
	(2) Dont Réserve spéciale de réévaluation (1959)	1C		
	(2) Dont Ecart de réévaluation libre	1D		
	(2) Dont Réserve de réévaluation (1976)	1E		
	(3) Dont réserve réglementée des plus-values à long terme	EF	209 777	209 777
	(4) Dont réserve relative à l'achat d'œuvres originales d'artistes vivants	EJ		
	(5) Dettes et produits constatés d'avance à moins d'un an	EG		
	(6) Dont concours bancaires courants, et soldes créditeurs de banques et CCP	EH	2 505 646	2 162 355
	(7) Dont emprunts participatifs	EI		

* Des explications concernant cette rubrique sont données dans la notice n° 2032-N.

1er EXEMPLAIRE DESTINÉ À L'ADMINISTRATION

N° 2051-N - Série G - Imprimerie Nationale 9403011 L 42 [33] - Octobre 1988

cerfa N° 30-2337

Formulaire obligatoire (article 53 A du Code général des impôts).

③ COMPTE DE RÉSULTAT DE L'EXERCICE (En liste)

D.G.I. N° 2052-N 9
(Janvier 1989)

Désignation de l'entreprise : FINANBASE S.A.

(Ne pas reporter le montant des centimes)*		Exercice N – France 1	Exercice N – Exportation 2	Exercice N – Total 3	Exercice (N-1) 4
PRODUITS D'EXPLOITATION	Ventes de marchandises*	FA 40 341 549	FB	FC 40 341 549	40 976 614
	Production vendue – biens	FD	FE	FF	
	Production vendue – services*	FG 1 857 346	FH	FI 1 857 346	2 199 927
	Chiffres d'affaires nets*	FJ 42 198 896	FK	FL 42 198 896	43 176 543
	Production stockée*			FM (2 240)	(57 753)
	Production immobilisée*			FN	
	Subventions d'exploitation			FO	
	Reprises sur amortissements et provisions, transfert de charges*			FP 1 279 728	711 500
	Autres produits (1)			FQ 127 247	88 552
	Total des produits d'exploitation (2) (I)			FR 43 603 630	44 518 840
CHARGES D'EXPLOITATION	Achats de marchandises (y compris droits de douane)*			FS 29 133 527	31 398 079
	Variation de stock (marchandises)*			FT 2 702 031	(100 330)
	Achats de matières premières et autres approvisionnements (y compris droits de douane)*			FU 306 787	347 764
	Variation de stock (matières premières et approvisionnements)*			FV 1 550	(7 750)
	Autres achats et charges externes (3)*			FW 2 949 320	2 913 642
	Impôts, taxes et versements assimilés*			FX 347 214	337 277
	Salaires et traitements*			FY 5 633 813	6 015 393
	Charges sociales			FZ 1 651 468	1 804 709
	DOTATIONS D'EXPLOITATION – Sur immobilisations – dotations aux amortissements*			GA 268 516	270 832
	DOTATIONS D'EXPLOITATION – Sur immobilisations – dotations aux provisions			GB	
	DOTATIONS D'EXPLOITATION – Sur actif circulant : dotations aux provisions			GC 23 112	17 430
	DOTATIONS D'EXPLOITATION – Pour risques et charges : dotations aux provisions			GD 159 098	121 700
	Autres charges			GE 12 050	2 989
	Total des charges d'exploitation (4) (II)			GF 43 188 486	43 721 735
1 - RÉSULTAT D'EXPLOITATION (I - II)				GG 415 144	797 105
opérations en commun	Bénéfice attribué ou perte transférée* (III)			GH	
	Perte supportée ou bénéfice transféré* (IV)			GI	
PRODUITS FINANCIERS	Produits financiers de participations (5)			GJ	
	Produits des autres valeurs mobilières et créances de l'actif immobilisé (5)			GK	1 953
	Autres intérêts et produits assimilés (5)			GL 112 426	148 537
	Reprises sur provisions et transferts de charges			GM	
	Différences positives de change			GN	
	Produits nets sur cessions de valeurs mobilières de placement			GO	
	Total des produits financiers (V)			GP 112 426	150 490
CHARGES FINANCIÈRES	Dotations financières aux amortissements et provisions*			GQ	
	Intérêts et charges assimilées (6)			GR 876 883	1 357 902
	Différences négatives de change			GS	
	Charges nettes sur cessions de valeurs mobilières de placement			GT	
	Total des charges financières (VI)			GU 876 883	1 357 902
2 - RÉSULTAT FINANCIER (V – VI)				GV (764 457)	(1 207 412)
3 - RÉSULTAT COURANT AVANT IMPÔTS (I – II + III – IV + V – VI)				GW (349 313)	(410 307)

(RENVOIS : voir tableau n° 2053-N) * Des explications concernant cette rubrique sont données dans la notice n° 2032 N

1er EXEMPLAIRE DESTINÉ A L'ADMINISTRATION

N° 2052-N - Série G - Imprimerie Nationale 9403012.L.49 (49) - Octobre 1988

cerfa N° 30-2338 Formulaire obligatoire (article 53 A du Code général des impôts)

(4) COMPTE DE RÉSULTAT DE L'EXERCICE (Suite)

D.G.I. N° 2053-N (Janvier 1989) 9

Désignation de l'entreprise FINABASE S.A.

	(Ne pas reporter le montant des centimes) *		Exercice N 1	Exercice N – 1 2
PRODUITS EXCEPTIONNELS	Produits exceptionnels sur opérations de gestion	HA		
	Produits exceptionnels sur opérations en capital *	HB	94 550	1 550
	Reprises sur provisions et transferts de charges	HC		344 737
	Total des produits exceptionnels (7) **(VII)**	HD	94 550	346 287
CHARGES EXCEPTIONNELLES	Charges exceptionnelles sur opérations de gestion	HE	105 536	
	Charges exceptionnelles sur opérations en capital *	HF	53 458	
	Dotations exceptionnelles aux amortissements et provisions	HG		
	Total des charges exceptionnelles (7) **(VIII)**	HH	158 994	
3 — RÉSULTAT EXCEPTIONNEL (VII — VIII)		HI	(64 444)	346 287
Participation des salariés aux résultats de l'entreprise **(IX)**		HJ		
Impôts sur les bénéfices * **(X)**		HK	4 650	4 650
TOTAL DES PRODUITS (I + III + V + VII)		HL	44 430 462	45 015 621
TOTAL DES CHARGES (II + IV + VI + VIII + IX + X)		HM	44 848 869	45 084 290
4 — BÉNÉFICE OU PERTE (total des produits — total des charges)		HN	(418 407)	(68 670)

RENVOIS				
(1)	Dont produits nets partiels sur opérations à long terme	HO		
(2)	Dont produits d'exploitation afférents à des exercices antérieurs (à détailler au (8) ci-dessous)	1G		
(3)	Dont — Crédit-bail mobilier	HP	104 101	98 338
	Dont — Crédit-bail immobilier	HQ		
(4)	Dont charges d'exploitation afférentes à des exercices antérieurs (à détailler au (8) ci-dessous)	1H		
(5)	Dont produits concernant les entreprises liées	1J		
(6)	Dont intérêts concernant les entreprises liées	1K		

(7) Détail des produits et charges exceptionnels (Si ce cadre est insuffisant, joindre un état du même modèle) :	Exercice N — Charges exceptionnelles	Exercice N — Produits exceptionnels
HB : Produits de cessions d'éléments d'actif		94 550
HF : Valeurs comptables des éléments d'actif cédés	53 458	

(8) Détail des produits et charges sur exercices antérieurs :	Exercice N — Charges antérieures	Exercice N — Produits antérieurs

* Des explications concernant cette rubrique sont données dans la notice n° 2032-N.

cerfa N° 30-2339 (5) **IMMOBILISATIONS** D.G.I. N° **2054-N** 9

(Janvier 1989)

Formulaire obligatoire (article 53 A du Code général des impôts)

Désignation de l'entreprise FINABASE S.A.

(Ne pas reporter le montant des centimes) *

CADRE A	IMMOBILISATIONS		Valeur brute des immobilisations au début de l'exercice 1		Augmentations : Consécutives à une réévaluation pratiquée au cours de l'exercice 2		Augmentations : Acquisitions, créations, apports et virements de poste à poste 3
INCORP.	Frais d'établissement, de recherche et de développement **TOTAL I**	KA		KB		KC	
INCORP.	Autres postes d'immobilisations incorporelles **TOTAL II**	KD	52 920	KE		KF	
CORPORELLES	Terrains	KG	51 972	KH		KI	
CORPORELLES	Constructions — Sur sol propre	KJ	1 292 350	KK		KL	
CORPORELLES	Constructions — Sur sol d'autrui	KM		KN		KO	
CORPORELLES	Constructions — Installations générales, agencements et aménagements des constructions *	KP	50 146	KQ		KR	
CORPORELLES	Installations techniques, matériel et outillage industriels	KS	917 490	KT		KU	7 173
CORPORELLES	Autres immobilisations corporelles — Installations générales, agencements, aménagements divers *	KV	360 815	KW		KX	
CORPORELLES	Autres immobilisations corporelles — Matériel de transport *	KY	1 119 429	KZ		LA	488 831
CORPORELLES	Autres immobilisations corporelles — Matériel de bureau et informatique, mobilier	LB	293 289	LC		LD	21 226
CORPORELLES	Autres immobilisations corporelles — Emballages récupérables et divers *	LE		LF		LG	
CORPORELLES	Immobilisations corporelles en cours	LH		LI		LJ	
CORPORELLES	Avances et acomptes	LK		LL		LM	
CORPORELLES	**TOTAL III**	LN	4 085 491	LO		LP	517 230
FINANCIÈRES	Participations et créances rattachées à des participations	1L	9 347	1M		1N	4 650
FINANCIÈRES	Autres titres immobilisés	1P		1R		1S	
FINANCIÈRES	Prêts et autres immobilisations financières	1T	263 447	1U		1V	59 946
FINANCIÈRES	**TOTAL IV**	LQ	272 794	LR		LS	64 596
	TOTAL GÉNÉRAL (I + II + III + IV)	ØG	4 411 205	ØH		ØJ	581 826

CADRE B	IMMOBILISATIONS		Diminutions : par virements de poste à poste 1		Diminutions : par cessions à des tiers ou mises hors service 2		Valeur brute des immobilisations à la fin de l'exercice 3		Réévaluation légale * : Valeur d'origine des immobilisations en fin d'exercice 4
INCORP.	Frais d'établissement, de recherche et de développement **TOTAL I**			LT		LU		1W	
INCORP.	Autres postes d'immobilisations incorporelles **TOTAL II**			LV		LW	52 920	1X	
CORPORELLES	Terrains			LX		LY	51 972	LZ	
CORPORELLES	Constructions — Sur sol propre			MA		MB	1 292 350	MC	
CORPORELLES	Constructions — Sur sol d'autrui			MD		ME		MF	
CORPORELLES	Constructions — Inst. gales, agencts et am. des constructions			MG		MH	50 146	MI	
CORPORELLES	Installations techniques, matériel et outillage industriels			MJ	605	MK	924 058	ML	
CORPORELLES	Autres immobilisations corporelles — Inst. gales., agencts, aménagements divers			MM		MN	360 815	MO	
CORPORELLES	Autres immobilisations corporelles — Matériel de transport			MP	287 367	MQ	1 320 893	MR	
CORPORELLES	Autres immobilisations corporelles — Matériel de bureau et informatique, mobilier			MS		MT	314 515	MU	
CORPORELLES	Autres immobilisations corporelles — Emballages récupérables et divers*			MV		MW		MX	
CORPORELLES	Immobilisations corporelles en cours	MY		MZ		NA		NB	
CORPORELLES	Avances et acomptes	NC		ND		NE		NF	
CORPORELLES	**TOTAL III**			NG	287 972	NH	4 314 749	NI	
FINANCIÈRES	Participations et créances rattachées à des participations			1Y		1Z	13 997	2A	
FINANCIÈRES	Autres titres immobilisés			2B		2C		2D	
FINANCIÈRES	Prêts et autres immobilisations financières			2E	169	2F	323 224	2G	
FINANCIÈRES	**TOTAL IV**			NJ	169	NK	337 221	2H	
	TOTAL GÉNÉRAL (I + II + III + IV)			ØK	288 141	ØL	4 704 890	ØM	

* Des explications concernant cette rubrique sont données dans la notice n° 2032-N

1er EXEMPLAIRE DESTINÉ À L'ADMINISTRATION

N° 2054-N - Série G - Imprimerie Nationale 9403014.L.63 [41] - Octobre 1988

cerfa N° 30-2340
Formulaire obligatoire (article 53 A du Code général des impôts)

(6)

AMORTISSEMENTS

D.G.I. N° 2055-N [9]
(Janvier 1989)

Désignation de l'entreprise FINABASE S.A.

(Ne pas reporter le montant des centimes) *

CADRE A — SITUATIONS ET MOUVEMENTS DE L'EXERCICE*

IMMOBILISATIONS AMORTISSABLES		Montant des amortissements au début de l'exercice 1		Augmentations : dotations de l'exercice 2		Diminutions : amortissements afférents aux éléments sortis de l'actif et reprises 3		Montant des amortissements à la fin de l'exercice 4
Frais d'établissement, de recherche et de développement TOTAL I	PA		PB		PC		PD	
Autres immobilisations incorporelles TOTAL II	PE		PF		PG		PH	
Terrains	PI	1 141	PJ		PK		PL	1 141
Constructions — Sur sol propre	PM	982 177	PN	13 208	PO		PQ	995 385
Constructions — Sur sol d'autrui	PR		PS		PT		PU	
Constructions — Inst. générales, agencements et aménagements des constructions	PV	28 840	PW	4 821	PX		PY	33 661
Installations techniques, matériel et outillage industriels	PZ	702 365	QA	45 109	QB	605	QC	746 869
Autres immobilisations corporelles — Inst. générales, agencements, aménagements divers	QD	234 530	QE	36 081	QF		QG	270 611
Autres immobilisations corporelles — Matériel de transport	QH	911 684	QI	155 059	QJ	233 909	QK	832 835
Autres immobilisations corporelles — Matériel de bureau et informatique, mobilier	QL	256 240	QM	14 238	QN		QO	270 478
Autres immobilisations corporelles — Emballages récupérables et divers	QP		QR		QS		QT	
TOTAL III	QU	3 116 977	QV	268 516	QW	234 513	QX	3 150 980
TOTAL GÉNÉRAL (I + II + III)	ØN	3 116 977	ØP	268 516	ØQ	234 513	ØR	3 150 980

CADRE B — VENTILATION DES DOTATIONS AUX AMORTISSEMENTS DE L'EXERCICE* / CADRE C — MOUVEMENTS AFFECTANT LA PROVISION POUR AMORTISSEMENTS DÉROGATOIRES*

Immobilisations amortissables		Amortissements linéaires 1		Amortissements dégressifs 2		Amortissements exceptionnels 3		Dotations 4		Reprises 5
Frais établissement et recherche TOTAL I	QY		2J		2K		2L		2M	
Immob. incorporelles TOTAL II	QZ		2N		2P		2R		2S	
Terrains	RA		RB		RC		2T		2U	
Constructions — Sur sol propre	RD	13 208	RE		RF		2V		2W	
Constructions — Sur sol d'autrui	RG		RH		RI		2X		2Y	
Constructions — Inst. gales, agenc. et am. des const.	RJ	4 821	RK		RL		2Z		3A	
Inst. techniques mat. et outillage	RM	35 736	RN	9 373	RO		3B		3C	
Autres immobilisations corporelles — Ins. gales, agenc. am. divers	RP	36 081	RQ		RR		3D		3E	
Autres immobilisations corporelles — Matériel de transport	RS	155 059	RT		RU		3F		3G	
Autres immobilisations corporelles — Mat. bureau et inform. mobilier	RV	9 047	RW	5 191	RX		3H		3J	
Autres immobilisations corporelles — Emballages récup. et divers	RY		RZ		SA		3K		3L	
TOTAL III	SB	253 952	SC	14 564	SD		SE		SF	
TOTAL GENERAL (I + II + III)	SG	253 952	SH	14 564	SJ		SK		SL	

CADRE D

MOUVEMENTS DE L'EXERCICE AFFECTANT LES CHARGES RÉPARTIES SUR PLUSIEURS EXERCICES*	Montant net au début de l'exercice 1	Augmentations 2		Dotations de l'exercice aux amortissements 3		Montant net à la fin de l'exercice 4
Charges à répartir sur plusieurs exercices			SM		SN	
Primes de remboursement des obligations			SP		SR	

* Des explications concernant cette rubrique sont données dans la notice N° 2032-N

cerfa N° 30-2341
Formulaire obligatoire (article 53 A du Code général des impôts)

⑦ PROVISIONS INSCRITES AU BILAN

D.G.I. N° 2056-N 9
(janvier 1989)

Désignation de l'entreprise FINABASE S.A.

(Ne pas reporter le montant des centimes) *

	Nature des provisions		Montant au début de l'exercice 1		AUGMENTATIONS : Dotations de l'exercice 2		DIMINUTIONS : Reprises de l'exercice 3		Montant à la fin de l'exercice * 4
Provisions réglementées	Provisions pour reconstitution des gisements miniers et pétroliers	3T		TA		TB		TC	
	Provisions pour investissement (1)	3U		TD		TE		TF	
	Provisions pour hausse des prix (2)	3V		TG		TH		TI	
	Provisions pour fluctuation des cours	3W		TJ		TK		TL	
	Amortissements dérogatoires	3X		TM		TN		TO	
	Provisions fiscales pour implantations commerciales à l'étranger (4)	0T		NL		NM		NN	
	Autres provisions réglementées (3)	3Y		TP		TQ		TR	
	TOTAL I	3Z		TS		TT		TU	
Provisions pour risques et charges	Provisions pour litiges	4A		4B		4C		4D	
	Provisions pour garanties données aux clients	4E		4F		4G		4H	
	Provisions pour pertes sur marchés à terme	4J		4K		4L		4M	
	Provisions pour amendes et pénalités	4N		4P		4R		4S	
	Provisions pour pertes de change	4T		4U		4V		4W	
	Provisions pour pensions et obligations similaires	4X		4Y		4Z		5A	
	Provisions pour impôts (3)	5B		5C		5D		5E	
	Provisions pour renouvellement des immobilisations	5F		5H		5J		5K	
	Provisions pour grosses réparations	5L		5M		5N		5P	
	Provisions pour charges sociales et fiscales sur congés à payer *	5R		5S		5T		5U	
	Autres provisions pour risques et charges (3)	5V	121 700	5W	159 098	5X	121 700	5Y	159 098
	TOTAL II	5Z	121 700	TV	159 098	TW	121 700	TX	159 098
Provisions pour dépréciation	sur immobilisations - incorporelles	6A		6B		6C		6D	
	sur immobilisations - corporelles	6E		6F		6G		6H	
	sur immobilisations - financières	6J		6K		6L		6M	
	Sur stocks et en cours	6N	2 327 389	6P		6R	1 149 897	6S	1 177 492
	Sur comptes clients	6T	149 077	6U	23 112	6V	8 131	6W	164 058
	Autres provisions pour dépréciation (3)	6X		6Y		6Z		7A	
	TOTAL III	7B	2 476 466	TY	23 112	TZ	1 158 028	UA	1 341 550
	TOTAL GÉNÉRAL (I + II + III)	7C	2 598 166	UB	182 210	UC	1 279 728	UD	1 500 648
	Dont dotations et reprises — d'exploitation			UE	182 210	UF	1 279 728		
	Dont dotations et reprises — financières			UG		UH			
	Dont dotations et reprises — exceptionnelles			UJ		UK			

(1) provisions réservées aux entreprises faisant participer leurs salariés aux résultats de l'entreprise (ordonnance n° 86-1134 du 21 octobre 1986)
(2) à détailler sur feuillet séparé selon l'année de constitution de la provision.
(3) à détailler sur feuillet séparé selon l'objet des provisions.
(4) Il s'agit des provisions prévues par les articles 39 octies B et 39 octies A-I bis et quater du CGI, constituées sans accord ni agrément préalable.

NOTA : Les charges à payer ne doivent pas être mentionnées sur ce tableau mais être ventilées sur l'état détaillé des charges à payer dont la production est prévue par l'article 38 II de l'annexe III au CGI.

* Des explications concernant cette rubrique sont données dans la notice n° 2032-N

1er EXEMPLAIRE DESTINÉ A L'ADMINISTRATION

N° 2056-N - Série G - Imprimerie Nationale 9403017.L..84 [60] - Octobre 1988

cerfa N° 30-2342

Formulaire obligatoire (article 53 A du Code général des impôts). (ne pas reporter le montant des centimes *)

(8)

ÉTAT DES ÉCHÉANCES DES CRÉANCES ET DES DETTES A LA CLOTURE DE L'EXERCICE*

D.G.I. N° 2057-N (Janvier 1989) 9

Désignation de l'entreprise : FINABASE S.A.

CADRE A	ÉTAT DES CRÉANCES	Code	Montant brut 1	Code	A 1 an au plus 2	Code	A plus d'un an 3
DE L'ACTIF IMMOBILISÉ	Créances rattachées à des participations	UL		UM		UN	
	Prêts (1) (2)	UP	276 295	UR		US	276 295
	Autres immobilisations financières	UT	46 928	UV		UW	46 928
DE L'ACTIF-CIRCULANT	Clients douteux ou litigieux	VA	219 207				219 207
	Autres créances clients	UX	6 085 644		6 085 644		
	Créance représentative de titres prêtés * (Provision pour dépréciation antérieurement constituée* UQ)	UU					
	Personnel et comptes rattachés	UY					
	Sécurité sociale et autres organismes sociaux	UZ					
	Etat et autres collectivités publiques — Impôts sur les bénéfices	VM	52 633		52 633		
	Etat et autres collectivités publiques — Taxe sur la valeur ajoutée	VB	548 655		548 655		
	Etat et autres collectivités publiques — Autres impôts, taxes et versements assimilés	VN					
	Etat et autres collectivités publiques — Divers	VP					
	Groupe et associés (2)	VC					
	Débiteurs divers	VR	8 706		8 706		
	Charges constatées d'avance	VS	60 138		60 138		
	TOTAUX	VT	7 298 212	VU	6 755 779	VV	542 432
RENVOIS	(1) Montant des - Prêts accordés en cours d'exercice	VD	46 052				
	(1) Montant des - Remboursements obtenus en cours d'exercice	VE					
	(2) Prêts et avances consentis aux associés (personnes physiques)	VF					

CADRE B	ÉTAT DES DETTES	Code	Montant brut 1	Code	A 1 an au plus 2	A plus d'1 an et 5 ans au plus 3	A plus de 5 ans 4
	Emprunts obligataires convertibles (1)	7Y					
	Autres emprunts obligataires (1)	7Z					
Emprunts et dettes auprès des établissements de crédit (1)	à 2 ans maximum à l'origine	VG	1 806 725		1 806 725		
	à plus de 2 ans à l'origine	VH	1 102 231		435 497	619 048	47 686
	Emprunts et dettes financières divers (1) (2)	8A					
	Fournisseurs et comptes rattachés	8B	9 939 242		9 939 242		
	Personnel et comptes rattachés	8C	734 249		734 249		
	Sécurité sociale et autres organismes sociaux	8D	325 776		325 776		
État et autres collectivités publiques	Impôts sur les bénéfices	8E					
	Taxe sur la valeur ajoutée	VW	548 421		548 421		
	Obligations cautionnées	VX	500 111		500 111		
	Autres impôts, taxes et assimilés	8H	5 203		5 203		
	Dettes sur immobilisations et comptes rattachés	8J					
	Groupe et associés (2)	VI	1 671 903		1 503 965	167 938	
	Autres dettes	8K	138 787		138 787		
	Dette représentative de titres empruntés *	SZ					
	Produits constatés d'avance	8L					
	TOTAUX	VY	16 148 359	VZ	15 313 687	786 986	47 686
RENVOIS (1)	Emprunts souscrits en cours d'exercice	VJ	389 360				
RENVOIS (1)	Emprunts remboursés en cours d'exercice	VK	329 846				
RENVOIS (2)	Montant des divers emprunts et dettes contractés auprès des associés personnes physiques	VL					

* Des explications concernant cette rubrique sont données dans la notice n° 2032-N

cerfa N° 30-2275
Formulaire obligatoire (article 53 A du Code général des impôts)

(9) **DÉTERMINATION DU RÉSULTAT FISCAL**

D.G.I. N° 2058-AN (janvier 1989) 9

Exercice N, clos le : 3|1|1|2|8|5

(Ne pas reporter les centimes)* Désignation de l'entreprise : FINABASE S.A.

I. RÉINTÉGRATIONS

	BÉNÉFICE COMPTABLE DE L'EXERCICE	WA	
Charges non admises en déduction du résultat fiscal	Rémunération du travail (1) — de l'exploitant ou des associés de sociétés soumises à l'impôt sur le revenu	WB	
	Rémunération du travail (1) — de son conjoint ... moins part déductible* ... à réintégrer :	WC	
	Avantages personnels non déductibles * (sauf amortissements à porter ligne ci-dessous)	WD	
	Amortissements excédentaires (art. 39-4 du C.G.I.) et autres amortissements non déductibles	WE	23 588
	Autres charges et dépenses somptuaires visées à l'art. 39-4 du C.G.I.*	WF	
	Taxe sur les voitures particulières des sociétés (2)	WG	20 883
	Provisions et charges à payer non déductibles (cf. tableau 2058-BN, cadre III)	WI	473 610
	Amendes et pénalités (nature : ....)	WJ	656
	Impôt sur les sociétés et imposition forfaitaire annuelle (2)	WK	4 650
	Quote-part dans les bénéfices réalisés par une société de personnes ou un G.I.E.	WL	
Régimes d'imposition particuliers et impositions différées	Moins-values nettes à long terme	WM	
	Fraction imposable des plus-values réalisées au cours d'exercices antérieurs* — Plus-values nettes à court terme	WN	
	Fraction imposable des plus-values réalisées au cours d'exercices antérieurs* — Plus-values soumises au régime des fusions	WO	
	Prélèvements opérés sur la réserve spéciale des profits de construction (art. 209 quater A du C.G.I.)	WP	
	Réintégrations diverses (3) (dont : Zones d'entreprises* (activité exonérée) SW)	WQ	
	TOTAL I	WR	524 387

II. DÉDUCTIONS

	PERTE COMPTABLE DE L'EXERCICE	WS	418 407
	Quote-part dans les pertes subies par une société de personnes ou un G.I.E.	WT	
	Provisions et charges à payer non déductibles, antérieurement taxées, et réintégrées dans les résultats comptables de l'exercice (cf. tableau 2058-BN, cadre III)	WU	477 164
Régimes d'imposition particuliers et impositions différées	Plus-values nettes à long terme — imposées aux taux de 15 ou 25% (16 ou 26% pour les entreprises soumises à l'impôt sur le revenu)*	WV	
	Plus-values nettes à long terme — imputées sur les moins-values nettes à long terme antérieures	WW	
	Plus-values nettes à long terme — imputées sur les déficits antérieurs	WX	
	Plus-values nettes à long terme — imputées sur les amortissements réputés différés (à reporter au tableau 2058-BN, ligne 8P)	WY	
	Fraction des plus values nettes à court terme de l'exercice dont l'imposition est différée*	WZ	
	Régime des sociétés mères et des filiales * Produit net des actions et parts d'intérêts : ... Quote-part des frais à déduire : ...	XA	
Mesures d'incitation	Déduction autorisée au titre des investissements réalisés dans les départements et territoires d'Outre-mer.	ZY	
	Majoration d'amortissement*	XD	
	Dividendes déductibles*	XE	
	Abattement sur le bénéfice et exonérations (dont : entreprises nouvelles * SX ... Zones d'entreprises* (activité exonérée) SY)	XF	
	Déductions diverses (à détailler sur feuillet séparé) dont créance dégagée par le report en arrière du déficit* ZI	XG	
	TOTAL II	XH	895 571

III. RÉSULTAT FISCAL

Résultat fiscal avant imputation des déficits reportables et des amortissements réputés différés : bénéfice (I moins II)	XI			
Résultat fiscal avant imputation des déficits reportables et des amortissements réputés différés : déficit (II moins I)			XJ	371 183
Déficit de l'exercice reporté en arrière	ZL			
Amortissements réputés différés créés au titre de l'exercice (à reporter au tableau 2058-BN, ligne 8S)*	XK	268 516		
Déficits antérieurs imputés sur les résultats de l'exercice (à détailler au tableau 2058-BN, cadre I-A, lignes XU à YF)			XL	
Amortissements réputés différés imputés à la clôture de l'exercice (à reporter au tableau 2058-BN, ligne 8R)			XM	
RÉSULTAT FISCAL — BÉNÉFICE	XN			
RÉSULTAT FISCAL — DÉFICIT reportable en avant			XO	102 666

(1) ne concerne que les entreprises soumises à l'impôt sur le revenu
(2) ne concerne que les entreprises soumises à l'impôt sur les sociétés
(3) à détailler sur feuillet séparé

* Des explications concernant cette rubrique sont données dans la notice n° 2032-N

1er EXEMPLAIRE DESTINÉ A L'ADMINISTRATION

N° 2058-AN – IMPRIMERIE NATIONALE - 9 403037 L 96 (60) - Octobre 1988

cerfa N° 30-2276
Formulaire obligatoire (article 53 A du Code général des impôts)

(10)

DÉFICITS INDEMNITÉS POUR CONGÉS A PAYER ET PROVISIONS NON DÉDUCTIBLES

D.G.I. N° 2058-BN (Janvier 1989) [9]

Désignation de l'entreprise FINABASE S.A.

(Ne pas reporter le montant des centimes) *

I. SUIVI DES DÉFICITS ORDINAIRES ET DES AMORTISSEMENTS RÉPUTÉS DIFFÉRÉS

A — Déficits ordinaires : déficits reportables autres que ceux correspondant à des amortissements réputés différés en période déficitaire.

	Date de clôture des 5 derniers exercices 1	Déficits imputables 2	Déficits imputés (ligne XL du 2058-AN (1)* 3	Déficits reportables col. 2 – col. 3 4
N-5		XT	XU	
N-4		XV	XW	XX
N-3		XY	XZ	YA
N-2		YB	YC	YD
N-1		YE	YF	YG
TOTAL		YH	YI	
			Déficit de l'exercice (tableau 2058-AN, ligne XO)	YJ 102 666
			TOTAL des déficits restant à reporter (lignes XX à YJ)	YK 102 666

(1) Et, le cas échéant, ligne WX du 2058 AN.

B — Amortissements réputés différés
Dotations de l'exercice susceptibles d'être admises au régime des amortissements réputés différés * 8N 268 516

Amortissements réputés différés, reportables au titre des exercices antérieurs		YL 16 029
Imputations opérées à la clôture de l'exercice : sur la plus-value nette à long terme (tableau 2058-AN ligne WY)	8P	
Imputations opérées à la clôture de l'exercice : sur le résultat de l'exercice (tableau 2058-AN ligne XM)	8R	
Amortissements réputés différés, créés au titre de l'exercice (tableau 2058-AN ligne XK) *		8S 268 517
Amortissements réputés différés restant à reporter *	YM 284 546	

II. INDEMNITÉS POUR CONGÉS A PAYER, CHARGES SOCIALES ET FISCALES CORRESPONDANTES

	Dotations de l'exercice
Montant déductible correspondant aux droits acquis par les salariés pour les entreprises placées sous le régime de l'article 7 de la loi de finances pour 1987	ZT

III. PROVISIONS ET CHARGES A PAYER, NON DÉDUCTIBLES POUR L'ASSIETTE DE L'IMPÔT

(à détailler, en tant que de besoin, sur feuillet séparé)

	Dotations de l'exercice	Reprises sur l'exercice
Indemnités pour congés à payer, charges sociales et fiscales correspondantes non déductibles pour les entreprises placées sous le régime de l'article 8 de la loi de finances pour 1987	ZV 431 760	ZW 434 186
Provisions pour risques et charges		
	8X	8Y
	8Z	9A
	9B	9C
Provisions pour dépréciation		
	9D	9E
	9F	9G
	9H	9J
Charges à payer		
Contribution sociale de solidarité	9K 41 850	9L 42 978
	9M	9N
	9P	9R
	9S	9T
TOTAUX à reporter au tableau 2058-AN :	YN 473 610	YO 477 164
	ligne WI (YN = Total des lignes ZV à 9S)	ligne WU (YO = Total des lignes ZW à 9T)

* Des explications concernant cette rubrique sont données dans la notice n° 2032-N

1er EXEMPLAIRE DESTINÉ A L'ADMINISTRATION

N° 2058-BN - Série G - Imprimerie Nationale 9403038.L.06 (60) - Octobre 1988

cerfa N° 30-2277

Formulaire obligatoire (article 53 A du Code général des impôts)

(11) **TABLEAU D'AFFECTATION DU RÉSULTAT ET RENSEIGNEMENTS DIVERS**

D.G.I. N° 2058-CN 9 (janvier 1989)

(Ne pas reporter le montant des centimes) *

Désignation de l'entreprise FINABASE S.A.

TABLEAU D'AFFECTATION DU RÉSULTAT DE L'EXERCICE PRÉCÉDENT (Entreprises soumises à l'impôt sur les sociétés) (1)

ORIGINES	Report à nouveau figurant au bilan de l'exercice antérieur à celui pour lequel la déclaration est établie		ØC	(10 408)
	Résultat de l'exercice précédant celui pour lequel la déclaration est établie		ØD	(68 670)
	Prélèvements sur les réserves (à détailler)			
	Sous-total (à reporter dans la colonne de droite)		ØE	(79 078)
	TOTAL I		ØF	(79 078)
AFFECTATIONS	Affectations aux réserves	- Réserve légale	ZB	
		- Réserve spéciale des plus-values à long terme	ZC	
		- Autres réserves	ZD	
	Dividendes		ZE	
	Autres répartitions		ZF	
	Report à nouveau		ZG	(79 078)
	(N.B. Le total I doit nécessairement être égal au total II)	TOTAL II	ZH	(79 078)

(1) Ce cadre est destiné à faire apparaître l'origine et le montant des sommes distribuées ou mises en réserve au cours de l'exercice dont les résultats font l'objet de la déclaration. Il ne concerne donc pas, en principe, les résultats de cet exercice mais ceux des exercices antérieurs, qu'ils aient ou non déjà fait l'objet d'une précédente affectation.

RENSEIGNEMENTS DIVERS

		Code	Exercice N :	Exercice N – 1 :
(A) ENGAGEMENTS	— Engagements de crédit-bail mobilier	YQ	203 306	309 408
	— Engagements de crédit-bail immobilier	YR		
	— Effets portés à l'escompte et non échus	YS	623 794	
(B) DÉTAILS DES POSTES AUTRES ACHATS ET CHARGES EXTERNES	— Sous-traitance	YT		
	— Locations, charges locatives et de copropriété	9V	198 583	187 905
	— Personnel extérieur à l'entreprise	YU	35 881	44 514
	— Rémunérations d'intermédiaires et honoraires (hors rétrocessions)	9W	733 592	901 699
	— Rétrocessions d'honoraires, commissions et courtages	YV		
	— Autres comptes	9X	1 981 263	1 779 522
	Total du poste correspondant à la ligne FW du tableau n° 2052-N	ZJ	2 949 320	2 913 642
(C) IMPÔTS ET TAXES	— Taxe professionnelle	YW	169 703	154 081
	— Autres impôts, taxes et versements assimilés (dont taxe intérieure sur les produits pétroliers ZS)	9Z	177 511	183 196
	Total du compte correspondant à la ligne FX du tableau n° 2052-N	YX	347 214	337 277
(D) T.V.A.	— Montant de la T.V.A. collectée	YY	7 115 971	6 590 045
	— Montant de la T.V.A. déductible comptabilisée au cours de l'exercice au titre des biens et services ne constituant pas des immobilisations	YZ	4 882 646	5 030 127
(E) DIVERS	— Montant de l'avoir fiscal imputé sur l'impôt sur les sociétés et correspondant aux dividendes perçus *	ZA	152	
	— Montant brut des salaires (cf. dernière déclaration annuelle souscrite au titre des salaires DADS 1, DADS 1 simplifiée ou modèle 2460 de 1988). Voir notice	ØB		
	— Montant de la plus-value constatée en franchise d'impôt lors de la première option pour le régime simplifié d'imposition *	ØS		

(F) RÉGIME DE GROUPE						
Société : résultat comme si elle n'avait jamais été membre du groupe.	JA	plus values à 15 ou 25 %	JB		Imputations	JC
Groupe : résultat d'ensemble.	JD	plus values à 15 ou 25 %	JE		Imputations	JF
Si la société est placée sous le régime du bénéfice consolidé, intégré ou de groupe, indiquer 1, 2 ou 3 selon le cas.	JG	Indiquer 1 pour Société mère, 2 pour filiale	JH	N° SIRET de la société mère	JJ	

En cas d'adhésion (1), de renonciation (2) à un centre de gestion agréé ou de changement de centre en cours d'année (3), portez le chiffre correspondant à votre situation dans la case ci-contre ZX

	Code	Exercice N	Exercice N – 1
Effectif moyen du personnel * (dont : apprentis : ___ handicapés : ___)	YP	54	67
— Taux d'intérêt le plus élevé servi aux associés à raison des sommes mises à la disposition de la société *	ZK	9,59 %	10,63 %
Filiales et participations La liste prévue par l'article 38 II de l'annexe III au C.G.I. est-elle jointe à la présente déclaration ? Si non, coder 0 Si oui, coder 1	ZR		

* Des explications concernant cette rubrique sont données dans la notice n° 2032-N.

1er EXEMPLAIRE DESTINÉ A L'ADMINISTRATION

N° 2058 C-N - Série G - Imprimerie Nationale 9403039.L.13 [41] - Octobre 1988 cerfa N° 30-2343 (12) **DÉTERMINATION DES PLUS ET MOINS-VALUES** D.G.I. **N° 2059-AN** 9 (Janvier 1989)

Formulaire obligatoire (article 53A du code général des impôts).

(ne pas reporter les centimes) * Désignation de l'entreprise : FINABASE S.A.

A - DÉTERMINATION DE LA VALEUR RÉSIDUELLE

		Nature des éléments cédés* (1)	Valeur d'origine* (2)	Valeur nette réévaluée* (3)	Amortissements pratiqués en franchise d'impôt* (4)	Autres amortissements* (5)	Valeur résiduelle (6)
I - Terrains à bâtir et immeubles assimilés	1						
	2						
	3						
	4						
II - Autres immobilisations*	5	Inst.Tech.Mat.Out.	605		605		
	6	Matériel Roulant	287 367		197 968		89 399
	7						
	8						
	9						
	10						
	11						
	12						
	13	TOTAUX	287 972		198 573		89 399

B - DÉTERMINATION DES PLUS-VALUES ET MOINS-VALUES RÉALISÉES

		Nature des éléments cédés (report de la colonne (1)) (7)	Valeur résiduelle (report de la colonne (6)) (8)	Prix de vente* (9)	Montant global de la plus-value ou de la moins-value (10)	Qualification fiscale des plus et moins-values réalisées* — COURT TERME (11)	LONG TERME (12)
I - Terrains à bâtir et immeubles assimilés	1						
	2						
	3						
	4	Plus ou moins-value nette à long terme sur terrains à bâtir et assimilés (total algébrique des lignes 1 à 3 de la colonne 1) (B)					
II - Autres immobilisations*	5	Inst.Tech.Mat.Out.		0			
	6	Matériel Roualant	89 399	94 550		5 149	
	7						
	8						
	9						
	10						
	11						
	12						
	13	TOTAUX col 8 à 11 : lignes 1 à 12; col 12 : lignes 5 à 12	89 399	94 550		5 149	
III - Autres éléments	14	Fraction résiduelle de la provision spéciale de réévaluation afférente aux éléments cédés				+	
	15	Amortissements irrégulièrement différés se rapportant aux éléments cédés				+	
	16	Amortissements afférents aux éléments cédés mais exclus des charges déductibles par une disposition légale				+ 35 940	
	17	Amortissements non pratiqués en comptabilité et correspondant à la déduction fiscale pour investissement, définie par les lois de 1966, 1968 et 1975, effectivement utilisée				+	
	18	Produits de concession de licences d'exploitation de brevets faisant partie de l'actif immobilisé et n'ayant pas été acquis à titre onéreux depuis moins de deux ans					+
	19	Provisions pour dépréciation du portefeuille devenues sans objet au cours de l'exercice					+
	20	Dotations de l'exercice aux comptes de provisions pour dépréciation du portefeuille					−
	21	Divers (détail à donner sur une note annexe)*				+	+
IV	22	**CADRE A** : Plus ou moins-value nette à court terme (total algébrique des lignes 13 à 17 et 21 de la colonne (11)) **CADRE C** : Plus ou moins-value nette à long terme sur éléments autres que terrains et immeubles assimilés (total algébrique des lignes 13 à 21 de la colonne 12)				41 091 (A)	(C)

* Des explications concernant cette rubrique sont données dans la notice n° 2032-N

Désignation de la société
FINABASE S.A

Exercice clos le : 31/12/85

ANNEXE : CREDIT-BAIL	Terrains	Constructions	Installations Matériel et Outillage	Autres	Total
VALEUR D'ORIGINE				305 530	305 530
AMORTISSEMENTS :					
Cumuls exercices antérieurs				113 231	113 231
Dotations de l'exercice				61 106	61 106
Total				174 336	174 336
REDEVANCES PAYEES :					
Cumuls exercices antérieurs				192 578	192 578
Exercice				106 102	106 102
Total				298 680	298 680
REDEVANCES RESTANT A PAYER :					
A 1 an au plus				149 291	149 291
A plus d'un an et 5 ans au plus				54 014	54 014
A plus de 5 ans					
Total				203 306	203 306
VALEURS RESIDUELLES :					
A 1 an au plus				3 207	3 207
A plus d'un an et 5 ans au plus				1 536	1 536
A plus de 5 ans					
Total				4 743	4 743
MONTANTS PRIS EN CHARGE DANS L'EXERCICE				104 101	104 101

I - OBJECTIFS ET PLAN DE L'ANALYSE

L'ajustement du bilan et du compte de résultat aux objectifs de l'analyse financière est un préalable à l'utilisation des outils d'évaluation et de diagnostic. Les raisons qui rendent nécessaire une réorganistion de l'information sont d'ordre méthodologique.

L'ampleur de la tâche pourrait faire perdre courage. Toutefois, différents itinéraires de lecture vont permettre de répondre, soit à des nécessités didactiques, soit à des exigences pratiques.

1 - Approche méthodologique

Le formalisme qui marque l'élaboration des documents de synthèse conduit à une présentation standardisée de l'information comptable destinée à tous les partenaires de l'entreprise. A chacun d'eux revient la charge d'extraire de cette base de données comptables les éléments pertinents au regard de ses objectifs. A la différence de l'administration fiscale qui privilégie l'évaluation du revenu imposable en effectuant un tri très serré des charges déductibles, un autre partenaire peut filtrer autrement la même information pour réaliser une analyse financière orientée vers un objectif précis : l'appréciation de la rentablité des capitaux propres, de l'équilibre financier à terme ou de la solvabilité immédiate.

Les mêmes méthodes vont donc être employées par des acteurs dont les finalités orienteront le choix des données.

Un actionnaire cherchera à évaluer les potentialités de croissance d'une entreprise à un horizon à long terme. S' il retire de son analyse la conviction d'être le détenteur d'une valeur de croissance, il sera peu sensible à des perturbations passagères de l'équilibre financier de cette entreprise.

Le créancier développe une autre vision. Il se préoccupe essentiellement de ses possibilités de recouvrement à l'échéance de sa créance.

Alors que le premier cherche à intégrer des éléments d'actif extra-comptables tels que la capacité technologique de l'entreprise, la diversification du portefeuille d'activités, le niveau de formation du personnel ou la valeur de l'équipe de direction, le second pourra les ignorer. Plus encore, il tiendra pour nulles la plupart des immobilisations incorporelles, et évaluera au plus juste les postes de l'actif.

Il s'avère nécessaire d'adopter ici une démarche susceptible d'une adaptation aux besoins des différents utilisateur de l'information comptable.

C'est pourquoi on optera dans une première étape pour une certaine neutralité. Considérer *a priori,* par exemple, que l'entreprise est vulnérable et filtrer l'information en conséquence représente un sérieux biais méthodologique. L'introduction d'éléments qualitatifs et d'autres indications extra-comptables, l'élimination d'actifs de faible liquidité immédiate sont réservés à certains utilisateurs et ne seront examinés qu'au cours d'un traitement ultérieur.

La démarche doit être aussi suffisamment générale pour ne pas exiger de l'utilisateur des informations trop confidentielles qui ne seraient accessibles qu'aux cadres ou aux comptables de l'entreprise.

La base de données financières sera donc élaborée en fonction des hypothèses de travail suivantes :

– l'entreprise considérée est réputée saine *a priori,*

– l'analyste est extérieur à l'entreprise,

– l'information comptable est constituée de la liasse fiscale et de l'annexe relative au crédit-bail,

– la liasse fiscale est correcte et saisie sans erreur [1].

Les tableaux constituant la base de données financières comportent tous les éléments nécessaires à l'établissement d'un diagnostic, c'est-à-dire :

1) le bilan financier,
2) le tableau des soldes intermédiaires de gestion,
3) le tableau de la capacité d'autofinancement,
4) le tableau des agrégats utilisés par la Centrale de Bilans de la Banque de France.

2 - Mode de lecture

L'intérêt peut se porter uniquement sur le traitement numérique des données de la société Finabase SA Auquel cas, il suffit de se reporter aux cinq tableaux qui constituent la base de données financières (p. 157, 158, 189, 194, 197, 203, 204 et 205) et aux paragraphes intitulés "application à la société Finabase SA".

1. Avant tout traitement, il est nécessaire de procéder à des vérifications. On s'assurera par exemple que :

– le total de l'actif égale le total du passif,

– le résultat est le même dans les états n° 2 et 4,

– les immobilisations brutes sont identiques dans les états n° 1 et 5,

– les variations de stocks du compte de résultat sont celles que l'on peut tirer de deux bilans successifs,

– les postes qui comportent des renvois sont supérieurs ou égaux au montant de ces renvois,

– il n'y a pas de signe négatif parasite, etc.

La recherche peut s'orienter vers l'élaboration d'un seul état. La base de données financières est divisible. En fonction des besoins de l'utilisateur, l'accès direct à un seul des tableaux est possible.

Une consultation d'ordre méthodologique peut se réaliser ponctuellement ou de façon exhaustive. Les numéros de renvoi, figurant en fin de ligne dans les tableaux, permettent le report aux justifications de chaque traitement ou de chaque classement ; elles sont développées dans cet ordre. En marge du cas de la société Finabase SA, les difficultés particulières sont présentées avec un exemple numérique simple.

Pour répondre au souci de s'entraîner au calcul des différentes grandeurs financières, une codification unique a été adoptée. La mise en œuvre des calculs est organisée dans chaque tableau à partir des codes à deux lettres associés à chaque case ou rubrique de la liasse fiscale.

Enfin, une lecture rapide est facilitée par les encadrés qui donnent le schéma de chaque retraitement en tête de tous les paragraphes.

II - ÉLÉMENTS DE CORRIGÉ

1 - Le bilan financier

Le choix des rubriques de la liasse fiscale qui conduisent au bilan financier va être guidé par le souci d'alléger la saisie. Ainsi, l'ensemble des propositions suivantes ne mettra en jeu que 113 cases (qui pourront être réduites à 66) réparties sur 7 des imprimés de la liasse.

La compilation de ces informations doit s'inscrire dans la structure générale présentée dans le schéma page suivante.

En outre, trois types de retraitements préalables doivent être effectués sur ces documents :
– l'élimination des non valeurs qui apparaissent au bilan,
– l'introduction au bilan de ressources et d'emplois significatifs,
– le reclassement des postes en fonction de leur échéance.

La liste des opérations de retraitement qui conduisent à chaque poste de l'actif et/ou du passif du bilan financier figure dans les deux tableaux qui suivent. La source des informations est mentionnée par le numéro et le titre abrégé de la feuille de la liasse fiscale, avec la précision du (des) numéro(s) de case. La méthode de retraitement est présentée plus loin dans l'ordre des renvois situés dans la dernière colonne des tableaux. Lorsque les postes du bilan conservent le même montant et la même position, ils ne font l'objet d'aucun renvoi ni commentaire.

Structure du bilan financier

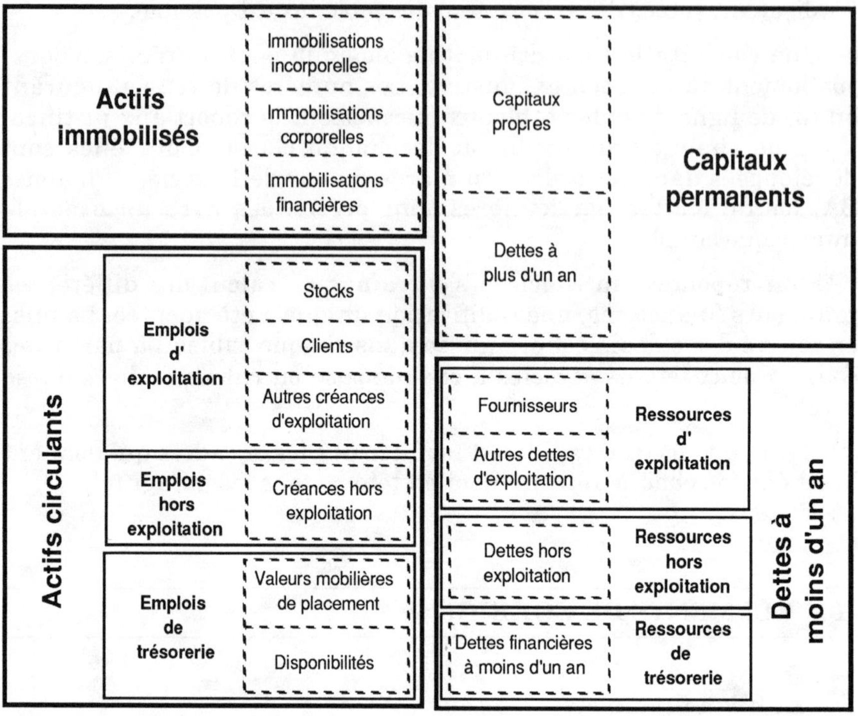

11 – L'élimination des non-valeurs

Ces postes du bilan correspondent à des emplois de fonds propres. Ne pouvant donner lieu à aucun encaissement à terme, ils sont dépourvus de toute réalité monétaire. Par conséquent, ils seront retirés de l'actif et déduits des fonds propres.

Certaines de ces non-valeurs représenteront, à l'avenir, des charges fiscalement déductibles. L'économie d'impôt future peut être considérée comme la source d'une créance fiscale latente. A terme, son montant enrichira les détenteurs du capital social. Ce sont donc des non-valeurs nettes de l'économie d'impôt future qui doivent d'être retranchées des capitaux propres.

Afin de ne pas créer un actif qui demeure risqué, la créance fiscale latente ne sera pas inscrite à l'actif mais en diminution des dettes à plus d'un an.

Avec un taux de l'impôt sur les bénéfices de 42 %, la suppression d'un actif sans valeur de 1 000 F entraînerait la correction suivante :
– 580 F dans les capitaux propres et,
– 420 F dans les dettes à plus d'un an.

Tableau 1
Bilan financier (Actif) - Finabase SA
Exercice 1985

Actif	Montant	Postes	Source		Renvoi
Immo.	52 920	= Autres postes d'im. incorp	5-Immo.	LW	(2 1)
incorp.	0	- Amort. / autres p. d'im. inc. .	6-Amortiss.	PH	(2 1)
52 920	0	- Prov. / immo. incorp.	7-Provisions	6D	(2 1)
Immo-	4 314 749	= Immobilisations corporelles .	5-Immo.	NH	(2 1)
bilisations	-3 150 980	- Amort. / immo. corporelles ..	6-Amortiss.	QX	(2 1)
corporelles	0	- Prov. / immo. corporelles	7-Provisions	6H	(2 1)
	305 530	+ Val. d'or. des actifs en C.B.	Annexe	Col. tot.	(1 1)
1 294 962	-174 337	- Amort / actifs en C.B. : total .	Annexe	Col. tot.	(1 1)
	337 221	= Immobilisations financières .	5-Immo.	NK	(2 1)
Immo-	0	- Prov. / immo. financières	7-Provisions	6M	(2 1)
bilisations	0	+ Capital souscrit non appelé ...	1-Bilan-Actif	AA	(1 2)
financières	0	- Part < 1 an des immo. financ.	1-Bilan-Actif	CP	(1 6)
	219 207	+ Cr. de l'actif circulant >1 an .	8-Cré. & dettes	de VA à VR col 3	(1 3)
392 370	-164 058	- Prov. / cr. actif circ. >1 an .	1&8	*f*(BY,CA,CC,VA,VR,VC)	(1 4)
	21 700	= Matières premières,appro. ...	1-Bilan-Actif	BL	
	0	+ Encours de prod. de biens	1-Bilan-Actif	BN	
Stocks	4 126	+ Encours de prod. de services	1-Bilan-Actif	BP	
	0	+ Produits interm. et finis	1-Bilan-Actif	BR	
	12 475 434	+ Marchandises	1-Bilan-Actif	BT	
11 323 768	-1 177 492	- Prov. / stocks et encours	7-Provisions	6S	(2 1)
	0	= Clients douteux ou lit. < 1 an	8-Cré. & dettes	VA col.2	(1 7)
Clients	6 085 644	+ Autres cr. clients < 1 an	8-Cré. & dettes	UX col.2	(1 7)
	0	- Prov. / aux cr. clients <1 an	1 & 8	*f*(BY,VA)	(1 5)
6 709 438	623 794	+ Effets escomptés non échus ...	11-Rens. divers	YS	(1 0)
	0	= Av. et ac. versés sur com.	1-Bilan-Actif	BV-BW	(1 8)
Autres	0	+ Personnel et comptes ratt.	8-Cré. & dettes	UY col.2	(1 8)
créances	0	+ Séc. soc. et autres org. soc. ...	8-Cré. & dettes	UZ col.2	(1 8)
d'exploitation	548 655	+ Etat - TVA.	8-Cré. & dettes	VB col.2	(1 8)
	0	+ Etat - Autres impôts, taxes ..	8-Cré. & dettes	VN col.2	(1 8)
548 655	0	+ Etat - Divers	8-Cré. & dettes	VP col.2	(1 8)
	0	= Part <1 an des immo. financ.	1-Bilan-Actif	CP	(1 6)
Créances	52 633	+ Etat-Impôt sur les bénéfices	8-Cré. & dettes	VM col.2	(1 9)
hors	0	+ Groupe et associés	8-Cré. & dettes	VC col.2	(1 9)
exploitation	8 706	+ Débiteurs divers	8-Cré. & dettes	VR col.2	(1 9)
61 339	0	- Prov. / aux autres créances .	1 & 8	*f*(CA,CC,VR,VC)	(1 5)
Val. mob. pl.	0	= Valeurs mobilières de plac. ..	1-Bilan-Actif	CD-CE	
0	0	+ Cré. représ. de titres prêtés .	8-Cré. & dettes	UU col.2	(2 0)
Disponibilités	521 966	= Disponibilités	1-Bilan-Actif	CF-CG	
Total	20 905 418				

* *f* (...) signifie : calculé en fonction des cases entre parenthèses.

Tableau 1 (suite)
Bilan financier (Passif) - Finabase SA
Exercice 1985

Passif	Montant	Postes	Source		Renvoi
	3 278 824	= Capitaux propres (total)	2-Bilan-Passif	DL	
	0	- Frais d'établ., de R & D	5-Immo.	LU	(1&2)
	0	+ Amort./ fr. d'établ., de R & D..	6-Amortiss.	PD	(1&2)
	0	- Ch. à répartir sur plus. ex. ...	1-Bilan-Actif	CL	(3)
	0	- Primes de remb. des oblig. ...	1-Bilan-Actif	CM	(4)
Capitaux	-60 138	- Charges constatées d'avance	1-Bilan-Actif	CH-CI	(5)
	0	+ Produits constatés d'avance ..	2-Bilan-Passif	EB	(6)
propres	0	+ Ecarts de conversion-passif .	2-Bilan-Passif	ED	(8)
	30 069	+ Créance fiscale latente	1,5,6*f*(LU,PD,CL,CM,CH,CI)		(9)
	0	- Dette fiscale latente	2-Bilan-Passif	*f*(EB)	(9)
	0	- Dividendes à verser..............	11-Aff.Rés.N+1	ZE	(22)
	121 700	+ Part stable des prov./r.& ch.	7-Provisions	*f*(TX,5Z)	(23)
	0	+ Autres fonds propres. (total).	2-Bilan-Passif	DO	
3 538 393	167 938	+ Groupe et associés > 1 an	8-Cré. & dettes	VI col. 3&4	(24)
	666 734	= Emprunts à plus d'un an	8-Cré. & dettes	de 7Y à 8A col. 3 &4	(25)
	305 530	+ Val. d'or. des actifs en C.B. ...	Annexe	Col. tot.	(11)
Dettes	-174 337	- Amort / actifs en C.B. : total..	Annexe	Col. tot.	(11)
	-61 106	- Dot. amort. act. en CB (N+1)	Annexe	Col. tot.	(11)
à plus d'un an	0	+ Dettes non financières et hors groupe et associés > 1 an	8-Cré. & dettes	de 8B à 8J de 8K à SZ col. 3 & 4	(26)
	0	+ Dette fiscale latente	2-Bilan-Passif	*f*(EB)	(9)
706 752	-30 069	- Créance fiscale latente	1,5,6*f*(LU,PD,CL,CM,CH,CI)		(9)
Fournisseurs	9 939 242	= Dettes fourn. & cptes rat.	8-Cré. & dettes	8B col. 2	(27)
	0	= Av.& ac. reçus/com. en cours	2-Bilan-Passif	DW	(28)
Autres dettes	734 249	+ Personnel et comptes rat.......	8-Cré. & dettes	8C col. 2	(28)
d'exploitation	325 776	+ Séc. soc. et autres org. soc.....	8-Cré. & dettes	8D col. 2	(28)
	548 421	+ Etat - TVA	8-Cré. & dettes	VW col. 2	(28)
1 613 649	5 203	+ Etat - Autres impôts, taxes ...	8-Cré. & dettes	8H col. 2	(28)
	0	= Etat-Impôt sur les bénéfices.	8-Cré. & dettes	8E col. 2	(29)
	0	+ Dettes sur immo. et cptes rat.	8-Cré. & dettes	8J col. 2	(29)
Dettes hors	1 503 965	+ Groupe et associés	8-Cré. & dettes	VI col. 2	(29)
	138 787	+ Autres dettes	8-Cré. & dettes	8K col. 2	(29)
exploitation	0	+ Dividendes à verser..............	11-Aff.Rés.N+1	ZE	(22)
	159 098	+ Prov./ risques et charges	7-Provisions	TX	(23)
	0	- Ecarts de conversion-Actif....	1-Bilan-Actif	CN	(7)
1 680 150	-121 700	- Part stable des prov./r. & ch.	7-Provisions	*f*(TX,5Z)	(23)
Dettes	2 242 222	= Emprunts < 1 an	8-Cré. & dettes	de 7Y à 8A col. 2	(25)
financières	500 111	+ Etat-Obligations cautionnées	8-Cré. & dettes	VX col. 2	(30)
à moins	0	+ Dettes repr. de titres prêtés .	8-Cré. & dettes	SZ col. 2	(31)
d'un an	623 794	+ Effets escomptés non échus ..	11-Rens. divers	YS	(10)
3 427 233	61 106	+ Dot. amort. act. en CB (N+1)	Annexe	Col. tot.	(11)
Total	20 905 419	Dif.= - 1			

* *f* (...) dif. = total de l'actif – total du passif.

Une dette fiscale latente augmentera les dettes à plus d'un an. Ainsi, l'élimination de la non-valeur inscrite au passif pour un montant de 1 000 F conduira à écrire :
+ 580 F dans les capitaux propres et,
+ 420 F dans les dettes à plus d'un an.

Les non-valeurs sont liées à une procédure comptable dans trois buts majeurs :

– Certaines visent à étaler l'impact d'une charge dans le temps ; c'est le cas pour :
(1) les frais d'établissement,
(2) les frais de recherche et de développement,
(3) les charges à répartir sur plusieurs exercices.

– D'autres tendent à différer l'incidence d'une charge ou d'un produit sur le résultat ; c'est le but :
(4) des primes de remboursement des obligations,
(5) des charges constatées d'avance,
(6) des produits constatés d'avance.

– D'autres encore cherchent à révéler une perte ou un gain latent ; c'est le cas :
(7) des écarts de conversion-actif,
(8) des écarts de conversion-passif.

– De la prise en compte de certains de ces postes, dérivent enfin :
(9) des créances et des dettes fiscales latentes.

111 – Frais d'établissement **(1)**

(Les chiffres entre parenthèses en caractères gras correspondent aux renvois du bilan financier).

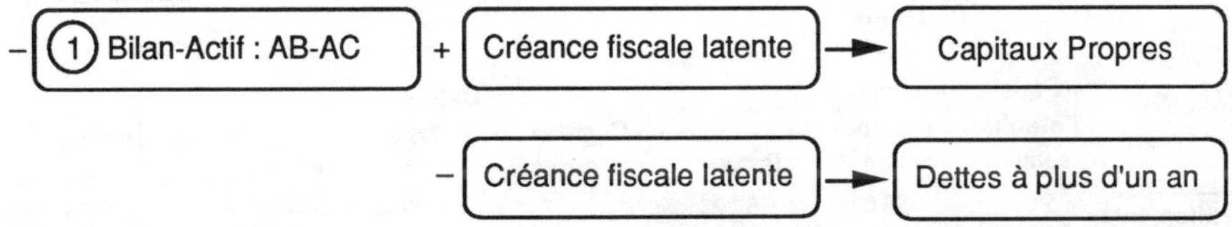

Ces éléments recouvrent les frais de premier établissement (prospection, publicité), d'augmentation du capital et d'opérations diverses (fusions, scissions, transformations).

Exemple :

Au début du premier exercice (N – 1), l'entreprise a réalisé un investissement publicitaire de 700 000 F pour développer son image de marque et engagé des dépenses de prospection de clientèle pour 300 000 F. La dotation annuelle aux amortissements a été fixée à 200 000 F.

A la fin de l'exercice N, il reste donc 1 000 000 - (2 x 200 000) = 600 000 F à amortir. Avec un taux d'imposition des bénéfices de 42 %, on peut considérer que les dotations ultérieures apporteront une économie d'impôt égale à 600 000 x 42 % = 252 000 F.

Traitement comptable :

Dans la comptabilité de l'entreprise, en négligeant l'incidence de la TVA, on peut lire :

(I) Pendant l'exerice N – 1, le règlement de la campagne de publicité à une agence, sa contrepartie apparaît directement dans les frais d'établissement.

(II) Pour le même exercice, les différents frais de prospection ont été enregistrés en charges.

(III) Ils vont rejoindre les frais d'établissement par l'intermédiaire du compte de production immobilisée.

(IV) A la fin de l'exercice N – 1, la première dotation aux amortissements est constituée.

(V) La deuxième dotation intervient à la fin de l'exercice N.

Traitement financier :

L'élimination des frais d'établissement correspond aux deux écritures suivantes :

(VI) La suppression de la valeur nette comptable vient en diminution des capitaux propres.

(VII) La créance fiscale latente majore les capitaux propres et diminue d'autant les dettes à plus d'un an.

En KF	ACTIF			PASSIF		CHARGES		PRODUITS
	Frais d'établissement 201	Amort. des immo. incorporelles 280	Banque 512	Capitaux propres	Dettes à plus d'un an	Charges 6	Dotation aux amort. immo. incorp. 68111	Production immobilisée 72
Traitement comptable								
(I)	700		700					
(II)			300			300		
(III)	300							300
(IV)		200					200	
(V)		200					200	
Traitement financier								
(VI)	1000	400		600				
(VII)				252	252			

112 – Frais de recherche et de développement (2)

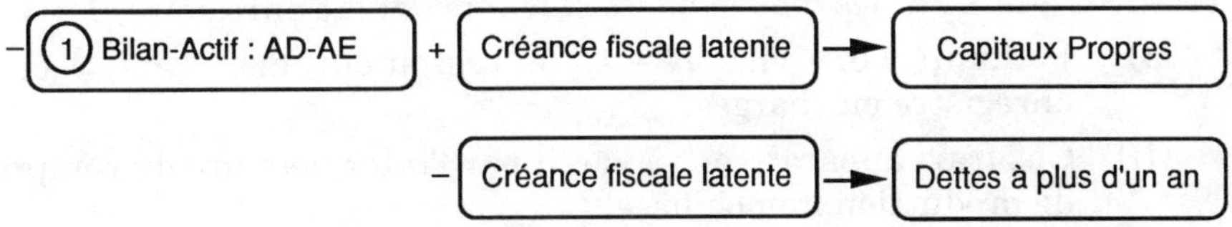

Cette rubrique inclut des frais que l'entreprise peut immobiliser si deux conditions sont respectées.

– Ces frais doivent correspondre aux dépenses engagées pour réaliser des projets nettement individualisés qui ont, à terme, de sérieuses chances de réussite.

– Ils ne concernent ni la recherche fondamentale, ni les dépenses de recherche incluses dans les commandes facturées à des clients.

On peut alors se demander si les conditions restrictives autorisant l'exercice de cette option n'excluent pas la prise en considération de la valeur de cet élément d'actif.

Mais ces projets traduisent une réalité économique. S'ils réussissent ils apporteront un gain financier, peut être sans commune mesure avec les frais engagés. Les ranger dans les non-valeurs est alors discutable. Cependant, nous maintiendrons ce choix en raison du caractère aléatoire de leur rentabilité. Sans autre information, comment un analyste externe peut-il évaluer les risques d'échec et les probabilités de réussite ? Si le plan comptable avait organisé le calcul d'une espérance mathématique de rentabilité pour valoriser ce poste, il aurait donné à cet élément d'actif une pleine signification financière !

Exemple :

L'entreprise a lancé pendant l'exercice N – 1 deux programmes de recherche pour élaborer deux systèmes experts destinés à l'industrie spatiale. Le premier a occasionné 600 000 F de frais, le second 200 000 F. A la fin de l'exercice, les services comptables optent pour un amortissement linéaire sur 4 ans, soit une dotation annuelle de 200 000 F, dont 50 000 F pour le deuxième projet. Pendant l'exercice N, il apparaît que le premier projet pourra être commercialisé dans deux ans au moins ; en revanche, le deuxième est un échec complet, il doit être intégralement amorti. Après la clôture de l'exercice, la valeur nette des frais se réduit alors à 300 000 F et l'économie d'impôt latente s'élève à 300 000 x 42 % = 126 000 F.

Traitement comptable :

Dans la comptabilité de l'entreprise, en négligeant les écritures relatives à la TVA, les mouvements suivants ont été enregistrés :

(I) Pendant l'exercice N – 1, le règlement des frais a été enregistré en charges.

(II) Ces frais apparaissent à l'actif par l'intermédiaire du compte de production immobilisée.

(III) A la fin de l'exercice N – 1, une dotation aux amortissements est constituée.

(IV) A la fin de l'exercice N, le premier projet fait encore l'objet d'une dotation.

(V) Le deuxième, pour sa part, est intégralement amorti.

Traitement financier :

L'élimination des frais de recherche et de développement exige les retraitements suivants :

(VI) La suppression de la valeur nette comptable vient en diminution des capitaux propres.

(VII) La créance fiscale latente majore les capitaux propres et diminue d'autant les dettes à plus d'un an.

En KF	ACTIF			PASSIF		CHARGES			PRODUITS
	Frais de recherche et de dévelop-pement	Amort. des immo. incorpo-relles	Banque	Capitaux propres	Dettes à plus d'un an	Charges	Dot. aux amort. immo. incorp.	Dot. aux amort. except. immo.	Production immobilisée
Traitement comptable	203	280	512			6	6811	6871	72
(I)			800			800			
(II)	800								800
(III)		200					200		
(IV)		150					150		
(V)		150						150	
Traitement financier									
(VI)	800	500		300					
(VII)				126	126				

Remarque : le montant des immobilisations relatives aux frais d'établissement, de recherche et développement et les amortissements correspondant peuvent être lus globalement dans les imprimés n° 5 et 6 de la liasse fiscale dans les cases LU et PD, respectivement.

113 – Charges à répartir sur plusieurs exercices **(3)**

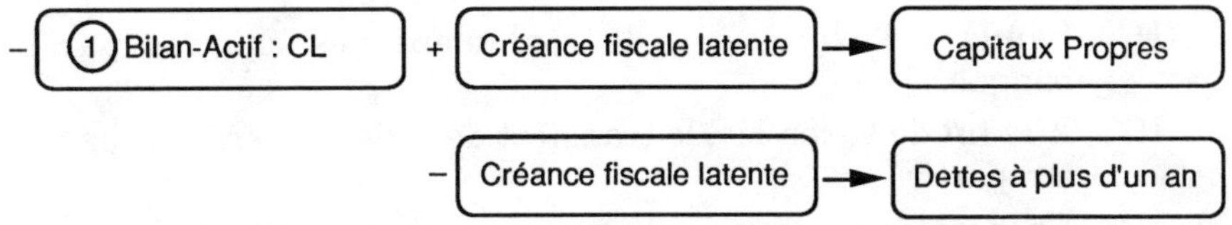

Ces charges correspondent à des consommations que le comptable choisit d'étaler sur plusieurs exercices. Ce faisant, il diffère l'économie d'impôt. Cette décision, contraire aux suggestions du principe de prudence, doit être justifiée par une destination précise de ces charges.

– Il peut s'agir d'abord de charges de l'exercice qui se rapportent à des productions à venir dont la rentabilité future est certaine. On cherche alors à différer leur incidence. Dans cette optique on peut citer par exemple : des frais de préexploitation d'une usine, des frais d'émission d'un emprunt, etc.

– il peut s'agir également de charges importantes, non répétitives et liées à des éléments spécifiques du patrimoine, l'objectif est alors de les étaler sur plusieurs exercices. C'est le cas, par exemple, pour les frais d'acquisition d'une immobilisation ou les frais d'émission d'un emprunt.

Cependant, la fiscalité impose que ces charges soient supportées en totalité par le résultat de l'exercice où elles ont été engagées, à l'exception des frais d'acquisition d'immobilisations et des frais d'émission d'emprunt qui bénéficient de la déduction échelonnée sur cinq ans au maximum.

Dans l'annexe, les informations sur les comptes de régularisation doivent, en principe, permettre de les classer selon leur nature et de connaître leur traitement comptable et fiscal.

Exemple :

Pendant l'exercice N, l'entreprise a réalisé une étude de faisabilité concernant la création, dans deux ans, d'un centre de fabrication. Les charges imputables à cette étude s'élèvent à 50 000 F. De plus, elle a supporté les frais d'acquisition d'un local commercial pour 100 000 F. Les services comptables ont choisi d'amortir ces charges en deux ans par une dotation annuelle de 75 000 F. Chaque année l'économie d'impôt ne porte que sur la dotation annuelle aux amortissements des frais d'acquisition. La créance fiscale latente s'élève donc à : 50 000 x 42 % = 21 000 F.

Traitement comptable :

Les écritures passées (hors TVA) ont été les suivantes.

(I) Pendant l'exercice N, le règlement des charges par la banque.

(II) A la fin de l'exercice, le transfert de celles-ci vers les charges à répartir.

(III) La dotation aux amortissements vient diminuer directement le compte 481.

Traitement financier :

Le retrait à l'actif de la non-valeur correspond à :

(IV) une diminution des capitaux propres,

(V) l'introduction de la créance fiscale latente en majoration des capitaux propres et en diminution des dettes à plus d'un an.

En KF	ACTIF				PASSIF				CHARGES				PRODUITS	
	Charges à répartir 481		Banque 512		Capitaux propres		Dettes à plus d'un an		Charges 6		Dotation aux amort.des charges à répartir 6812		Transfert de charges d'exploitation 791	
Traitement comptable														
(I)				150					150					
(II)	150													150
(III)		75									75			
Traitement financier														
(IV)		75			75									
(V)						21	21							

Remarque : si l'on ne dispose que de la liasse fiscale, il n'est plus possible d'isoler les charges à répartir à déduire ultérieurement du revenu imposable. Dans ce cas la créance fiscale pourra être négligée.

114 – Primes de remboursement des obligations (4)

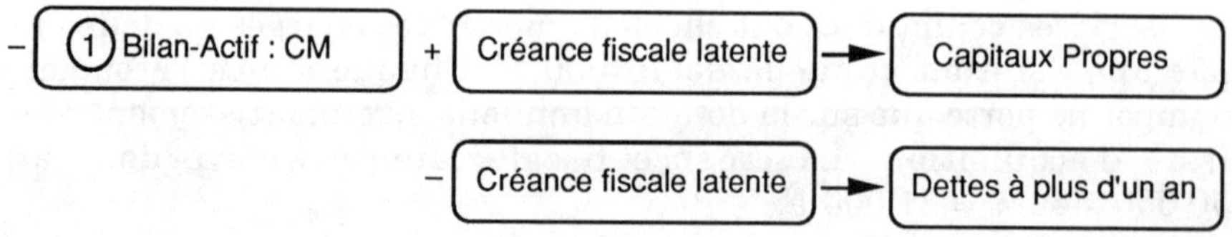

Les primes de remboursement représentent la différence entre la valeur remboursée aux porteurs d'obligations et le prix qu'ils ont payé à l'émission.

Plus précisément, elles réunissent :
– les primes de remboursement proprement dites (valeur remboursée – valeur nominale),
– les primes d'émission (valeur nominale – prix d'émission).

Destinées à rendre l'emprunt plus attractif, elles en renchérissent le coût pour l'entreprise.

Exemple :

Au début de l'exercice N, l'entreprise a émis un emprunt de 1 000 obligations non convertibles de nominal 1 000 F, avec un prix d'émission de 990 F et un prix de remboursement égal à 1 050 F. Le montant global de la prime s'élève à : 1 000 x (1 050 – 990) = 60 000 F. L'amortissement choisi est linéaire sur six ans. Dans le bilan de fin d'exercice, la prime apparaîtra pour un montant de 50 000 F. L'économie d'impôt liée à cette charge différée est de : 50 000 x 42 % = 21 000 F.

Traitement comptable :

La comptabilité a enregistré les opérations suivantes :

(I) l'endettement de l'entreprise,

(II) l'amortissement des primes.

Traitement financier :

L'annulation de ce poste conduit à constater :

(III) une diminution des capitaux propres,

(IV) une créance fiscale latente qui majore les capitaux propres et diminue les dettes à plus d'un an.

En KF	ACTIF		PASSIF		CHARGES
	Primes de Rembours. des obligations 169	Banque 512	Capitaux propres	Dettes à plus d'un an	Dotation aux amort.des primes de rembours. 6861
Traitement comptable					
(I)	60	990		1050	
(II)	10				10
Traitement financier					
(III)	50		50		
(IV)			21	21	

115 – Charges constatées d'avance **(5)**

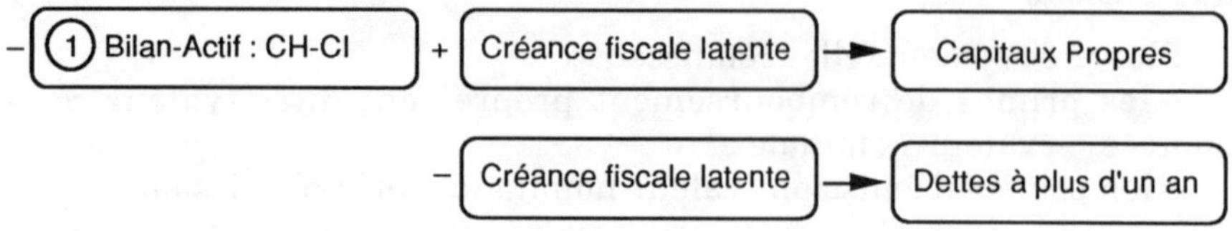

Ces charges ont été décaissées pendant l'exercice, mais elles concernent l'activité de l'exercice suivant. Pour régulariser le résultat de la période, la comptabilité génère provisoirement un actif fictif.

116 – Produits constatés d'avance **(6)**

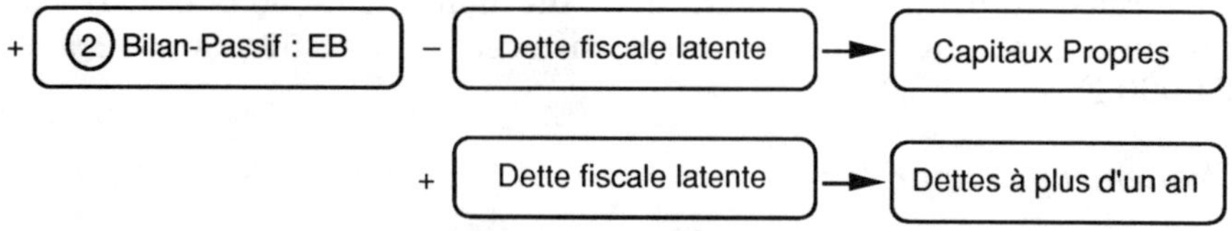

Ils subissent un traitement symétrique et représentent un passif fictif.

Les charges et les produits constatés d'avance ont déjà traduit leurs effets dans le bilan au travers des comptes de disponibilités, de créances ou de dettes. La procédure comptable contrebalance ces effets avec des contreparties virtuelles, à savoir, des pseudo-créances sans liquidité pour les charges constatées d'avance et, des pseudo-dettes sans exigibilité pour les produits constatés d'avance.

Observés d'un point de vue financier, les comptes de régularisation apparaissent comme des non-valeurs. Cette position ne concerne que le bilan financier ; elle ne remet pas en cause l'intérêt que présente, dans une optique comptable, un ajustement du résultat à l'activité réelle de l'exercice au moyen de ces comptes.

Exemple :

Sur les 550 000 F de primes d'assurance réglées pendant l'exercice N, 250 000 F concernent l'exercice N + 1. Par ailleurs, un loyer trimestriel de 50 000 F, payable à terme non échu a été encaissé à la veille de la clôture de l' exercice. Il en résulte une créance fiscale de 250 000 x 42 % = 105 000 F et une dette fiscale de 50 000 x 42 % = 21 000 F.

Traitement comptable :

En négligeant la TVA, les écritures suivantes ont été passées :

(I) la constatation du règlement des primes et

(II) du loyer pendant l'exercice ;

(III) la régularisation en fin d'exercice.

Traitement financier :

La suppression des comptes de régularisation dans le bilan revient à constater :

(IV) une réduction des capitaux propres,

(V) la constitution d'une créance fiscale latente relative aux charges constatées d'avance et,

(VI) d'une dette fiscale latente concernant les produits constatés d'avance.

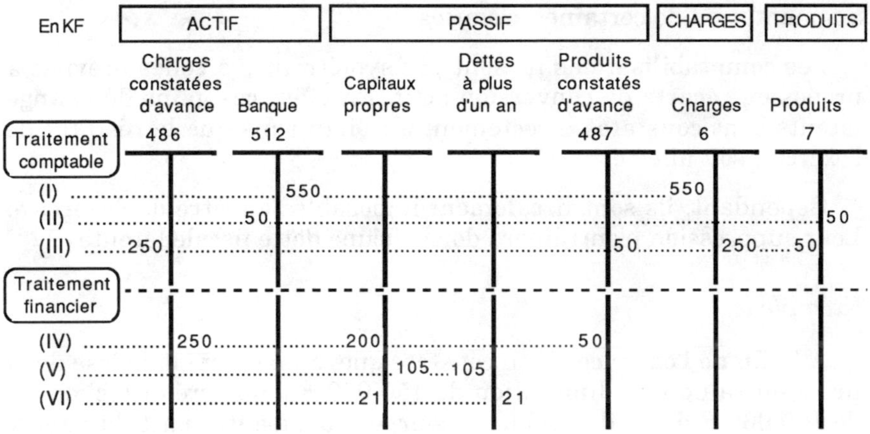

117 – Ecarts de conversion-actif **(7)**

Ils mesurent en francs français les effets des variations des taux de change défavorables à l'entreprise sur ses encours libellés en devises. Ils proviennent :

– d'une diminution de créances (dépréciation d'une devise par rapport au franc) ou,

– d'une augmentation de dettes (appréciation d'une devise étrangère).

Au total, ces écarts représentent une perte de change latente. L'application du principe de prudence amène les comptables à minorer en conséquence le résultat de la période au moyen d'une dotation aux provisions et donc, à réaliser une économie d'impôt sur une charge non décaissée. La contrepartie de cette dotation est une provision pour risques et charges inscrite au passif. Traiter l'écart de conversion-actif comme une non-valeur revient à adopter la même position à l'égard de cette provision. Il suffira donc de "raccourcir" le bilan à l'actif comme au passif.

118 – Ecarts de conversion-passif **(8)**

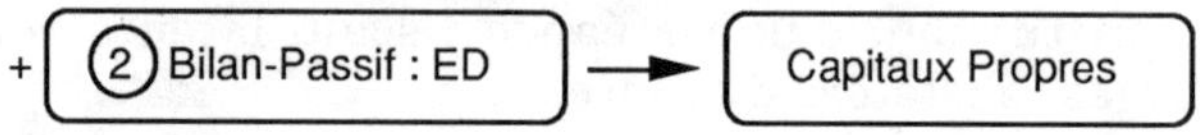

Ils résultent des variations des taux de change favorables à l'entreprise qui provoquent une diminution de certaines dettes et une augmentation de certaines créances.

Les comptabilisations ne sont pas symétriques à celles prévues à propos des écarts de conversion-actif. En effet, ces gains de change latents sont constatés directement au bilan sans que le résultat de l'exercice soit affecté.

Cependant, ils sont fiscalement imposables au titre de l'exercice. Leur suppression n'entraînera donc aucune dette fiscale latente.

Exemple :

A la fin de l'exercice N, on constate que, d'une part, la baisse de la lire a entraîné une diminution de 150 000 F d'une créance-client et de 100 000 F d'une dette-fournisseur, et que, d'autre part, la hausse du cours du mark a provoqué une augmentation de 200 000 F d'une autre dette-fournisseur et de 60 000 F d'une autre créance-client. Les deux variations de change défavorables (150 000 + 200 000 = 350 000 F) représentent les écarts de conversion-actif. Les deux variations favorables (60 000 + 100 000 = 160 000 F) s'inscrivent dans les écarts de conversion-passif.

Traitement comptable :

Dans les comptes de l'entreprise, figure l'enregistrement :

(I) des différences de conversion-actif,

(II) des différences de conversion-passif et,

(III) de la dotation aux provisions pour pertes de change.

Traitement financier :

La disparition dans le bilan financier des écarts de conversion revient à opérer :

(IV) l'annulation de l'écart de conversion-actif par la reprise de la provision pour perte de change,

(V) une augmentation des capitaux propres.

En KF	ACTIF		PASSIF				CHARGES
	Clients	Différences de conversion actif	Capitaux propres	Fournisseurs	Provisions pour pertes de change	Différences de conversion passif	Dotation aux provisions pour risques et ch. fin.
	41	476		40	1515	477	6865
Traitement comptable							
(I)	150	150					
(I)		200		200			
(II)	60					60	
(II)				100		100	
(III)					350		350
Traitement financier							
(IV)		350			350		
(V)			160			160	

Remarque : comme la partie variable des provisions pour risques et charges sera ultérieurement classée dans les dettes hors exploitation, la correction s'opèrera en retirant de ces dettes le montant de l'écart de conversion-actif.

119 – Dette et créance fiscales latentes (9)

Sur l'ensemble des exemples précédents :

– la créance fiscale latente inclut l'économie d'impôt concernant :

(1) les frais d'établissement	252 000 F
(2) les frais de recherche et de développement	126 000 F
(3) les charges à répartir sur plusieurs exercices	21 000 F
(4) les primes de remboursement des obligations	21 000 F
(5) les charges constatées d'avance	105 000 F
soit, au total :	525 000 F

– la dette fiscale latente comprend l'impôt relatif :

(6) aux produits constatés d'avance	21 000 F

La créance fiscale latente peut s'analyser comme une augmentation des capitaux propres et, la dette comme une diminution.

12 – L'introduction de ressources et d'emplois significatifs

121 – Effets escomptés non échus (EENE) **(10)**

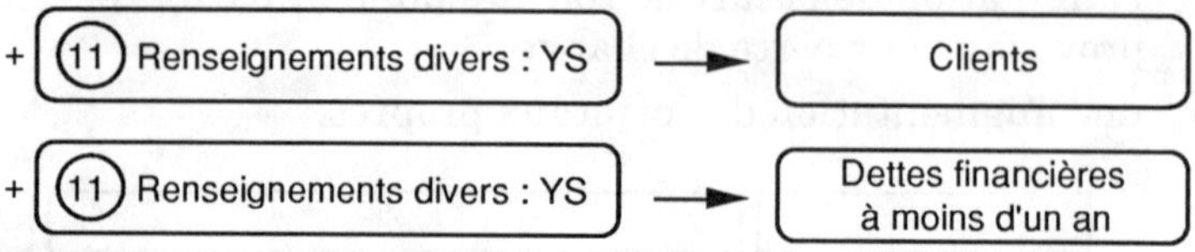

D'un point de vue juridique, les effets portés à l'escompte ont quitté le patrimoine de l'entreprise, c'est-à-dire, en termes comptables, le poste clients. Aux agios près, ils ont renforcé les liquidités de l'entreprise.

Leur soustraction du bilan opérée par la procédure comptable n'est pas compatible avec une démarche financière pour trois raisons.

1 – L'escompte est une *ressource* permettant d'éviter le recours au découvert ou à d'autres moyens de financement à court terme. Ceux-ci se traduisent par un solde créditeur au passif au titre des concours bancaires courants. Ce n'est pas le cas pour les EENE.

2 – De façon latente, l'entreprise reste endettée. A l'échéance, si les débiteurs des effets se révèlent insolvables, le compte banque sera diminué du montant impayé.

3 – L'élimination des EENE du bilan provoque une distorsion dans la structure du bas du bilan selon que l'entreprise utilise massivement l'escompte ou qu'elle privilégie les autres modes de financement de sa trésorerie. Les comparaisons d'entreprises dont les procédés de financement sont différents peuvent donc être biaisées.

En conséquence, dans le bilan financier, le montant des EENE réintègre le poste clients et apparaît explicitement dans les dettes à court terme.

122 – Valeur d'origine des actifs en crédit-bail **(11)**
– Amortissement implicite des actifs en crédit-bail **(11)**
– Dotation aux amortissements des actifs en crédit-bail **(11)**

En l'absence de titre de propriété, le point de vue juridique l'emporte aussi pour ne pas faire apparaître dans le bilan comptable les immobilisations financées par un contrat de crédit-bail.

Pourtant le crédit-bail n'est qu'un moyen de financement concurrent de l'emprunt ou de l'autofinancement. Il représente une ressource qui mérite de figurer au passif sous la forme d'un emprunt implicite ; en contrepartie, les immobilisations qu'il finance sont un emploi bien réel qui doit trouver sa place à l'actif.

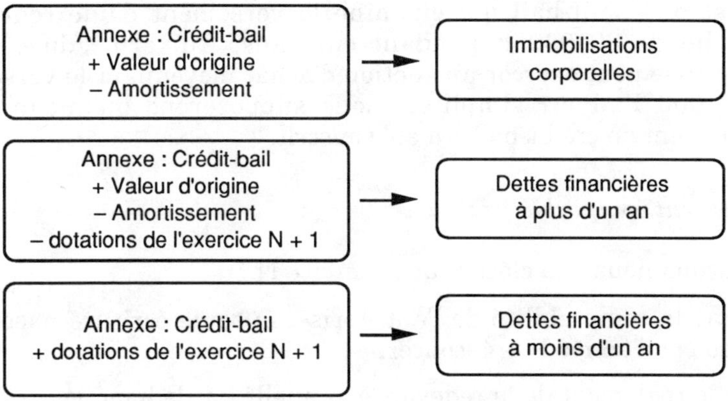

Par ailleurs, les loyers sont comptabilisés pour leur totalité en charges d'exploitation. Ces redevances de crédit-bail sont assimilables à des annuités d'emprunt. On peut poser qu'elles incluent des "intérêts", qui doivent certes figurer dans le compte résultat mais au titre des charges financières, mais aussi un "remboursement du capital", qui n'a aucune raison de figurer dans un compte de gestion puisqu'il correspond en fait à une diminution de l'emprunt implicite.

Les immobilisations ainsi financées vont devoir supporter un amortissement annuel, comme si l'entreprise en était propriétaire. Le caractère implicite de l'emprunt donne un degré de liberté pour partager les loyers en "intérêts" et "remboursement du capital". Pour alléger la procédure de correction, il est possible d'aligner le "remboursement du capital" sur la dotation fictive aux amortissements. Selon que l'on envisage l'actif en crédit-bail ou la ressource qui le finance, on peut écrire l'une des deux égalités suivantes :

Valeur d'origine = Valeur nette comptable + Amortissement
Emprunt implicite = Capital restant à rembourser + Capital remboursé

En l'absence de contraintes juridiques ou comptables, il va être admis que l'amortissement est égal au capital remboursé.

Pour plus de simplicité encore, la pratique des comptables et de la Centrale des bilans consiste à calculer un amortissement linéaire. Cette solution, admissible lorsque les loyers sont dégressifs, prête toutefois à discussion lorsqu'ils sont constants.

Exemple :

L'entreprise dispose, depuis le début de l'exercice N, d'un bien dont la valeur d'origine est de 100 000 F. Ce bien est financé par un contrat de crédit-bail qui entraîne le versement d'une redevance annuelle de 30 000 F pendant cinq ans. Au terme du contrat, l'entreprise peut exercer une option d'achat moyennant le versement de 10 000 F. Pour simplifer, nous supposerons qu'aucun autre engagement de crédit-bail n'a été souscrit.

Traitement comptable :

Plaçons-nous à la clôture de l'exercice N.

Dans la comptabilité de l'entreprise, la seule écriture passée, de l'année N à l'année N + 4, concerne :

(I) le réglement de la redevance annuelle par la banque.

Traitement financier :

Dans l'annexe, figurent des compléments d'information relatifs aux engagements pris en matière de crédit-bail. Le comptable a adopté une dotation implicite aux amortissements de 20 000F par an pendant cinq ans.

A l'année N, le traitement financier du crédit-bail équivaut à la passation de quatre écritures :

(II) l'enregistrement de l'immobilisation pour sa valeur au début de l'exercice N, soit 100 000 ;

(III) la redevance est traitée comme une annuité d'emprunt ;

(IV) la dotation implicite aux amortissements de l'exercice N, de 20 000 F ;

(V) l'enregistrement de la part à moins d'un an de l'emprunt. Cette part correspond à la dotation implicite aux amortissements de l'année N + 1, soit 20 000 F. Elle quitte le poste emprunt implicite à plus d'un an.

Pendant les quatre années suivantes, les écritures (III), (IV) et (V) se répètent.

Au début de l'année N + 5 deux hypothèses doivent être considérées.

– Première hypothèse : l'option de rachat n'est pas levée. L'exploitation du bien en crédit-bail au-delà du terme du contrat ou sa revente sur le marché de l'occasion n'est pas rentable. Dans ce cas l'entreprise aura financé la disposition du bien pendant cinq ans par un emprunt implicite dont le taux actuariel ressort à 15,24 %.

– Deuxième hypothèse : l'option de rachat est levée. En termes comptables ou financiers l'exercice de l'option se traduit par une augmentation des immobilisations (de 10 000 F) par le crédit de la banque. Le bénéfice attendu étant positif, le coût global du financement sera inférieur à 15,24 %[1].

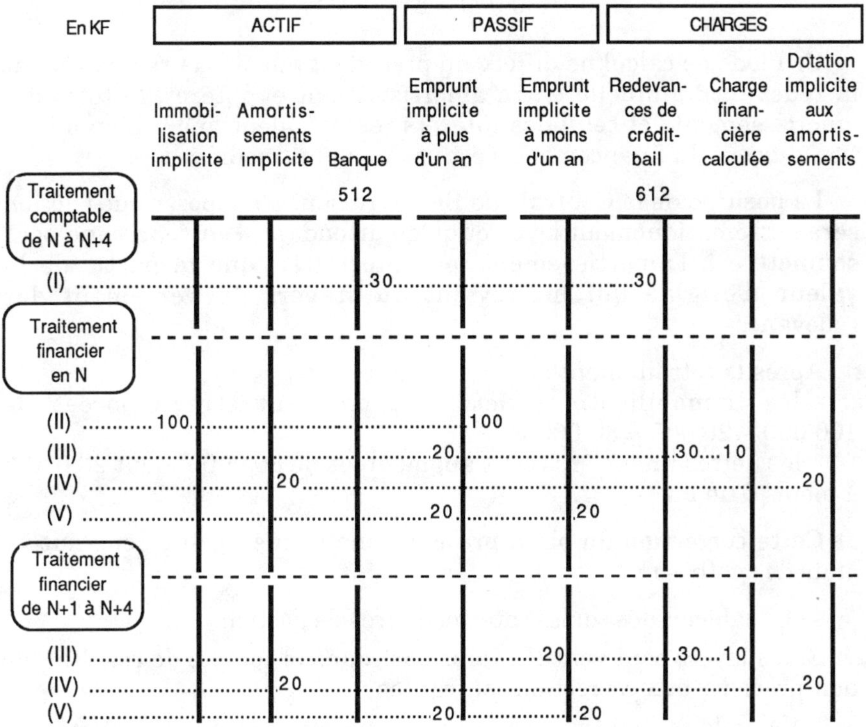

Pour sa part la Centrale de Bilans de la Banque de France réduit la partie amortissable de l'immobilisation implicite à la valeur d'origine diminuée du montant de l'option (lequel est communément appelé valeur résiduelle, ce qui peut faire oublier qu'il s'agit d'une option). La dotation implicite aux amortissements est calculée en multipliant la redevance annuelle par un coefficient k, avec :

$$k = \frac{(\text{Valeur d'origine} - \text{montant de l'option})}{\text{Somme des redevances}} = \frac{(100\,000 - 10\,000)}{(30\,000 \times 5)} = 0{,}6$$

on a :

– une dotation annuelle = k x redevance annuelle = 0,6 x 30 000 = 18 000 F

– une charge financière = redevance – dotation = 30 000 – 18 000 = 22 000 F

1. On peut vérifier que : $\left[\frac{1-(1+0{,}1524)^{-5}}{0{,}1524}\right] \times 30\,000 = 100\,000$

Dans les calculs précédents, le coefficient k était égal à :

$$\frac{100\,000}{(30\,000 \times 5)} = 0{,}67$$

Ce mode de calcul ne diffère du précédent que par la répartition de la redevance annuelle entre amortissement et intérêt, le total des amortissements et celui des intérêts restant identique [1]. L'appréciation du coût du financement n'est pas non plus modifiée.

La position de la Centrale de Bilans revient à supposer que l'option sera systématiquement levée et qu'en attendant, l'entreprise ne peut soumettre à l'amortissement (ou emprunter) que la partie de la valeur d'origine qui lui revient au travers du versement des redevances.

Après le retraitement :

– les immobilisations nettes se trouvent être majorées de 100 000 – 20 000 = 80 000 F.

– les dettes financières sont augmentées de 80 000 F dont 20 000 F à moins d'un an [2].

Cette correction du bilan présente une incidence sur deux autres états de synthèse :

1) Le tableau des soldes intermédiaires de gestion.

Si les loyers sont ventilés "plus bas" dans le compte de résultat, on doit procéder aux corrections suivantes :

– La valeur ajoutée produite et l'excédent brut d'exploitation doivent être majorés du montant des redevances, 30 000 F dans l'exemple.

---

1. Une autre variante consisterait à construire un tableau de remboursement du même type que pour un emprunt à annuités constantes. Ici, avec un taux de 15,2382 %, il se présenterait ainsi :

Année	N	N + 1	N + 2	N + 3	N + 4	Total
Redevance annuelle	30 000	30 000	30 000	30 000	30 000	150 000
Charge financière	15 238	12 989	10 397	7 409	3 967	50 000
Dotation aux amort.	14 762	17 011	19 603	22 591	26 033	100 000
Valeur nette comptable	85 238	68 227	48 624	26 033	0	

Pour opérer de la sorte il faudrait disposer des conditions relatives à chaque contrat de crédit-bail. L'analyste externe n'a pas ce privilège.

2. Poser que la dotation de l'année N + 1 est égale à celle de l'année N est une approximation par excès. Un contrat de crédit-bail peut venir à échéance en N sans que le détenteur de la liasse le perçoive. Les cases YQ et YR des renseignements divers ne comportent aucune précision sur la durée des contrats. Par contre, une annexe convenablement remplie permettrait d'affiner ce calcul à partir des échéanciers des redevances à payer et des "valeurs résiduelles".

– Le résultat d'exploitation doit être augmenté seulement des charges financières calculées, 10 000 F dans l'exemple.

– Les autres soldes restent inchangés.

2) Le tableau de financement.

– Les acquisitions d'immobilisation et les augmentations de dettes à plus d'un an sont majorées du montant de la valeur d'origine des actifs en crédit-bail, 100 000 F dans l'exemple.

– Les remboursements de dettes et la capacité d'autofinancement sont augmentés chaque année du montant des dotations implicites aux amortissements, 20 000 F dans l'exemple.

13 – Le reclassement des postes

Le bilan comptable privilégie une optique fonctionnelle. Le bilan financier proposé ici donne la priorité à la maturité des encours. Le passage du bilan comptable au bilan financier nécessite le classement des postes :
– à l'actif, selon un ordre de liquidité croissante,
– au passif, selon un ordre d'exigibilité croissante.

Les renvois au pied du bilan et l'imprimé n° 8 de la liasse fiscale, "Etat des échéances créances et des dettes à la clôture de l'exercice", doivent permettre de réaliser ces reclassements. L'exploitation de cet état est présentée à la page suivante.

131 – Les reclassements à l'actif

1) Capital souscrit non appelé **(12)**

\+ [(1) Bilan-Actif : AA] → [Immobilisations financières]

L'actionnaire n'est contraint qu'au versement immédiat du quart de sa souscription. le reste est appelé dans les cinq années suivantes selon un échéancier fixé par le conseil d'administration.

Pour refléter la structure financière présente et obéir à un réflexe de prudence les praticiens considèrent souvent le capital souscrit non appelé comme une non valeur. Ils la retirent de l'actif et la retranchent des capitaux propres. Procéder ainsi revient à prêter aux actionnaires soit un comportement de défiance, soit une insolvabilité notoire.

Cette position ne se justifie que si l'entreprise est en situation vulnérable. Dans le cadre d'un premier traitement et, en l'absence de signaux d'alerte, ce poste représente une source de liquidités à moyen terme qui trouve sa place parmi les immobilisations financières.

2) Créances à plus d'un an de l'actif circulant **(13)**

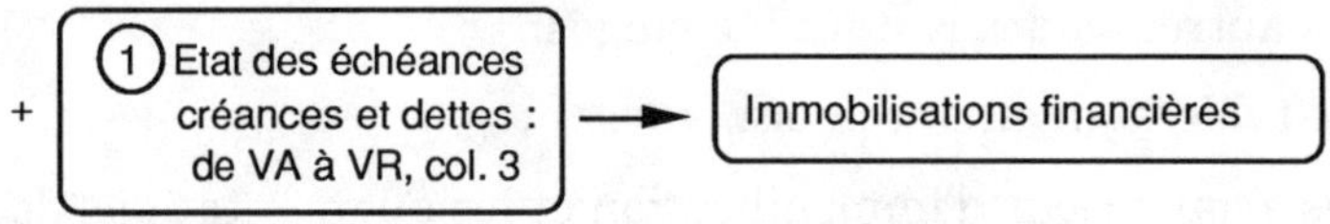

Cinq types de créanciers à plus d'un an peuvent être concernés :

– les clients : il s'agit principalement des clients douteux ;

– les créances représentatives de titres prêtés à des banques ou sociétés de bourse ; les prêts doivent être d'une durée inférieure à six mois ; en principe, la case UU, colonne 3, de la liasse devrait être vide ;

– le personnel : les salariés de l'entreprise peuvent bénéficier de prêts à la construction ; d'anciens salariés ayant créé leur propre entreprise peuvent obtenir de leur ex-employeur des prêts d'installation ;

– la Sécurité sociale, les autres organismes sociaux, l'Etat et autres collectivités publiques ; il semble improbable d'observer un montant dans ces cases de la liasse.

– le groupe et associés : l'entreprise peut avancer des fonds à plus d'un an à une filiale ou accorder un prêt pour l'habitation à un administrateur de société anonyme (autorisé seulement s'il est élu par les salariés) ;

– les débiteurs divers : par exemple, l'entreprise cède une immobilisation dont le règlement est exceptionnellement étalé sur plusieurs années.

3) Provisions relatives aux créances à plus d'un an de l'actif circulant **(14)**

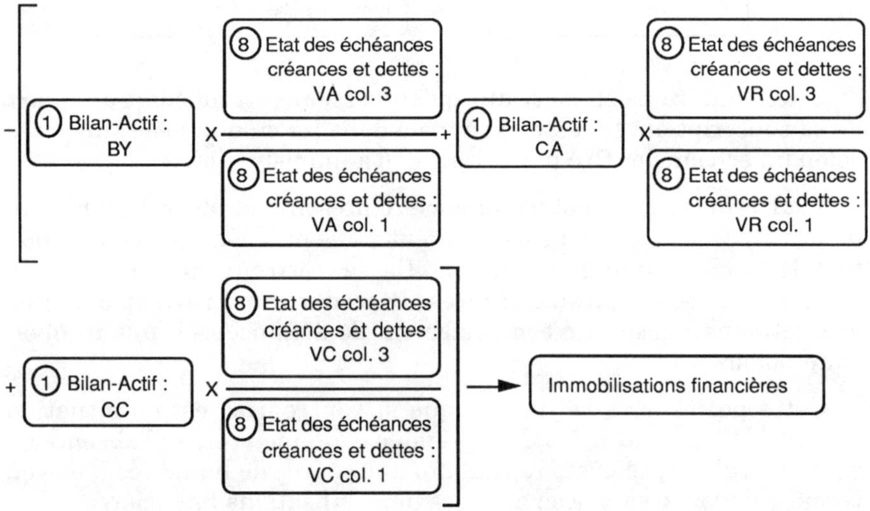

Tableau 2
Reclassements des créances et dettes

cerfa N° 30-2342

Formulaire obligatoire (article 53 A du Code général des impôts). (ne pas reporter le montant des centimes *)

(8) **ÉTAT DES ÉCHÉANCES DES CRÉANCES ET DES DETTES A LA CLOTURE DE L'EXERCICE***

D.G.I. N° 2057-N [9] (Janvier 1989)

Désignation de l'entreprise : ____________________

CADRE A	ÉTAT DES CRÉANCES		Montant brut 1	A 1 an au plus 2	A plus d'un an 3
DE L'ACTIF IMMOBILISÉ	Créances rattachées à des participations	UL		UM (19) Créances hors exploitation	UN (13) Immobilisations financières
	Prêts (1) (2)	UP		UR	US
	Autres immobilisations financières	UT		UV	UW
DE L'ACTIF CIRCULANT	Clients douteux ou litigieux	VA		(17) Clients	(13) Immobilisations financières
	Autres créances clients	UX			
	Créance représentative de titres prêtés * (Provision pour dépréciation antérieurement constituée* UQ)	UU		(20) Val.Mob.Pl.	
	Personnel et comptes rattachés	UY		(18) Autres créances d'exploitation	
	Sécurité sociale et autres organismes sociaux	UZ			
	Etat et autres collectivités publiques — Impôts sur les bénéfices	VM		(19) Créances H.E	
	Etat et autres collectivités publiques — Taxe sur la valeur ajoutée	VB		(18) Autres créances d'exploitation	
	Etat et autres collectivités publiques — Autres impôts, taxes et versements assimilés	VN			
	Etat et autres collectivités publiques — Divers	VP			
	Groupe et associés (2)	VC		(19) Créances hors exploitation	
	Débiteurs divers	VR			
	Charges constatées d'avance	VS		(5) Cap.propres et (9) Cr.fiscales	
	TOTAUX	VT		VU	VV
RENVOIS	(1) Montant des - Prêts accordés en cours d'exercice	VD			
	(1) Montant des - Remboursements obtenus en cours d'exercice	VE			
	(2) Prêts et avances consentis aux associés (personnes physiques)	VF			

CADRE B	ÉTAT DES DETTES		Montant brut 1	A 1 an au plus 2	A plus d'1 an et 5 ans au plus 3	A plus de 5 ans 4
	Emprunts obligataires convertibles (1)	7Y		(25) Dettes financières à moins d'un an	(25) Dettes à plus d'un an	
	Autres emprunts obligataires (1)	7Z				
Emprunts et dettes auprès des établissements de crédit (1)	à 2 ans maximum à l'origine	VG				
	à plus de 2 ans à l'origine	VH				
	Emprunts et dettes financières divers (1) (2)	8A				
	Fournisseurs et comptes rattachés	8B		(27) Fournisseurs	(26) Dettes à plus d'un an	
	Personnel et comptes rattachés	8C		(28) Autres dettes d'exploitation		
	Sécurité sociale et autres organismes sociaux	8D				
État et autres collectivités publiques	Impôts sur les bénéfices	8E		(29) Dettes H.E.		
	Taxe sur la valeur ajoutée	VW		(28) Autres D.E.		
	Obligations cautionnées	VX		(30) D.Fin.<1 an		
	Autres impôts, taxes et assimilés	8H		(28) Autres D.E.		
	Dettes sur immobilisations et comptes rattachés	8J		(29) Dettes hors exploitation		
	Groupe et associés (2)	VI			(24) Capitaux propres	
	Autres dettes	8K			(26) Dettes à plus d'un an	
	Dette représentative de titres empruntés *	SZ		(31) D.Fin.<1 an		
	Produits constatés d'avance	8L		(6) Capitaux propres et (9) dettes fiscales		
	TOTAUX	VY		VZ		
RENVOIS	(1) Emprunts souscrits en cours d'exercice	VJ				
	(1) Emprunts remboursés en cours d'exercice	VK				
	(2) Montant des divers emprunts et dettes contractés auprès des associés personnes physiques	VL				

* Des explications concernant cette rubrique sont données dans la notice n° 2032-N

H.E. : Hors exploitation
D.E. : Dettes d'exploitation
D.Fin. : Dettes financières

1er EXEMPLAIRE DESTINÉ A L'ADMINISTRATION

N° 2057-N - Série G - Imprimerie Nationale 9403032.L.61 (41) - Octobre 1988

Il faut regretter que la ventilation des échéances de l'état des échéances des créances et dettes ne concerne que les valeurs brutes. D'autant que le tableau des provisions inscrites au bilan n'autorise aucune distinction selon l'échéance.

Pour obtenir la part des provisions relatives aux créances à plus d'un an de l'actif circulant, il s'avère nécessaire de procéder à une estimation en posant trois hypothèses :

– les provisions relatives aux clients et comptes rattachés (case BY du bilan-actif) ne concernent que les clients douteux et litigieux (cases VA de l'état des échéances et des dettes),

– les provisions associées aux autres créances (case CA du bilan-actif) ne s'appliquent qu'aux débiteurs divers (case VR de l'état des échéances et des dettes),

– les éventuelles provisions relatives au capital souscrit, appelé, non versé sont liées au groupe et associés

Sauf cas très particulier, l'incidence de ces choix devrait être mineure. Pour ces créances, la part à plus d'un an est donnée par le rapport entre le montant de la colonne 3 et celui de la colonne 1 de l'état des échéances des créances et des dettes.

4) Provisions relatives aux créances-clients à moins d'un an **(15)**

Provisions relatives aux autres créances
de l'actif circulant **(15)**

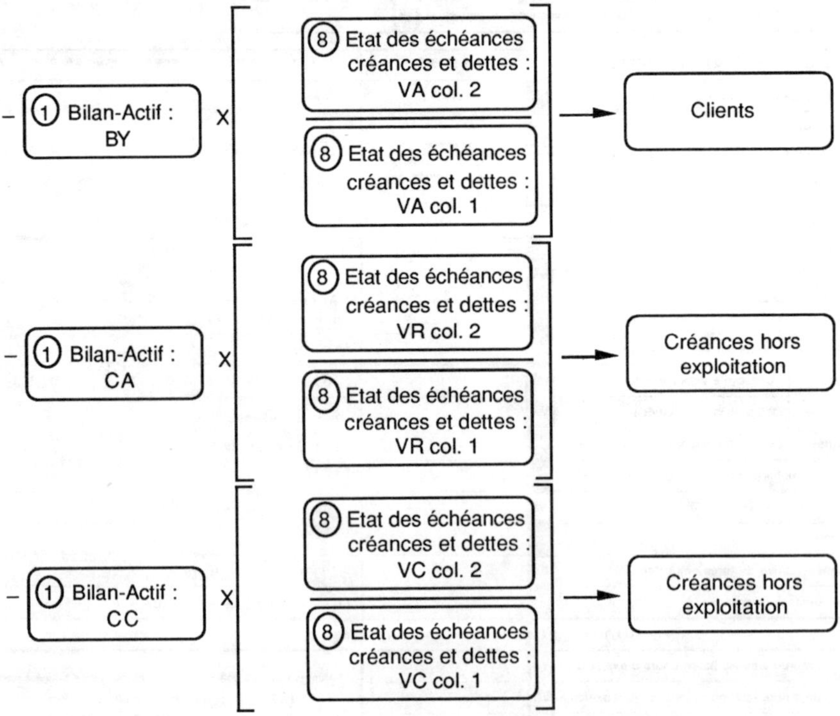

Dans ce cas, les provisions relatives aux créances de l'actif circulant sont multipliées par les compléments à un des ratios précédents.

5) Part à moins d'un an des immobilisations financières **(16)**

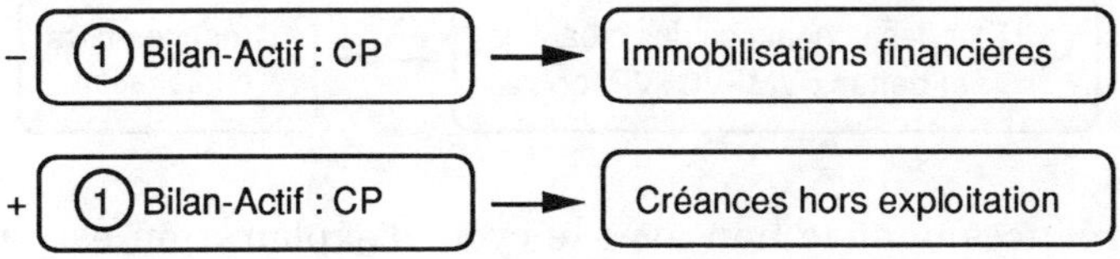

Mentionné au pied du bilan comptable, ce montant doit être soustrait des immobilisations financières et ajouté aux créances hors exploitation.

Avec la liasse comme unique source d'information, le montant des provisions relatives à cette part à moins d'un an reste inconnu. Il reste donc associé aux immobilisations à plus d'un an. Cette option va d'ailleurs dans le sens du principe de prudence.

6) Créances-clients **(17)**

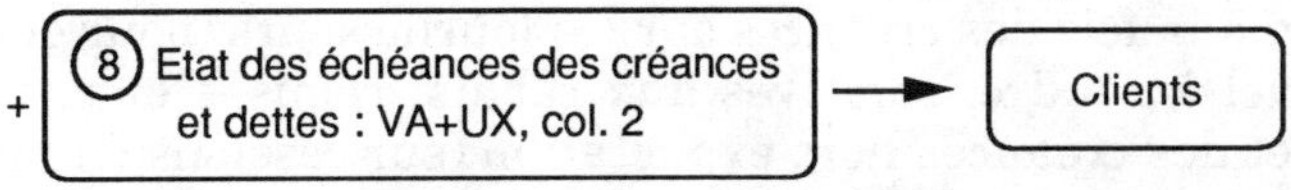

Elles comprennent la part à moins d'un an des postes :
– clients douteux et litigieux,
– autres créances-clients à moins d'un an.

7) Autres créances d'exploitation **(18)**

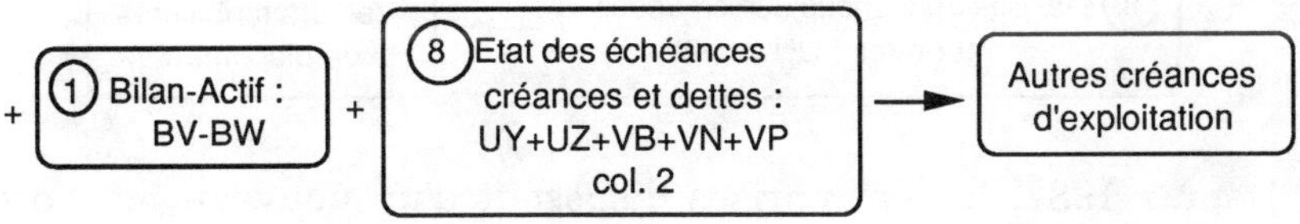

Ces créances incluent seulement les encours liés de très près à l'activité de l'entreprise :

– les avances et acomptes versés sur commandes aux divers fournisseurs, en supposant qu'elles ne concernent que l'exploitation,

– les créances sur le personnel, par exemple, des avances sur frais de déplacement,

– les créances vis-à-vis des organismes sociaux, qui peuvent provenir d'un excédent d'acomptes versés sur les cotisations définitives,

– les créances à l'égard de l'Etat et d'autres collectivités publiques, à l'exclusion de celles qui pourraient concerner l'impôt sur les bénéfices que l'on retrouvera dans les créances hors exploitation.

8) Créances hors exploitation **(19)**

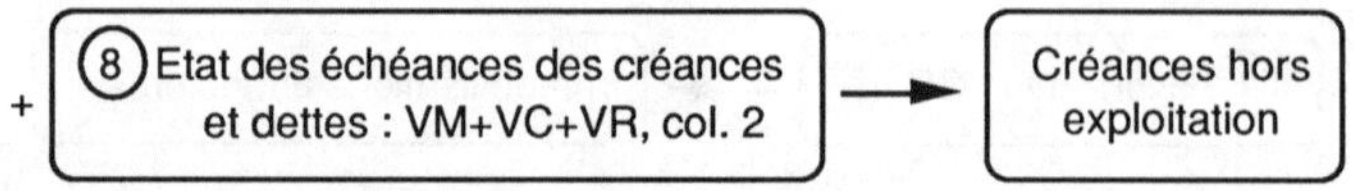

Les créances dont le lien avec le cycle d'exploitation est faible ou nul vont être rangées dans cette catégorie. Elles regroupent trois rubriques :

– l'éventuelle créance d'impôt sur le bénéfice, par exemple, dans le cas de versements d'acomptes supérieurs au solde de l'impôt sur les sociétés finalement dû ;

– les créances à l'égard du groupe ou des associés, par exemple, le capital souscrit, appelé, non versé [1], les avances de trésorerie à d'autres sociétés du groupe, les intérêts courus sur le compte courant détenu dans une filiale, ou encore la créance relative à des opérations faites en commun dans le cadre d'un groupement d'intérêt économique ;

– le poste "débiteurs divers" représente un ensemble hétérogène. Il comprend à la fois des créances sur les fournisseurs (pour emballages et matériel à rendre, relatives aux rabais, remises et ristournes à obtenir) et des créances hors exploitation (sur cessions d'immobilisations ou de valeurs mobilières de placement). En l'absence de possibilité de ventilation ou d'information permettant de privilégier l'un des deux aspects, le classement de ce poste dans les créances hors exploitation reste discutable.

9) Créances représentatives de titres prêtés **(20)**

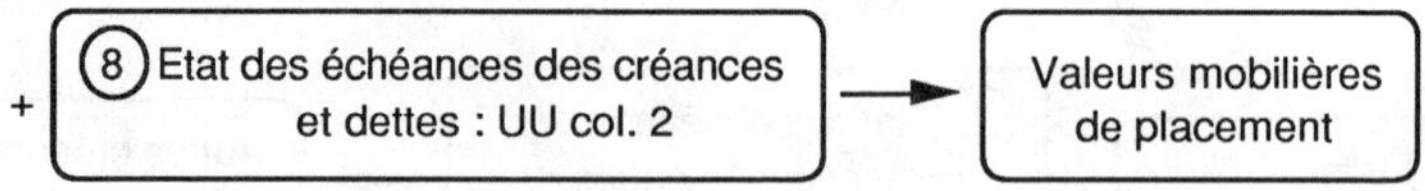

Depuis 1987, les entreprises disposent d'un nouveau moyen de rentabiliser la détention de valeurs mobilières. Pendant une période inférieure à six mois, elles ont la possibilité de prêter des titres cotés ou négociables sur un marché réglementé à des organismes agréés (banques, sociétés de bourses), moyennant un intérêt. L'opération est un "prêt de consommation". Autrement dit, pendant la durée du prêt,

1. En situation de vulnérabilité, ce poste pourrait devenir à une non valeur dans la mesure où l'intérêt des actionnaires serait d'être défaillant ; il faudrait alors l'isoler à partir du contenu des cases CD – CE de l'actif du bilan.

l'emprunteur peut céder les titres, mais s'il les vend, il devra les racheter pour en rendre la même quantité lors de l'échéance.

L'enregistrement de ces créances n'a pas encore été normalisé. Certains praticiens les situent dans les immobilisations financières (compte 2746, Prêts de titres). D'autres les incluent dans les débiteurs divers (compte 467, Autres comptes débiteurs ou créditeurs). L'administration fiscale les place dans l'actif circulant.

S'agissant de prêts à court terme, il est exclu de les classer dans les immobilisations financières. La nature financière de l'opération l'emporte sur l'aspect juridique. Ces créances ne représentent qu'une alternative, toute provisoire, à la détention de valeurs mobilières. Leur montant est donc un emploi de trésorerie. Le reclassement proposé consiste à les réintégrer dans le poste "Valeurs mobilières de placement".

Les indications suivantes concernent des postes qui conservent au bilan une position et un montant identiques. Le recours éventuel à d'autres cases que celles du bilan procède d'une économie de saisie et de calculs.

10) Immobilisations incorporelles **(21)**

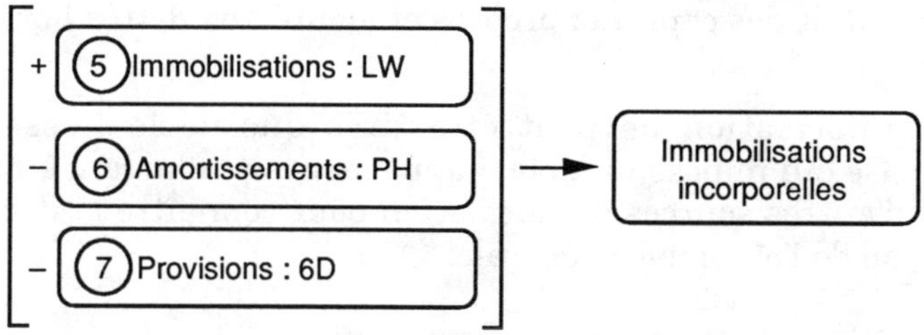

11) Immobilisations corporelles **(21)**

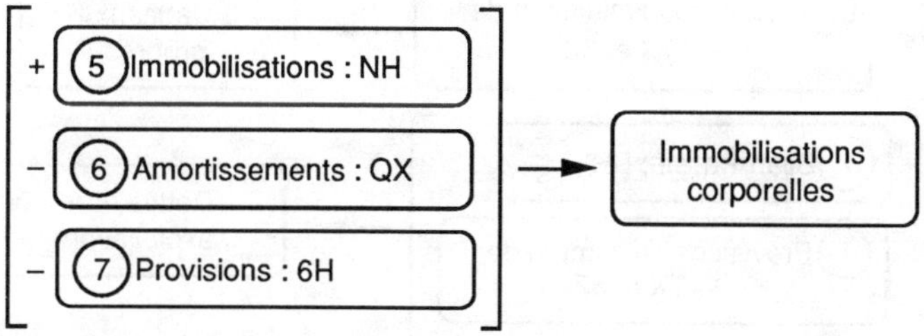

12) Immobilisations financières **(21)**

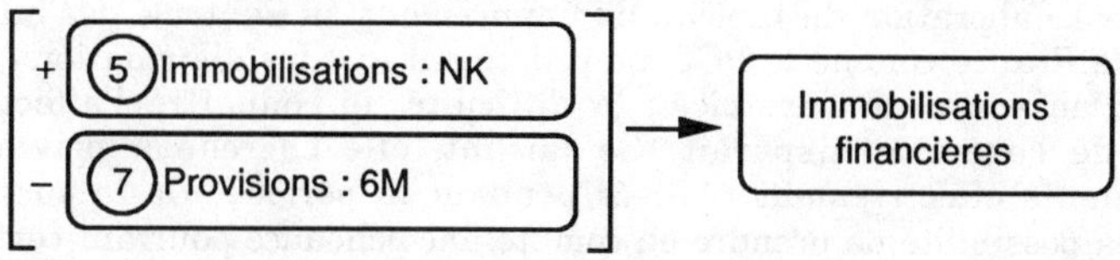

13) Provisions sur stocks et encours **(21)**

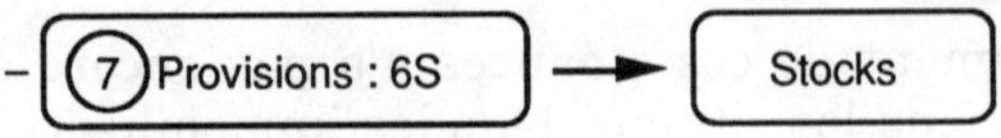

132 – Reclassements au passif

1) Dividendes à verser **(22)**

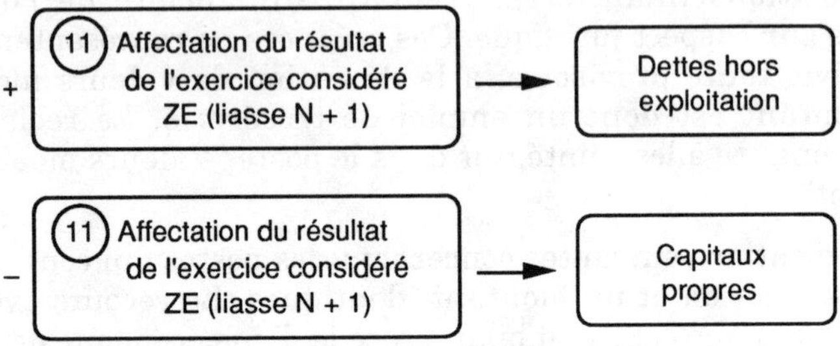

L'objectif étant de construire un bilan après répartition, le montant des dividendes à verser dans les neuf mois qui suivent la clôture de l'exercice est une dette à court terme [1]. Ce montant doit être déduit des capitaux propres et ajouté aux dettes hors exploitation.

Cette information ne peut être tirée que de la liasse fiscale suivante. Ce qui impose un délai supplémentaire d'un an, à moins de disposer d'autres sources d'information pour connaître la décision de distribution de l'assemblée générale.

2) Provisions pour risques et charges **(23)**

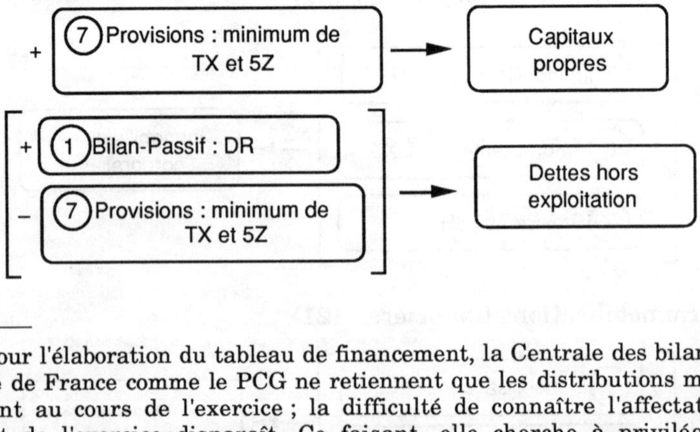

1. Pour l'élaboration du tableau de financement, la Centrale des bilans de la Banque de France comme le PCG ne retiennent que les distributions mises en paiement au cours de l'exercice ; la difficulté de connaître l'affectation du résultat de l'exercice disparaît. Ce faisant, elle cherche à privilégier les décaissements effectivement réalisés pendant la période. De la sorte, elle se prive de la possibilité de prendre en compte une échéance pourtant certaine.

En position d'analyste externe, il n'est pas aisé de distinguer leur véritable objet. Si elles sont constituées pour faire face à des dépenses qui deviendront effectives à terme, alors elles équivalent à des dettes qui s'éteindront. Mais, si elles se renouvellent d'un exercice à l'autre, leur partie stable représente des quasi-fonds propres constitués en franchise d'impôt.

Pour évaluer la partie stable des provisions pour risques et charges, sans autre information, un critère simple consiste à retenir le montant le plus faible lu dans les cases 5Z et TX [1].

Le reste peut être ajouté aux dettes hors exploitation. Cette affectation revient à supposer que les risques et les charges seront assumés pendant le prochain exercice.

3) Dettes à l'égard du groupe ou des associés à plus d'un an **(24)**

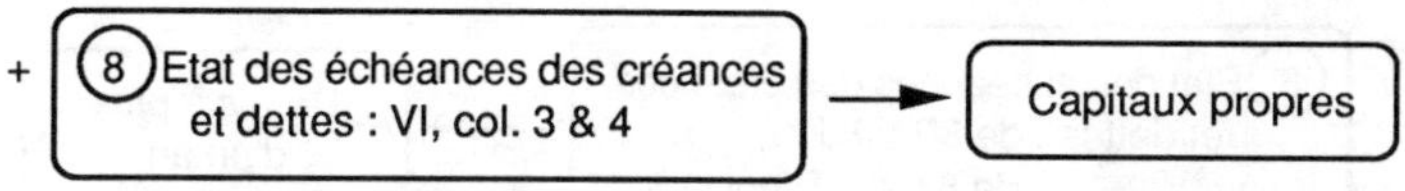

Ces dettes peuvent être assimilées à des contributions durables au renforcement des fonds propres. Il peut s'agir de comptes courants d'associés bloqués sur plus d'un an ou de dettes rattachées à des participations du groupe.

4) Emprunts **(25)**

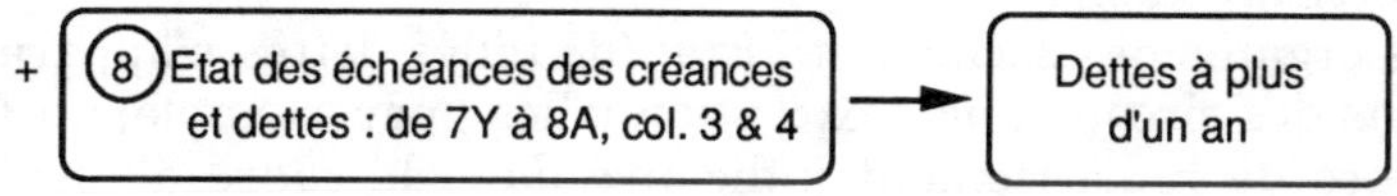

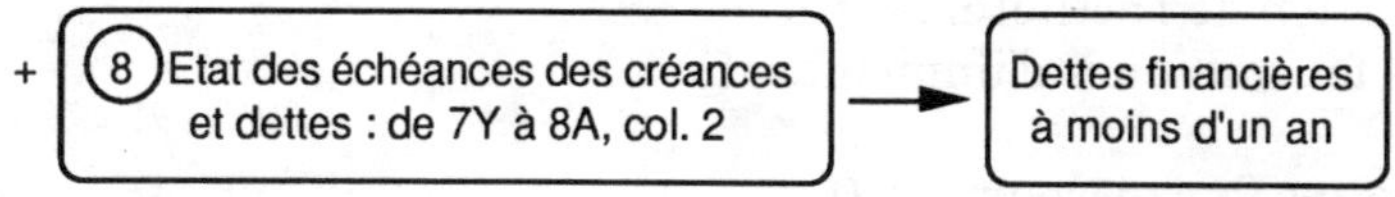

1. Initialement, le plan comptable a classé les provisions pour charges sociales et fiscales sur congés payés dans les provisions pour risques et charges. Pourtant il s'agit d'une charge certaine dans son principe et régulière, puisqu'elle se renouvelle en fonction des droits acquis chaque année par les salariés. Les instances comptables ont adopté cette interprétation.

La pratique comptable actuelle fait apparaître les dettes qui correspondent à ces charges dans les cases 8D (Sécurité sociale et autres organismes sociaux) et 8H (Autres impôts) de l'état des échéances des créances et des dettes. La lecture de cet état ne permet pas de savoir si ce nouveau traitement est appliqué. Afin d'écarter un risque d'erreur, qui s'accroîtrait d'ailleurs avec l'ancienneté de la liasse, le montant des provisions pour risques et charges hors congés payés est évalué dans l'imprimé n° 7 relatifs aux provisions en effectuant la différence entre les cases 5Z et 5R en début d'exercice, et entre les cases TX et 5U à la fin de l'exercice.

A plus d'un an, ils s'inscrivent naturellement dans les dettes à long terme. A moins d'un an, ils se classent dans les dettes financières à court terme.

Les emprunts obligataires convertibles en actions rejoignent les capitaux propres lorsque les porteurs demandent la conversion. Dans un contexte favorable à cette conversion (une tendance haussière des cours de l'action, par exemple), il y aurait lieu d'anticiper en transférant le montant de la case 7Y de l'état des échéances des créances et dettes dans les capitaux propres. En l'absence d'information sur l'entreprise (ou les sociétés du secteur étudié), ils sont traités comme des emprunts ordinaires, ce qui revient à sacrifier, par omission une fois de plus, au principe de prudence.

5) Dettes non financières hors groupe et hors associés à plus d'un an **(26)**

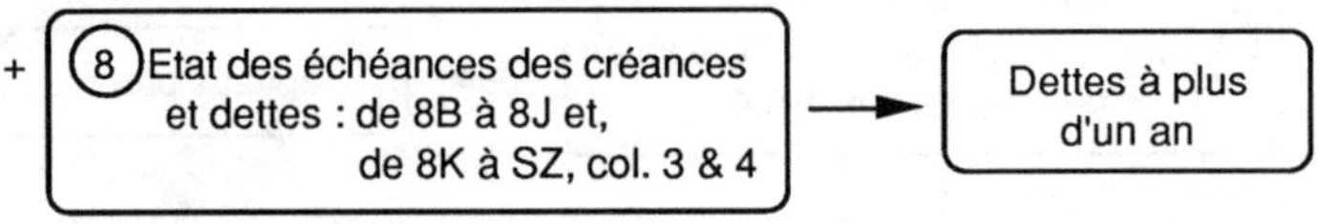

Elles concernent quatres catégories de créanciers :
– les fournisseurs d'exploitation ;
– le personnel (en principe cette case doit être vide ; l'une des seules dettes qui puisse exister à plus d'un an à l'égard du personnel est la réserve de participation dans la mesure où les fonds sont gérés par l'entreprise ; or, celle-ci doit figurer parmi les emprunts et dettes financières divers...) ;
– les organismes sociaux et l'Etat (de telles dettes n'apparaissent que dans des circonstances exceptionnelles ; par exemple, après une procédure de redressement judiciaire dans le cadre d'un plan de continuation de l'activité) ;
– les fournisseurs d'immobilisation.

6) Dettes fournisseurs **(27)**

7) Autres dettes d'exploitation **(28)**

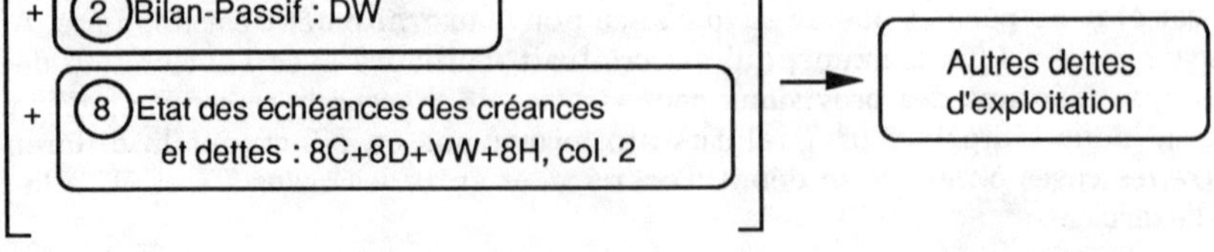

Il s'agit des dettes qui ont un lien direct avec l'activité de l'entreprise :

– les avances et acomptes reçus sur commandes ;

– les dettes liées au personnel sont, pour l'essentiel, relatives aux congés payés, à l'intéressement et à la participation aux résultats de l'entreprise ;

– les dettes vis-à-vis des organismes sociaux, par exemple, les charges à payer sur la base des salaires de l'exercice (taxe d'apprentissage...) ;

– les dettes à l'égard de l'Etat et d'autres collectivités publiques, à l'exclusion de celles qui pourraient concerner l'impôt sur les bénéfices que l'on retrouvera dans les créances hors exploitation. Elles comprennent, par exemple, le montant de la TVA à décaisser au titre du dernier mois de l'exercice lorsque l'entreprise ne se trouve pas créditrice en matière de TVA.

8) Dettes hors exploitation **(29)**

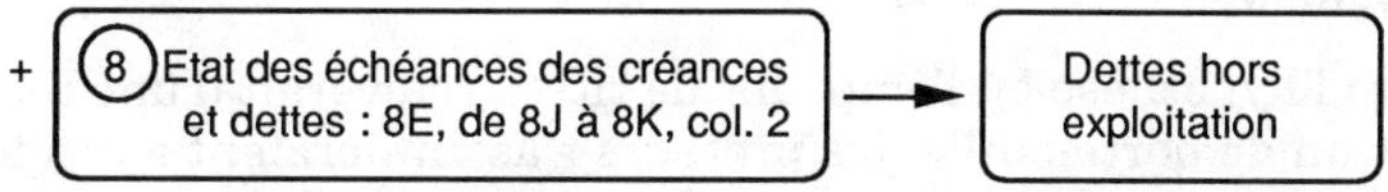

Les dettes n'ayant aucun rapport avec l'exploitation courante sont regroupées dans ce poste. Elles correspondent à quatre rubriques de la liasse fiscale :

– les dettes sur immobilisations.

– l'impôt sur le bénéfice ;

– les autres dettes qui concernent, par exemple, le solde à verser sur l'acquisition de titres de placement ;

– les dettes vis-à-vis du groupe ou des associés : il s'agit de ressources à moins d'un an apportées par les associés (comptes courants) ou les autres sociétés du groupe (avances de trésorerie).

Ces concours financiers à court terme ne sont pas classés dans les dettes financières à moins d'un an en raison de la position et de la motivation des créanciers. Certes, ils contribuent à améliorer la trésorerie de l'entreprise. Mais le but est plutôt de renforcer les ressources en fonds de roulement. La perspective de percevoir des intérêts n'est pas forcément le principal enjeu de ce type d'opérations.

9) Obligations cautionnées **(30)**

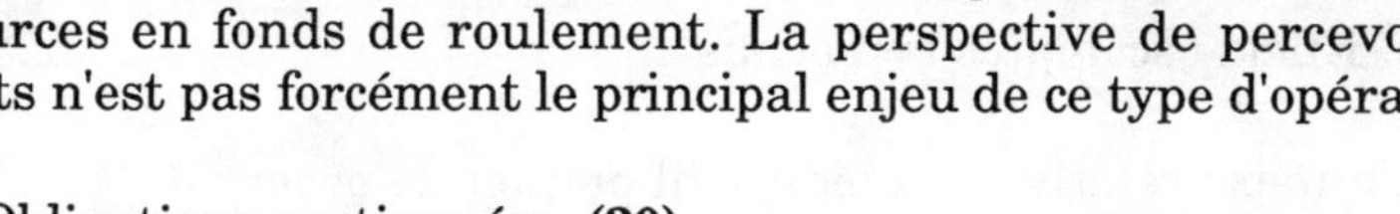

Aux entreprises qui accordent des crédits d'au moins un mois à leur clientèle et qui peuvent présenter une caution suffisante, l'administration fiscale accepte d'accorder des délais de paiement de la TVA sous la forme d'obligations cautionnées.

Ces effets, à 2, 3 ou 4 mois, sont une véritable ressource de trésorerie. Ils prennent place dans les dettes financières à court terme.

10) Dettes représentatives de titres prêtés **(31)**

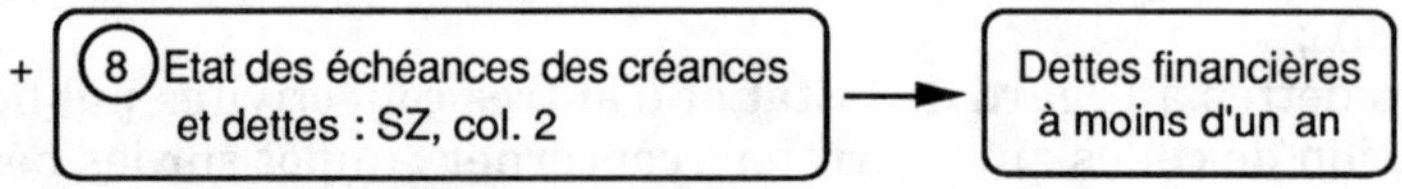

Ces dettes sont la contrepartie des créances décrites dans le renvoi n° 20. Dans l'état actuel de la législation, on ne peut les observer que dans les liasses fiscales des organismes financiers. Les situer dans les dettes financières à moins d'un an revient à supposer que la banque a emprunté des titres pour les revendre et obtenir ainsi des liquidités additionnelles.

Dans l'hypothèse où l'emprunt de titres relèverait d'une technique de gestion de portefeuille, les prêteurs s'assimileraient à des fournisseurs de moyens de placement. Alors cette rubrique devrait figurer parmi les dettes d'exploitation de l'organisme financier.

14 – Application à la société Finabase SA

Les renvois mis en jeu par la liasse fiscale de cette entreprise sont les suivants :

(5 & 9) Les seules non-valeurs sont les charges constatées d'avance, 60 138 F, elles recèlent une créance fiscale latente qui, au taux de l'impôt sur les sociétés qui prévalait en 1985, s'élève à : 60 138 x 50 % = 30 069 F, d'où :

Charges constatée d'avance	60 138
Créance fiscale latente	30 069

(10) Des renseignements divers on tire :

Effets escomptés non échus	623 794

(11) L'annexe relative au crédit-bail permet de poser :

la valeur d'origine des immobilisations	305 530
l'amortissement total	174 336
la dotation de l'exercice suivant	61 106

(13) Les créances de l'actif circulant à plus d'un an sont représentées ici par la totalité des clients douteux et litigieux :

Créances de l'actif circulant à plus d'un an	219 207

(14) En conséquence, la totalité des provisions relatives aux clients et comptes rattachés suit ces créances dans les immobilisations financières :

Provisions sur les créances-clients à plus d'un an	164 058

(17) Les échéances des autres créances clients sont toutes inférieures à un an, elles figurent dans le poste :

Autres créances clients inférieures à un an	6 085 644

(18) Les autres créances d'exploitation ne comprennent que la TVA à récupérer :

Etat-TVA	548 655

(19) La créance sur l'Etat au titre de l'Impôt sur les sociétés (générée vraisemblablement par l'impôt forfaitaire annuel) et les débiteurs divers sont les seules créances hors exploitation :

Etat-Impôt sur les bénéfices	52 633
Débiteurs divers	8 706

(21) En totalité, les immobilisations, les amortissements sur les immobilisations corporelles et, les provisions sur stocks représentent :

Immobilisations incorporelles	52 920
Immobilisations corporelles	4 314 749
Amortissement des immobilisations corporelles	3 150 980
Immobilisations financières	337 221
Provisions sur stocks et encours	1 177492

(23) Le montant des provisions pour risques et charges s'élève à 121 700 F en début d'exercice et à 159 098 F en fin d'exercice, ce qui représente une variation de :
159 098 – 121 700 = 37 398

Les provisions se décomposent ainsi :

Part stable des provisions pour risques et charges	121 700
Part à court terme des provisions pour risques et charges	37 398

(24) Les associés apparaisent dans :

Groupes et associés à plus d'un an	167 938

(25) Les montants des emprunts sont les suivants :

Emprunts à plus d'un an: 619 048 + 47 686 = 666 734
Emprunts à moins d'un an : 1 806 725 + 435 497 = 2 242 222

(27) Toutes les dettes-fournisseurs sont à moins d'un an, d'où :

Dettes-fournisseurs et comptes rattachés	9 939 242

(28) Les autres dettes d'exploitation sont des dettes vis-à-vis :

du personnel	734 249
de la sécurité socale et autres organismes sociaux	325 776
de l'Etat au titre de la TVA	548 421
et pour d'autres impôts, taxes et versements assimilés	5 203

(30) Au-delà de l'escompte, la trésorerie a été en partie financée avec :

les obligations cautionnées	500 111

La différence entre le total de l'actif et celui du passif provient des arrondis sur les francs, elle est ici négligeable.

2 – Soldes intermédiaires de gestion

La liste des opérations qui conduisent à chaque solde figure dans le tableau 2. Ces opérations exigent la saisie de 37 cases supplémentaires dans la liasse fiscale. La source des informations est mentionnée par le numéro et le titre abrégé de la feuille de la liasse fiscale, avec la précision du (des) numéro(s) de case. La méthode de retraitement est présentée dans l'ordre des renvois situés dans la dernière colonne des tableaux. Les postes conservant le même montant et la même position que dans les présentations standards, ne font l'objet d'aucun renvoi ni commentaire.

Les soldes intermédiaires de gestion n'exigent que trois traitements particuliers : l'un concerne le crédit-bail, les autres proviennent de restrictions relatives au poste "Autres achats et charges externes".

21 – Crédit-bail (11)

Le traitement du crédit-bail a déjà été étudié lors de la construction du bilan financier [cf. *infra*, 122 – renvoi **(11)**],

211 – Redevances de crédit-bail (11)

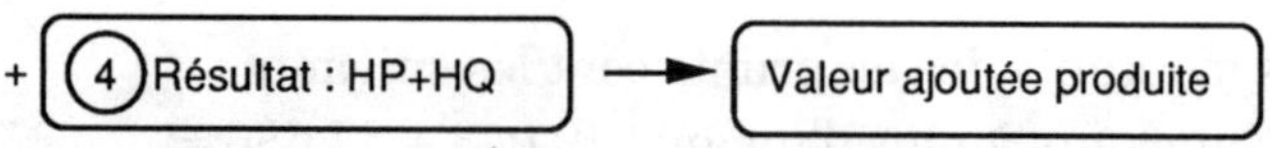

Les redevances sont déduites des autres achats et charges externes. Autrement dit, elles interviennent avec un signe positif dans le calcul de la valeur ajoutée produite.

Reportées plus bas dans le compte de résultat, elles se décomposent en deux parts :
– une dotation aux amortissements,
– un montant de charges financières calculées.

Tableau 3
Les soldes intermédiaires de gestion
Finabase SA - Exercice 1985

Solde	Montant	Postes	Source		Renvoi
Marge commerciale	40 341 549	= Ventes de marchandises	3-Résultat	FC	
	-29 133 527	- Achats de marchandises	3-Résultat	FS	
8 505 991	-2 702 031	- Var. de stocks (march.)	3-Résultat	FT	
Production	0	= Production vendue biens	3-Résultat	FF	
	1 857 346	services.	3-Résultat	FI	
	-2 240	+ Production stockée	3-Résultat	FM	
1 855 106	0	+ Production immobilisée	3-Résultat	FN	
Valeur ajoutée produite	8 505 991	= Marge commerciale	SIG		
	1 855 106	+ Production	SIG		
	-306 787	- Achats de mat. premières	3-Résultat	FU	
	-1 550	- Var. de stocks(mat & appro.)	3-Résultat	FV	
	-2 949 320	- Autres achats et charges ext.	3-Résultat	FW	
	-177 511	- Autres impôts, taxes	11-Rens. divers	9Z	(32)
	35 881	+ Personnel extérieur à l'entr.	11-Rens. divers	YU	(33)
7 065 911	104 101	+ Redevances de crédit bail	4- Résultat	HP+HQ	(11)
Excédent brut d'exploitation	7 065 911	= Valeur ajoutée	SIG		
	0	+ Subventions d'exploitation	3-Résultat	FO	
	-347 214	- Impôts, taxes et vers. ass.	3-Résultat	FX	(32)
	177 511	+ Autres impôts, taxes	11-Rens. divers	9Z	(32)
	-5 633 813	- Salaires et traitements	3-Résultat	FY	
	-1 651 468	- Charges sociales	3-Résultat	FZ	
-424 954	-35 881	- Personnel extérieur à l'entr.	11-Rens. divers	YU	(33)
Résultat d'exploitation	-424 954	= Excédent brut d'exploitation .	SIG		
	1 279 728	+ Repr./ am.& prov., tr. de ch.	3-Résultat	FP	
	127 247	+ Autres produits	3-Résultat	FQ	
	-268 516	- Dot. d'expl. aux amort.	3-Résultat	GA	
	-182 210	- Dot. d'expl. aux provisions ...	3-Résultat	GB+GC+GD	
	-61 106	- Dot. amort. act. en CB (N)	Annexe	col. total	(11)
458 139	-12 050	- Autres charges	3-Résultat	GE	
Résultat courant avant impôt	458 139	= Résultat d'exploitation	SIG		
	0	+ QP de rés./opé. faites en com.	3-Résultat	GH-GI	
	112 426	+ Produits financiers	3-Résultat	GP	
	-876 883	- Charges financières	3-Résultat	GU	
	-104 101	- Redevances de crédit bail	4-Résultat	HP+HQ	(11)
-349 313	61 106	+ Dot. amort. act. en CB (N)	Annexe	col. total	(11)
Rés. except.	94 550	+ Produits exceptionnels	4-Résultat	HD	
-64 444	-158 994	- Charges exceptionnelles	4-Résultat	HH	
Résultat comptable	-349 313	= Résultat courant avant impôt	SIG		
	-64 444	+ Résultat exceptionnel	SIG		
	0	- Participation des salariés	4-Résultat	HJ	
-418 407	-4 650	- Impôt sur les bénéfices	4-Résultat	HK	

212 – Dotations aux amortissements des actifs en crédit-bail **(11)**

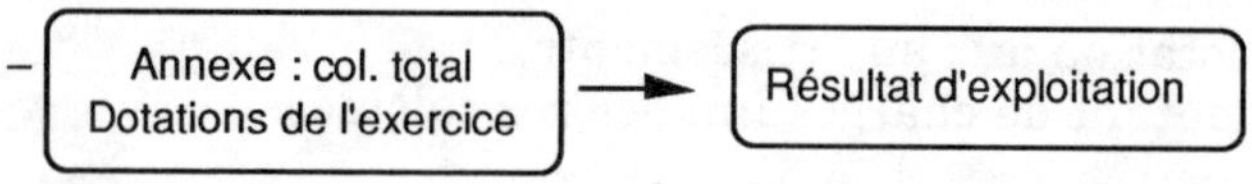

La première part des redevances s'ajoute aux autres dotations d'exploitation ; elle vient diminuer le résulat d'exploitation.

213 – Charges financières calculées **(11)**

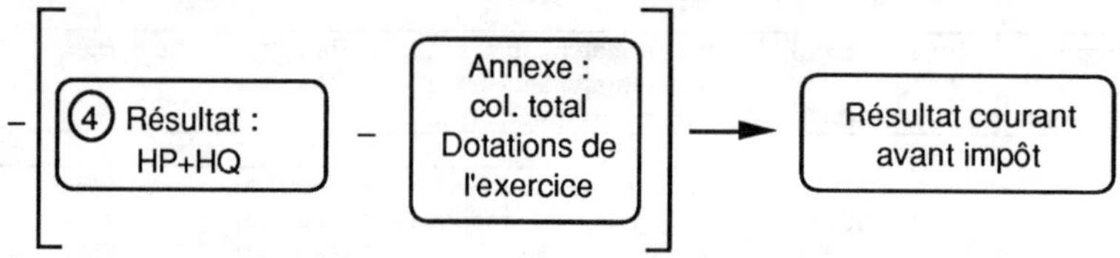

La deuxième part des redevances peut être calculée par différence entre les redevances et les dotations aux amortissements. Elle s'ajoute aux autres charges financières et diminue d'autant le résultat courant avant impôt.

***22 – Impôts, taxes et versements assimilés* (32)**

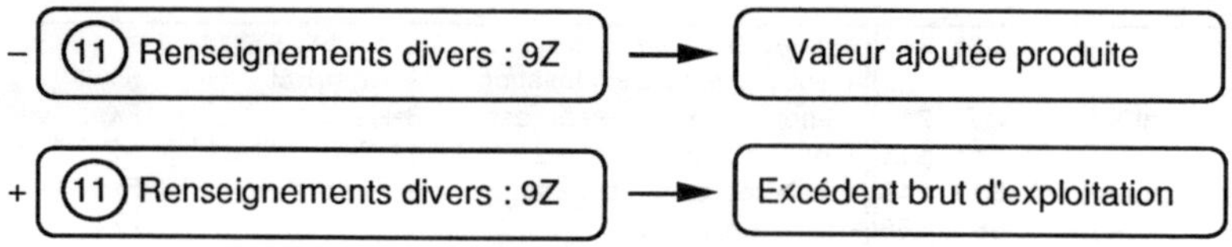

Lors du calcul de la valeur ajoutée, certains impôts indirects à caractère spécifique acquittés lors de la mise à la consommation des biens taxables sont assimilables à des consommations externes. Par exemple, la taxe sur les véhicules des sociétés, les taxes sur le chiffre d'affaires non récupérables, les droits de douane à la charge de l'entreprise...

Ils sont inscrits au compte 635 "Autres impôts, taxes et versements assimilés", au milieu de nombreuses autres taxes telles que la taxe professionnelle.

On peut espérer mieux les cerner avec le contenu de la case 9Z. Celle-ci exclut en effet la taxe professionnelle, alors que la case FX du compte de résultat englobe la totalité du compte 635.

Cette correction n'a pas été adoptée par la Centrale des Bilans de la Banque de France. Celle-ci a choisi d'inclure l'ensemble des autres impôts, taxes et versements assimilés dans les consommations externes.

213 – Personnel extérieur à l'entreprise **(33)**

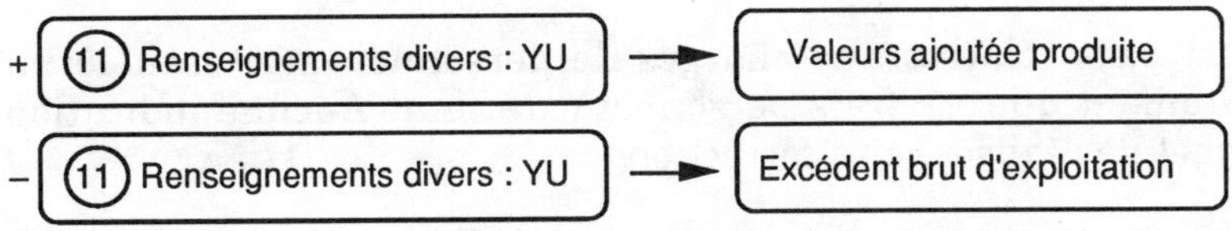

Les charges relatives au personnel extérieur sont enregistrées dans les comptes :
– 6211 - Personnel intérimaire (fourni par des entreprises de location de personnel),
– 6214 - Personnel détaché ou prêté à l'entreprise (par d'autres entreprises du groupe).

Le compte 621 est inclus dans les autres charges externes du compte de résultat. En l'absence de contrat de travail, ces frais ne peuvent être inscrits dans le compte 64 "Charges de personnel".

Le recours à du personnel extérieur est un substitut à l'emploi d'un personnel interne à l'entreprise. L'un et l'autre appartiennent au facteur travail. Ils sont producteurs de valeur ajoutée. En faisant prévaloir ce point de vue économique sur l'approche juridique, on est conduit à opérer la correction suivante. Les charges de personnel extérieur :
– diminuent les consommations externes et apparaissent avec un signe positif dans le calcul de la valeur ajoutée produite,
– augmentent les charges de personnel et interviennent négativement dans la détermination de l'excédent brut d'exploitation.

Le cas de l'entreprise du groupe qui prête du personnel devrait être traité symétriquement. Les produits tirés de la facturation du prêt de personnel figurent dans la production de services (case FI), tandis que les rémunérations du personnel prêté sont inscrites dans les charges de personnel (cases FY et FZ). Ces remunérations devraient quitter les charges de personnel pour s'ajouter aux consommations externes.

Ce redressement est impossible puisque la liasse fiscale ne donne aucune information sur le montant des facturations de personnel prêté ou détaché.

214 – Sous-traitance

La sous-traitance pose un problème analogue mais plus difficile à résoudre. Le montant des opérations de sous-traitance figure dans la case YT de l'imprimé n° 11 "Renseignements divers".

Le recours à la sous-traitance vise à substituer une consommation externe de faible coût à une activité interne coûteuse. Il recouvre aussi la gestion du facteur travail : l'arbitrage entre main-d'œuvre interne et personnel extérieur offre une possibilité d'augmenter la valeur ajoutée réalisée.

La part relative aux charges de personnel mériterait le même traitement que les frais personnel extérieur. Aucune indication ne permet de réaliser cette correction.

215 – Application à la société Finabase SA

Les trois retraitements à opérer sont les suivants.

(11) Du compte de résultat et de l'annexe relative au crédit-bail on tire :

Montant des redevances de crédit-bail	104 101
Dotations aux amortissement de l'exercice	61 106
Les charges financières calculées s'élèvent donc à :	
104 101 – 61 106 =	42 995

(32) Du compte de résultat et des renseignements divers on extrait :

Impôts, taxes et versements assimilés	347 214
Autres impôts, taxes et versements assimilés	177 511
Le montant imputable à l'excédent brut d'exploitation se réduit à :	
347 214 – 177 511 =	169 703

(33) Dans le compte de résultat et les renseignements divers on lit :

Charges de personnel :	
5 633 813 + 1 651 468 =	7 285 281
Personnel extérieur	35 881

On peut mesurer l'incidence de ces corrections sur :

la valeur ajoutée produite :	
104 101 – 177 511 + 35 881 =	– 37 529
l'excédent brut d'exploitation :	
177 511 – 35 881 =	+ 141 630
le résultat d'exploitation	– 61 106
le résulat courant avant impôt	– 42 995
Au total, elles se compensent	0

3 – Capacité d'autofinancement

La procédure de calcul définie par le plan comptable demande à être aménagée pour intégrer quelques retraitements supplémentaires. Ce calcul nécessite la saisie de 10 autres cases de la liasse fiscale. La capacité d'autofinancement va d'abord être dégagée à partir de l'excédent brut d'exploitation, par la méthode soustractive. Ensuite, elle sera reconstituée par la méthode additive, en prenant le résultat comptable comme point de départ.

31 – *Calcul de la capacité d'autofinancement à partir de l'excédent brut d'exploitation*

L'objectif est de sérier les charges et les produits afin de ne retenir que ceux ayant donné lieu à un flux financier. La capacité d'autofinancement va résulter de la somme de quatre résultats diminuée de la participation des salariés aux résultats et de l'impôt sur les bénéfices. Le calcul va s'organiser autour du :

+ résultat d'exploitation encaissé égal à :
  + l'excédent brut d'exploitation,
  + les transferts de charges **(34)**
  – les dotations aux amortissements des actifs en crédit-bail **(11)**,
  + les autres produits,
  – les autres charges,

+ résultat des opérations faites en commun,

+ résultat financier encaissé égal à :
  + les produits financiers encaissés **(35)**,
  – les charges financières décaissées **(35)**,
  – les charges financières calculées sur les redevances de crédit- bail **(11)**,

+ résultat exceptionnel encaissé **(36)**,

311 – Transferts de charges d'exploitation **(34)**

Au moment du règlement d'une charge, l'information relative à son affectation comptable n'est pas toujours complète. Deux cas peuvent se présenter.

– Il s'agit en fait d'un montant qui ne doit pas figurer dans le compte de résultat, par exemple, d'un règlement effectué pour le compte d'un tiers ou d'une charge à répartir sur plusieurs exercices. En fin d'exercice, le reclassement au bilan est opéré en débitant soit le compte de tiers, soit le compte de charges à répartir sur plusieurs exercices par le crédit du compte de transfert de charges.

– On peut être certain qu'il s'agit bien d'une charge, sans encore connaître son caractère. Relève-t-elle des charges d'exploitation, des charges financières ou des charges exceptionnelles ? En conséquence, le plan comptable prévoit trois comptes de transfert pour opérer ultérieurement ces reclassements.

La présentation du compte de résultat dans le système de base et la liasse fiscale associe le compte 79 "Transferts de charges" au compte 78 "Reprises sur provisions et amortissements". Pour les isoler, il est nécessaire de retirer aux montants lus dans les cases FP, GM et HC du compte de résultat, respectivement, les reprises inscrites dans les cases UF, UH et UK du tableau des provisions inscrites au bilan. En ce qui concerne l'exploitation, la différence FP-UF mesure les transferts de charges d'exploitation.

Tableau 4
La capacité d'autofinancement à partir de l'excédent brut d'exploitation
Finabase SA - Exercice 1985

Total	Montant	Postes	Source		Renvoi
	-424 954	= Excédent brut d'exploitation..	SIG		
Résultat	1 279 728	+ Repr./ am.& prov., tr. de ch.	3-Résultat	FP	(34)
d'exploitation	-1 279 728	- Rep. sur provisions d'exploit.	7-Provisions	UF	(34)
encaissé	127 247	+ Autres produits	3-Résultat	FQ	
	-12 050	- Autres charges	3-Résultat	GE	
-370 863	-61 106	- Dot. amort. act. en CB (N)	Annexe	col. total	(11)
0	0	+ Résultat/opé. faites en com. ..	3-Résultat	GH-GI	
	112 426	+ Produits financiers................	3-Résultat	GP	(35)
Résultat	0	- Rep. sur provisions financ....	7-Provisions	UH	(35)
financier	-876 883	- Charges financières	3-Résultat	GU	(35)
encaissé	0	+ Dot. aux amort et prov. fin....	3-Résultat	GQ	(35)
	-104 101	- Redevances de crédit bail	4-Résultat	HP+HQ	(11)
-807 452	61 106	+ Dot. amort. act. en CB (N)	Annexe	col. total	(11)
	94 550	+ Produits exceptionnels	4-Résultat	HD	(36)
	-94 550	- Pro. des cessions d'él. d'actif.	4-Résultat	renvoi (7)	(36)
Résultat	0	- QP de subv. d'invest. virée	4-Résultat	renvoi (7)	(36)
exceptionnel	0	- Reprises sur prov. except. ...	7-Provisions	UK	(36)
encaissé	-105 536	- Ch. except. / opé. de gestion ..	4-Résultat	HE	(36)
	-53 458	- Ch. except. / opé. en capital ..	4-Résultat	HF	(36)
-105 536	53 458	+ Val. cptable él. d'actif cédés ..	4-Résultat	renvoi (7)	(36)
	0	- Participation des salariés	4-Résultat	HJ	
-4 650	-4 650	- Impôts sur les bénéfices	4-Résultat	HK	
-1 288 501	'= CAF				

312 – Dotations aux amortissements des actifs en crédit-bail **(11)**

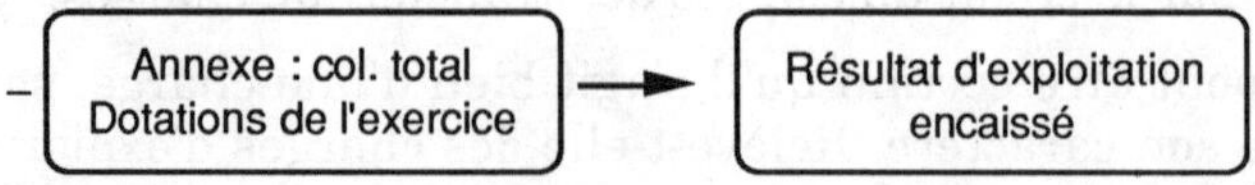

Les dotations aux amortissements des actifs en crédit-bail représentent une part des redevances versées. A la différence des autres dotations aux amortissements, elles ont représenté un débours.

313 – Produits financiers encaissés et charges financières décaissées **(35)**

Les produits financiers diminués du montant des reprises sur provisions sont représentés par la différence entre les cases GP et UH. Les charges financières ayant donné lieu à un déboursement sont calculées en retirant les dotations financières aux amortissements et aux provisions (case GQ) du total des charges financières (case GU).

314 – Charges financières calculées sur les redevances de crédit-bail **(11)**

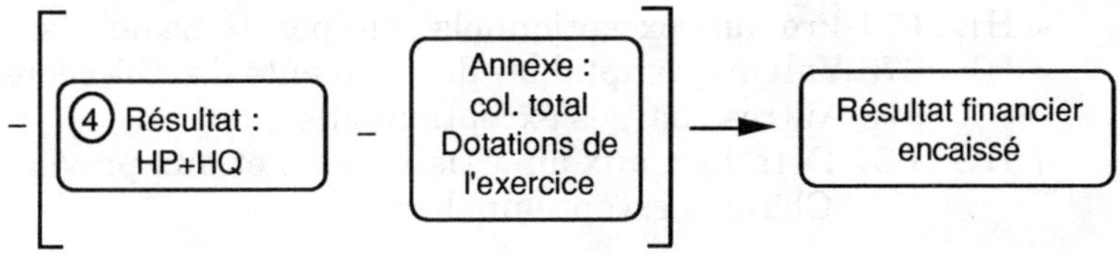

Ces charges financières supplémentaires correspondent à l'intérêt de l'emprunt implicite qui finance les actifs en crédit-bail.

315 – Résultat exceptionnel encaissé **(36)**

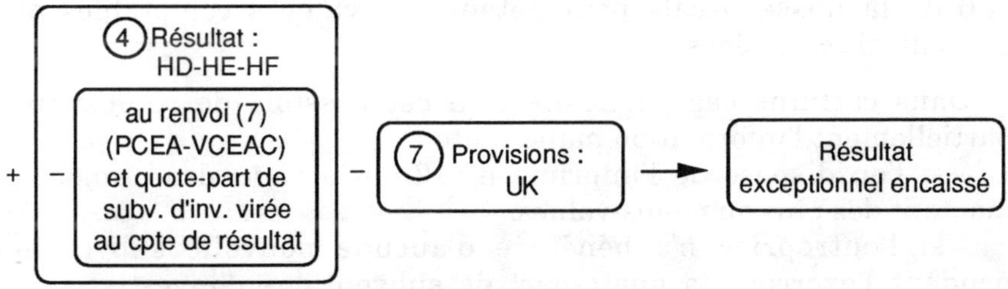

Le résultat exceptionnel encaissé résulte de la différence entre :

+ les produits exceptionnels encaissés, ceux qui figurent dans les comptes :

 77-Produits exceptionnels,

  à l'exclusion des comptes :

  775-Produits de cessions d'éléments d'actif (PCEA),

  777-Quote part des subventions d'investissement virée au compte de résultat.

 797-Transferts de charges exceptionnelles ;

– les charges exceptionnelles encaissées inscrites dans les comptes :

67-Charges exceptionnelles,
sauf le compte 675-Valeurs comptables des éléments d'actif cédés (VCEAC).

La correspondance entre la liasse fiscale et les comptes du plan comptable se présente ainsi :

+ HD : Produits exceptionnels =
+ HA : 771-Produits exceptionnels sur opérations de gestion,
+ HB : 775-Produits de cessions d'éléments d'actifs,
777-Quote part des subventions d'investissement virée au compte de résultat,
778-Autres produits exceptionnels,
+ HC : 787-Reprises sur provisions,
797-Transferts de charges exceptionnelles,

+ HH : Charges exceptionnelles =
+ HE : 671-Produits exceptionnels sur opérations de gestion,
+ HF : 675-Valeurs comptables des éléments d'actifs cédés,
678-Autres charges exceptionnelles,
+ HG : 687-Dotations aux amortissements et aux provisions - Charges exceptionnelles.

Les transferts de charges sont évalués par la différence HC-UK. Le renvoi (7), au pied du compte de résultat, doit, en principe, permettre de réaliser l'exclusion des comptes 775, 777 et 675.

L'observation d'un grand nombre de liasses montre que le renvoi (7) du compte de résultat est souvent vide ou incomplet. La Centrale de Bilans de la Banque de France recourt aux tableaux 5 et 6 de la liasse fiscale pour obtenir les valeurs comptables des éléments d'actifs cédés.

Dans certains cas particuliers, il est possible de reconstituer partiellement l'information manquante :

– si l'on dispose de l'imprimé n° 12, on obtient directement le montant des plus ou moins-values.

– si l'entreprise n'a bénéficié d'aucune nouvelle subvention pendant l'exercice, la quote-part de subventions d'investissement virée au compte de résultat peut être appréhendée en réalisant la différence des cases DJ au passif de deux bilans successifs.

32 – Calcul de la capacité d'autofinancement à partir du résultat comptable

Moins explicite quant à la formation de la capacité d'autofinancement, ce procédé est d'une exécution plus rapide puisqu'il revient à ajouter au résultat comptable les charges non décaissées et à lui retrancher les produits non encaissés.

321 – Dotations aux amortissements et aux provisions nettes des reprises **(37)**

Les dotations représentent des charges non décaissées.

Le total des dotations peut être obtenu en calculant GA+GB+GC + GD+GQ+HG ou, plus rapidement, en posant ØP+SM+SP+UB à partir des tableaux des amortissements et des provisions. La somme des reprises figure dans la case UC du tableau des provisions.

Tableau 5
La capacité d'autofinancement à partir du résultat comptable
Finabase SA - Exercice 1985

Montant	Postes	Source		Renvoi
-418 407	= Résultat comptable	SIG		
268 516	+ Dot. aux amortissements.	6-Amortiss.	ØP+SM+SP	(37)
182 210	+ Dotations aux provisions	7-Provisions	UB	(37)
-1 279 728	- Reprises sur provisions	7-Provisions	UC	(37)
-94 550	- Pro. des cessions d'él. d'actif	4-Résultat	renvoi (7)	(38)
53 458	+ Val. cptable él. d'actif cédés ..	4-Résultat	renvoi (7)	(38)
0	- QP de subv. d'invest. virée ...	4-Résultat	renvoi (7)	(38)
-1 288 501	= CAF			

322 – Plus-value et quote-part des subventions d'investissement virée au compte de résultat **(38)**

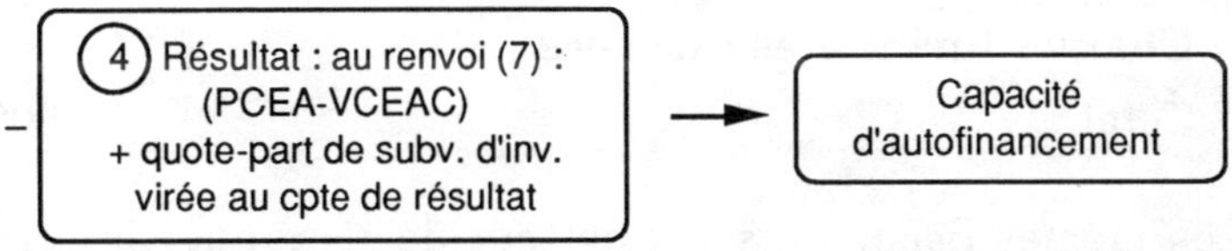

En principe ces deux éléments exceptionnels figurent dans le renvoi (7) du compte de résultat. Ils correspondent à des produits non encaissés.

215 – Application a la société Finabase SA

1) Le calcul de la capacité d'autofinancement à partir de l'excédent brut d'exploitation entraîne quatre retraitements :

(34) Du compte de résultat et du tableau des provisions on tire :

Reprises sur amort. et provisions, transfe tranferts de charges	1 279 728
Reprises sur provisions	– 1 279 728
Transfert de charges d'exploitation	0

(11) Du compte de résultat et de l'annexe relative au crédit-bail on tire :

Montant des redevances de crédit-bail	104 101
Dotations aux amortissements de l'exercice	61 106

Les charges financières calculées s'élèvent donc à :

104 101 – 61 106 =	42 995

Le résultat d'exploitation encaissé s'obtient en totalisant :

Excédent brut d'exploitation	424 954
Transfert de charges d'exploitation	0
Autres produits	127 247
Autres charges	– 12 050
Dotations aux amortissement des actifs en crédit-bail	– 61 106
Total	370 863

(35) Du compte de résultat et du tableau des provisions on extrait :

Produits financiers	112 426
Charges financières	– 876 883
Dotations financières aux amort. et aux provisions	0
Reprises sur provisions financières	0
Total	– 764 457

Le résultat financier encaissé se calcule en posant :

Total (35)	– 764 457
Charges financières calculées	– 42 995
Total	– 807 452

(36) Les mêmes documents permettent de regrouper les éléments exceptionnels :

Total des produits exceptionnels	94 550
Charges exceptionnelles sur opérations de gestion	– 105 536
Charges exceptionnelles sur opérations en capital	– 53 458
Produits de cessions d'éléments d'actifs	– 94 550
Valeurs comptables des éléments d'actifs cédés	53 458
Résultat exceptionnel encaissé	– 105 536

En déduisant le montant de l'impôt sur les bénéfices de la somme des résultats précédents on obtient la capacité d'autofinancement :

Résultat d'exploitation encaissé	– 370 863
Résultat financier encaissé	– 807 452
Résultat exceptionnel encaissé	– 105 536
Impôt sur les bénéfices	– 4 650
Total	– 1 288 501

2) Le calcul de la capacité d'autofinancement à partir du résultat comptable n'exige que deux retraitements :

(37) Des tableaux des amortissements des provisions il vient :

Dotations aux amortissements de l'exercice	268 516
Dotations aux provisions de l'exercice	182 210
Reprises de provisions	– 1 279 728
Total	– 829 002

On constate que les ventes de marchandises en stocks ont entraîné de très importantes reprises de provisions.

(38) Le renvoi (7) indique :

Produits de cessions d'éléments d'actifs	– 94 550
Valeurs comptables des éléments d'actifs cédés	53 458
Total	– 41 092

La plus-value réalisée sur les ventes d'immobilisations représente un produit non encaissé.

La capacité d'autofinancement résulte de la somme de trois éléments :

Résultat comptable	– 418 407
Dotations aux amort. et aux prov. nettes des reprises	– 829 002
Plus-value et quote-part des subv. d'inv. virée	– 41 092
Total	– 1 288 501

4 – Agrégats de la Centrale de Bilans de la Banque de France

Si la méthode des scores élaborée par la Centrale de Bilans de la Banque de France est relativement bien connue, les concepts de référence et les modalités de calcul préparant à son emploi le sont moins. Il est pourtant essentiel d'adopter des options méthodologiques cohérentes pour que les résultats obtenus conservent leur signification. Il importe également d'apporter à la mise en œuvre de cette méthode le même degré de précision que celui qui a prévalu lors de sa conception.

L'orientation adoptée par la Centrale de Bilans se veut plus économique que juridique ou patrimoniale. Le souci d'évaluer la performance de l'entreprise dans la combinaison des facteurs d'activité, capital et travail, la recherche d'indicateurs exprimant des réalités sectorielles, transparaissent dans différents agrégats.

En se démarquant de l'approche comptable, la Centrale de Bilans ne privilégie pas pour autant les critères financiers. Son approche fonctionnelle ne reprend pas les notions habituelles d'exigibilité et de liquidité. Néanmoins, l'indicateur synthétique de vulnérabilité représente un instrument reconnu du diagnostic financier.

Les agrégats nécessaires au calcul des ratios de la fonction score sont définis à partir des rubriques de la liasse fiscale. La Centrale de Bilans emploie aussi la plupart de ces agrégats pour analyser les performances et l'équilibre financier des entreprises.

La présentation des informations utilisées va comporter une actualisation des références de note d'information de 1985. Les renvois seront associés aux numéros affectés par la Centrale de Bilans aux agrégats. Elle s'ordonne autour des masses financières du bilan, des soldes extraits du compte de résultat et des éléments du tableau de financement. En annexe, la méthode que la Centrale de Bilans applique au crédit-bail sera développée sur le cas de la société Finabase SA.

41 – Agrégats du bilan

1) Stocks (Agrégat n° 17)

(1) Bilan-Actif : BL+BT

Dans la perspective du tableau de financement, les stocks, comme tous les autres éléments d'actif, sont comptés en valeur brute. Ils ne concernent que les approvisionnements en matières premières et marchandises.

2) Besoin en fonds de roulement d'exploitation CDB (Agrégat n° 2')

= Agrégat n° 17 : Stocks

\+ (1) Bilan-Actif : BN+BP+BR+BV+BX+CH

– (2) Bilan-Passif : DW+DX+EB

\+ (8) Etat des échéances des créances et dettes : UY+UZ+VB+VN–8C–8D–VW–VX–8H

\+ (11) Renseignements divers : YS

Remarque : La mention CDB (Centrale de bilans) est destinée à éviter une confusion avec d'autres définitions du besoin en fonds de roulement d'exploitation.

Ce besoin est évalué par la différence entre :
– les emplois composés des stocks (de BL à BT), de créances-clients (BX+YS) et d'autres créances d'exploitation (BV+UY+UZ+VB +VN+CH) et,
– les ressources provenant des fournisseurs (DX) et d'autres créanciers d'exploitation (DW+8C+8D+VW+VX+8H+EB).

Les reclassements sont orientés par l'approche fonctionnelle. En effet, les dettes et créances à plus d'un an n'ont pas été exclues du besoin en fonds de roulement, les obligations cautionnées (VX) n'ont pas été reportées dans les ressources de trésorerie.

Les charges et les produits constatés d'avances (CH et EB) ne sont pas considérés comme des non valeurs. Ces deux postes figurent dans les autres créances ou dettes d'exploitation.

Dans la note d'information de 1985, la provision pour congés payés apparaît en déduction du total précédent. Dans la mesure où la pratique comptable actuelle inscrit cette provision dans les dettes à l'égard du personnel (8C), cette correction ne s'impose plus.

3) Capital d'exploitation (Agrégat n° 3)

=	(5) Immobilisations : NH
+	Annexe : Valeur d'origine des actifs en crédit-bail
+	Agrégat n° 2' : Besoin en fonds de roulement d'exploitation (CDB)

Encore dénommé *capital économique* par la Centrale de Bilans, le capital d'exploitation comprend deux ensembles de moyens :
– l'*équipement productif* constitué des immobilisations corporelles brutes (NH et les actifs en crédit-bail),
– les capitaux immobilisés dans le cycle d'exploitation, le besoin en fonds de roulement d'exploitation.

Déterminée à la fois par l'intensité capitalistique et les paramètres du cycle d'exploitation, cette grandeur est fortement influencée par le secteur d'activité considéré. Rapportée à la valeur ajoutée, elle donne le coefficient de capital, c'est-à-dire, le montant de l'investissement nécessaire à l'obtention d'un franc de valeur ajoutée. Par ailleurs, le ratio EBE/capital économique est un point-clé de la Centrale de Bilans lorsqu'il s'agit d' évaluer l'aptitude de l'entreprise à faire valoir ce capital.

4) Capitaux investis (Agrégat n° 4)

=	(1) Bilan-Actif : BJ+CD+CL+CN–AC–AE
+	Annexe : Valeur d'origine des actifs en crédit-bail
+	Agrégat n° 2' : Besoin en fonds de roulement d'exploitation (CDB)

Ces capitaux comprennent :
– le capital d'exploitation,
– les autres immobilisations en valeur brute, sauf pour les frais d'établissement et de recherche et développement dont les amortissements (AC + AE) sont déduits,
– un emploi de trésorerie : les valeurs mobilières de placement (CD),
– deux non-valeurs : les charges à répartir sur plusieurs exercices et les écarts de conversion-actif (CL et CN).

Dans leur ensemble, ils représentent tous les emplois de fonds réalisés, à l'exclusion des disponibilités de l'entreprise.

5) Découvert-clients (Agrégat n° 7)

=	(1) Bilan-Actif : BN+BP+BX
–	(2) Bilan-Passif : DW
+	(11) Renseignements divers : YS

Les créances-clients (BX) sont considérées en valeur brute sans distinction d'échéance. La préoccupation n'est pas ici d'évaluer le flux de liquidités à court terme que ces créances peuvent générer. Il s'agit plutôt de mesurer l'encours de créances engendré par l'activité. Leur ajouter les encours de production (BN+BP) et leur retrancher les acomptes versés (DW) permet de s'adapter au cas d'entreprises industrielles dont les cycles d'activité sont importants.

Par ailleurs, comme dans le bilan financier, les effets escomptés non échus (YS) sont réintégrés dans ces créances.

6) Financement propre (Agrégat n° 13')

=	(2) Bilan-Passif : DL+DR+ED
–	(1) Bilan-Actif : AA
+	(6) Amortissements = PH+QX
+	(7) Provisions : UA
+	Annexe : Amortissement des actifs en crédit-bail

En accord avec le bilan financier, les écarts de conversion-actif (ED) se classent dans les ressources propres. Par contre, le capital souscrit non appelé (AA) n'est pas classé dans les immobilisations financières ; traité comme une non valeur, il est retiré des capitaux propres (DL).

L'ensemble des provisions pour risques et charges (DR) s'intègre aux ressources propres. Aucune échéance à moins d'un an ne semble concerner ces risques et charges. Le cas échéant, les provisions pour charges fiscales et sociales sur congés à payer doivent en être exclues. Elles représentent plutôt des dettes provisionnées à inscrire dans le besoin en fonds de roulement d'exploitation.

Les amortissements (PH + QX + ceux des actifs en crédit-bail) et les provisions pour dépréciation (UA) s'ajoutent à ces ressources pour former une grandeur comparable aux masses de l'actif évaluées en termes bruts.

Tableau 6
Les agrégats de la Centrale des Bilans de la Banque de France
Finabase SA - Exercice 1985

n°	Agrégat	Montant	Postes	Source	
1	12°) Achats	29 133 527	= Achats de marchandises	4-Résultat	FS
	HT	306 787	+ Achats de matières prem.	4-Résultat	FU
	29 440 314	0	+ Sous traitance	11- Rens. divers	YT
1'	13°)Ach.TTC	29 440 314	= Achats HT	Agrégat	n°1
	34 322 960	4 882 646	+ TVA déductible sur charges ...	11- Rens. divers	YZ
2	19°)	-424 954	= Excédent brut d'expl. (CDB)	Agrégat	n°15
		0	+ Transferts de charges	3 et 7	FP-UC
		127 247	+ Autres produits	3-Résultat	FQ
	Capacité	-12 050	- Autres charges	3-Résultat	GE
	d'autofinan-	112 426	+ Produits financiers	3-Résultat	GP
	-cement	-876 883	- Charges fin. décaissées	3-Résultat	GU-GQ
		-104 101	- Redevances de crédit bail	4-Résultat	HP+HQ
		0	+ Prod. excep. hors opé. en cap.	4-Résultat	HD-HB
		-158 994	- Ch. excep./opé. de gest. & cap	4-Résultat	HE+HF
		53 460	+ Val. cptable él. d'actif cédés ..	5 et 6	ØK-2E-ØQ
	-1 288 499	-4 650	- Impôts sur les bénéfices	4-Résultat	HK
2'	2°)	12 501 260	= Stocks	1-Bilan-Actif	de BL à BT
		0	+ Av. et ac. versés sur com.	1-Bilan-Actif	BV
		6 304 851	+ Clients & comptes rattachés .	1-Bilan-Actif	BX
		623 794	+ Effets escomptés non échus ..	11-Rens. divers	YS
		0	+ Personnel et comptes ratt. ...	8-Cré. & dettes	UY
		0	+ Séc. soc. et autres org. soc. ...	8-Cré. & dettes	UZ
		548 655	+ Etat - TVA.	8-Cré. & dettes	VB
	BFRE	0	+ Etat - Autres impôts, taxes ..	8-Cré. & dettes	VN
	(CDB)	60 138	+ Charges constatées d'avance..	1-Bilan-Actif	CH
		0	- Av.& ac. reçus/com. en cours	2-Bilan-Passif	DW
		-9 939 242	- Dettes fourn. & cptes rat.	2-Bilan-Passif	DX
		-734 249	- Personnel et comptes rat.......	8-Cré. & dettes	8C
		-325 776	- Séc. soc. et autres org. soc.....	8-Cré. & dettes	8D
		-548 421	- Etat - TVA.	8-Cré. & dettes	VW
		-500 111	- Etat-Obligations cautionnées	8-Cré. & dettes	VX
		-5 203	- Etat - Autres impôts, taxes ..	8-Cré. & dettes	8H
	7 985 696	0	- Produits constatés d'avance ..	2-Bilan-Passif	EB
3	3°) Capital	4 314 749	= Immo. corporelles d'expl.	5-Immo.	NH
	d'exploitation	305 530	+ Val. d'or. des actifs en C.B. ...	Annexe	Col. tot.
	12 605 975	7 985 696	+ BFRE (CDB)	Agrégat	n°2'

Tableau 6 (suite)
Les agrégats de la Centrale des Bilans de la Banque de France
Finabase SA - Exercice 1985

n°	Agrégat	Montant	Postes	Source	
4	4°)	4 704 892	= Total de l'actif immobilisé	1-Bilan-Actif	BJ
		0	- Am. des frais d'étab.,de R & D	1-Bilan-Actif	AC+AE
	Capitaux	305 530	+ Val. d'or. des actifs en C.B.	Annexe	Col. tot.
	investis	0	+ Valeurs mobilières de plac....	1-Bilan-Actif	CD
		0	+ Ch. à répartir sur plus. ex....	1-Bilan-Actif	CL
		0	+ Ecarts de conversion-Actif....	1-Bilan-Actif	CN
	12 996 118	7 985 696	+ BFRE (CDB)	Agrégat	n°2'
5	11°) CA HT	42 198 895	= Chiffres d'affaires nets	4-Résultat	FL
6	8°) Concours	2 505 646	= Concours bancaires courants	2-Bilan-Passif	EH
	3 129 440	623 794	+ Effets escomptés non échus ..	11-Rens. divers	YS
7	5°)	0	= Encours de prod. de biens	1-Bilan-Actif	BN
	Découvert	4 126	+ Encours de prod. de services	1-Bilan-Actif	BP
	clients	6 304 851	+ Clients & comptes rattachés..	1-Bilan-Actif	BX
		623 794	+ Effets escomptés non échus ..	11-Rens. divers	YS
	6 932 771	0	- Av.& ac. reçus/com. en cours	2-Bilan-Passif	DW
8	10°)Dettes co	9 939 242	- Dettes fourn. & cptes rat.	2-Bilan-Passif	DX
9	7°)	0	= Emprunts obligataires conv...	2-Bilan-Passif	DS
		0	+ Autres emp. obligataires	2-Bilan-Passif	DT
		0	- Primes de remb. nettes	1-Bilan-Actif	CM
	Endette-	0	+ Autres fonds propres	2-Bilan-Passif	DO
	ment	2 908 956	+ Emp. et dettes / étab. de créd.	2-Bilan-Passif	DU
	global	0	+ Emprunts et dettes divers	2-Bilan-Passif	DV
		1 671 903	+ Groupe et associés	8-Cré. & dettes	VI
		305 530	+ Val. d'or. des actifs en C.B.	Annexe	Col. tot.
		-178 967	- Am. des immo. en crédit-bail	Annexe	
	5 331 216	623 794	+ Effets escomptés non échus ..	11-Rens. divers	YS
10	14°)Frais fi.	876 883	- Intérêts et charges ass.	3-Résultat	GR
11	21°) Invest.	0	= Autres immo. incorporelles ..	5-Immo.	KF
	"physiques"	517 230	+ Immobilisations corporelles .	5-Immo.	LP
		0	- Virement d'immo. en cours ...	5-Immo.	MY+NC
	517 230	0	+ Nouveaux engagements de CB	Annexe	
12	15°)	42 198 895	= Chiffres d'affaires nets	4-Résultat	FL
	Production	-2 240	+ Production stockée	3-Résultat	FM
	HT (CDB)	0	+ Production immobilisée	3-Résultat	FN
	42 196 655	0	+ Subventions d'exploitation	3-Résultat	FO
13	16°)Pro.TTC	42 196 655	= Production HT	Agrégat	n°12
	49 312 626	7 115 971	+ TVA collectée	11-Rens. divers	YY

Tableau 6 (fin)
Les agrégats de la Centrale des Bilans de la Banque de France
Finabase SA - Exercice 1985

n°	Agrégat	Montant	Postes	Source	
13'	6°) Financement propre 8 109 419	3 278 824	= Capitaux propres	2-Bilan-Passif	DL
		0	- Capital souscrit non appelé ..	1-Bilan-Actif	AA
		159 098	+ Provisions / risques et ch. ...	2-Bilan-Passif	DR
		0	+ Am. des autres immo. incorp.	6-Amortiss.	PH
		3 150 980	+ Am. des immo. corporelles ...	6-Amortiss.	QX
		178 967	+ Am. des immo. en crédit-bail	Annexe	
		1 341 550	+ Prov. / dépréciation d'actif...	7-Provisions	UA
		0	+ Ecarts de conversion-passif .	2-Bilan-Passif	ED
14	9°) Financement stable 16 570 075	8 109 419	= Financement propre	Agrégat	n°13'
		5 331 216	+ Endettement global	Agrégat	n°9
		3 129 440	- Concours bancaires de trés. ..	Agrégat	n°6
15	18°) Excédent brut d'exploitation (CDB) -424 954	6 896 208	= Valeur ajoutée (CDB)	Agrégat	n°18
		-5 633 813	- Salaires et traitements	3-Résultat	FY
		-1 651 468	- Charges sociales	3-Résultat	FZ
		-35 881	- Personnel extérieur à l'entr.	11-Rens. divers	YU
		0	- Participation des salariés	4-Résultat	HJ
16	20°) CAF nette -422 099	-1 288 499	= CAF	Agrégat	n°2
		1 134 916	- Δ Provisions / dépréciation...	7-Provisions	TY-TZ
		-268 516	- Dot. aux am. / immo.	6-Amortiss.	ØP
		0	- Dot. aux am. / charges à rép.	6-Amortiss.	SM
		0	- Dot. aux am. / primes remb.	6-Amortiss.	SP
17	1°) Stocks	12 497 134	- Stocks appr. & marchandises	1-Bilan-Actif	BL+BT
18	17°) Valeur ajoutée aux coûts des facteurs 6 896 208	42 196 655	= Production HT	Agrégat	n°12
		-29 133 527	- Achats de marchandises	3-Résultat	FS
		-2 702 031	- Var. de stocks (march.)	3-Résultat	FT
		-306 787	- Achats de mat. premières	3-Résultat	FU
		-1 550	- Var. de stocks(mat & appro.)	3-Résultat	FV
		-2 949 320	- Autres achats et charges ext.	3-Résultat	FW
		-347 214	- Autres impôts, taxes	3-Résultat	FX
		104 101	+ Redevances de crédit bail	4-Résultat	HP+HQ
		35 881	+ Personnel extérieur à l'entr.	11-Rens. divers	YU
19	8°) Autofin. -1 288 499	-1 288 499	= CAF	Agrégat	n°2
		0	- Dividendes	11-Aff. du rés.	ZE
20	23°) Revenus répartis 8 202 695	5 633 813	= Salaires et traitements	3-Résultat	FY
		1 651 468	+ Charges sociales	3-Résultat	FZ
		35 881	+ Personnel extérieur à l'entr.	11-Rens. divers	YU
		0	+ Participation des salariés	4-Résultat	HJ
		876 883	+ Intérêts et charges ass.	3-Résultat	GR
		4 650	+ Impôt sur les bénéfices	4-Résultat	HK
		0	+ Dividendes	11-Aff. du rés.	ZE

7) Endettement global (Agrégat n° 9)

= (2) Bilan-Passif : DO+DS+DT+DU+DV

– (1) Bilan-Actif : CM

\+ (8) Etat des échéances des créances et des dettes : VI

\+ (11) Renseignements divers : YS

\+ Annexe : Actifs en crédit-bail : valeur d'origine – amortissement

La définition que donne la Centrale de Bilans à l'endettement appelle quelques remarques.

– Tous les emprunts (DS, DT, DU et DV), même à moins d'un an, sont inclus.

– Les dettes à l'égard du groupe et des associés (VI) et les effets escomptés non échus (YS) sont considérés comme des moyens de financement supplémentaires.

– Les autres fonds propres (DO) restent ici des dettes. Le point de vue patrimonial semble l'avoir emporté.

– Les primes de remboursement d'obligations (CM) viennent en diminution des emprunts, alors qu'elles représentent manifestement une non valeur.

Le mode de calcul de la part non amortie du financement par crédit bail est présenté plus loin (p. 213).

8) Concours bancaires de trésorerie (Agrégat n°6)

= (2) Bilan-Passif : EH

\+ (11) Renseignements divers : YS

Les seules ressources financières à court terme isolées par la Centrale de Bilans comprennent des concours bancaires courants, et soldes créditeurs de banques et CCP qui figurent au pied du passif (EH) et les effets escomptés non échus (YS). Cette conception restrictive se retrouve à l'actif où les seuls emplois de trésorerie sont représentés par les disponibilités. Les valeurs mobilières de placement ou les créances représentatives de titres prêtés sont classés dans le besoin en fonds de roulement hors exploitation

9) Financement stable (Agrégat n° 14)

= Agrégat n° 13' : Financement propre

\+ Agrégat n° 9 : Endettement global

– Agrégat n° 6 : Concours bancaires de trésorerie

Les ressources stables donnent une mesure des capitaux permanents destinés à financer les *capitaux investis* (agrégat n° 4). La Centrale de Bilans appelle *capital engagé* l'ensemble des ressources propres et de l'endettement global. Comme ce dernier comprend les concours bancaires de trésorerie, ceux-ci doivent être soustraits du capital engagé pour obtenir le montant du financement stable.

10) Dettes commerciales (Agrégat n° 8)

= (2) Bilan-Passif : DX

Les dettes fournisseurs sont reprises en totalité sans distinction d'échéance.

42 – Soldes de gestion

11) Chiffre d'affaires hors taxes (Agrégat n° 5)

= (3) Résultat : FL

12) Achats HT (Agrégat n° 1)

= (3) Résultat : FS+FU

\+ (11) Renseignements divers : YT

Les achats hors taxes de marchandises (FS), de matières premières et autres approvisionnements (FU) sont majorés du montant de la sous-traitance (YT). Lors du calcul des scores, cet agrégat intervient dans l'évaluation de la rotation des stocks d'approvisionnements et des dettes commerciales. Il apparaît donc opportun d'y inclure les achats de sous-traitance.

13) Achats TTC (Agrégat n° 1')

= Agrégat n° 1 : Achats HT

\+ (11) Renseignements divers : YZ

La TVA déductible sur charges (YZ) reprend le solde du compte 44566, c'est-à-dire, la TVA sur les autres biens et services, diminuée de la TVA sur les rabais, remises, ristournes hors facture, obtenus des fournisseurs durant l'exercice. Ajouter ce montant aux achats hors taxes et à la sous-traitance permet d'éliminer une difficulté pratique : reconstituer les achats TTC lorsque plusieurs taux de TVA s'appliquent aux activités de l'entreprise. Cependant, la majoration ainsi opérée risque d'inclure à tort dans les achats TTC de marchandises et de matières premières la TVA relative aux autres achats et charges externes (déduction faite de la sous-traitance). Dans un contexte industriel cette approximation est admissible.

14) Frais financiers (Agrégat n° 10)

= (3) Résultat : GR

Ces frais ne recouvrent qu'une partie des agios : les intérêts et les charges assimilées. L'autre partie, les commissions et les frais bancaires, est traitée par le plan comptable comme le prix de services bancaires. A ce titre, elle figure dans les autres charges et services externes.

15) Production hors taxes (CDB) (Agrégat n° 12)

= (3) Résultat : FL+FM+FN+FO

La Centrale de Bilans ajoute les subventions d'exploitation (FO) au solde intermédiaire de gestion (FL + FM + FN) défini par le Plan comptable. Ces subventions peuvent être assimilées à un complément du prix de vente dans la mesure où elles sont destinées à compenser l'insuffisance des produits d'exploitation ou le poids excessif de certaines charges d'exploitation.

Remarque : la mention CDB (Centrale de Bilans) évite une confusion avec le solde intermédiaire de gestion de même nom.

16) Production TTC (Agrégat n° 13)

= Agrégat n° 12 : Production HT (CDB)

\+ (11) Renseignements divers : YY

Le recours à la case YY permet d'obtenir directement le montant de la TVA collectée sur les ventes.

17) Valeur ajoutée aux coûts des facteurs (Agrégat n° 18)

= Agrégat n° 12 : Production HT (CDB)

– (3) Résultat : FS+FT+FU+FV+FW+FX–HP–HQ

\+ (11) Renseignements divers : YU

Les consommations intermédiaires (FS+FT+FU+FV+FW) et les impôts, taxes et versements assimilés sont diminués du montant relatif au personnel extérieur (YU) et des redevances de crédit-bail (HP+HQ). Les impôts, taxes et versements assimilés sont analysés comme des majorations de prix d'achat.

Les subventions d'exploitation figurant déjà dans la production HT, la relation entre le concept économique et la définition comptable s'écrit :

Valeur ajoutée produite
\+ Subventions d'exploitation
– Impôts, taxes et versements assimilés
= Valeur ajoutée aux coûts des facteurs.

La valeur ajoutée est un indicateur privilégié par la Centrale de Bilans :
– son taux de variation mesure le rythme de croissance des entreprises et figure parmi les ratios de la fonction score ;
– en exprimant le poids économique des entreprises, elle représente aussi un critère de classification selon la taille ;
– elle se prête à un calcul de la performance :
- globale des facteurs tirée du ratio : Valeur Ajoutée/Production HT (CDB),
- du facteur travail avec le rapport : Valeur ajoutée/Effectif moyen,
- du facteur capital liée au taux : Valeur ajoutée/Equipement productif moyen.

18) Excédent brut d'exploitation (CDB) (Agrégat n° 15)

=	Agrégat n° 18 : Valeur ajoutée aux coûts des facteurs
–	(3) Résultat : FY+FZ
–	(4) Résultat : HJ
–	(11) Renseignements divers : YU

L'excédent brut d'exploitation calculé par la Centrale de Bilans possède une signification identique à celle du solde intermédiaire de gestion de même nom : il représente le solde financier des opérations d'exploitation.

Les frais de personnel extérieur (YU) qui avaient été retirés des consommations externes viennent s'ajouter aux charges de personnel (FY + FZ). La seule différence par rapport à l'excédent brut d'exploitation du Plan comptable tient au fait que la Centrale de Bilans interprète la participation des salariés comme un supplément de charges personnel. De la sorte la rémunération globale du facteur travail est prélevée sur la valeur ajoutée.

Dans le cas où les dotations aux provisions pour risques et charges comprendraient des dotations relatives aux provisions pour charges sociales et fiscales sur congés à payer, la Centrale de Bilans prévoit de soustraire la variation de ces dernières.

42 – Eléments du tableau de financement

19) Capacité d'autofinancement (Agrégat n° 2)

=	Agrégat n° 15 : Excédent brut d'exploitation (CDB)
+	(3) Résultat : FP+FQ–GE+GP–(GU–GQ)
+	(4) Résultat : HD–HB–HE–HF–HK–HP–HQ
+	(5) Immobilisations : ∅K-2E
–	(6) Amortissements : ∅Q
–	(7) Provisions : UC

La procédure adoptée par la Centrale de Bilans s'apparente de très près à la présentation donnée dans le paragraphe 3. On retrouve :

– les tranferts de charges, isolés par l'opération FP-UC,

– les autres produits diminués des autres charges : FQ-GE,

– les redevances de crédit-bail : HP+HQ,

– les produits (GP) et les charges financières (GU) desquelles sont retirées les dotations financières aux amortissements et aux provisions (GQ).

Par contre, pour les éléments exceptionnels, la Centrale de Bilans semble ne pas s'en remettre aux précisions du renvoi (7) figurant au pied du compte de résultat.

– Aux produits exceptionnels (HD) sont retirés tous les produits exceptionnels sur opérations en capital (HB). Cela revient à soustraire les produits de cessions d'éléments d'actif et la quote-part des suventions d'investissement virée au compte de résultat, mais aussi à ôter par excès les autres produits exceptionnels.

– Les valeurs comptables des éléments d'actif cédés sont évaluées au moyen de l'opération :

ØK : valeur brute des immobilisations cédées à des tiers ou mises hors service.

– 2E : cessions de prêts et autres immobilisations financières.

– ØQ : amortissements afférents aux éléments sortis de l'actif et reprises.

Le montant associé à la case 2E est analysé comme une réduction d'immobilisations financières destinée à apparaître en ressource dans le tableau de financement.

20) Capacité nette d'autofinancement (Agrégat n° 16)

= Agrégat n° 2 : Capacité d'autofinancement

– (3) Amortissements : Ø P+SM+SP

– (7) Provisions : TY–TZ

De la capacité d'autofinancement sont déduites les charges de maintien du potentiel de production, à savoir :

– les dotations aux amortissements des immobilisations (ØP), et celles concernant les charges à répartir sur plusieurs exercices (SM) et les primes de remboursement des obligations (SP),

– la variation des dotations aux provisions pour dépréciation (TY-TZ).

Cet agrégat exprime la capacité de l'entreprise à autofinancer sa croissance.

21) Investissements "physiques" (Agrégat n° 11)

= (5) Immobilisations : KF+LP–MY–NC

\+ Annexe : Nouveaux engagements de crédit-bail

Cet agrégat donne une mesure des acquisitions d'immobilisations incorporelles (KF) et corporelles (LP), déduction faite des virements d'immobilisations en cours (MY+NC). Les contrats de crédit bail souscrits pendant l'exercice représentent également un investissement en immobilisations.

22) Autofinancement (Agrégat n° 19)

= Agrégat n° 2 : CAF

– (11) Renseignements divers : ZE

L'autofinancement représente la part non distribuée de la capacité d'autofinancement. En considérant les dividendes mis en distribution au cours de l'exercice, la Centrale de Bilans se conforme à la présentation du tableau de financement du Plan comptable.

23) Revenus répartis (Agrégat n° 20)

= (3) Résultat : FY+FZ+GR

\+ (4) Résultat : HJ+HK

\+ (11) Renseignements divers : ZE+YU

La valeur ajoutée apporte une rémunération aux différents partenaires de l'entreprise. Les revenus répartis vont :

– au personnel sous la forme de :
  - salaires et traitements (FY),
  - charges sociales (FZ),
  - participation aux résultats (HJ),
  - paiement du personnel extérieur à l'entreprise (YU),

– à l'Etat qui perçoit l'impôt sur les bénéfices (HK),

– aux prêteurs pour le montant des intérêts (GR),

– aux détenteurs de capitaux propres qui encaissent les dividendes (ZE).

Les revenus non répartis forment l'autofinancement.

44 – Crédit-bail : application à la société Finabase SA

Les particularités de la méthode de retraitement de la Centrale de Bilans ont déjà été présentées (p. 173). Le coefficient k permet de réaliser tout à la fois le partage des redevances et de la valeur d'origine d'une façon peu différente de la pratique comptable.

Le calcul du coefficient k :

En consultant l'annexe relative au crédit-bail on peut poser :

Valeur au contrat ou valeur d'origine =	305 530
Valeur résiduelle =	4 743
Total des échéances = redevances payées + redevances restant à payer : 298 680 + 203 306 =	501 986
Montant de la redevance pris en charge dans l'exercice =	104 101

$$\text{Coefficient k} = \frac{\text{Valeur au contrat} - \text{Valeur résiduelle}}{\text{Total des échéances}} = \frac{305\,530 - 4\,743}{501\,986} = 0{,}599\,194 \approx 0{,}6$$

La décomposition des redevances de l'exercice :

Les redevances prises en charge pendant l'exercice se partagent ainsi :

Dotations aux amortissements	= Redevances	x k	
	104 101	x 0,6	= 62 641
Charges financières calculées	= Redevances	– Dotations	
	104 101	– 62 641	= 41 460

La dotation qui figure dans l'annexe est du même ordre de grandeur, elle se monte à 61 106 F. Elle a vraisemblablement été calculée pour une durée de vie de cinq ans, le contrat de crédit-bail devant porter sur le même nombre d'années. En effet :

$$\frac{\text{Valeur d'origine}}{\text{Durée de vie}} = \frac{\text{Valeur au contrat}}{\text{Durée du contrat}} = \frac{305\,530}{5} = 61\,106.$$

La décomposition de la valeur d'origine et de l'emprunt implicite :

Pour isoler la valeur nette comptable (ou le capital restant à rembourser) de l'amortissement (ou du capital remboursé), il suffit de poser :

Amortissement	= Redevances payées	x k	
	= 298 680	x 0,6	= 179 208
Valeur nette comptable	= Valeur au contrat	– Immobilisations amorties	
	= 501 986	– 179 208	= 322 778

La dissociation opérée par l'expert-comptable de Finabase SA est assez proche ; il a inscrit dans l'annexe un amortissement total de 174 336 F tandis que trois dotations de 61 106 F représentent 183 318 F. La différence tient à l'application de la règle prorata temporis pour un actif acquis au début de l'année 1983.

III - SYNTHÈSE ET CONCLUSIONS

La mise en place de la base de données financières peut être concue au moyen d'un support informatique. Une première opportunité est offerte par les tableurs, moyennant la saisie de plusieurs liasses successives sur un nombre limité de cases [1]. Une autre solution est offerte par les logiciels de gestion de bases de données dans lesquels les fichiers de données comptables peuvent être copiés.

La base de données financières reste ouverte à des modes d'exploitation différents. Les informations disponibles peuvent aussi bien être interprétées par un tenant de l'orthodoxie financière que dans la stricte observation des règles du plan comptable ou encore, en adoptant une démarche proche de l'analyse économique.

La présentation de la base de données financières est perfectible au-delà de la correction d'éventuelles erreurs ou omissions. Son adaptation à des finalités professionnelles exige quelques enrichissements.

Le contrôle de la cohérence et de la qualité de l'information initiale doivent être introduits dans un développement informatique.

Afin de l'orienter vers la construction du tableau de financement, quelques informations supplémentaires doivent être recherchées dans la liasse fiscale ou l'annexe :

– les acquisitions d'immobilisations et les réductions d'immobilisations financières dans l'imprimé n°5,

– l'augmentation des charges à répartir sur plusieurs exercices et des primes de remboursement des obligations dans l' imprimé n°6,

– le montant des emprunts souscrits et des dettes remboursées pendant l'exercice dans l'imprimé n° 8,

– les intérêts courus dans le détail des charges à payer rattachées aux postes du passif.

Pour préparer au développement complet de la méthodologie appliquée par la Centrale de Bilans de la Banque de France à ses adhérents, d'autres agrégats peuvent encore être constitués : la valeur ajoutée globale, l'excédent brut global, les réserves d'autofinancement, les produits et charges hors exploitation.

1. Le logiciel Finabase est distribué par la société Format "G", 83 rue Chanzy, Le Mans.

Dans le but de contribuer au rapport prévisonnel élaboré dans le cadre de la prévention des difficultés des entreprises, un développement complémentaire est à envisager. Il nécessite :

– l'introduction de données prévisionnelles,

– la mise en place d'une logique reflétant les liens entre les différents paramètres de gestion et les éléments soumis à une évolution dépendante des données prévisionnelles.

Dans la perspective d'un bilan de liquidation à usage des banques, d'autres paramètres d'évaluation doivent être insérés. On peut citer entre autres :

– l'introduction à l'actif des garanties apportées par les propriétaires de l'entreprise sur leurs biens propres (hypothèques ou nantissements),

– l'élimination des actifs en crédit-bail,

– le traitement des non-valeurs en fonction des valeurs vénales des différents éléments d'actif,

– la mise en évidence au passif de dettes spéciales (super-privilège des salariés).

IV - INDICATIONS BIBLIOGRAPHIQUES

[1] Albouy (Michel), 1983, "Un exemple d'analyse financière, le cas Merlin-Gérin", *Banque*, n° 424, janvier.
• Des états comptables à l'information financière : p. 42-43.
• Le regroupement des comptes : p. 43-44.

[2] Albouy (Michel), 1985, "Le cas Merlin-Gérin. Comment faire une analyse financière avec le nouveau plan comptable", *Banque*, n° 456, décembre.
• L'établissement du bilan financier : p. 1114-1115.

[3] Augustin (Gerald), Capelle (Michel), 1988, "Le bilan de liquidation, outil de gestion ?", *Analyse Financière*, n° 75, 4ème trimestre.
• Le retraitement de l'information : p. 54.

[4] Banque de France, 1985, *La détection précoce des difficultés d'entreprise par la méthode des scores,* Note d'information n° 65, septembre 1985, Paris.
• La détermination des agrégats nécessaires au calcul des ratios des fonctions scores à partir de la liasse fiscale 2050 et s. : p. 23-24.

[5] Banque de France. Centrale des bilans. 1988, *Méthode d'Analyse Financière*, Paris.
• La capacité d'autofinancement : p. 33-34.
• Intégration dans l'analyse des immobilisations financées par crédit-bail : p. 61-63.

[6] Charis (logiciel d'analyse financière), Distribué par Acaste, Paris.
• Le traitement des états n° 1, 2, 3, 4, 5 et 11 de plusieurs liasses fiscales.

[7] Bozo (Pierre-Jean), Sannie (A. Quentin), 1987, *Finance : Analyse et Prévisions,* Les Editions d'Organisation, Paris.
• Les redressements des données comptables et financières : p. 61-62 et 87-94.
• Les données historiques p. 142-149.
• Un logiciel d'analyse et de prévision sur plusieurs exercices à partir de 96 données historiques et 52 données prévisionnelles.

[8] Bret (Jacques), 1986, *Le diagnostic de l'entreprise avec Excel,* Cedic-Nathan, Paris.
• Les grilles de saisie et de contrôle : p. 21-38.
• Les retraitements : p. 53-56.
• Un logiciel d'analyse et de prévision sur plusieurs exercices à partir de toute la liasse fiscale.

[9] Brilmman (Jean), Maire (Claude), 1988, *Manuel dévaluation des entreprises,* Les Editions d'Organisation, Paris.
• Le calcul de l'actif net réévalué : p. 135-145.
• Les redressement des résultats et le calcul de la capacité bénéficiaire : p. 145-154.

[10] Grosse (Isabelle), 1988, "La finance, experte mais discrète. Problèmes économiques", n° 2087, 24 Août. (Science et Technologie, mai 1988).
• L'aide (des systèmes experts) au diagnostic : p. 30.

[11] Guyon (Christian), 1984, *Guide des tableaux de finacement,* Masson, Paris.
• Les retraitements : p. 30-43.
• Les reclassements : p. 43-45.

[12] Marion (Alain), 1988, "La place de l'investissement immatériel dans l'évaluation des entreprises", *Revue Française de Gestion,* janvier-février.
• La nécessaire évolution des techniques d'évaluation.

[13] Memento Pratique Francis Lefebvre - Comptable 1989, Editions Francis Lefebvre, Paris.

[14] Pilverdier-Latreyte (Josette), 1984, *Finance d'entreprise,* 2ème édition, Economica, Paris.
• La présentation financière du bilan : p. 67-75.

[15] Revue fiduciaire (La), Paris.
• La déclaration annuelle des résultats, n° 742, mars 1989.

[16] Revue fiduciaire (La), Paris.
• Le dépôt des comptes au greffe, n° 143, p. 10-11, juin 1989.

[17] Roy (Henri), 1988, Comptabilité financière et solutions informatiques, La Villeguérin Editions, Paris.
• Les reclassements au bilan : p. 66-68.
• Le traitement des flux d'exploitation : p. 102-108.

[18] Solution douce (La). Logiciel d'analyse financière. Rouen.

Cas n° 9

La société Laurent Drule et fils

Thèmes d'analyse :

- *Evaluation des scores.*
- *Confrontation des méthodes de scoring.*
- *Détection des difficultés d'entreprises.*

Outils et méthodes :

- *Bilan financier.*
- *Tableau des soldes intermédiaires de gestion.*
- *Tableau des agrégats de la Banque de France.*
- *Scores Z, Y1 et Y2 de la Centrale des Bilans de la Banque de France.*
- *Scores Z1 et Z2 d'Yves Collongues.*
- *Score Z de Conan et Holder.*
- *Score à un an du Crédit Commercial de France.*

Objectifs pédagogiques :

- *Organiser les calculs de différents scores.*
- *Interpréter les risques de défaillance.*
- *Approfondir la signification et le contenu des indicateurs de rentabilité et d'équilibre financier.*

Lectures recommandées :

Analyse financière :
- *Chapitre 11. Section 1.*

Exercice et cas :
- *Cas n° 8 (p. 135).*

L'édition des Echos de la Métallurgie, datée du 4 septembre 1989, titre sur le redressement judiciaire des Etablissements Roland Lemoût. Le visage d' Olivier Thomas, directeur général de la société Laurent Drule et fils, se crispe. Il vient d'apprendre la défaillance de son concurrent le plus direct. Insensible à la satisfaction que peut apporter une position quasi monopolistique acquise au prix d'une concurrence acharnée, il rassemble quelques souvenirs.

Le plan de restructuration, qu'il avait proposé en 1985 alors qu'il était encore directeur général adjoint des Etablissements Roland Lemoût, avait été brutalement rejeté. L'opposition venait du directeur technique, qui avait gagné, avec l'ancienneté, la confiance de M. Roland Lemoût. Jusqu'alors, le premier axe de développement de l'entreprise avait été la fabrication de tours automatiques destinés à l'industrie automobile. Ensuite, au gré des exigences de la clientèle, l'entreprise avait considérablement élargi sa gamme de biens d'équipement industriel sur la base d'une technologie traditionnelle. La position d'Olivier Thomas consistait à mettre un terme à une diversification désordonnée en recentrant la production sur les machines outils à commandes numériques. Il jugeait préférable d'opérer une spécialisation sur les produits les plus rentables en les offrant à une clientèle plus large, avec pour perspective stratégique le financement du développement ultérieur d'une activité de robotique. A court d'arguments, il avait mis en jeu sa démission que M. Roland Lemoût avait acceptée.

La même année, en accédant au poste de directeur général de la société Laurent Drule et fils, entreprise spécialisée dans la production de biens d'équipement, il obtenait la possibilité de mettre en œuvre son projet dans un nouveau cadre. Trois ans plus tard, la société qu'il dirigeait possédait un important savoir faire dans un métier principal, les tours automatiques à commandes numériques, et une avance technologique dans un domaine connexe, la transitique (le déplacement automatisé et régulé des pièces d'un stade de la fabrication à un autre).

Avec des options stratégiques différentes, les deux entreprises ont eu à supporter les contraintes inhérentes à leur secteur d'activité. Selon Olivier Thomas, les difficultés qui affectent le plus la gestion de ce type d'entreprise sont les suivantes.

– La fourniture de biens d'équipement à la commande entraîne des recherches préliminaires et des mises au point sur le lieu d'installation, ces opérations devant être effectuées par du personnel particu lièrement qualifié.

– La durée du cycle de production est importante, six mois en moyenne, mais jusqu'à un an et demi pour des équipements spéciaux.

– Les commandes passées par les clients les plus importants, les constructeurs automobiles, sont assorties de conditions de règlement généralement défavorables : parfois seulement 10 % à la commande, 75 % à la livraison et le solde à la fin de la période de mise au point, les

règlements s'effectuant à 90 jours fin de mois. Le rapport de force ne permet guère de négocier ces délais.

– La réponse aux pressions de la concurrence étrangère passe par des investissements en recherche et développement.

– La conjoncture parfois heurtée du secteur automobile n'assure pas un rythme régulier d'activité.

Pour faire face à ces contraintes, la marge de manœuvre des Etablissements Roland Lemoût était réduite. Olivier Thomas le savait bien. Cependant il ne pouvait s'attendre à une défaillance aussi soudaine. Les Echos de la Métallurgie n'avaient-ils pas souligné quelques mois plus tôt que la création d'une nouvelle unité de production en 1987 avait permis aux mêmes établissements d'enregistrer une augmentation de 39 % du chiffre d'affaires en 1988 ?

Ces considérations sont interrompues par une communication de M. Ricordeau, le principal fournisseur de matières premières de la société Laurent Drule. M. Ricordeau s'étonne que la SARCIC, une société assurant le recouvrement des créances industrielles et commerciales, demande un délai avant de garantir le règlement de la dernière créance qu'il détient sur la société Laurent Drule et fils, alors que pour ses autres clients l'encours habituel a été immédiatement reconduit. Toutefois M. Ricordeau ne remet pas en cause la solvabilité de la société Laurent Drule, il s'engage à honorer les prochaines livraisons.

Olivier Thomas a appris que le nouveau système expert mis en place à la SARCIC est extrêmement sélectif. Ce système introduit dans la base de faits des scores selon des méthodes différentes. Une entreprise peut être réputée vulnérable dès que l'un des scores donne un résultat défavorable. Les Etablissements Roland Lemoût avaient fait l'objet d'un tel classement en 1985. Olivier Thomas avait alors tiré toutes les conséquences de ce signal d'alerte.

La surprise causée par la défaillance des Etablissements Roland Lemoût fait maintenant place à l'anxiété. La société Laurent Drule et fils ne risque-t-elle pas connaître à son tour des difficultés analogues dans un proche avenir ?

Il lui semble impérieux de répondre à deux questions.

1) Le redressement judiciaire des Etablissements Roland Lemoût était-il prévisible en 1987 ou 1988 ?

2) Quelles sont, actuellement, les probabilités de défaillance ou de vulnérabilité de la société Laurent Drule et fils ?

Aussitôt, Olivier Thomas décide de rassembler les documents comptables des deux sociétés pour les deux derniers exercices (annexe 1) et de se documenter à propos des méthodes de crédit-scoring (annexe 2) et des critères de décision de la société d'assurance (annexe 3).

Annexe 1
Les données comptables et financières

Le traitement des liasses fiscales des exercices 1987 et 1988 ayant été réalisé selon la même méthode que celle présentée à propos du cas Finabase (p. 135), les informations utiles au calcul des scores figurent dans les trois tableaux suivants.

Tableau 1
Bilans financiers (en 1000 F)

		Laurent Drule & fils		Roland Lemoût	
		1987	1988	1987	1988
A	Immobilisations incorp.	414	510	105	126
C	Immobilisations corporelles...	18 786	29 508	9 303	11 418
T	Immobilisations financières....	650	670	525	720
I	Stocks	37 026	53 868	17 067	25 602
F	Clients	83 114	107 254	35 016	40 263
	Autres créances d'exploitation	2 158	4 850	5 436	2 037
N	Créances hors exploitation	270	362	309	372
E	Valeurs mob. de placement	3 194	818	6	6
T	Disponibilités	3 230	1 432	2 595	426
	Total	148 842	199 272	70 362	80 970
	Amortissements et provisions : total	18 104	25 868	7 713	9 009
P	Capitaux propres	59 514	62 346	8 649	3 207
A	Dettes à plus d'un an (*)	13 198	15 878	6 867	8 445
S	Fournisseurs	15 124	22 426	4 101	5 799
S	Autres dettes d'exploitation	47 852	59 608	22 152	23 091
I	Dettes hors exploitation	5 598	10 292	3 810	4 719
F	Dettes fin. à moins d'un an	7 556	28 722	24 783	35 709
	Total	148 842	199 272	70 362	80 970
	(*) dont : dettes bancaires	11 746	13 162	6 474	8 367
	+ BFR d'exploitation	59 322	83 938	31 266	39 012
	+ BFR hors exploitation	-5 328	-9 930	-3 501	-4 347
	+= BESOIN EN FONDS DE ROULEMENT	53 994	74 008	27 765	34 665
	+ Trésorerie	-1 132	-26 472	-22 182	-35 277
	= FONDS DE ROULEMENT NET	52 862	47 536	5 583	-612

Tableau 2
Soldes intermédiaires de gestion (en 1000 F)

	Laurent Drule & fils 1987	Laurent Drule & fils 1988	Roland Lemoût 1987	Roland Lemoût 1988
Production vendue	142 020	212 992	99 675	139 404
+ Production stockée	4 356	15 762	3 243	8 535
+ Production immobilisée	0	0	0	0
= PRODUCTION DE L'EXERCICE	146 376	228 754	102 918	147 939
+ Subventions d'exploitation	174	0	0	63
- Consommations externes	-75 172	-127 694	-53 841	-88 227
= VALEUR AJOUTEE	71 378	101 060	49 077	59 775
- Impôts et taxes et versements ass.	-1 092	-1 348	-1 278	-2 274
- Charges de personnel	-50 356	-67 984	-42 150	-53 496
= EXCEDENT BRUT D'EXPLOITATION	19 930	31 728	5 649	4 005
+ Reprises et transferts de charges	2 638	3 276	999	435
+ Autres produits	0	0	0	0
- Dotations aux amort. et aux prov.	-9 510	-11 040	-1 587	-2 286
- Autres charges	-84	-156	-36	-129
= RESULTAT D'EXPLOITATION	12 974	23 808	5 025	2 025
+ opé. en commun : bénéfice-perte	0	0	0	0
+ Produits financiers	1 148	508	75	39
- Charges financières (*)	-3 322	-6 350	-4 413	-8 832
= RESULTAT COURANT AVANT IMPOT	10 800	17 966	687	-6 768
+ Produits exceptionnels	6 292	5 582	1 773	2 205
- Charges exceptionnelles	-1 188	-696	-1 254	-1 008
= RESULTAT EXCEPTIONNEL	5 104	4 886	519	1 197
- Participation des salariés	-1 240	-2 146	-156	0
- Impôt sur les bénéfices	-5 572	-8 930	-489	0
= RESULTAT COMPTABLE	9 092	11 776	561	-5 571

Tableau 3
Agrégats de la Centrale de bilans de la Banque de France (en 1000 F)

n°	Agrégat	Année	Laurent Drule & fils 1987	Laurent Drule & fils 1988	Roland Lemoût 1987	Roland Lemoût 1988
1	Achats HT	N	61 580	90 604	38 070	54 261
1'	Achats TTC	N	74 498	114 160	45 150	64 353
		N-1	57 000	74 498	42 381	45 150
2	CAF	N	15 964	19 540	1 149	-4 280
		N-1	15 426	15 964	959	1 149
2'	BFRE (CDB)	N	62 426	87 130	35 979	43 725
3	Capital d'exploitation	N	96 212	139 314	48 282	59 439
		N-1	86 222	96 212	46 863	48 282
4	Capitaux investis	N	100 470	141 312	48 918	60 291
5	Chiffre d'affaires HT	N	142 020	212 992	99 675	139 404
		N-1	134 994	142 020	95 350	99 675
6	Conc. bancaires de trés.	N	6 178	28 722	24 729	35 556
7	Découvert-clients	N	81 346	100 838	34 008	44 976
		N-1	64 566	81 346	23 074	34 008
8	Dettes commerciales	N	15 124	22 426	4 101	5 799
		N-1	6 848	15 124	6 651	4 101
9	Endettement global	N	20 754	44 600	31 650	44 154
		N-1	8 678	20 754	27 096	31 650
10	Frais financiers	N	2 098	5 910	4 377	8 793
		N-1	2 572	2 098	2 220	4 377
11	Invest. "physiques"	N	12 276	18 398	3 714	4 320
		N-1	6 646	12 276	569	3 714
		N-2	8 834	6 646	220	569
		N-3	2 946	8 834	136	220
12	Production HT (CDB)	N	146 550	228 754	102 918	148 002
13	Production TTC (CDB)	N	167 622	267 090	121 389	173 871
		N-1	152 438	167 622	106 443	121 389
13'	Financement propre	N	77 618	88 214	16 362	12 216
14	Financement stable	N	92 194	104 092	23 283	20 814
15	EBE (CDB)	N	18 690	29 582	5 493	4 005
		N-1	10 294	18 690	1 461	5 493
16	CAF nette	N	6 454	11 776	-438	-6 566
17	Stocks d'appro.	N	30 026	40 808	12 567	12 567
18	Valeur ajoutée (CDB)	N	70 286	99 712	47 799	57 501
		N-1	68 470	70 286	41 337	47 799
		N-2	71 772	68 470	34 329	41 337
		N-3	51 650	71 772	26 886	34 329
19	Autofinancement	N	18 548	24 192	1 233	-4 280
20	Revenus répartis	N	61 850	89 622	47 256	62 289

Annexe 2
Note méthodologique sur les fonctions de score

Parmi toutes les méthodes de scores utilisées en France la plus élaborée est celle de la Centrale de Bilans de la Banque de France. Cependant de nombreux praticiens, banquiers, assureurs et analystes financiers, cherchent des confirmations en développant de façon conjointe d'autres fonctions. Mais l'information disponible ne leur permet pas toujours de respecter toutes les conditions d'application de ces méthodes. Pour souligner l'importance de ces conditions, la présentation des principes de mise en œuvre et d'interprétation proposée ici est complétée par une série de "fiches" résumant la pratique des calculs.

1 - La méthode de la Centrale de Bilans de la Banque de France

Le calcul des scores comprend deux étapes.

1) La fonction discriminante Z permet de séparer les entreprises normales (Z > 1,25) des entreprises qui connaissent des difficultés (Z < – 0,25).

2) Pour les entreprises en difficultés, une autre fonction permet de les assimiler soit aux entreprises défaillantes, soit à celles qui sont seulement vulnérables. Le choix de cette deuxième fonction dépend de la valeur prise par le ratio le plus discriminant : frais financiers/excédent brut d'exploitation (FF/EBE). S'il excède 215 %, on calcule la fonction Y1, s'il prend des valeurs dans l'intervalle de 0 à 215 %, on calcule la fonction Y2.

A chaque étape, le jugement peut être complété par des probabilités *a posteriori* en tenant compte du fait que la fonction a été estimée à trois ans de la défaillance éventuelle.

11 - Entreprises concernées

Toutes les entreprises ne relèvent pas du calcul des scores de la Centrale de Bilans. Cette méthode de détection des difficultés d'entreprise ne s'applique qu'aux entreprises industrielles de moins de 500 salariés soumises à l'impôt sur les sociétés. Considérer une entreprise par trop dissemblable de celles retenues dans l'échantillon qui a servi à élaborer la méthode expose les résultats et les conclusions à un biais très important.

12 - Agrégats

Les calculs s'organisent au moyen de la liasse fiscale (imprimés n° 1 à 8 et 11) et de l'annexe relative au crédit-bail de l'année considérée (année N).

Des documents antérieurs doivent aussi être consultés, puisque certains scores font intervenir des ratios des exercices précédents :

Ainsi le score Z nécessite la possession :

– du compte de résultat de l'année N-1 (imprimés n° 3 et 4),

– du tableau des immobilisations des années N-1 et N-2 (imprimé n° 5),

– des renseignements divers de l'année N-1 (imprimé n°11),

– de l'annexe relative au crédit-bail des années N-1 et N-2.

Le score Y1, qui intervient après le calcul du score Z, n'exige aucune information supplémentaire. Par contre, en plus des pièces précédentes, la détermination du score Y2 oblige à consulter :

– l'actif du bilan de l'année N-1 (imprimé n° 1),

– le compte de résultat de l'année N-2 (imprimés n° 3 et 4),

– le tableau des immobilisations de l'année N-3 (imprimé n° 5),

– le tableau des amortissements de l'année N-1 (imprimé n° 6),

– l'état des échéances des créances et des dettes de l'année N-1 (imprimé n° 8),

– les renseignements divers de l'année N-2 (imprimé n° 11),

– l'annexe relative au crédit-bail de l'année N-3.

13 – Ratios des fonctions de score

En effectuant le rapport des agrégats selon les définitions données dans les tableaux 5, 6 et 7, on obtient les ratios des fonctions scores.

Avant de passer au calcul des scores deux précautions s'imposent.

– L'observation des bornes.

Il faut vérifier que les ratios ne prennent pas une valeur excessive. Ils doivent s'inscrire dans les intervalles indiqués par la Centrale de Bilans. Dans le cas contraire, on leur donne la valeur de la borne outrepassée.

– Le respect des valeurs conditionnelles.

Lorsque les agrégats prennent des valeurs nulles ou négatives, certains ratios sont dépourvus de signification. La Centrale de Bilans fait alors intervenir des valeurs conditionnnelles présentées dans les remarques adjointes aux tableaux 5, 6 et 7.

Le bornage des ratios permet d'éviter l'introduction de données anormales. Ces valeurs aberrantes ont été éliminées lors de l'estimation des paramètres des fonctions ; pour la mise en œuvre des scores, elles doivent aussi être écartées.

14 – Scores

141 – Calcul

Les scores se présentent comme une somme pondérée d'écarts entre les ratios de l'entreprise (R) et les valeurs pivots (P) ; la pondération s'effectuant au moyen des coefficients notés C.

142 – Interprétation

Les éléments constituant le score ne permettent pas de tirer de conclusions isolées. Si l'examen d'un écart particulier (R – P) peut donner une indication, la lecture du signe de certains coefficients peut surprendre ; par exemple, la capacité de remboursement est associée à un coefficient de signe négatif. Alors, l'analyse de la contribution d'un des ratios de l'entreprise à la détermination du score devient problématique.

Les valeurs pivots ne doivent surtout pas être considérées comme des références absolues. Celà reviendrait à admettre l'existence d'une structure financière idéale alors que ce type d'analyse n'en postule nullement l'existence.

La fonction discriminante est fondée sur l'interdépendance des ratios. Des signaux favorables, tels que l'augmentation de l'activité et de la productivité, peuvent en effet être accompagnés de signaux défavorables traduisant la dégradation des équilibres financiers. L'objectif de la fonction est de dégager la résultante de cet ensemble d'indications.

Le score doit donc être considéré globalement à l'aide de la règle de décision. Il révèle une situation de normalité ou de défaillance. Le degré de vraisemblance de cette situation peut être évalué à l'aide de probabilités.

143 – Probabilités

Les probabilités *a priori* sont les proportions relevées sur le plan national pour la catégorie d'entreprise considérée dans l'échantillon. Elles figurent dans le tableau 4.

Tableau 4
Les probabilités a priori *des fonctions scores*

<table>
<tr><th>Probabilités a priori</th><th>Score Z</th><th>Scores Y1 et Y2</th><th>Score Y1</th><th>Score Y2</th></tr>
<tr><td>Entreprises</td><td>Ensemble</td><td>Score Z $< -0,25$</td><td>Score Z $< -0,25$ et (EBE ≤ 0 ou FF/EBE $\geq$ 215%)</td><td>Score Z $< -0,25$ et $0 <$ FF/EBE $< 215\%$</td></tr>
<tr><td>Défaillantes</td><td>4%</td><td>12%</td><td>10%</td><td>13%</td></tr>
<tr><td>Vulnérables</td><td>21%</td><td rowspan="2">} 88%</td><td>90%</td><td rowspan="2">} 87%</td></tr>
<tr><td>Normales</td><td>75%</td><td>0%</td></tr>
</table>

Les surfaces des histogrammes de la distribution observée des scores reflètent ces proportions. Dans un même intervalle de score, la part de la surface de chaque histogramme dans la somme des surfaces de tous les histogrammes donne une probabilité *a posteriori.*

On peut considérer, par exemple, la distribution du score Z. Sur la figure 2, les effectifs des entreprises défaillantes sont représentés par l'histogramme en pointillé. Dans l'intervalle de – 1,875 à – 0,875, l'aire comprise sous la courbe en pointillé représente 16,7 % du total des surfaces sous les trois courbes. Sachant que le score Z appartient à cet intervalle, la probabilité *a posteriori* que l'entreprise soit défaillante est égale à 16,7 %.

Dans chaque intervalle, la règle de décision a été construite en confrontant les probabilités *a posteriori* et les probabilités *a priori*. Lorsqu'elles sont trop proches les unes des autres le pouvoir de discrimination de la fonction score s'affaiblit, c'est le cas dans la zone d'incertitude où il est préférable de s'abstenir de toute conclusion.

En observant les scores de la figure 2, on voit qu'avec Z inférieur à – 0,25, les probabilités *a posteriori* de défaillance ou de vulnérabilité sont sensiblement supérieures au probabilités *a priori*. On peut conclure que l'entreprise se trouve plutôt dans l'une de ces deux situations. Pour les scores Z supérieurs à 0,125, les probabilités *a posteriori* que l'entreprise soit normale l'emportent sur les probabilités *a priori*. Entre ces deux bornes, l'appartenance de l'entreprise à une catégorie devient incertaine puisqu'on relève des probabilités très proches des proportions initiales.

Fiche n° 1
Fonction score Z de la Centrale de Bilans de la Banque de France

Tableau 5
Ratios de la fonction score Z

n° i	Ratio Ri	Agrégat	année	n°	Unité	Bornes inf.	Bornes sup.	Coeff. Ci	Pivot Pi
1	Part des frais financiers dans les résultats	Frais financiers / EBE (CDB)	N / N	10 / 15	%	0	215	-1,255	62,8
2	Couverture des capitaux investis	Financement stable / Capitaux investis	N / N	14 / 4	%	19	196	2,003	80,2
3	Capacité de rembourse-ment	CAF / Endettement global	N / N	2 / 9	%	-234	90	-0,824	24,8
4	Taux de marge brute d'exploitation	EBE (CDB) / Chiffre d'affaires HT	N / N	15 / 5	%		32	5,221	6,8
5	Délai du crédit-four-nisseurs	Dettes com. x 360 / Achats TTC	N / N	8 / 1'	jours		315	-0,689	98,2
6	Taux de variation de la valeur ajoutée	Δ Val. ajoutée (CDB) / Val. ajoutée (CDB)	N / N-1	18 / 18	%	-58	50	-1,164	11,7
7	Délai du découvert-client	Déc.-client x 360 / Production TTC(CDB)	N / N	7 / 13	jours		237	0,706	79,0
8	Taux moyen d'investis-sements "physiques"	Invest. "physiques" / Val. ajoutée (CDB)	N-2, ...,N	11 / 18	%	0	56	1,408	10,1

n°	Remarques
1	Si EBE (CDB) ≤ 0 et Frais financiers > 0 , alors ratio n°1 = 215. Si EBE (CDB) ≤ 0 et Frais financiers = 0 , alors ratio n°1 = 0.
2	Si Capitaux investis ≤ 0 et Financement stable > 0, alors ratio n°2 = 286.
6	Δ Val. ajoutée (CDB) = Valeur ajoutée (CDB) de l'année N - Valeur ajoutée (CDB) de l'année N-1. Si Valeur ajoutée (CDB) de l'année N-1 < 0 , alors ratio n°6 = $\frac{\Delta \text{ Val. ajoutée (CDB) de l'année N}}{\lvert \text{Valeur ajoutée (CDB) de l'année N-1} \rvert}$ Si Valeur ajoutée (CDB) de l'année N-1 = 0 , alors ratio n°6 = 0.
8	Ratio n°8 = moyenne des taux d'investissement "physiques" des trois dernières années.

Fonction : $Z = \Sigma\, C_i\, (R_i - P_i)$

Figure 1
Règle de décision

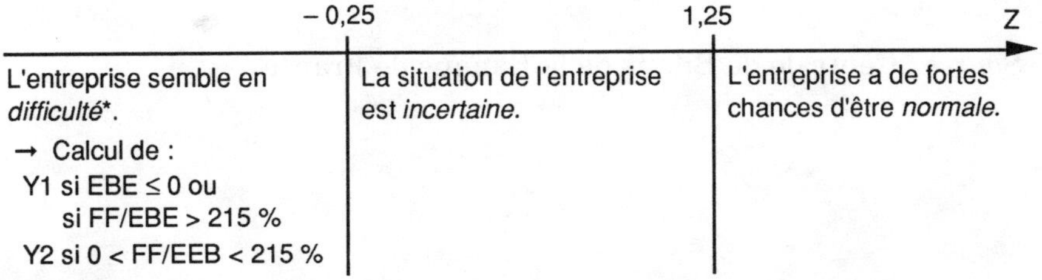

* Parmi ces entreprises, on estime que 12 % sont défaillantes et, que 88 % sont vulnérables ou normales.

Figure 2
Distribution des scores Z

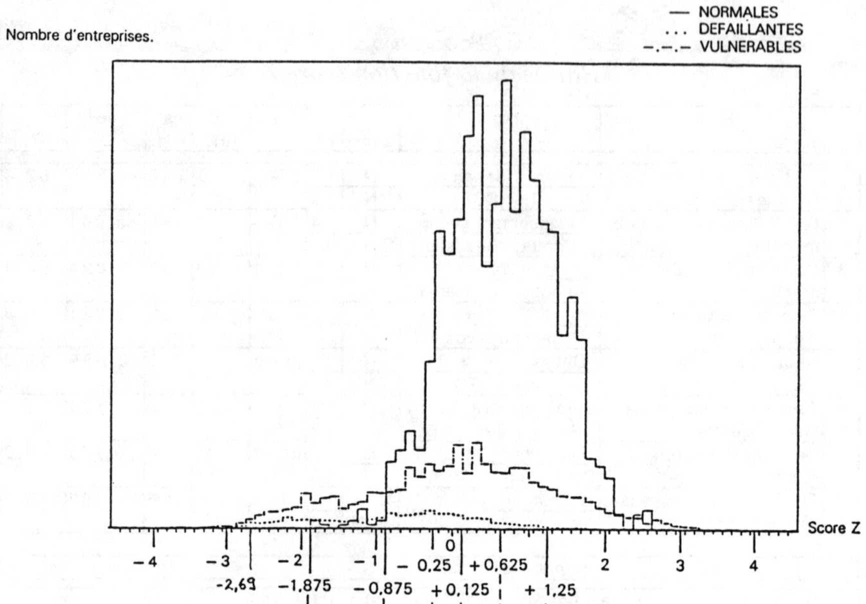

Régions de décision : la situation la plus probable est :

DEFAILLANCE	VULNERABILITE	NORMALITE

Probabilités a posteriori* sachant que le score appartient à l'intervalle indiqué :

(en %)

• d'être défaillante	30,4	16,7	7	3,2	1,8	1	0,5
• d'être vulnérable	69,6	56,6	25,5	16,2	14,8	13,1	19,3
• d'être normale	0	26,7	67,5	80,6	83,4	85,9	80,2

zone d'incertitude

seuil | seuil

Source : Centrale de Bilans de la Banque de France

Fiche n° 2
Fonction score Y1 de la Centrale de Bilans de la Banque de France

Tableau 6
Ratios de la fonction score Y1

n° j	Ratio Rj	Agrégat	année	n°	Unité	Bornes inf.	Bornes sup.	Coeff. Cj	Pivot Pj
1	Taux de marge brute d'exploitation	EBE (CDB)	N	15	%		32	11,071	-2,8
		Chiffre d'affaires HT	N	5					
2	Importance du BFR d'exploitation	BFRE (CDB)	N	2'	%	-41	80	-2,720	22,1
		Production HT (CDB)	N	12					
3	Taux de marge brute d'exploitation	EBE (CDB)	N-1	15	%		32	7,512	3,4
		Chiffre d'affaires HT	N-1	5					
4	Taux de variation de la valeur ajoutée	Δ Val. ajoutée (CDB)	N-1	18	%	-58	50	-1,670	5,8
		Val. ajoutée (CDB)	N-2	18					
5	Délai du découvert-client	Déc.-client x 360	N-1	7	jours		237	1,057	81,0
		Production TTC(CDB)	N-1	13					
6	Couverture des capitaux investis	Financement stable	N	14	%	19	196	1,415	77,1
		Capitaux investis	N	4					
7	Rentabilité économique brute	EBE (CDB)	N	15	%	-31	69	-1,976	-5,3
		Capital d'exploitation	N	3					

n°	Remarques
4	Δ Val. ajoutée (CDB) = Valeur ajoutée (CDB) de l'année N - Valeur ajoutée (CDB) de l'année N-1. Si Valeur ajoutée (CDB) de l'année N-1 < 0, alors ratio n°4 = $\frac{\Delta \text{ Val. ajoutée (CDB) de l'année N}}{\lvert \text{Valeur ajoutée (CDB) de l'année N-1} \rvert}$ Si Valeur ajoutée (CDB) de l'année N-1 = 0 , alors ratio n°4 = 0.
6	Si Capitaux investis ≤ 0 et Financement stable > 0, alors ratio n°6 = 286.

Fonction : $Y1 = \Sigma\, C_j\,(R_j - P_j)$

Si Z < – 0,25 et (EBE ≤ 0 ou FF/EBE ≥ 215 %)*

Figure 3
Règle de décision

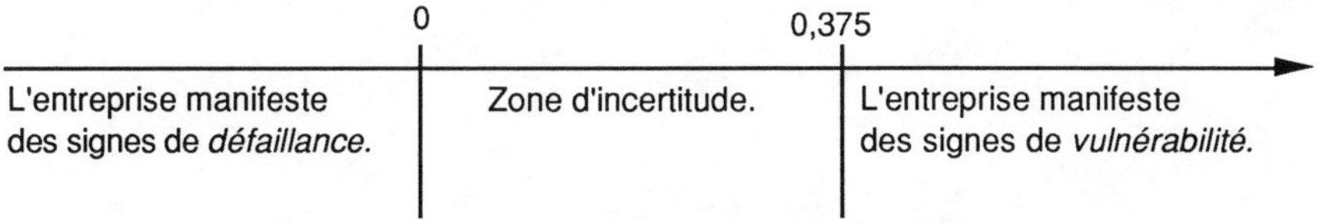

* Parmi les entreprises qui remplissent ces conditions, 10 % sont défaillantes, 90 % sont vulnérables.

Figure 4
Distribution des scores Y1

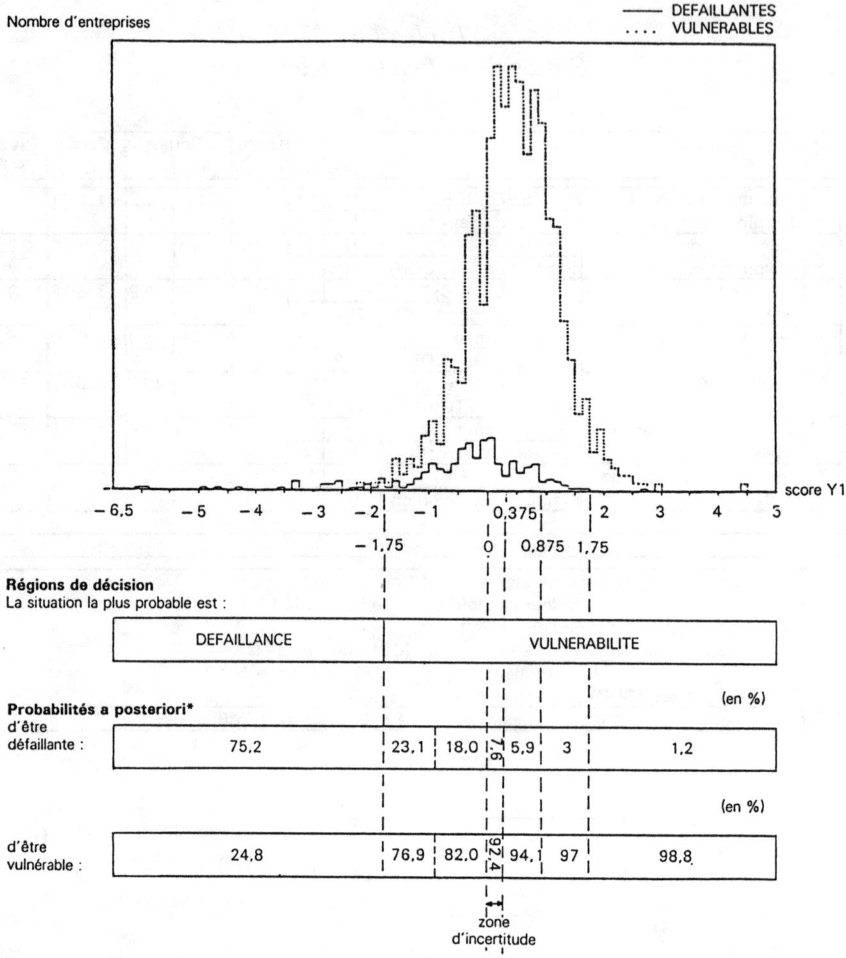

Source : Centrale de Bilans de la Banque de France

Fiche n °3
La fonction score Y2 de la Centrale de Bilans de la Banque de France

Tableau 7
Les ratios de la fonction score Y2

n° k	Ratio Rk	Agrégat	année	n°	Unité	Bornes inf.	Bornes sup.	Coeff. Ck	Pivot Pk
1	Part d'autofinancement	Autofinancement	N	19	%	0	215	2,120	6,4
		Revenus répartis	N	20					
2	Taux moyen d'investis-sements "physiques"	Invest. "physiques"	N-3,.	11	%	0	56	5,525	8,1
		Val. ajoutée (CDB)	.,N-1	18					
3	Délai du découvert-client	Déc.-client x 360	N	7	jours		237	0,736	80,9
		Production TTC(CDB)	N	13					
4	Part des frais financiers dans les résultats	Frais financiers	N-1	10	%	0	215	-0,379	76,7
		EBE (CDB)	N-1	15					
5	Importance des concours bancaires de trésorerie	Conc. bancaires trés.	N	6	jours	0	52	4,892	16,3
		Production HT (CDB)	N	12					
6	Rentabilité financière	CAF nette	N	16	%	-30	39	1,764	2,6
		Financement propre	N	13'					
7	Délai de rotation des stocks d'appro.	Stocks d'appro.	N	17	jours		323	0,312	102,2
		Achats HT	N	1					
8	Capacité de rembourse-ment	CAF	N-1	2	%	-234	90	0,089	35,4
		Endettement global	N-1	9					
9	Part des frais financiers dans les résultats	Frais financiers	N	10	%	0	215	-0,769	69,8
		EBE (CDB)	N	15					
10	Couverture des capitaux investis	Financement stable	N	14	%	19	196	1,640	68,8
		Capitaux investis	N	4					
11	Délai du crédit-four-nisseurs	Dettes com. x 360	N-1	8	jours		315	-0,400	120,4
		Achats TTC	N-1	1'					
12	Taux de variation du chiffre d'affaires	Δ Chiffre d'affaires	N	5	%	-58	88	0,900	18,1
		Chiffre d'affaires	N	5					
13	Rentabilité économique brute	EBE (CDB)	N-1	15	%	-31	69	1,400	11,9
		Capital d'exploitation	N-1	3					

n°	Remarques
1	Si Revenus répartis ≤ 0 , alors ratio n°1 = -38.
2	Ratio n°2 = moyenne des taux d'investissement "physiques" des trois dernières années.
4	Si EBE (CDB) ≤ 0 et Frais financiers > 0 , alors ratio n°4 = 215. Si EBE (CDB) ≤ 0 et Frais financiers = 0 , alors ratio n°4 = 0.
10	Si Capitaux investis ≤ 0 et Financement stable > 0, alors ratio n°10 = 286.
12	Δ Chiffre d'affaires = Chiffre d'affaires de l'année N - Chiffre d'affaires de l'année N -1

Fonction : $Y2 = \sum C_k (R_k - P_k)$ Si $Z < -0{,}25$ et $0 < FF/EBE < 215\ \%$*

Figure 5
Règle de décision

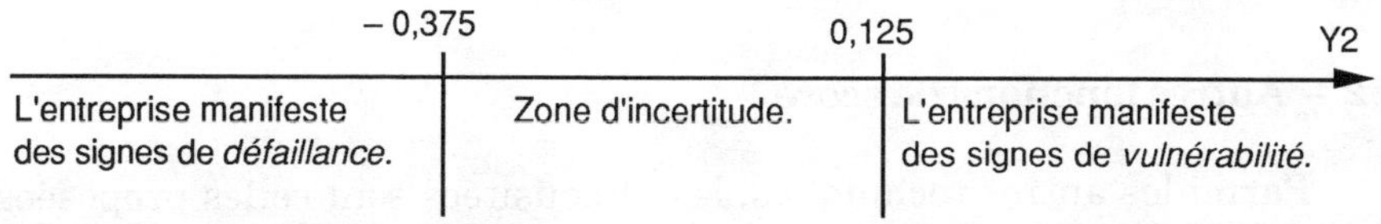

* 13 % des entreprises vérifiant ces conditions sont défaillantes, 87 % sont vulnérables ou normales.

Figure 6
Distribution des scores Y2

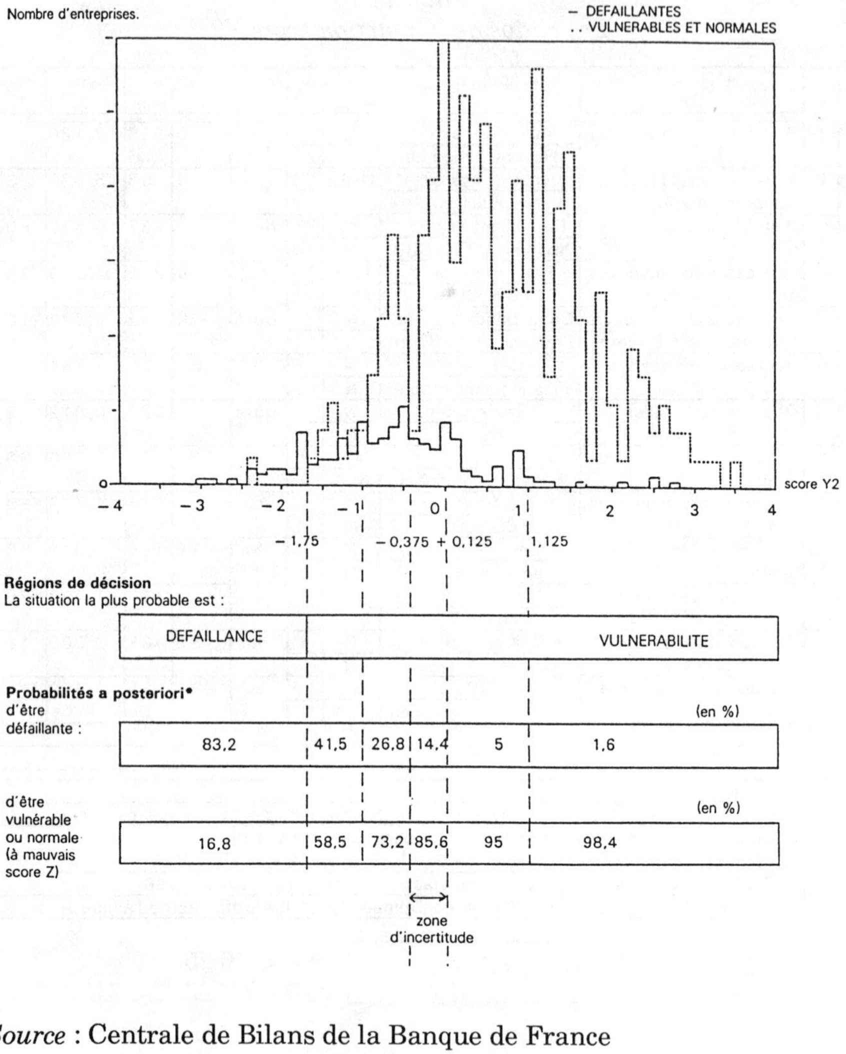

Source : Centrale de Bilans de la Banque de France

2 – Autres fonctions de score

Parmi les autres techniques, les plus usitées sont celles proposées par Yves Collongues (1976), Jo Conan et Michel Holder (1979) et le Crédit Commercial de France (1983).

21 – Entreprises concernées

La méthode d'Yves Collongues a été élaborée sur un échantillon d'entreprises industrielles de taille moyenne. De leur côté, Conan et Holder ont construit des fonctions propres à certains secteurs d'activité : l'industrie, le commerce de gros, le bâtiment et les travaux publics, le transport. Seule la première est présentée dans la fiche n° 4. L'approche du CCF ne concerne que les entreprises industrielles.

22 – Agrégats

Ces méthodes ne font appel qu'aux données de l'exercice considéré. Le fait qu'elles aient été conçues et testées dans le cadre du plan comptable de 1957 (la dénomination de certains ratios le rappelle) conduit à choisir le bilan financier, plutôt que le bilan comptable du plan actuel, afin de mieux saisir les éléments de calcul des ratios de structure. La nécessité de certains retraitements, au moins pour les effets escomptés non échus et le crédit-bail, vient confirmer ce choix.

Par ailleurs, le tableau des soldes de gestion fournit les autres informations. Avec la méthode de Collongues il est préférable d'estimer le résultat d'exploitation de l'ancien plan comptable par le résultat courant avant impôt.

23 – Ratios des fonctions de score

Aucun auteur n'introduit de bornes ou de valeurs conditionnelles. Cependant, Yves Collongues préconise le recours à des statistiques professionnelles pour corriger les ratios dont les valeurs sont anormales. Pour sa part, le CCF exclut le calcul des scores lorsque les capitaux propres sont négatifs et propose de conclure immédiatement que la situation est très critique.

Les termes du deuxième ratio employé par le CCF méritent d'être précisés.

– Le numérateur, appelé par cette banque "Taux d'endettement", est en fait un encours comprenant tous les crédits bancaires à long, moyen et court terme. Il a été jugé préférable de le nommer "Endettement bancaire".

– Au dénominateur, les capitaux propres sont augmentés de la totalité des amortissements et des provisions inscrits à l'actif du bilan.

24 – Scores

L'absence de valeur pivot conduit à exprimer le score par une somme de ratios (R) pondérée par les coefficients (C) de la fonction discriminante.

Les méthodes de Collongues et du CCF effectuent la meilleure discrimination à un an de la défaillance.

Seule, la méthode de Conan et Holder comporte une échelle de probabilité *a posteriori* et une zone d'incertitude.

Fiche n° 4
Autres méthodes de score

Tableau n° 8
Méthode de Collongues

Ratios du score Z1

n° i	Ratio Ri	Coeff. Ci
1	Frais de personnel / Valeur ajoutée	4,9830
2	Frais financiers / Chiffre d'affaires HT	60,0660
3	Fonds de roulement net / Total du bilan	-11,8348

Ratios du score Z2

n° j	Ratio Rj	Coeff. Cj
1	Frais de personnel / Valeur ajoutée	4,6159
2	Résultat d'exploitation / Chiffre d'affaires HT	-22,0000
3	Fonds de roulement net / Stocks	-1,9623

Fonctions score

$Z1 = \Sigma\, C_i \cdot R_j$

$Z2 = \Sigma\, C_j \cdot R_j$

Règles de décision

Z1 : Entreprise saine | 5,455 | Entreprise défaillante

Z2 : Entreprise saine | 3,0774 | Entreprise défaillante

Tableau n° 9
Méthode de Conan et Holder (pour l'industrie)

Ratios du score Z

n° i	Ratio Ri	Coeff. Ci
1	EBE / Total des dettes	0,24
2	Capitaux permanents / Actif total	0,22
3	Réalisable et disponible / Actif total	0,16
4	Frais financiers / Chifre d'affaires HT	-0,87
5	Frais de personnel / Valeur ajoutée	-0,10

Fonction score Z

$Z = \Sigma\, C_i \cdot R_j$ %

Règles de décision

	4 %		9 %	
"Danger"		"Prudence"		"Bonne situation"
P > 65 %		30 % < P ≤ 65 %		P < 30 %

P = Probabilité de défaillance

Tableau n° 10
Méthode du Crédit Commercial de France

Ratios du score CCF (N-1)

n° i	Ratio Ri	Coeff. Ci
1	Frais financiers / EBE	- 9 , 0
2	Endettement bancaire / Capitaux propres	- 1 , 1

Fonction score CCF (N-1)

$$\text{Score} = 6{,}47 + \sum C_i \cdot R_j$$

Règles de décision

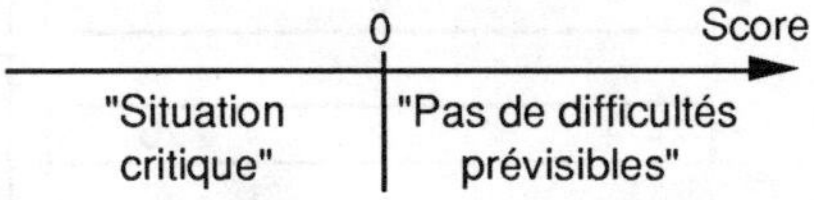

Annexe 3
Le système de notation de la SARCIC

L'objectif poursuivi par la SARCIC n'est pas d'effectuer une évaluation du risque de défaillance. Il est de minimiser le rique d'erreur qui consisterait à accorder des garanties sur une entreprise proche de la cessation de paiements. Plus précisément, sa préoccupation est de déceler, suffisamment tôt, les incidents de trésorerie qui se traduisent par des prorogations ou des reports d'échéance. Cette détection doit intervenir bien avant qu'apparaisse une impossibilité de règlement sanctionnée par un redressement judiciaire. Une telle démarche néglige le risque de la deuxième espèce, celui de commettre l'erreur de refuser une garantie sur une entreprise saine.

Un système de cotation a été mis au point afin de répondre au besoin de classer quotidiennement de nombreuses entreprises. Pour attribuer une note aux entreprises industrielles de 50 à 500 salariés, la SARCIC effectue la combinaison des quatre fonctions scores présentées plus haut en accordant une place privilégiée aux fonctions de la Centrale de bilans de la Banque de France. A chaque combinaison de scores est associée une note synthétique sur une échelle de 1 à 9. La figure 4 présente les cas les plus fréquemment rencontrés.

La règle d'action en fonction de la note attribuée est la suivante :
– la note 9 donne lieu à un agrément immédiat par un rédacteur du service des agréments,
– la note 8 nécessite le visa du responsable du service des agréments,
– les notes 6 et 7 entraînent le traitement du dossier par le service d'analyse financière à l'aide d'autres critères d'évaluation,
– les notes inférieures à 6 provoquent un refus d'agrément ou une suppression des garanties précédemment accordées, sauf décision contraire du comité de direction.

Figure 7
Le diagramme de notation de la SARCIC

Scores de la Centrale des Bilans de la Banque de France: Z	Y1	Y2	Scores par la méthode de Col-longues	de Conan et Holder	du CCF (N-1)	Note SARCIC
+	ø	ø	+	+	+	9
+	ø	ø	- + +	+ - ? +	+ + -	8
?	ø	ø	+	+	+	8
?	ø	ø	- + +	+ - ? +	+ + -	7
?	ø	ø	+ - -	- ? + - ?	- - +	6
-	ø	+	- + +	+ ? - ? + ?	+ + -	5
-	ø	+	+ - -	- + -	- - +	4
-	ø	+	-	-	-	3
-	ø	-?	+ -	+ - ?	+ -	2
-	+	ø	+ -	+ - ?	+ -	2
-	-?	ø	+ -	+ - ?	+ -	1

Un score est noté - s'il est défavorable, + s'il est favorable, ? s'il s'incrit dans une zone d'incertitude, ø s'il n'est pas calculé. La combinaison +- doit être comprise comme + ou -.

Lorsque les fonctions Z1 et Z2 de Collongues donnent des résultats contradictoires, le signe - l'emporte.

I - OBJECTIFS ET PLAN DE L'ANALYSE

En pratique, les scores peuvent faire l'objet d'une observation ponctuelle ou continue.

Afin d'obtenir un jugement de situation, il suffit d'évaluer les fonctions scores pour un seul exercice. Dans un premier temps, cette approche statique va s'appliquer à la position de la société Laurent Drule et fils en 1987.

Un historique de scores peut dégager des tendances et enrichir l'analyse. En effet, on sait que les scores sont d'autant plus significatifs que leurs valeurs s'éloignent des seuils de décision. Par conséquent, la possibilité d'observer des évolutions de même sens sur plusieurs années consécutives ne peut que renforcer la portée du diagnostic. Dans un deuxième temps, les deux entreprises feront l'objet d'une analyse plus dynamique en examinant une partie de leur trajectoire sur les années 1987 et 1988.

Par ailleurs, ces deux démarches permettront d'apprécier le degré de convergence des différentes méthodes.

Les signaux d'alerte transmis par les scores traduisent des insuffisances ou des déséquilibres qui se manifestent au-delà des ratios témoins inclus dans les fonctions. Un retour sur l'ensemble des informations doit permettre d'identifier la nature des difficultés que traverse l'entreprise. En dernier lieu, une recherche sera entreprise dans cette direction.

Le mode de conclusion dépend de la position du décideur par rapport à l'entreprise considérée. Deux points de vue doivent être distingués.

– La détection des risques de défaillance.

Cette orientation correspond au cas d'une société d'assurance. Elle ne peut intégrer dans son jugement d'éventuelles mesures d'assainissement. Son objectif est de gérer un portefeuille de créances risquées. Elle tiendra donc aux probabilités *a posteriori* de défaillance en tablant sur la loi des grands nombres.

– La prévention des difficultés d'entreprise.

La position des partenaires fortement engagés dans l'entreprise est différente. Pour l'actionnaire, le chef de file du pool bancaire, le fournisseur important ou l'expert-comptable, la question essentielle est de savoir si des mesures de redressements peuvent encore être opérantes.

Lorsque les données contenues dans les tableaux 1,2 et 3 sont réunies, la détermination des ratios et des scores n'offre aucune difficulté. Les calculs détaillés ne sont présentés qu'une fois, les résultats d'ensemble sont regroupés dans les tableaux 16, 17 et 20.

II - ÉLÉMENTS DE CORRIGÉ

1 - La situation de la société Laurent Drule et fils en 1987

11 - Le score Z de la Centrale de Bilans

Le calcul du score Z par la méthode de la Centrale de Bilans ne présente aucune difficulté particulière, il est présenté dans le tableau 11.

Sur la figure 1, la valeur de Z se situe dans la zone d'acceptation de l'hypothèse de normalité. Sachant que Z est supérieur à 1,25, on peut affirmer, en lisant la figure 2, que la société Laurent Drule et fils a 80,2 % de chances être normale et seulement 0,5 % de chances d'être défaillante. Avant de considérer les paramètres financiers de cette société, les probabilités *a priori* de normalité et de défaillance étaient respectivement de 75 % et 4 %.

Tableau 11

Score Z (Centrale de bilans) : Laurent Drule et fils 1987

n° i	Ratio	Coefficient Ci	Entreprise Ri	Valeur pivot Pi	Contribution des ratios Ci x (Ri-Pi)
1	Part des frais financiers dans les résultats	-1,255	11,2	62,8	64,726
2	Couverture des capitaux investis	2,003	91,8	80,2	23,160
3	Capacité de remboursement	-0,824	76,9	24,8	-42,947
4	Taux de marge brute d'exploitation	5,221	13,2	6,8	33,206
5	Délai du crédit-fournisseurs	-0,689	73,1	98,2	17,305
6	Taux de variation de la valeur ajoutée	-1,164	2,7	11,7	10,532
7	Délai du découvert-client	0,706	174,7	79,0	67,568
8	Taux moyen d'investissements "physiques"	1,408	13,2	10,1	4,309
				100 Z =	177,859
				Z =	1,779

En 1987, la position de cette société est donc favorable. On peut chercher une confirmation en employant d' autres méthodes.

12 - Les scores Z1 et Z2 de Collongues

La détermination des scores apparaît dans les tableaux 12 et 13. Les règles de décision du tableau 9 apportent un double appui au jugement précédent puisque Z1 est nettement inférieur à 5,455 et Z2 largement en dessous de 3,0774. Aucune probabilité ne peut être associée à ces résultats. Cependant, puisqu'ils convergent, on peut dire, comme Yves Collongues, que "la personne qui devra prendre une décision le fera avec le sentiment de diminuer le risque d'erreur".

Tableau 12
Score Z1 (Collongues) : Laurent Drule et fils 1987

n° i	Ratio en % Ri					Coeff. Ci	Contribution Ri x Ci
1	Frais de personnel / Valeur ajoutée	=	50 356 / 71 378	=	70,5%	4,9830	3,515
2	Frais financiers / Chiffre d'affaires HT	=	2 098 / 142 020	=	1,5%	60,0660	0,887
3	Fonds de roulement net / Total du bilan	=	52 862 / 148 842	=	35,5%	-11,8348	-4,203
						Z1 =	0,200

Tableau 13
Score Z2 (Collongues) : Laurent Drule et fils 1987

n° j	Ratio en % Rj					Coeff. Cj	Contribution Rj x Cj
1	Frais de personnel / Valeur ajoutée	=	50 356 / 71 378	=	70,5%	4,6159	3,256
2	Résultat d'exploitation / Chiffre d'affaires HT	=	10 800 / 142 020	=	7,6%	-22,0000	-1,673
3	Fonds de roulement net / Stocks	=	52 862 / 37 026	=	142,8%	-1,9623	-2,802
						Z2 =	-1,218

13 – Le score Z de Conan et Holder

Les calculs organisés dans le tableau 14 donnent un score égal à 8,5 %. La règle de décision du tableau 9 ne permet pas de conclure à une "bonne situation", puisque ce résultat est légèrement inférieur à 9 %. L'indication de "prudence" correspond en fait à une indétermination. Toutefois il est possible de donner une probabilité de défaillance. En raison de la proximité du seuil, on peut l'estimer comme légèrement supérieure à 30 %.

Tableau 14
Score Z (Conan et Holder) : Laurent Drule et fils 1987

n° i	Ratio en % Ri					Coeff. Ci	Contribution Ri x Ci en %
1	EBE / Total des dettes	=	19 930 / 89 328	=	22,3%	0,24	5,4%
2	Capitaux permanents / Actif total	=	72 712 / 148 842	=	48,9%	0,22	10,7%
3	Réalisable et disponible / Actif total	=	6 424 / 148 842	=	4,3%	0,16	0,7%
4	Frais financiers / Chiffre d'affaires HT	=	2 098 / 142 020	=	1,5%	-0,87	-1,3%
5	Frais de personnel / Valeur ajoutée	=	50 356 / 71 378	=	70,5%	-0,10	-7,1%
						Z =	8,5%

14 – Le score du CCF

La faiblesse des deux ratios calculés dans le tableau 15 conduit à un score proche du maximum (la valeur de la constante). La conclusion est favorable.

Tableau 15
Score CCF (N-1) : Laurent Drule et fils 1987

n° i	Ratio en % Ri	Coeff. Ci	Contribution Ri x Ci
1	Frais financiers / EBE = 2 098 / 19 930 = 10,5%	-9,0	-0,947
2	Endettement bancaire / Capitaux propres = 19 302 / 77 618 = 24,9%	-1,1	-0,274
	Constante		6,470
		Score CCF =	5,249

2 – L'évolution de la société Laurent Drule et des établissements Roland Lemoût de 1987 à 1988

21 – Les scores de la Centrale de Bilans de la Banque de France

211 – La fonction score Z

Les Etablissements Roland Lemoût, dont la situation financière se dégrade profondément, présentent en 1988 un ratio dont la valeur est anormale :

$$\text{Part des frais financiers} = \frac{\text{Frais financiers}}{\text{EBE (CDB)}} = \frac{8\,793}{4\,005} = 220\ \%\ \text{est bornée à } 215\ \%.$$

Tableau 16
Valeurs des ratios du score Z de la Centrale de Bilans

n° i	Ratio	L. Drule & fils 1987	L. Drule & fils 1988	Roland Lemoût 1987	Roland Lemoût 1988
1	Part des frais financiers dans les résultats	11,2	20,0	79,7	215,0
2	Couverture des capitaux investis	91,8	73,7	47,6	34,5
3	Capacité de remboursement	76,9	43,8	3,6	-9,7
4	Taux de marge brute d'exploitation	13,2	13,9	5,5	2,9
5	Délai du crédit-fournisseurs	73,1	70,7	32,7	32,4
6	Taux de variation de la valeur ajoutée	2,7	41,9	15,6	20,3
7	Délai du découvert-client	174,7	135,9	100,9	93,1
8	Taux moyen d'investissements "physiques"	13,2	15,2	3,3	5,6

Le score Z de la société Laurent Drule et fils passe de 1,78 en 1987 à 0,93 en 1988, autrement dit d'une situation de normalité à une position d'incertitude. Sans pouvoir se prononcer sur l'avenir de cette entreprise, il faut reconnaître un affaiblissement de sa santé financière. L'influence des contributions des ratios n° 2 et 6 est prépondérante. Même si on ne cherche pas à établir de causalité, on peut noter que la forte croissance de la valeur ajoutée et la diminution du financement stable des capitaux investis ont pesé négativement sur le score Z.

Tableau 17
Contributions des ratios au score Z de la Centrale de Bilans

n° i	Ratio	L. Drule & fils 1987	L. Drule & fils 1988	Roland Lemoût 1987	Roland Lemoût 1988
1	Part des frais financiers dans les résultats	64,7	53,7	-21,2	-191,0
2	Couverture des capitaux investis	23,2	-13,1	-65,3	-91,5
3	Capacité de remboursement	-42,9	-15,7	17,4	28,4
4	Taux de marge brute d'exploitation	33,2	37,0	-6,7	-20,5
5	Délai du crédit-fournisseurs	17,3	18,9	45,1	45,3
6	Taux de variation de la valeur ajoutée	10,5	-35,1	-4,6	-10,0
7	Délai du découvert-client	67,6	40,2	15,4	10,0
8	Taux moyen d'investissements "physiques"	4,3	7,2	-9,6	-6,4
	100 Z =	177,9	93,2	-29,4	-235,7
	Z =	1,78	0,93	-0,29	-2,36

Le score des Etablissements Roland Lemoût s'inscrit, sur la figure 1, dans la zone des entreprises en difficultés avec des valeurs de plus en plus négatives, – 0,29 en 1987, puis – 2,36 en 1988. Les contributions défavorables des deux premiers ratios sont prépondérantes. La dégradation de la structure financière et des résultats fait évoluer, de 1987 à 1988, la probabilité de vulnérabilité de 25,5 % à 69,6 % et la probabilité de défaillance de 7 % à 30,4 % (voir figure 2).

212 – Les fonctions scores complémentaires

Afin d'évaluer plus finement le degré de gravité des difficultés subies par les Etablissements Roland Lemoût, il est possible de procéder au calcul d'un autre score. En examinant le ratio Frais financiers / EBE (CDB), on vérifie qu'il est inférieur à 215 % en 1987 et supérieur à cette limite en 1988. Cette constatation conduit à déterminer le score Y2 en 1987 et le score Y1 en 1988.

En 1987, le score Y2, calculé dans le tableau 18, accentue la ressemblance entre les Etablissements Roland Lemoût et les entreprises en difficultés. Avec une valeur égale à – 0,629, la règle de décision de la figure 5 indique que l'entreprise manifeste des signes de défaillance. Sur la figure 6, on voit que la probabilité d'un tel événement s'élève maintenant à 26,8 %. Toutefois, il apparaît vraisemblable que cette société soit seulement vulnérable ou normale avec un mauvais score Z. La probabilité de cette situation s'élève maintenant 73,2 %.

La faiblesse des investissements et l'insuffisance de financement des capitaux investis se traduisent de façon négative dans les contributions des ratios n° 2 et 10.

Tableau 18
Score Y2 (Centrale de Bilans) : Roland Lemoût 1987

n° k	Ratio	Coef-ficient Ck	Entre-prise Rk	Valeur pivot Pk	Contribution des ratios Ckx(Rk-Pk)
1	Part d'autofinancement	2,120	2,6	6,4	-8,037
2	Taux moyen d'invest. "physiques" (N-1) ..	5,525	0,8	8,1	-40,106
3	Délai du découvert-client	0,736	100,9	80,9	14,688
4	Part des frais fin. dans les résultats (N-1)	-0,379	152,0	76,7	-28,520
5	Importance des concours bancaires de trés.	4,892	24,0	16,3	37,805
6	Rentabilité financière	1,764	-2,7	2,6	-9,309
7	Délai de rotation des stocks d'appro.	0,312	118,8	102,2	5,191
8	Capacité de remboursement (N-1)	0,089	3,5	35,4	-2,836
9	Part des frais financiers dans les résultats	-0,769	79,7	69,8	-7,600
10	Couverture des capitaux investis	1,640	47,6	68,8	-34,775
11	Délai du crédit-fournisseurs (N-1)	-0,400	32,7	120,4	35,080
12	Taux de variation du chiffre d'affaires	0,900	4,5	18,1	-12,208
13	Rentabilité économique brute (N-1)	1,400	3,1	11,9	-12,295
				100 Y2 =	-62,920
				Y2 =	-0,629

En 1988, la fonction score Y1 donne aussi une indication pessimiste en 1988. Sur la figure 3, on voit qu'un score égal à – 0,211 appartient à la zone des entreprises en situation critique. L'insuffisance de la couverture des capitaux manifeste toujours un effet fortement défavorable. La probabilité de défaillance donnée par la figure 4 est seulement de 18 %. La situation la plus vraisemblable, la vulnérabilité, est affectée d'une forte probabilité : 82 %.

Tableau 19
Score Y1 (Centrale de bilans) : Roland Lemoût 1988

n° j	Ratio	Coef-ficient Cj	Entre-prise Rj	Valeur pivot Pj	Contribution des ratios Cj x (Rj-Pj)
1	Taux de marge brute d'exploitation	11,071	2,9	-2,8	62,805
2	Importance du BFR d'exploitation	-2,720	29,5	22,1	-20,246
3	Taux de marge brute d'exploitation (N-1)	7,512	5,5	3,4	15,857
4	Taux de variation de la val. ajoutée (N-1)	-1,670	15,6	5,8	-16,420
5	Délai du découvert-client (N-1)	1,057	100,9	81,0	20,988
6	Couverture des capitaux investis	1,415	34,5	77,1	-60,247
7	Rentabilité économique brute	-1,976	6,7	-5,3	-23,787
				100 Y1 =	-21,050
				Y1 =	-0,211

22 – Les autres fonctions de score

221 – *L'évolution de la société Laurent Drule et fils*

Les autres fonctions de score révèlent des évolutions qui confirment celle du score Z de la Centrale de Bilans, avec une plus grande sévérité pour le score de Conan et Holder.

Sur le tableau 20 on voit que les valeurs des deux scores de Collongues s'élèvent, ce qui est défavorable, tout en restant dans la plage des entreprises saines (règle de décision du tableau 8).

Avec l'augmentation des frais financiers et la diminution relative des capitaux stables, le score de Conan et Holder se détériore tout en se maintenant dans la zone d'incertitude. La faible valeur de Z indique une probabilité de défaillance qui se rapproche de 65 % (règle de décision du tableau 9).

Sous le poids accru des frais financiers, le score du CCF diminue mais reste nettement positif (règle de décision du tableau 10).

Tableau 20
Evaluation des autres fonctions scores

	Ratios en %				Contributions			
	Laurent Drule & fils		Roland Lemoût		Laurent Drule & fils		Roland Lemoût	
n° Ratios	87	88	87	88	87	88	87	88
1 Frais de personnel/VA	70,5	67,3	85,9	89,5	3,52	3,35	4,28	4,46
2 Frais financiers/CAHT	1,5	2,7	4,4	6,3	0,89	1,61	2,64	3,79
3 FRN / Total du bilan	35,5	23,9	7,9	-0,8	-4,20	-2,82	-0,94	0,09
Collongues : Z1					0,20	2,14	5,98	8,34
1 Frais de personnel/VA	70,5	67,3	85,9	89,5	3,26	3,11	3,96	4,13
2 Résultat d'expl. /CAHT	7,6	8,4	0,7	-4,9	-1,67	-1,86	-0,15	1,07
3 FRN / Stocks	142,8	88,2	32,7	-2,4	-2,80	-1,73	-0,64	0,05
Collongues : Z2					-1,22	-0,48	3,17	5,25
1 EBE / Total des dettes	22,3	23,2	9,2	5,2	5,4%	5,6%	2,2%	1,2%
2 Cap. stables/Actif total	48,9	39,3	22,1	14,4	10,7%	8,6%	4,9%	3,2%
3 Réal.& disp/Actif total	4,3	1,1	3,7	0,5	0,7%	0,2%	0,6%	0,1%
4 Frais financiers/CAHT	1,5	2,7	4,4	6,3	-1,3%	-2,3%	-3,8%	-5,5%
5 Frais de personnel/VA	70,5	67,3	85,9	89,5	-7,1%	-6,7%	-8,6%	-8,9%
Conan et Holder : Z					8,5%	5,3%	-4,8%	-9,9%
1 Frais financiers/EBE	10,5	18,0	77,5	219,6	-0,95	-1,62	-6,97	-19,76
2 Dettes banc./Cap. pro.	24,9	47,5	191,0	360,8	-0,27	-0,52	-2,10	-3,97
Constante					6,47	6,47	6,47	6,47
Score CCF (N-1)					5,249	4,331	-2,6	-17,3

222 – *L'évolution des Etablissements Roland Lemoût*

Les indications fournies par les autres scores convergent pour traduire l'accroissement du risque de défaillance des Etablissements Roland Lemoût. La sanction judiciaire se profile à l'horizon d'un an. D'ailleurs, l'ensemble des ratios des différentes fonctions contribue à dégrader l'appréciation de la position de l'entreprise.

III - SYNTHÈSE ET CONCLUSIONS

1 – Le cas de la société Laurent Drule et fils

De 1987 à 1988, la progression des résultats de la société Laurent Drule et fils, que l'on peut observer sur le tableau 2, est impressionnante. En réalisant une progression de 50 % du chiffre d'affaires, elle est parvenue à augmenter dans la même proportion la valeur ajoutée et l'excédent brut d'exploitation. Elle n'a donc subi aucune perte d'efficacité. La relative stabilité des autres charges a même permis le doublement du résultat d'exploitation. La seule ombre au tableau des soldes intermédiaires de gestion est l'augmentation de 91 % des charges financières. Au total l'entreprise reste fortement bénéficiaire et la capacité d'autofinancement se maintient à un niveau élevé.

Dans le bilan (tableau 1), on voit que les investissements en immobilisations corporelles n'ont été que partiellement financés par l'augmentation des capitaux permanents. Il en résulte une diminution du fonds de roulement net de 5 MF environ. Cette baisse est accompagnée d'un accroisssement de 20 MF du besoin en fonds de roulement. Au niveau de l'exploitation, ce besoin a augmenté à peu près dans la même proportion que l'activité. Les ressources manquantes ont été prélevées sur la trésorerie, qui devient fortement négative. On observe à la fois une réduction du portefeuille de valeurs mobilières et une très forte progression de l'endettement à court terme.

Tout s'est passé comme si Olivier Thomas avait laissé la trésorerie absorber les impasses du plan de financement de l'exercice 1988. Cette politique a été sanctionnée par le score de Conan et Holder, très sensible à la part des capitaux permanents dans le total de l'actif. Le score Z a aussi réagi défavorablement à une croissance déséquilibrée.

Sur le diagramme de notation de la société d'assurance (figure 7), la position de l'entreprise en 1987 correspond à la deuxième combinaison, c'est-à-dire à la note 8, à cause de la réserve introduite par le score de Conan et Holder. En 1988, la présence de deux incertitudes sur les cinq scores calculés abaisse la note de la société Laurent Drule et fils à 7. Les analystes financiers de la SARCIC vont vraisemblablement reconnaître que la situation de l'entreprise n'est pas inquiétante.

En effet il suffirait que certaines dettes à court terme soient consolidées pour ramener le financement stable à un niveau satisfaisant. En 1988, un supplément de ressources à long terme de 24 MF aurait ramené le score de la Centrale de Bilans au niveau de 1,25 et celui de Conan et Holder au voisinage de 8. Cependant, la solution du retour à l'équilibre doit inclure d'autres concours si la croissance de l'activité se prolonge en 1989.

2 - Le cas des établissements Roland Lemoût

Malgré une réussite commerciale certaine, la gestion des Etablissements Roland Lemoût apparaît de moins en moins performante. Le tableau 2 montre que l'augmentation du chiffre d'affaires (39 %) ne se retrouve pas dans la progression de la valeur ajoutée (22 %). En outre, l'excédent brut d'exploitation diminue sous le poids de charges de personnel accrues. Olivier Thomas y voit l'une des conséquences d'une diversification trop large et très coûteuse en personnel qualifié. Le surplus dégagé par l'exploitation n'étant pas suffisant pour résister au doublement des charges financières, la gestion globale de l'exercice 1988 conduit à une perte comptable équivalente à 64 % des capitaux propres.

Au niveau de la gestion courante, les Etablissements Roland Lemoût bénéficient de conditions meilleures que la société Laurent Drule et fils. On peut le vérifier à l'aide des agrégats du tableau 3. En 1988, par exemple, l'importance des besoins en fonds de roulement par rapport à la production est plus réduite, 24 % contre 35 % pour son concurrent. Par ailleurs, elle enregistre des délais de rotation plus faibles :

– découvert-client : 79 jours contre 168,
– crédit-fournisseur : 32 jours contre 62,
– stocks d'approvisionnements : 147 jours contre 183.

Au bilan (tableau 1), les aspects favorables de la gestion courante s'effacent devant la dégradation des structures financières. Le fonds de roulement net déjà insuffisant en 1987 devient négatif en 1988 sous l'effet de la perte enregistrée pendant l'exercice. Les ressources de trésorerie en viennent à représenter 44 % du passif total en 1988, contre 14 % pour la société Laurent Drule et fils.

Il devient évident que les Etablissements Roland Lemoût souffrent de deux insuffisances graves : la faiblesse des fonds propres et le déclin de la productivité globale. Le caractère structurel de ces deux causes et l'ampleur des déséquilibres ne permettent d'envisager aucune mesure de redressement. La convergence des signaux d'alerte donnés par les scores souligne le caractère irrémédiable de la situation.

3 – Prolongements

Le champ d'investigation ouvert par les scores mérite d'être parcouru dans d'autres directions. La dimension temporelle a été esquissée. Dans le cas des Etablissements Roland Lemoût, il serait intéressant de remonter aux liasses fiscales qui donnaient les premiers signaux d'alerte. La capacité des fonctions de score à anticiper sur les difficultés serait alors mise à l'épreuve.

D'autres perspectives apparaissent en considérant les relations de l'entreprise avec son environnement.

La présentation de la méthode de la Centrale de Bilans reste ici incomplète. En effet, les entreprises adhérentes reçoivent un graphique sur lequel figure un historique de leur score, mais aussi l'évolution des scores relatifs aux entreprises qui se situent au niveau du premier, du deuxième et du troisième quart du même secteur d'activité. La référence sectorielle permet de mieux relativiser la trajectoire suivie par l'entreprise étudiée.

Les documents comptables de l'entreprise ont été longtemps résumés au moyen d'une expression lapidaire : la situation est "bénéficiaire" ou non. Dès qu'ils deviennent l'objet d'analyses extérieures au système comptable proprement dit, leur contenu véhicule des informations qui influent sur l'image financière de l'entreprise. L'effet de communication, relayé ou amplifié par les sociétés d'information financière ou par la presse spécialisée, demande a être intégré dans la démarche du responsable financier. Les scores, comme le "rating", peuvent ainsi devenir un enjeu de gestion.

Cas n° 10

La société Européenne de productique

Thèmes d'analyse :

- *Diagnostic global de l'entreprise.*
- *Evaluation des besoins de financement.*

Outils et méthodes :

- *Passage du bilan comptable au bilan financier.*
- *Analyse des équilibres financiers*
- *Analyse des performances.*

Objectifs pédagogiques :

- *Mise en œuvre extensive des outils d'analyse financière dans un contexte professionnel.*

La Société Européenne de Productique est une entreprise spécialisée dans la production de machines-outils à commande numérique.

Créée en 1948 sous la forme d'une SARL portant la dénomination de Société Mancelle de Mécanique Industrielle (SMMI), elle ne représentait à l'origine qu'une petite unité d'entretien et de réparation. Son fondateur, Paul Dumagret, était un ancien ouvrier professionnel qui, grâce à une activité acharnée, avait été promu technicien puis "ingénieur maison" dans une importante entreprise produisant des équipements pour l'automobile. Dans les années de l'après-guerre, M. Dumagret avait perçu l'ampleur des besoins en entretien et réparation d'équipements industriels souvent vieillis, fatigués, difficilement renouvelables et avait décidé de créer une unité de maintenance modeste, rapide, efficace.

Mais le petit atelier des origines s'était rapidement développé et, dès 1951, la SMMI s'enhardit à produire quelques machines pour répondre à la demande pressante d'entreprises "amies". En adaptant avec astuce des solutions observées sur des matériels étrangers, Paul Dumagret put étendre cette activité de construction qui devint bientôt permanente. C'est seulement en 1953 que cette activité de production sur commande, dégagea un chiffre d'affaires dépassant celui de l'activité d'entretien et réparation.

Jusqu'en 1958, la SMMI se développa comme une entreprise artisanale de plus en plus prospère. Mais, en octobre 1958, Paul Dumagret dut prendre deux décisions majeures. D'une part, la SMMI s'installa dans une usine toute neuve, conçue selon les indications de son dirigeant, dans la banlieue du Mans. D'autre part, l'entreprise prit la forme d'une société anonyme, tout en conservant sa raison sociale. A cette occasion, Paul Dumagret accepta l'entrée dans le capital de la Société Parisienne de Construction Mécanique (pour 20 % des actions) et d'une banque d'affaires, la Banque pour le Crédit Industriel (pour 10 %). Paul Dumagret avait eu du mal à accepter cette ouverture du capital. Mais il n'eut pas à la regretter par la suite. Ses partenaires lui permirent d'élargir l'assise industrielle et financière de la société tout en lui laissant l'autonomie dont il avait besoin pour la conduire.

La SMMI put ainsi étendre ses activités et, connut, pendant les années soixante, une très rapide croissance. Ainsi, en 1970, elle comptait déjà 1 600 salariés répartis entre 3 sites contre 110 regroupés dans un établissement unique en 1959.

Après ces années de développement rapide et continu, la société connut sa première véritable épreuve en 1973-1974. Elle subit de plein fouet les effets du ralentissement général des investissements industriels, consécutif au premier choc pétrolier. Mais elle souffrait également d'une désaffection de sa clientèle traditionnelle désormais attirée par des produits plus évolués, généralement japonais ou allemands. A partir de 1974, elle dut supporter non seulement une réduction de son chiffre d'affaires, mais également restreindre progressivement sa gamme et ses objectifs. Incapable d'assurer la compétitivité de ses produits sur le haut de la gamme, la SMMI se replia sur des équipements banalisés. Ses productions avaient ainsi acquis une réputation certes peu brillante, mais qui suffisait à assurer tant bien que mal la survie de l'entreprise. Leur conception basée sur une technologie conventionnelle à base mécanique et pneumatique était considérée comme rustique. Mais, grâce à leur prix et à leur robustesse, elles trouvaient encore un marché étroit auprès de PME aux moyens de financement limités ou auprès de firmes implantées dans des pays en développement.

Monsieur Dumagret en était bien conscient, la SMMI avait survécu sans ambition ni perspective. Elle était même engagée dans un mouvement de recul qui rendait ses positions commerciales et industrielles de plus en plus difficiles à tenir, dans un contexte où l'industrie française de la machine outils subissait un repli général. En effet, ses fournisseurs comme ses clients, ses banquiers comme ses salariés les plus dynamiques doutaient de la viabilité de la société. Petit à petit les conditions d'activité se dégradèrent. Les fournisseurs se faisaient plus difficiles en matière de livraison et de règlement. Les meilleurs clients se dérobaient ou négociaient de façon "arrogante" les termes des marchés (prix, conditions de paiement, caractéristiques techniques...). Les banquiers s'en tenaient à des concours chichement mesurés et appliquaient des taux sévères. Pendant cette période, Monsieur Dumagret se rappelait avec tristesse la façon dont ceux qui le traitaient de façon "blessante" ou "désinvolte" le sollicitaient encore quelques années auparavant, faisant assaut de prévenances et de propositions alléchantes.

Bien sûr, la société se maintenait dans une activité où les sinistres industriels s'étaient multipliés, décimant les entreprises françaises spécialisées. Mais, en 1986, la situation devint si difficile que Paul Dumagret dût se résigner à se retirer. Il laissa la succession à son fils Rémy alors âgé de 42 ans.

Rémy Dumagret avait rejoint la société dès 1982. Après des études d'ingénieur, il avait obtenu un diplôme de troisième cycle en gestion. Son passage de 12 ans dans un important cabinet d'audit lui avait permis d'acquérir une réelle maîtrise du diagnostic stratégique, industriel et financier. Après de longues hésitations, il avait cédé aux pressions familiales en intégrant la SMMI. La dégradation de la situation et l'évolution de la santé de son père avaient sûrement été les facteurs déterminants de cette décision. Mais, dès son entrée dans la société, il s'était heurté à l'intransigeance du patriarche et s'était limité dans un rôle important mais discret de conseiller. Cette position lui permettait de ménager la susceptibilité du fondateur mais lui interdisait une influence réellement efficace sur les affaires de la société.

En tout état de cause, lorsqu'il prit officiellement les rênes de la société en septembre 1987, Rémy Dumagret disposait déjà d'un "bilan" de l'entreprise particulièrement riche sur les plans industriel, commercial, financier. Il se sentait donc en mesure de mettre en œuvre, dès son entrée en fonction, les nouvelles orientations qui lui paraissaient nécessaires.

Pour lui, la société devait "courir contre la montre" pour assurer sa simple survie. Il lui fallait rattraper le terrain perdu pendant qu'elle conservait encore un peu de son image de sérieux et de solidité industrielle héritée du passé. Ce capital de notoriété était en voie d'épuisement rapide et Rémy Dumagret savait bien qu'il ne ferait pas illusion encore longtemps. C'est pourquoi il définit cinq orientations simples mais permettant d'articuler un projet urgent qui constituait à ses yeux "le plan de la dernière chance".

1 – Il était d'abord convaincu que la société devait reprendre l'offensive sur une gamme limitée mais compétitive d'équipements modernes. Il était impératif de se défaire de l'image de producteur de "bas de gamme" que la SMMI s'était progressivement attachée. Pendant les dernières années, à l'occasion de missions d'étude, il s'était familiarisé avec les automatismes, la commande numérique et, plus généralement avec les applications de l'informatique à la production. Avec deux ingénieurs du bureau d'étude de la société, il avait notamment mené à fond deux projets techniques d'amélioration de produits de la SMMI. Moyennant quelques adaptations, l'application de ces deux études pouvait constituer, rapidement, le point de départ d'un renouvellement de la gamme.

2 – Il fallait en second lieu abandonner certaines productions "standard" pour lesquelles la société dégageait des marges dérisoires et dont les perspectives d'amélioration apparaissaient trop réduites. Cela revenait à éliminer totalement la production d'équipements sur catalogue et à consacrer l'activité à la construction de machines spéciales sur commande.

3 – En attendant la reconstitution d'une gamme plus étoffée propre à l'entreprise, Rémy Dumagret estimait nécessaire de développer une activité de revendeur. Il s'agissait d'une rupture avec la tradition d'autonomie ombrageuse que son père avait cherché à imposer. Mais, pour Rémy Dumagret, l'heure n'était plus à "la fierté mal placée". Il justifiait ainsi cette option par trois arguments. D'une part, cette activité nouvelle de distribution permettrait à la société de proposer à ses clients une gamme moderne et complète, malgré ses faiblesses industrielles actuelles et de doter ses machines d'équipements périphériques compatibles et performants. D'autre part, la distribution et la maintenance de produits évolués favoriseraient un apprentissage et l'acquisition de compétences nouvelles. Enfin, cette activité permettrait d'éponger certains frais fixes inhérents à la fonction commerciale. Elle fournirait une impulsion à la force de vente qui avait été un des atouts de la société mais qui se trouvait actuellement sous-employée et en danger de démobilisation. Du reste, les premiers contacts pris avec des producteurs étrangers qui cherchaient à prendre pied sur le marché français étaient assez prometteurs. Rémy Dumagret pensait pouvoir ainsi obtenir la représentation exclusive pour les Pays de Loire de deux constructeurs scandinave et italien avec lesquels des relations avaient été établies dans le passé et qui avaient conservé une image flatteuse de l'entreprise. Les contrats en cours de discussion devaient lui assurer une marge intéressante et de bonnes conditions d'assistance technique et financière. Enfin, les produits concernés ne paraissaient pas devoir concurrencer ceux que la société pourrait lancer dans les années à venir.

4 – La société devait aider ses clients à régler les problèmes posés par le financement de leurs acquisitions. Plutôt que le crédit fournisseur traditionnel, Rémy Dumagret songeait à des solutions qui pourraient être mises en place avec le concours d'un établissement de crédit. L'implantation récente dans la région d'un organisme spécialisé dans le financement de l'équipement industriel et qui cherchait à réaliser une percée auprès des entreprises locales allait certainement favoriser le montage de solutions telles que la location ou le crédit-bail.

5 – Enfin, la société devait accepter l'idée d'un recours à la sous-traitance qui avait été jusqu'alors écartée. Rémy Dumagret attendait d'une telle option à la fois un allègement des coûts et une réduction des besoins en investissements. Compte-tenu de l'effort de modernisation qu'il jugeait inéluctable, la maîtrise des frais fixes et des besoins de financement lui paraissait en effet comme un impératif catégorique.

Rémy Dumagret annonça ces orientations et les décisions concrètes qui en découlaient au cours de réunions du comité de direction et du comité d'entreprise en décembre 1987. Le plan évitait les licenciements "secs", mais il prévoyait des abandons d'activité et des réductions d'effectifs qui suscitèrent inévitablement une vive réaction. Pourtant, le nouveau PDG se montra capable de souplesse et de persuasion. Moyennant quelques aménagements, il sut convaincre une large majorité des salariés de la cohérence et de l'urgence de ses projets. Les plus vives oppositions étaient venues du directeur technique et certains agents administratifs. Mais Rémy Dumagret sut contourner leur position et, isolés, les "opposants" se résignèrent à suivre le mouvement, d'autant que leurs rangs avaient été clairsemés par quelques départs en retraite anticipée.

Pour symboliser ces nouvelles ambitions internationales et technologiques, une nouvelle raison sociale fut choisie. L'entreprise devint "La Société Européenne de Productique".

L'année 1988 fut une année difficile. Bien sûr, la société avait bénéficié d'un "frémissement", d'une amorce de reprise que l'on pouvait percevoir dans les investissements industriels. Mais l'apprentissage des technologies de la commande numérique, de la conception et de la production assistées par ordinateur exigèrent deux années d'efforts marquées par quelques erreurs et flottements. Pourtant, Rémy Dumagret se montra capable de tenir le cap en maintenant l'effort d'investissement et de formation et en entretenant une réelle mobilisation des salariés, même les plus jeunes.

Il fallut attendre 1989 pour que les résultats commerciaux traduisent enfin une amélioration telle que le pari de Rémy Dumagret pouvait sembler gagné. Les ventes avaient progressé. Les activités de location étaient en plein développement. Les effectifs d'abord réduits de 1600 personnes en fin 1984 à 925 en fin 1987 s'étaient rétablis à 1 012 salariés en fin 1989.

Les résultats financiers restaient cependant négatifs et cela préoccupait le PDG d'autant plus vivement qu'il avait réussi à convaincre un groupe d'investisseurs de prendre une participation nouvelle dans la société. La famille Dumagret avait exprimé une opposition déterminée à l'idée d'une nouvelle ouverture du capital qui ramènerait de 70 % à 51 % la part de ses intérêts. Mais pour Paul Dumagret, aucune autre solution ne paraissait envisageable pour assurer la reconstitution des capitaux propres de la société, sévèrement rognés par les pertes des derniers exercices. Les actionnaires actuels avaient déjà rassemblé tous les fonds qu'ils pouvaient lever pour participer à l'augmentation de capital effectuée en 1989 et ne pouvaient plus apporter de contribution nouvelle. Les autres membres de la famille pensaient au contraire qu'un emprunt à cinq ans permettrait à la société de franchir un mauvais cap et comptaient sur l'autofinancement futur pour restaurer les équilibres financiers.

Annexe 1
Extraits de la liasse fiscale de la SEP à fin 1989

cerfa N° 30-2335

Formulaire obligatoire (article 53 A du code général des impôts).

① BILAN — ACTIF

D.G.I. N° 2050-N [9]
(Janvier 1989)

Désignation de l'entreprise : Société Européenne de Productique — Durée de l'exercice exprimée en nombre de mois* 12

Adresse de l'entreprise 28, rue du Tunnel de Fourvière 72000 Le Mans — Durée de l'exercice précédent* 12

Numéro SIRET* — Code APE

Exercice précédent (N-1) clos le : 31 12 88

		(Ne pas reporter le montant des centimes)*		Exercice N, clos le : 31 12 89 — Brut 1		Amortissements, provisions 2	Net 3	Net 4
		Capital souscrit non appelé (0)	AA					
ACTIF IMMOBILISÉ*	IMMOBILISATIONS INCORPORELLES	Frais d'établissement*	AB	5.066.000	AC	2.810.000	2.256.000	673.000
		Frais de recherche et développement*	AD	1.360.000	AE	699.000	661.000	205.000
		Concessions, brevets et droits similaires	AF		AG			
		Fonds commercial (1)	AH		AI			
		Autres immobilisations incorporelles	AJ		AK			
		Avances et acomptes sur immobilisations incorporelles	AL		AM			
	IMMOBILISATIONS CORPORELLES	Terrains	AN	12.638.000	AO	–	12.638.000	11.601.000
		Constructions	AP	72.165.000	AQ	34.884.000	37.281.000	24.445.000
		Installations techniques, matériel et outillage industriels	AR	224.721.000	AS	107.613.000	117.108.000	65.684.000
		Autres immobilisations corporelles	AT	106.708.000	AU	59.962.000	46.746.000	52.030.000
		Immobilisations en cours	AV		AW			
		Avances et acomptes	AX		AY			
	IMMOBILISATIONS FINANCIÈRES (2)	Participations	AZ	14.261.000	BA	6.127.000	8.134.000	27.600.000
		Créances rattachées à des participations	BB	6.306.000	BC	2.284.000	4.022.000	8.040.000
		Autres titres immobilisés	BD		BE			
		Prêts	BF		BG			
		Autres immobilisations financières*	BH		BI			
		TOTAL (I)	BJ	443.225.000	BK	214.379.000	228.846.000	190.278.000
ACTIF CIRCULANT	STOCKS*	Matières premières, approvisionnements	BL	15.158.000	BM	6.536.000	8.622.000	6.880.000
		En cours de production de biens	BN	79.681.000	BO	4.522.000	75.159.000	70.705.000
		En cours de production de services	BP		BQ			
		Produits intermédiaires et finis	BR	151.694.000	BS	3.610.000	148.084.000	106.177.000
		Marchandises	BT	36.222.000	BU	1.022.000	35.200.000	27.602.000
		Avances et acomptes versés sur commandes	BV	9.869.000	BW	143.000	9.726.000	8.130.000
	CRÉANCES	Clients et comptes rattachés (3)*	BX	342.259.000	BY	9.267.000	332.992.000	245.230.000
		Autres créances (3)	BZ	77.042.000	CA	2.298.00	74.744.000	60.791.000
		Capital souscrit et appelé, non versé	CB		CC			
	DIVERS	Valeurs mobilières de placement (dont actions propres :)	CD	1.255.000	CE	27.000	1.228.000	4.870.000
		Disponibilités	CF	2.191.000	CG		2.191.000	7.664.000
		Charges constatées d'avance (3)*	CH	110.000	CI		110.000	75.000
		TOTAL (II)	CJ	715.481.000	CK	27.425.000	688.056.000	538.124.000
Comptes de régularisation		Charges à répartir sur plusieurs exercices* (III)	CL					
		Primes de remboursement des obligations (IV)	CM	660.000			660.000	710.000
		Ecarts de conversion actif* (V)	CN	112.000			112.000	25.000
		TOTAL GÉNÉRAL (0 à V)	CO	1.159.478.000	1A	241.804.000	917.674.000	729.137.000

Renvois : (1) Dont droit au bail :	0	(2) part à moins d'un an des immobilisations financières nettes : CP	0	(3) Part à plus d'un an : CR	0
Clause de réserve de propriété :* Immobilisations :	0	Stocks :	0	Créances :	0

* Des explications concernant cette rubrique sont données dans la notice n° 2032-N

1er EXEMPLAIRE DESTINÉ À L'ADMINISTRATION

N° 2050-N - Série G - Imprimerie Nationale 9403010.L.35 (33) - Octobre 1988

cerfa N° 30-2336
Formulaire obligatoire (article 53 A du Code général des impôts)

② **BILAN — PASSIF** avant répartition

D.G.I. N° 2051-N [9]
(Janvier 1989)

Désignation de l'entreprise Société Européenne de Productique

1er EXEMPLAIRE DESTINÉ À L'ADMINISTRATION

	(Ne pas reporter le montant des centimes) *		Exercice N 1	Exercice N − 1 2
CAPITAUX PROPRES	Capital social ou individuel (1)* (Dont versé : 85.000.000)	DA	85.000.000	65.000.000
	Primes d'émission, de fusion, d'apport, ...	DB	14.803.000	12.000.000
	Ecarts de réévaluation (2)*	DC		
	Réserve légale (3)	DD	6.500.000	6.500.000
	Réserves statutaires ou contractuelles	DE	20.707.000	20.707.000
	Réserves réglementées (3) (4)	DF		
	Autres réserves	DG	96.822.000	96.822.000
	Report à nouveau	DH	(40.482.000)	(5.795.000)
	RÉSULTAT DE L'EXERCICE (bénéfice ou perte)	DI	(14.625.000)	(39.687.000)
	Subventions d'investissement	DJ	14.528.000	8.000.000
	Provisions réglementées *	DK		
	TOTAL (I)	DL	183.253.000	163.547.000
Autres fonds propres	Produit des émissions de titres participatifs	DM		
	Avances conditionnées	DN		
	TOTAL (II)	DO		
Provisions pour risques et charges	Provisions pour risques	DP	47.605.000	30.105.000
	Provisions pour charges	DQ	5.959.000	6.121.000
	TOTAL (III)	DR	53.564.000	36.226.000
DETTES (5)	Emprunts obligataires convertibles	DS		
	Autres emprunts obligataires	DT		
	Emprunts et dettes auprès des établissements de crédit (6)	DU	163.980.000	126.114.000
	Emprunts et dettes financières divers (7)	DV	139.962.000	134.040.000
	Avances et acomptes reçus sur commandes en cours	DW	40.306.000	18.507.000
	Dettes fournisseurs et comptes rattachés	DX	240.764.000	159.370.000
	Dettes fiscales et sociales	DY	84.978.000	88.473.000
	Dettes sur immobilisations et comptes rattachés	DZ		
	Autres dettes	EA	10.230.000	2.305.000
Compte régul.	Produits constatés d'avance (5)	EB	637.000	555.000
	TOTAL (IV)	EC	680.857.000	529.364.000
	Ecarts de conversion passif* (V)	ED		
	TOTAL GÉNÉRAL (I à V)	EE	917.674.000	729.137.000

Total du bilan de l'exercice N en francs et centimes *

RENVOIS					
	(1)	Écart de réévaluation incorporé au capital	1B		
	(2)	Dont Réserve spéciale de réévaluation (1959)	1C		
		Dont Ecart de réévaluation libre	1D		
		Dont Réserve de réévaluation (1976)	1E		
	(3)	Dont réserve réglementée des plus-values à long terme *	EF		
	(4)	Dont réserve relative à l'achat d'œuvres originales d'artistes vivants	EJ		
	(5)	Dettes et produits constatés d'avance à moins d'un an	EG	476.877.000	336.890.000
	(6)	Dont concours bancaires courants, et soldes créditeurs de banques et CCP	EH	66.097.000	67.680.000
	(7)	Dont emprunts participatifs	EI		

* Des explications concernant cette rubrique sont données dans la notice n° 2032-N.

N° 2051-N - Série G - Imprimerie Nationale 9403011.L.42 (33) - Octobre 1988

cerfa N° 30-2337

Formulaire obligatoire (article 53 A du Code général des impôts).

(3) COMPTE DE RÉSULTAT DE L'EXERCICE (En liste)

D.G.I. N° 2052-N [9] (Janvier 1989)

Désignation de l'entreprise : Société Européenne de Productique

	(Ne pas reporter le montant des centimes)*	Exercice N – France 1	Exercice N – Exportation 2	Exercice N – Total 3	Exercice (N-1) 4
PRODUITS D'EXPLOITATION	Ventes de marchandises*	FA	FB	FC 387.210.000	110.233.000
	Production vendue – biens	FD	FE	FF 547.579.000	512.101.000
	Production vendue – services*	FG	FH	FI	
	Chiffres d'affaires nets*	FJ	FK	FL 934.789.000	622.334.000
	Production stockée*			FM 54.493.000	17.873.000
	Production immobilisée*			FN 7.103.000	9.899.000
	Subventions d'exploitation			FO	
	Reprises sur amortissements et provisions, transfert de charges*			FP 34.710.000	38.625.000
	Autres produits (1)			FQ 9.315.000	6.504.000
	Total des produits d'exploitation (2) (I)			FR 1.040.410.000	695.235.000
CHARGES D'EXPLOITATION	Achats de marchandises (y compris droits de douane)*			FS 285.940.000	121.447.000
	Variation de stock (marchandises)*			FT (–18.702.000)	(–7.214.000)
	Achats de matières premières et autres approvisionnements (y compris droits de douane)*			FU 147.506.000	123.277.000
	Variation de stock (matières premières et approvisionnements)*			FV (–5.024.000)	(–6.783.000)
	Autres achats et charges externes (3)*			FW 137.842.000	82.320.000
	Impôts, taxes et versements assimilés*			FX 13.349.000	11.266.000
	Salaires et traitements*			FY 212.392.000	183.525.000
	Charges sociales			FZ 84.252.000	69.942.000
	DOTATIONS D'EXPLOITATION – Sur immobilisations – dotations aux amortissements*			GA 48.940.000	56.467.000
	DOTATIONS D'EXPLOITATION – Sur immobilisations – dotations aux provisions			GB 3.706.000	1.042.000
	DOTATIONS D'EXPLOITATION – Sur actif circulant : dotations aux provisions			GC 27.425.000	6.733.000
	DOTATIONS D'EXPLOITATION – Pour risques et charges : dotations aux provisions			GD 37.795.000	34.845.000
	Autres charges			GE 15.289.000	3.534.000
	Total des charges d'exploitation (4) (II)			GF 990.710.000	680.401.000
	1 - RÉSULTAT D'EXPLOITATION (I - II)			GG 49.700.000	14.834.000
opérations en commun	Bénéfice attribué ou perte transférée* (III)			GH	
	Perte supportée ou bénéfice transféré* (IV)			GI	
PRODUITS FINANCIERS	Produits financiers de participations (5)			GJ	687.000
	Produits des autres valeurs mobilières et créances de l'actif immobilisé (5)			GK 1.143.000	1.208.000
	Autres intérêts et produits assimilés (5)			GL 817.000	810.000
	Reprises sur provisions et transferts de charges			GM	
	Différences positives de change			GN 543.000	190.000
	Produits nets sur cessions de valeurs mobilières de placement			GO	
	Total des produits financiers (V)			GP 2.503.000	2.895.000
CHARGES FINANCIÈRES	Dotations financières aux amortissements et provisions*			GQ 50.000	
	Intérêts et charges assimilées (6)			GR 47.730.000	44.056.000
	Différences négatives de change			GS 3.761.000	10.436.000
	Charges nettes sur cessions de valeurs mobilières de placement			GT	
	Total des charges financières (VI)			GU 51.541.000	54.492.000
	2 - RÉSULTAT FINANCIER (V – VI)			GV (–49.038.000)	(–51.597.000)
	3 - RÉSULTAT COURANT AVANT IMPÔTS (I – II + III – IV + V – VI)			GW 662.000	(–36.763.000)

(RENVOIS : voir tableau n° 2053-N) * Des explications concernant cette rubrique sont données dans la notice n° 2032-N.

1er EXEMPLAIRE DESTINÉ A L'ADMINISTRATION

N° 2052-N - Série G - Imprimerie Nationale 9403012.L.49 [49] - Octobre 1988

cerfa N° 30-2338

Formulaire obligatoire (article 53 A du Code général des impôts)

(4) COMPTE DE RÉSULTAT DE L'EXERCICE (Suite)

D.G.I. N° 2053-N (Janvier 1989)

9

Désignation de l'entreprise

	(Ne pas reporter le montant des centimes) *		Exercice N 1	Exercice N − 1 2
PRODUITS EXCEPTIONNELS	Produits exceptionnels sur opérations de gestion	HA	638.000	1.001.000
	Produits exceptionnels sur opérations en capital *	HB	4.829.000	217.000
	Reprises sur provisions et transferts de charges	HC		
	Total des produits exceptionnels (7) (VII)	HD	5.467.000	1.218.000
CHARGES EXCEPTIONNELLES	Charges exceptionnelles sur opérations de gestion	HE	716.000	3.797.000
	Charges exceptionnelles sur opérations en capital *	HF	20.038.000	345.000
	Dotations exceptionnelles aux amortissements et provisions	HG		
	Total des charges exceptionnelles (7) (VIII)	HH	20.754.000	4.142.000
3 — RÉSULTAT EXCEPTIONNEL (VII — VIII)		HI	(-15.287.000)	(-2.924.000)
Participation des salariés aux résultats de l'entreprise (IX)		HJ		
Impôts sur les bénéfices * (X)		HK		
TOTAL DES PRODUITS (I + III + V + VII)		HL	1.048.380.000	699.348.000
TOTAL DES CHARGES (II + IV + VI + VIII + IX + X)		HM	1.063.005.000	739.035.000
4 — BÉNÉFICE OU PERTE (total des produits — total des charges)		HN	(- 14.625.000)	(-39.687.000)

RENVOIS				
(1)	Dont produits nets partiels sur opérations à long terme	HO		
(2)	Dont produits d'exploitation afférents à des exercices antérieurs (à détailler au (8) ci-dessous)			
(3)	Dont — Crédit-bail mobilier	HP	47.807.000	12.540.000
	Dont — Crédit-bail immobilier	HQ		
(4)	Dont charges d'exploitation afférentes à des exercices antérieurs (à détailler au (8) ci-dessous)			
(5)	Dont produits concernant les entreprises liées			
(6)	Dont intérêts concernant les entreprises liées			

(7) Détail des produits et charges exceptionnels (Si ce cadre est insuffisant, joindre un état du même modèle) :	Exercice N — Charges exceptionnelles	Exercice N — Produits exceptionnels
H.B. Produit des cessions d'éléments d'actif		6.289.000
H.F. Valeur comptable des éléments d'actif cédés	20.038.000	

(8) Détail des produits et charges sur exercices antérieurs :	Exercice N — Charges antérieures	Exercice N — Produits antérieurs

* Des explications concernant cette rubrique sont données dans la notice n° 2032-N.

N° 2053-N - Série G - Imprimerie Nationale 9403013.L.56 [60] - Octobre 1988

1er EXEMPLAIRE DESTINÉ À L'ADMINISTRATION

cerfa N° 30-2339 (5) **IMMOBILISATIONS** D.G.I. N° 2054-N [9]

Formulaire obligatoire (article 53 A du Code général des impôts) Désignation de l'entreprise ______ (Janvier 1989)

(Ne pas reporter le montant des centimes) *

CADRE A	IMMOBILISATIONS		Valeur brute des immobilisations au début de l'exercice 1		Augmentations : Consécutives à une réévaluation pratiquée au cours de l'exercice 2		Augmentations : Acquisitions, créations, apports et virements de poste à poste 3
INCORP.	Frais d'établissement, de recherche et de développement **TOTAL I**	KA	2.361.000	KB		KC	6.091.000
INCORP.	Autres postes d'immobilisations incorporelles **TOTAL II**	KD		KE		KF	
CORPORELLES	Terrains	KG	11.601.000	KH		KI	1.037.000
CORPORELLES	Constructions – Sur sol propre	KJ	41.151.000	KK		KL	31.014.000
CORPORELLES	Constructions – Sur sol d'autrui	KM	10.932.000	KN		KO	
CORPORELLES	Constructions – Installations générales, agencements et aménagements des constructions *	KP		KQ		KR	
CORPORELLES	Installations techniques, matériel et outillage industriels	KS	158.399.000	KT		KU	76.028.000
CORPORELLES	Autres immobilisations corporelles – Installations générales, agencements, aménagements divers *	KV	68.834.000	KW		KX	13.061.000
CORPORELLES	Autres immobilisations corporelles – Matériel de transport *	KY	1.458.000	KZ		LA	1.352.000
CORPORELLES	Autres immobilisations corporelles – Matériel de bureau et informatique, mobilier	LB	31.832.000	LC		LD	16.633.000
CORPORELLES	Autres immobilisations corporelles – Emballages récupérables et divers *	LE		LF		LG	
CORPORELLES	Immobilisations corporelles en cours	LH		LI		LJ	
CORPORELLES	Avances et acomptes	LK		LL		LM	
CORPORELLES	**TOTAL III**	LN	324.207.000	LO		LP	139.125.000
FINANCIÈRES	Participations et créances rattachées à des participations	1L	40.345.000	1M		1N	
FINANCIÈRES	Autres titres immobilisés	1P		1R		1S	
FINANCIÈRES	Prêts et autres immobilisations financières	1T		1U		1V	
FINANCIÈRES	**TOTAL IV**	LQ	47.044.000	LR		LS	
	TOTAL GÉNÉRAL (I + II + III + IV)	ØG	373.612.000	ØH		ØJ	145.216.000

CADRE B	IMMOBILISATIONS		Diminutions : par virements de poste à poste 1		Diminutions : par cessions à des tiers ou mises hors service 2		Valeur brute des immobilisations à la fin de l'exercice 3		Réévaluation légale * Valeur d'origine des immobilisations en fin d'exercice 4
INCORP.	Frais d'établissement, de recherche et de développement **TOTAL I**		2.026.000	LT		LU	6.426.000	1W	
INCORP.	Autres postes d'immobilisations incorporelles **TOTAL II**			LV		LW		1X	
CORPORELLES	Terrains			LX		LY	12.638.000	LZ	
CORPORELLES	Constructions – Sur sol propre			MA		MB	72.165.000	MC	
CORPORELLES	Constructions – Sur sol d'autrui			MD	10.932.000	ME		MF	
CORPORELLES	Constructions – Inst. gales, agencts et am. des constructions			MG		MH		MI	
CORPORELLES	Installations techniques, matériel et outillage industriels			MJ	9.706.000	MK	224,721,000	ML	
CORPORELLES	Autres immobilisations corporelles – Inst. gales., agencts, aménagements divers			MM		MN	81,895.000	MO	
CORPORELLES	Autres immobilisations corporelles – Matériel de transport			MP		MQ	2.810.000	MR	
CORPORELLES	Autres immobilisations corporelles – Matériel de bureau et informatique, mobilier			MS	26.462.000	MT	22.003.000	MU	
CORPORELLES	Autres immobilisations corporelles – Emballages récupérables et divers*			MV		MW		MX	
CORPORELLES	Immobilisations corporelles en cours	MY		MZ		NA		NB	
CORPORELLES	Avances et acomptes	NC		ND		NE		NF	
CORPORELLES	**TOTAL III**			NG	47.100.000	NH	416.232.000	NI	
FINANCIÈRES	Participations et créances rattachées à des participations		19.412.000	1Y	7.065.000	1Z	20.567.000	2A	
FINANCIÈRES	Autres titres immobilisés			2B		2C		2D	
FINANCIÈRES	Prêts et autres immobilisations financières			2E		2F		2G	
FINANCIÈRES	**TOTAL IV**		19.412.000	NJ	7.065.000	NK	20.567.000	2H	
	TOTAL GÉNÉRAL (I + II + III + IV)		21.438.000	ØK	54.165.000	ØL	443.225.000	ØM	

* Des explications concernant cette rubrique sont données dans la notice n° 2032-N

1er EXEMPLAIRE DESTINÉ À L'ADMINISTRATION

N° 2054-N - Série G - Imprimerie Nationale 9403014.L.63 [41] - Octobre 1988

cerfa N° 30-2340 Formulaire obligatoire (article 53 A du Code général des impôts)

(6)

AMORTISSEMENTS

D.G.I. N° 2055-N (9) (Janvier 1989)

Désignation de l'entreprise: Société Européenne de Productique

(Ne pas reporter le montant des centimes) *

CADRE A — SITUATIONS ET MOUVEMENTS DE L'EXERCICE*

IMMOBILISATIONS AMORTISSABLES			Montant des amortissements au début de l'exercice 1		Augmentations : dotations de l'exercice 2		Diminutions : amortissements afférents aux éléments sortis de l'actif et reprises 3		Montant des amortissements à la fin de l'exercice 4
Frais d'établissement, de recherche et de développement TOTAL I		PA	1.483.000	PB	2.026.000	PC		PD	3.509.000
Autres immobilisations incorporelles TOTAL II		PE		PF		PG		PH	
Terrains		PI		PJ		PK		PL	
Constructions	Sur sol propre	PM	19.431.000	PN	15.453.000	PO		PQ	34.884.000
	Sur sol d'autrui	PR	8.207.000	PS		PT	8.207.000	PU	
	Inst. générales, agencements et aménagements des constructions	PV		PW		PX		PY	
Installations techniques, matériel et outillage industriels		PZ	92.715.000	QA	14.898.000	QB		QC	107.613.000
Autres immobilisations corporelles	Inst. générales, agencements, aménagements divers	QD	36.710.000	QE	9.830.000	QF		QG	46.540.000
	Matériel de transport	QH	308.000	QI	610.000	QJ		QK	918.000
	Matériel de bureau et informatique, mobilier	QL	13.076.000	QM	6.123.000	QN	6.695.000	QO	12.504.000
	Emballages récupérables et divers	QP		QR		QS		QT	
TOTAL III		QU	170.447.000	QV	46.914.000	QW	14.902.000	QX	202.459.000
TOTAL GÉNÉRAL (I+II+III)		ØN	171.930.000	ØP	48.940.000	ØQ	14.902.000	ØR	205.968.000

CADRE B — VENTILATION DES DOTATIONS AUX AMORTISSEMENTS DE L'EXERCICE* / CADRE C — MOUVEMENTS AFFECTANT LA PROVISION POUR AMORTISSEMENTS DÉROGATOIRES*

Immobilisations amortissables			Amortissements linéaires 1		Amortissements dégressifs 2		Amortissements exceptionnels 3		Dotations 4		Reprises 5
Frais établissement et recherche TOTAL I		QY	1.785.000	2J		2K		2L		2M	
Immob. incorporelles TOTAL II		QZ	241.000	2N		2P		2R		2S	
Terrains		RA		RB		RC		2T		2U	
Constructions	Sur sol propre	RD	15.453.000	RE		RF		2V		2W	
	Sur sol d'autrui	RG		RH		RI		2X		2Y	
	Inst. gales, agenc et am. des const.	RJ		RK		RL		2Z		3A	
Inst. techniques mat. et outillage		RM		RN		RO		3B		3C	
Autres immobilisations corporelles	Ins. gales, agenc. am. divers	RP	8.196.000	RQ	6.702.000	RR		3D		3E	
	Matériel de transport	RS	14.830.000	RT	–	RU		3F		3G	
	Mat. bureau et inform. mobilier	RV	610.000	RW		RX		3H		3J	
	Emballages récup. et divers	RY		RZ	1.123.000	SA		3K		3L	
TOTAL III		SB	39.089.000	SC	7.825.000	SD		SE		SF	
TOTAL GENERAL (I+II+III)		SG	41.115.000	SH	7.825.000	SJ		SK		SL	

CADRE D

MOUVEMENTS DE L'EXERCICE AFFECTANT LES CHARGES RÉPARTIES SUR PLUSIEURS EXERCICES*	Montant net au début de l'exercice 1	Augmentations 2		Dotations de l'exercice aux amortissements 3		Montant net à la fin de l'exercice 4
Charges à répartir sur plusieurs exercices			SM		SN	
Primes de remboursement des obligations	710.000		SP	50.000	SR	660.000

* Des explications concernant cette rubrique sont données dans la notice N° 2032-N

1er EXEMPLAIRE DESTINÉ À L'ADMINISTRATION

N° 2055-N - Série G - Imprimerie Nationale 9403016.L.77 (49) - Octobre 1988

cerfa N° 30-2341
Formulaire obligatoire (article 53 A du Code général des impôts)

⑦ **PROVISIONS INSCRITES AU BILAN**

D.G.I. N° 2056-N [9]
(janvier 1989)

Désignation de l'entreprise Société Européenne de Productique

(Ne pas reporter le montant des centimes) *

	Nature des provisions		Montant au début de l'exercice 1		AUGMENTATIONS : Dotations de l'exercice 2		DIMINUTIONS : Reprises de l'exercice 3		Montant à la fin de l'exercice * 4
Provisions réglementées	Provisions pour reconstitution des gisements miniers et pétroliers	3T		TA		TB		TC	
	Provisions pour investissement (1)	3U		TD		TE		TF	
	Provisions pour hausse des prix (2)	3V		TG		TH		TI	
	Provisions pour fluctuation des cours	3W		TJ		TK		TL	
	Amortissements dérogatoires	3X		TM		TN		TO	
	Provisions fiscales pour implantations commerciales à l'étranger (4)	IJ		NL		NM		NN	
	Autres provisions réglementées (3)	3Y		TP		TQ		TR	
	TOTAL I	3Z		TS		TT		TU	
Provisions pour risques et charges	Provisions pour litiges	4A	22.603.000	4B	27.605.000	4C	15.058.000	4D	35.150.000
	Provisions pour garanties données aux clients	4E	7.502.000	4F	6.283.000	4G	1.330.000	4H	12.455.000
	Provisions pour pertes sur marchés à terme	4J		4K		4L		4M	
	Provisions pour amendes et pénalités	4N		4P		4R		4S	
	Provisions pour pertes de change	4T		4U		4V		4W	
	Provisions pour pensions et obligations similaires	4X		4Y		4Z		5A	
	Provisions pour impôts (3)	5B		5C		5D		5E	
	Provisions pour renouvellement des immobilisations	5F		5H		5J		5K	
	Provisions pour grosses réparations	5L	6.121.000	5M	3.907.000	5N	4.069.000	5P	5.959.000
	Provisions pour charges sociales et fiscales sur congés à payer *	5R		5S		5T		5U	
	Autres provisions pour risques et charges (3)	5V		5W		5X		5Y	
	TOTAL II	5Z	36.226.000	TV	37.795.000	TW	20.457.000	TX	53.564.000
Provisions pour dépréciation	sur immobilisations - incorporelles	6A		6B		6C		6D	
	sur immobilisations - corporelles	6E		6F		6G		6H	
	sur immobilisations - financières	6J	4.705.000	6K	3.706.000	6L		6M	8.411.000
	Sur stocks et en cours	6N	7.723.000	6P	20.647.000	6R	12.680.000	6S	15.690.000
	Sur comptes clients	6T	6.530.000	6U	4.310.000	6V	1.573.000	6W	9.267.000
	Autres provisions pour dépréciation (3)	6X	–	6Y	2.468.000	6Z		7A	2.468.000
	TOTAL III	7B	18.958.000	TY	31.131.000	TZ	14.253.000	UA	35.836.000
	TOTAL GÉNÉRAL (I + II + III)	7C	55.184.000	UB	68.926.000	UC	34.710.000	UD	89.400.000
	Dont dotations et reprises – d'exploitation			UE	68.926.000	UF	34.710.000		
	Dont dotations et reprises – financières			UG		UH			
	Dont dotations et reprises – exceptionnelles			UJ		UK			

(1) provisions réservées aux entreprises faisant participer leurs salariés aux résultats de l'entreprise (ordonnance n° 86-1134 du 21 octobre 1986)
(2) à détailler sur feuillet séparé selon l'année de constitution de la provision.
(3) à détailler sur feuillet séparé selon l'objet des provisions.
(4) Il s'agit des provisions prévues par les articles 39 octies B et 39 octies A-I bis et quater du CGI, constituées sans accord ni agrément préalable.

NOTA : Les charges à payer ne doivent pas être mentionnées sur ce tableau mais être ventilées sur l'état détaillé des charges à payer dont la production est prévue par l'article 38 II de l'annexe III au CGI.

* Des explications concernant cette rubrique sont données dans la notice n° 2032-N

1er EXEMPLAIRE DESTINÉ A L'ADMINISTRATION

N° 2056-N - Série G - Imprimerie Nationale 9403017.L.84 (60) - Octobre 1988

cerfa N° 30-2342

Formulaire obligatoire (article 53 A du Code général des impôts).
(ne pas reporter le montant des centimes *)

(8) **ÉTAT DES ÉCHÉANCES DES CRÉANCES ET DES DETTES A LA CLOTURE DE L'EXERCICE***

D.G.I. N° 2057-N [9]
(Janvier 1989)

Désignation de l'entreprise : Société Européenne de Productique

CADRE A	ÉTAT DES CRÉANCES		Montant brut 1		A 1 an au plus 2		A plus d'un an 3
DE L'ACTIF IMMOBILISÉ	Créances rattachées à des participations	UL	6.306.000	UM		UN	6.306.000
	Prêts (1) (2)	UP		UR		US	
	Autres immobilisations financières	UT		UV		UW	
DE L'ACTIF-CIRCULANT	Clients douteux ou litigieux	VA	12.350.000		12.350.000		
	Autres créances clients	UX	329.909.000		329.909.000		
	Créance représentative de titres prêtés * (Provision pour dépréciation antérieurement constituée* UQ)	UU					
	Personnel et comptes rattachés	UY	706.000		706.000		
	Sécurité sociale et autres organismes sociaux	UZ					
	Etat et autres collectivités publiques — Impôts sur les bénéfices	VM					
	Etat et autres collectivités publiques — Taxe sur la valeur ajoutée	VB					
	Etat et autres collectivités publiques — Autres impôts, taxes et versements assimilés	VN					
	Etat et autres collectivités publiques — Divers	VP					
	Groupe et associés (2)	VC	5.300.000		5.300.000		
	Débiteurs divers	VR	71.036.000		71.036.000		
	Charges constatées d'avance	VS	110.000		110.000		
	TOTAUX	VT	419.411.000	VU	419.411.000	VV	
RENVOIS	(1) Montant des - Prêts accordés en cours d'exercice	VD					
	(1) Montant des - Remboursements obtenus en cours d'exercice	VE					
	(2) Prêts et avances consentis aux associés (personnes physiques)	VF					

CADRE B	ÉTAT DES DETTES		Montant brut 1		A 1 an au plus 2	A plus d'1 an et 5 ans au plus 3	A plus de 5 ans 4
Emprunts obligataires convertibles (1)		7Y					
Autres emprunts obligataires (1)		7Z					
Emprunts et dettes auprès des établissements de crédit (1)	à 2 ans maximum à l'origine	VG	66.097.000		66.097.000		
	à plus de 2 ans à l'origine	VH	97.883.000			77.883.000	20.000.000
Emprunts et dettes financières divers (1) (2)		8A	139.962.000		33.865.000	106.097.000	
Fournisseurs et comptes rattachés		8B	240.764.000		240.764.000		
Personnel et comptes rattachés		8C					
Sécurité sociale et autres organismes sociaux		8D	39.706.000		39.706.000		
État et autres collectivités publiques	Impôts sur les bénéfices	8E					
	Taxe sur la valeur ajoutée	VW	37.822.000		37.822.000		
	Obligations cautionnées	VX					
	Autres impôts, taxes et assimilés	8H	7.450.000		7.450.000		
Dettes sur immobilisations et comptes rattachés		8J					
Groupe et associés (2)		VI					
Autres dettes		8K	10.230.000		10.230.000		
Dette représentative de titres empruntés *		SZ					
Produits constatés d'avance		8L	637.000		637.000		
TOTAUX		VY	640.551.000	VZ	436.571.000	183.980.000	20,000.000
RENVOIS (1)	Emprunts souscrits en cours d'exercice	VJ	72.706.000				
	Emprunts remboursés en cours d'exercice	VK	28.918.000				
RENVOIS (2)	Montant des divers emprunts et dettes contractés auprès des associés personnes physiques	VL					

* Des explications concernant cette rubrique sont données dans la notice n° 2032-N

Annexe 2
Indications relatives à l'activité de la SEP

Milliers de francs	Ventes de marchandises HT	Production vendue HT	CA HT	CA TTC
1975*	–	372 625	372 625	non significatif
1980*	–	367 044	367 044	non significatif
1985	–	389 707	389 707	455 957
1986	–	395 501	395 501	458 782
1987	12 615	420 675	433 290	506 949
1988	110 233	512 101	622 334	721 907
1989	387 210	547 579	934 789	1 089 029

* réévalués en francs 1985.

Annexe 3
Informations diverses

1 – Monsieur Grandgousier estimait que l'ensemble des provisions pour risques et charges devaient être considérées comme stables.

2 – La société acquitte généralement la TVA au taux de 18,60 % sur ses achats et charges externes.

3 – A partir de 1988, la SEP avait acquis en crédit-bail, un puis plusieurs automates à propos desquels l'annexe fournit les indications suivantes.

Francs	Valeur d'origine	Amortissements de l'exercice	Redevances payées	Redevances restant à payer (à 1 an et plus)
1988	54 560 000	10 912 000	12 540 000	–
1989	198 728 000	39 745 000	47 807 000	–

I - OBJECTIFS ET DÉMARCHE DE L'ANALYSE

Grâce à la richesse des éléments qu'il rassemble, le cas "La Société Européenne de Productique" fournit l'occasion d'appliquer l'ensemble des outils de l'analyse financière.

Il permet ainsi au lecteur d'effectuer un entraînement au diagnostic global, sur la base de données dont la complexité reste comparable à celle rencontrée par les analystes dans des situations professionnelles exigeant une analyse externe, aux problèmes d'évaluation des actifs et passifs près.

Même si le cas incite à réaliser un diagnostic d'ensemble, il suggère cependant des thèmes d'analyse précis. Il invite à étudier notamment le rapprochement entre crise industrielle et crise financière et l'appréciation des besoins de financement auxquels la SEP se trouve confrontée.

Dans ces conditions, orientant l'analyse en fonction de ces deux préoccupations, on propose de développer, dans cette note pédagogique, les trois points suivants :

• le passage du bilan "comptable" au bilan "financier", résumé en grandes masses ;

• l'analyse statique des bilans en fin 1988 et en fin 1989 ;

• l'analyse des performances financières.

II - ÉLÉMENTS DE CORRIGÉ

1 - Le passage du bilan "comptable" au bilan "financier"

La présentation du bilan comptable, extrait ici de la liasse fiscale, pour les besoins de l'analyse financière s'effectue à quelques variantes près selon les démarches et les justifications analytiques développées ci-dessus dans la note pédagogique du cas n° 8 "Finabase". On renvoie donc le lecteur à cette note pour une explication plus détaillée des options retenues ici.

11 - Les actifs

111 - Les actifs immobilisés

A propos des actifs immobilisés, deux corrections majeures s'imposent :

• l'élimination des non-valeurs exige ici la soustraction des frais d'établissement,

• la prise en compte des immobilisations acquises en crédit-bail.

L'incidence de ces inscriptions sur le passif sera analysée ci-après au paragraphe 12.

Le tableau 1 présente la procédure de reconstitution des immobilisations à fin 1989. On note bien évidemment que les données relatives à fin 1988 ne sont pas assez précises pour permettre une reconstitution détaillée. La présentation des éléments susceptibles d'être dégagés grâce aux données disponibles est pourtant utile pour fournir une indication sur les évolutions survenues en 1989.

Tableau 1
Le bilan financier : les immobilisations

	Fin 1989	Fin 1988
Frais de recherche et développement	1 360 000	–
– Amortissements	– 699 000	–
Immobilisations incorporelles (1)	661 000	205 000
Immobilisations corporelles (lignes AN, AP, AR, AT)	416 232 000	–
– Amortissements	– 202 459 000	–
	213 773 000	153 760 000
Immobilisations acquises en crédit-bail	198 728 000	54 560 000
– Amortissements	– 50 657 000	– 10 912 000
	148 071 000	43 648 000
Immobilisations corporelles (2)	361 844 000	197 408 000
Immobilisations financières (lignes AZ et BB)	20 567 000	–
– Amortissements	– 8 411 000	–
Immobilisations financières (3)	12 156 000	35 640 000
Total des immobilisations nettes : (1) + (2) + (3)	374 661 000	233 253 000

112 – Les actifs circulants

En l'absence d'indications relatives aux effets escomptés et non-échus, le retraitement des éléments d'actifs circulants se limite à un classement de ces éléments dans des rubriques pertinentes pour l'analyse statique.

Dans la présentation choisie ici, on opte pour la solution qui consiste à inscrire les valeurs mobilières de placement en emplois de trésorerie, compte tenu de leur rattachement à la gestion financière à court terme (ou gestion de la trésorerie) dont les décisions de placement sont une composante fondamentale. Bien entendu, le lecteur recherchant une conformité rigoureuse aux suggestions du plan comptable de 1982 pourra affecter ces valeurs en "emplois hors exploitation".

Tableau 2
Le bilan financier : les actifs circulants

	Fin 1989	Fin 1988
Stocks (lignes BL, BN, BP, BR, BT)	282 755 000	–
– Provisions pour dépréciation	– 15 690 000	–
Stocks (a)	267 065 000	211 364 000
Clients et comptes rattachés	342 259 000	–
– Provisions pour dépréciation	– 9 267 000	
Créances clients (b)	332 992 000	245 230 000
Avances et acomptes versés	9 869 000	–
– Provisions	– 143 000	–
Avances (c)	9 726 000	8 130 000
Créances sur le personnel (p. 8 de la liasse, ligne UY) (d)	706 000	?
Emplois cycliques (a) + (b) + (c) + (d) = (I)	610 489 000	464 724 000
Autres créances	76 336 000	–
– Provisions	– 2 298 000	–
(e)	74 038 000	60 791 000
Emplois hors exploitation (e) = (II)	74 038 000	60 791 000
Valeurs mobilières de placement	1 255 000	–
	– 27 000	–
(f)	1 228 000	4 870 000
Disponibilités (g)	2 191 000	7 664 000
Emplois de trésorerie (f) + (g) = (III)	3 419 000	12 534 000
Total des actifs circulants (I) + (II) + (III)	687 946 000	538 049 000

En outre, la présentation choisie élimine les "charges constatées d'avance", les primes de remboursement et les écarts de conversion-actif, dans la mesure où tous ces éléments correspondent à des non-valeurs et représentent donc une liquidité potentielle nulle.

12 – Les éléments du passif

La correction des éléments du passif doit tenir compte des engagements de l'entreprise, et notamment de ceux induits par les retraitements exigés par le passage du bilan "comptable" au bilan "financier".

121 – Les capitaux propres

Le montant des capitaux propres indiqué dans le bilan "comptable" (ligne DL) doit être corrigé pour tenir compte

- de l'incidence des non-valeurs,
- des implications fiscales des retraitements effectués
- de la part des provisions pour risques et charges qui semble présenter un caractère de réserve,
- de la politique de distribution de dividendes.

Compte tenu des pertes dégagées en 1988 et 1989, on considère le résultat comme imputé globalement sur la siutation nette. La reconstitution des capitaux propres peut alors s'effectuer selon la démarche détaillée par le tableau 3.

Tableau 3
Les capitaux propres

	1989	1988
Situation nette "comptable" (ligne DL)	183 253 000	163 547 000
– Non valeurs		
• sur frais d'établissement (AB – AC)	2 256 000	673 000
• sur primes de remboursement (CM)	660 000	710 000
• sur écarts de conversion (CN)	112 000	25 000
• sur charges constatées d'avance (CH)	110 000	75 000
[1]	3 138 000	1 483 000
dont non-valeurs générant une créance fiscale [2]	3 026 000	1 458 000
+ Créance fiscale latente [3]		
• [2] x 42 % en 1988		612 360
• [2] x 39 % en 1989	1 180 140	
+ Capitaux propres "latents		
• sur produits constatés d'avance (EB) [4]	637 000	555 000
– Dettes fiscales latentes [5]		
• [4] x 42 % en 1988		233 100
• [4] x 39 % en 1989	248 430	
Total des capitaux propres stricto-sensu DL – (1) + (3) + (4) – (5) = [I]	181 683 710	162 998 260
+ Part stable des provisions [6]	53 564 000	36 226 000
– Dette fiscale latente [7]		
• [6] x 42 % en 1988		– 15 214 920
• [6] x 39 % en 1989	– 20 889 960	
[II]	32 674 040	21 011 080
Total des capitaux propres et assimilés	214 357 750	184 009 340

On observera que les dettes fiscales latentes viennent diminuer le montant de la situation nette. En revanche, elles affectent la position de l'entreprise vis-à-vis de l'administration fiscale. Par simplification, on considérera ici que l'ensemble des dettes concernées représente un engagement à plus d'un an, compte tenu à la fois de leur caractère aléatoire et des délais de calcul et de règlement de l'impôt sur les bénéfices.

122 – Les dettes à plus d'un an

Les dettes à plus d'un an englobent en premier lieu les encours à plus d'un an que l'on peut reconstituer par différence :

• Dettes (ligne EC)
– • Dettes et produits à moins d'un an (ligne EG)

= • Dettes à plus d'un an

Cependant, ce montant doit être corrigé pour tenir compte, en particulier :
- des dettes fiscales latentes
- des engagements souscrits au titre des contrats de crédit-bail.

Le tableau 4 récapitule l'ensemble de la démarche ainsi précisée.

	1989	1988
Total des dettes (ligne EC)	680 857 000	529 364 000
– Eléments à moins d'un an (ligne EG)	– 476 877 000	– 336 890 000
= Dettes à plus d'un an au bilan (1)	203 980 000	192 474 000
Dettes fiscales latentes (voir tableau 3)		
• sur produits constatés d'avance	248 430	233 100
• sur reprises de provisions	20 889 960	15 214 920
– Créances fiscales latentes	– 1 180 140	– 612 360
= Incidence fiscale des retraitements (2)	19 914 570	14 825 160
Dettes liée aux engagements de crédit-bail	198 728 000	54 560 000
	– 50 657 000	– 10 912 000
(3)	148 071 000	43 648 000
Total des dettes à plus d'un an = (1) + (2) + (3)	372 009 250	250 957 660

123 – Les dettes à moins d'un an

Quant aux dettes à moins d'un an, elles englobent :
- des dettes d'exploitation
- des dettes hors exploitation
- des dettes financières à moins d'un an assimilables à des ressources de trésorerie.

Tableau 5
Les dettes à moins d'un an

	1989	1988
Dettes fournisseurs et comptes rattachés	240 764 000	159 370 000
Avances et acomptes reçus	40 306 000	18 507 000
Sous-total (1)	281 070 000	177 877 000
Dettes fiscales et sociales liées à l'exploitation		
Sécurité sociale... (liasse p. 8 ligne 8 D)	39 706 000	
TVA (liasse p. 8 ligne VW)	37 822 000	
Autres impôts (liasse p. 8 ligne 8H)	7 450 000	
Sous-total (2)	84 978 000	88 473 000
Ressources cycliques (1) + (2) = I	366 048 000	266 350 000
Autres dettes	10 230 000	2 305 000
Ressources hors exploitation = II	10 230 000	2 305 000
Emprunts et dettes auprès des établissements de crédit, à un an au plus (liasse p. 8)	66 097 000	
Emprunts et dettes financières diverses, à un an au plus	33 865 000	
Ressources de trésorerie = III	99 962 000	67 680 000*
Total des dettes à moins d'un an I + II + III	476 240 000	336 335 000

* Reconstitué par différence entre les dettes à moins d'un an et les sous-totaux I et II.

13 – Le bilan financier résumé

Dès lors, le bilan financier "résumé" en grandes masses selon une présentation adéquate pour l'analyse se présente comme suit.

Tableau 6
Le bilan financier "résumé"

	1989	1988
Actif		
Immobilisations	374 661 000	233 253 000
Emplois cycliques	610 489 000	464 724 000
Emplois hors exploitation	74 038 000	60 791 000
Emplois de trésorerie	3 419 000	12 534 000
Total général	1 062 607 000	771 302 000

Tableau 6 (suite)

	1989	1988
Passif		
Capitaux propres	214 357 750	184 009 340
Dettes à plus d'un an	372 009 250	250 957 660
Ressources cycliques	366 048 000	266 350 000
Ressources hors exploitation	10 230 000	2 305 000
Ressources de trésorerie	99 962 000	67 680 000
Total général	1 062 607 000	771 302 000

2 - L'analyse statique

21 - L'évolution des bilans en pourcentage

Le bilan résumé du tableau 6 se prête à une réduction en pourcentages, dans laquelle le montant de chaque masse est exprimé reltivement au total de l'actif et du passif.

Tableau 7
Les grandes masses du bilan en pourcentage

	1989	1988
Immobilisations	35,2 %	30,2 %
Emplois cycliques	57,5 %	60,3 %
Emplois hors exploitation	7,0 %	7,9 %
Emplois de trésorerie	0,3 %	1,6 %
Total (1)	100 %	100 %
Capitaux propres	20,2 %	23,9 %
Dettes à plus d'un an	35,0 %	32,5 %
Ressources cycliques	34,4 %	34,5 %
Ressources hors exploitation	1,0 %	0,3 %
Ressources de trésorerie	9,4 %	8,8 %
Total (2)	100 %	100 %

Malgré sa simplicité technique, cette représentation suscite aussitôt une série d'observations significatives :

• Les grandes masses de l'actif traduisent une forte progression de la part des immobilisations (+ 5 %), alors que la part des emplois cycliques (– 2,8 %), celle des emplois hors exploitation (– 0,9 %) et celle des emplois de trésorerie (– 1,3 %) se contractent nettement.

• Au passif, on observe surtout la progression relative des dettes à plus d'un an (+ 2,5 %) et celle, moins marquée, des ressources de trésorerie (+ 0,6 %). Quant aux capitaux propres, leur part subit une nette réduction (– 3,7 %).

Ce premier ensemble de remarques demeure bien sûr descriptif et peut structuré. Il permet cependant de déceler l'influence sur la structure du bilan des orientations majeures de l'entreprise : un effort d'investissement marqué, surtout financé par emprunts à moyen et long terme et se traduisant par une légère dégradation de la trésorerie.

22 – La relation fondamentale de trésorerie

Le tableau 8 reprend le calcul des termes de la relation de trésorerie pour la SEP, à la fin de 1988 et de 1989.

	1989	1988
FRN		
• *Capitaux permanents* (1)		
Capitaux propres	214 404 430	184 019 840
Dettes à plus d'un an	371 965 570	250 947 160
Sous-total (1)	586 367 00	434 967 000
• *Actifs immobilisés* (2)	374 661 000	233 253 000
FRN = (1) – (2)	+ 211 706 000	+ 201 714 000
BFRE		
• Emplois cycliques (3)	610 489 000	464 724 000
• Ressources cycliques (4)	366 048 000	266 350 000
BFRE = (3) – (4)	244 441 000	198 374 000
BFRHE		
• Emplois hors exploitation (5)	74 038 000	60 791 000
• Ressources hors exploitation (6)	10 230 000	2 305 000
BFRHE = (5) – (6)	63 808 000	58 486 000
BFR = BFRE + BFRHE	308 249 000	256 860 000
Trésorerie		
• Emplois de trésorerie (7)	3 419 000	12 534 000
• Ressources de trésorerie (8)	99 962 000	67 680 000
T = (7) – (8)	– 96 543 000	– 55 146 000

Entre les dates considérées, la SEP accuse une nette dégradation de sa trésorerie. Déjà négative en fin 1988, la situation de trésorerie traduit donc une dépendance accrue de la société à l'égard des concours financiers à court terme et une nette contraction de ses liquidités (les emplois de trésorerie sont divisés par 3,6 !).

Cette dégradation de la trésorerie reflète elle-même le décalage entre la progression modérée du FRN (+ 9 992 000 F) et la très forte croissance du BFR (+ 51 389 000 F). Le FRN progresse légèrement, malgré l'effort d'investissement remarquable assuré par la société. Cet effort, qui permet une progression de 60,6 % des immobilisations nettes, a d'ailleurs été assuré par un large recours au crédit-bail réintégré dans le bilan financier tel qu'il a été préalablement reconstitué. Dans ces conditions, la progression observée du FRN pourrait donc apparaître comme une performance notable si elle n'était financée dans une très large mesure par des dettes à plus d'un an. Alors que les capitaux permanents augmentent de 151 400 000 F, les dettes à plus d'un an s'accroissent de 121 018 410 F. L'effort de reconstitution des capitaux permanents a donc surtout porté sur l'appel à des emprunts, aggravant le poids de l'endettement déjà très marqué.

Quant au BFR, il subit une augementation nettement supérieure à celle du FRN, ainsi que cela a déjà été souligné. Cette augmentation de 20 % est imputable, pour l'essentiel, au BFRE. Or cette progression ne semble pas à première vue excessive, compte tenu de l'évolution du chiffre d'affaires de la SEP en 1989. Au cours de l'exercice, la société a en effet connu une croissance de son chiffre d'affaires de 50 % environ, grâce au développement de son activité de vente de marchandises. Dans ces conditions, l'évolution du BFR semble donc avoir été correctement maîtrisée par les dirigeants de la SEP.

23 – Les indications fournies par les ratios d'endettement

Les premières étapes de l'analyse conduisent à mettre l'accent sur la dégradation de la trésorerie et sur le niveau d'endettement de l'entreprise. C'est sur ce dernier point que portera une analyse complémentaire conduite à l'aide de ratios relatifs à la structure du passif. Bien sûr, un recours plus extensif à la méthode de ratios est envisageable, compte tenu des indications fournies par le cas "Société Européenne de Productique". Mais, la méthode ayant déjà été largement illustrée dans ce recueil, la présente note se bornera à y recourir de façon sélective. En particulier, l'étude des délais de rotation souvent si féconde est, dans ce cas, d'un intérêt limité puisque le gonflement du BFRE de la société est, en l'occurence, manifestement imputable à la seule croissance de l'activité et non à une dégradation de ses délais d'exploitation.

Le niveau d'endettement global est d'abord traduit par les ratios suivants.

R_1 = Capitaux propres/passif total

$R'_1 = 1 - R_1$ = Dettes/passif total.

Pour la SEP, ces ratios peuvent être calculés pour fin 1988 et 1989.

	1989	1988
R_1 = Capitaux propres/passif total	214 357 750 / 1 062 607 000 = 20,1 %	184 009 340 / 771 302 000 = 23,9 %
R'_1 = Dettes/passif total	= 79,9 %	= 76,1 %

En second lieu, des ratios d'endettement à terme permettent de préciser la structure des capitaux permanents.

	1989	1988
R_2 = Capitaux permanents/passif total	586 367 000 / 1 062 607 000 = 55,2 %	434 967 000 / 771 302 000 = 56,4
R_3 = Capitaux propres/capitaux permanents	214 357 750 / 586 367 000 = 36,6 %	184 009 340 / 434 967 000 = 42,3 %
R_4 = Dettes à plus d'un an/capitaux propres	371 965 570 / 214 357 750 = 1,73	250 947 160 / 184 009 340 = 1,36

Ces ratios signalent :

• une légère perte de stabilité globale, appréciée sur l'ensemble des ressources (ratio R_2),

• mais surtout l'importance du recours au levier financier par la SEP.

En effet, la société fait appel à des dettes à plus d'un an qui excèdent largement le montant de ses capitaux propres. D'après les normes bancaires traditionnelles, elle a donc saturé sa capacité d'endettement (R_4 = 1 étant supposé représenter habituellement une "limite" d'endettement).

Bien sûr cette situation et l'aggravation constatée entre 1988 et 1989 sont amplifiées par deux éléments :

• La SEP a recouru plus largement au crédit-bail, sans doute pour "alléger" la structure de son bilan. Mais les retraitements opérés ici neutralisent cette tentative d'habillage du bilan.

• Les pertes cumulées dégagées par l'entreprise sur les derniers exercices ont également contribué à dégrader les ratios d'endettement en réduisant le montant des capitaux propres.

Au total, les quelques ratios calculés permettent d'énoncer une conclusion d'étape : l'hypothèse d'un recours additionnel à l'endettement semble ici difficile à soutenir, compte-tenu du poids déjà atteint par les dettes, dans le passif en général (près de 80 % en fin 1989 !) comme dans le montant des capitaux permanents.

3 - L'analyse des performances

31 - La mesure des résultats

La mesure des résultats portera d'abord sur les indicateurs comptables "traditionnels", puis sur les autres soldes intermédiaires de gestion et, enfin, sur la CAF.

311 - Les résultats comptables "traditionnels".

Le compte de résultat du PCG de 1982 permet de dégager les mesures partielles du résultat et leur résultat global de l'exercice.

Les cinq indicateurs sont fournis d'emblée par ce document, tel qu'il est repris dans les pages 3 et 4 de la liasse fiscale.

Tableau 10
Les résultats comptables

	1989	1988
Résultat d'exploitation (ligne GG)	+ 49 700 000	+ 14 834 000
Résultat financier (ligne GV)	− 49 038 000	− 51 597 000
Résultat courant avant impôt (ligne GW)	+ 662 000	− 36 763 000
Résultat exceptionnel (ligne HI)	− 15 287 000	− 2 924 000
Résultat de l'exercice (ligne HN)	− 14 625 000	− 39 687 000

Le tableau 10 permet de constater un certain redressement des résultats de la société, même si les résultats exceptionnels se dégradent encore entre 1988 et 1989.

• Le résultat global reste négatif, mais le déficit se réduit considérablement.

• Le résultat financier reste très fortement négatif, ce qui permet de souligner à nouveau le sur-endettement de l'entreprise. En 1989, le résultat d'exploitation, malgré sa nette progression, suffit à peine à éponger le déficit du résultat financier !

• Enfin, les résultats exceptionnels ont subi une forte détérioration en 1989. Cette détérioration semble liée au dégagement de très fortes pertes sur des opérations en capital, sans doute des cessions. Elle peut donc apparaître comme un "prix à payer" pour le renouvellement des équipements de la SEP, dans le cadre du plan de redressement initié par M. Dumagret. Cette aggravation serait alors perçue comme l'expression d'une évolution momentanée et non comme le signe d'une dégradation durable.

312 – Les soldes intermédiaires de gestion après retraitements

Le calcul des autres soldes intermédiaires de gestion est repris dans le tableau 11. Au lieu de reprendre purement et simplement, les rubriques du tableau des soldes intermédiaires de gestion (TSIG) du plan comptable, le tableau 11, inclut des retraitements cohérents avec ceux efectués sur le bilan financier et justifiés ci-dessus dans la note pédagogique du cas n° 8 "Finabase". Les retraitements sont signalés dans le tableau par des astérisques.

Tableau 11
Les soldes intermédiaires de gestion après retraitements

1 – *Marge commerciale* (I)		
Vente de marchandises	387 210 000	110 233 000
– Achats de marchandises	– 285 940 000	– 121 447 000
(– Variation des stocks)	+ 18 702 000	+ 7 214 000
MC (I) =	119 972 000	– 4 000 000
2 – *Production* (II)		
Production vendue	547 579 000	512 101 000
+ Production stockée	+ 54 493 000	+ 17 873 000
+ Production immobilisée	+ 7 103 000	+ 9 899 000
P (II) =	609 175 000	539 873 000
3 – *Valeur ajoutée* (III)		
Marge commerciale (I)	119 972 000	– 4 000 000
+ Production (II)	+ 609 175 000	+ 539 873 000
– Achats de matières premières	– 147 506 000	– 123 277 000
(Variation des stocks)	+ 5 024 000	+ 6 783 000
– Autres achats et charges externes	– 137 842 000	– 82 320 000
+ Redevances de crédit-bail (*)	+ 47 807 000	+ 12 540 000
VA (III) =	496 630 000	349 599 000
4 – *Excédent brut d'exploitation* (IV)		
Valeur ajoutée (III)	496 630 000	349 599 000
– Impôts taxes et versement assimilés	– 13 349 000	– 11 266 000
– Salaires et traitements	– 212 392 000	– 183 525 000
– Charges sociales	– 84 252 000	– 69 942 000
EBE (IV) =	186 637 000	84 866 000

5 – *Résultat d'exploitation* (V)		
EBE (IV)	186 637 000	84 866 000
+ Reprises sur amortissements, provisions...	+ 34 710 000	+ 38 625 000
+ Autres produits	+ 9 315 000	+ 6 504 000
– Dotations d'exploitation aux amortissements	– 48 940 000	– 56 467 000
– Dotations d'exploitation aux provisions	– 68 926 000	– 42 620 000
– Autres charges	– 15 289 000	– 3 534 000
– Dotations aux amortissements sur les biens en crédit-bail*	– 39 745 000	– 10 912 000
RE (V) =	57 762 000	16 462 000
6 – *Résultat courant* (VI)		
Résultat d'exploitation (V)	57 762 000	16 462 000
+ Produits financiers	+ 2 503 000	+ 2 895 000
– Charges financières	– 51 541 000	– 54 492 000
– Redevances de crédit-bail*	– 47 807 000	– 12 540 000
+ Dotations sur actifs en crédit-bail*	+ 39 745 000	+ 10 912 000
RCAI (VI) =	662 000	– 36 763 000
7 – *Résultat exceptionnel* (VII)		
+ Produits exceptionnels	+ 5 467 000	+ 1 218 000
– Charges exceptionnels	– 20 754 000	– 4 142 000
REXCEPT (VII) =	– 15 287 000	– 2 924 000
8 – *Résultat global après impôt* (VIII)		
+ Résultat courant	+ 662 000	– 36 763 000
+ Résultat exceptionnel (VII)	– 15 287 000	– 2 924 000
– Impôt sur les bénéfices	– –	– –
RG (VIII) =	– 14 625 000	– 39 687 000

* Les redevances de crédit-bail, considérées du point de vue comptable comme des charges externes d'exploitation, sont ici retraitées dans la mesure où elles incluent :

• une part correspondant à l'amortissement qui aurait été pratiqué sur des biens acquis en toute propriété et qui doit donc être considérée comme une charge d'exploitation effective,

• une part correspondant à des frais financiers implicites, venant rémunérer le service rendu par le loueur, et qui doit donc être considérée comme une composante des frais financiers.

Les indications fournies par le tableau 11 confirment, en les précisant, celles fournies par les résultats comptables, calculés avant retraitement. Elles traduisent en effet une amélioration générale des performances de l'entreprise et supportent ainsi l'appréciation relative au redressement de la SEP sur les plans industriel et commercial. Cependant, la persistance d'un prélèvement massif au titre des frais financiers, et des charges exceptionnelles d'un poids particulièrement élevé expliquent le maintien d'un résultat déficitaire en 1989.

313 – La capacité d'autofinancement

Le calcul de la CAF complète cette série d'indications en fournissant une mesure du surplus monétaire (ou "cash flow") dégagé par la SEP, non seulement sur son activité d'exploitation (c'est l'objet de l'EBE), mais sur l'ensemble de ses activités.

Tableau 12
Calcul de la CAF

	1989	1988
Résultat de l'exercice	– 14 625 000	– 39 687 000
+ Dotations aux amortissements et provisions*	+117 916 000	+ 99 087 000
– Reprises sur amortissements, provisions	– 34 710 000	– 38 625 000
+ Valeur comptable des éléments d'actif cédés	+ 20 038 000	+ 345 000
– Prix de cession	– 4 829 000	– 217 000
– Quote-part des subventions virée au compte de résultat	0	0
	+ 83 790 000	+ 20 903 000

* Les dotations au titre des biens acquis en crédit-bail ne sont pas prises en compte ici puisqu'elles ont été décaissées effectivement par l'entreprise.

Entre 1988 et 1989, la CAF a été multipliée par 3,9 alors que l'EBE a été, pour sa part, multiplié par 2,2. L'amélioration des "cash flow" de l'entreprise a donc été remarquable et conduit à nouveau à confirmer l'ampleur du redressement réussi par M. Dumagret.

Il faut également insister sur l'importance du retraitement opéré à propos des actifs acquis en crédit-bail. Ce retraitement permet de réintégrer en une composante d'amortissement et une composante de frais financiers, au lieu de les considérer purement et simplement comme des charges externes. Il conduit ainsi à corriger à la hausse la VA, l'EBE, le résultat d'exploitation, alors que le résultat financier s'en trouve bien évidemment réduit.

Enfin, on relève une amélioration de la CAF d'autant plus remarquable, que la formule de calcul recommandée par le PCG revient à neutraliser les résultats sur cessions grâce à l'addition des moins-values (VCEAC – PCEA). Les cessions opérées par M. Dumagret au titre de 1988 (et surtout de 1989) s'étant soldées par d'importantes moins-values, la CAF n'en subit pas d'incidence.

32 – Les ratios de rentabilité

Le tableau 13 présente les indications fournies par une sélection restreinte de ratios de rentabilité, calculés d'après des résultats retraités.

Tableau 13
Ratios de rentabilité

Flux et stocks en milliers de francs	1989	1988
R_5 = Résultat d'exploitation/CAHT	$\frac{-14\,625}{934\,789} = -0{,}015$	$\frac{-39\,763}{622\,334} = -0{,}064$
R'_5 = Résultat d'exploitation/CAHT	$\frac{57\,762}{934\,789} = 0{,}062$	$\frac{16\,462}{622\,334} = 0{,}026$
R_6 = EBE/CAHT	$\frac{186\,637}{934\,789} = 0{,}20$	$\frac{84\,866}{622\,334} = 0{,}136$
R_7 = EBE/VA	$\frac{186\,637}{496\,630} = 0{,}376$	$\frac{84\,866}{349\,599} = 0{,}243$
R_8 = CAF/CAHT	$\frac{83\,790}{934\,789} = 0{,}09$	$\frac{20\,903}{622\,334} = 0{,}034$
R_9 = Résultat/Capitaux propres	$\frac{-14\,625}{214\,401{,}43} = 0{,}068$	$\frac{-39\,687}{184\,019{,}84} = 0{,}216$
R_{10} = Frais financiers/CAHT	$\frac{51\,541}{934\,789} = 0{,}055$	$\frac{54\,492}{622\,334} = 0{,}087$
R_{11} = Frais financiers/VA	$\frac{51\,541}{496\,630} = 0{,}014$	$\frac{54\,492}{349\,599} = 0{,}156$

Les résultats repris dans le tableau 13 apportent quelques indications complémentaires sur l'amélioration des performances de la SEP :

- progression de tous les ratios de rentabilité,
- réduction de la part des frais financiers dans le chiffre d'affaires (R_{10}) et dans la valeur ajoutée (R_{11}).

III - SYNTHÈSE ET CONCLUSIONS

En fin de compte, l'ensemble des éléments fournis par l'analyse permet de prendre une position claire par rapport aux interrogations soulevées par le cas.

Les membres de la famille Dumagret qui contrôlent la Société Européenne de Productique sont en effet divisés quant à l'appréciation des besoins de financement de l'entreprise. Or, l'analyse conduit à relever :

- la nécessité d'une amélioration du FRN,
- la nécessité de maintenir l'endettement à son niveau actuel et, si possible, de le réduire,
- la réalité du redressement de l'entreprise, qui justifie sans doute l'intérêt d'un investisseur désireux d'effectuer un apport de fonds propres dans une entreprise en voie d'assainissement.

Tous ces éléments confirment que l'entreprise est déjà surendettée et que le recours à l'emprunt semble inopportun, d'autant que les banques de la SEP risquent de refuser de nouveaux concours à moyen terme. Dans ces conditions, la solution préconisée par Rémy Dumagret semble la seule possible. Une nouvelle augmentation de capital semble nécessaire pour permettre à l'entreprise de consolider son redressement, que les actionnaires actuels y participent ou que l'appel à de nouveaux partenaires soit envisagé.

Cas n° 11

Dicox

Thèmes d'analyse :

- *Prévision du besoin en fonds de roulement et de l'excédent de trésorerie d'exploitation induits par le lancement d'une production.*
- *Evaluation du fonds de roulement prévisionnel.*

Outils et méthodes :

- *Relation fondamentale de trésorerie.*
- *Tableau des variations de l'encaisse.*
- *"Fonds de roulement normatif".*
- *Méthode de l'échéancier.*
- *Méthode des temps d'écoulement.*

Objectifs pédagogiques :

- *Initiation à l'évaluation des emplois et des ressources liés au cycle d'exploitation.*
- *Approfondissement du calcul du BFRE prévisionnel.*
- *Entraînement à la préparation d'un plan de trésorerie d'exploitation.*

Lectures recommandées :

Analyse financière :

- *Chapitre 4. Section 3.*
- *Chapitre 8. Section 2.*

Tout en regardant les milliers de bidons d'un litre empilés depuis plus de deux ans au fond de son entrepôt, M. Volludi songe à ses difficultés financières.

Il y a quelques années, M. Volludi a créé la société Dicox spécialisée dans la fabrication de conditionnements en plastique. Une clientèle stable d'entreprises industrielles assure le plein emploi de son outil de production. Grâce à une production à la commande, le stock d'emballages produits est toujours resté très faible, sauf après la défaillance d'un acheteur qui n'a jamais réceptionné les 12 000 bidons qui encombrent le fond de la zone d'entreposage.

La tendance de M. Volludi à développer des activités parallèles le conduit à renouer avec une idée qui lui était chère : pourquoi ne pas utiliser ces emballages pour distribuer des produits de nettoyage ménager ?

La différence essentielle entre les liquides employés par les professionnels et ceux utilisés par la ménagère tient à leur dilution dans un volume d'eau plus important. La réalisation du mélange exige peu de main-d'œuvre et n'entraîne pas d'investissement. La simplicité avec laquelle ce processus de production peut être mis en place est séduisante.

Après quelques investigations, l'idée commence à prendre corps. En effet, M. Volludi rassemble les quelques informations utiles à l'étude de ce projet.

1 – Le prix d'achat du détersif industriel lui sera facturé 250 F HT le litre par la société Garonne-Poussenc, le règlement devant intervenir sous un mois.

2 – Avant toute manipulation, il devra être conservé pendant un mois.

3 – La dilution devra s'opérer en deux étapes : l'une, un mois après l'arrivée de la matière première, l'autre, un mois plus tard ; c'est cette deuxième étape qui sera la plus coûteuse en main-d'œuvre. Le recours à l'un des membres du personnel de Dicox peut être évalué à 200 F. Ce coût correspond au traitement d'un litre de détersif industriel pour obtenir un lot de 50 bidons de produits finis.

4 – Ensuite, il sera nécessaire de stocker les bidons pendant un mois avant de procéder à leur livraison. Au total, trois mois sont donc nécessaires pour élaborer le produit. Après de nombreuses expérimentations, M. Volludi, chimiste de formation, a établi que si ces délais n'étaient pas respectés le mélange deviendrait instable et le produit inefficace.

5 – La commercialisation du produit fini sous le nom de marque Netix se réalisera par l'intermédiaire d'un grossiste qui s'engage à acheter 5 lots par mois, d'avril à août 1989, à 600 F HT le lot. Ensuite, pour des quantités supérieures, il souhaite adopter un rythme d'approvisionnement calqué sur les variations saisonnières de la demande de sa clientèle. Ce grossiste exige un délai de règlement de trois mois.

A ce stade, M Volludi jubile à l'idée, non seulement de se débarrasser de ces bidons, mais aussi et surtout, de se diversifier vers une activité rentable sans avoir à réaliser d'investissement. L'endettement excessif de Dicox et sa trésorerie passablement dégradée lui interdisent toute dérive. A terme, il envisage même de développer cette activité. En cas de succès, en bon technicien doublé d'un bon commercial, il peut espérer éliminer les soucis de trésorerie et étonner son banquier !

Pressé d'évaluer ce projet, il adopte quelques conventions simplificatrices :

– une année d'activité représente 300 jours ouvrables, soit 25 jours par mois ;

– toutes les opérations du cycle d'activité ont lieu le 1er de chaque mois ;

– la TVA sur les achats est récupérée 50 jours après la réception de la facture, tandis que la TVA sur le chiffre d'affaires est à payer 25 jours après la vente ;

– la main-d'œuvre est payée au début du troisième mois du cycle, de sorte que l'encours de production du deuxième mois du cycle n'inclut que la matière première. Par ailleurs le coût de l'eau est négligé ;

– l'imposition sur les bénéfices n'est pas prise en compte à un premier stade de l'étude.

Les données relatives au cycle d'exploitation du Netix ont été rassemblées dans le tableau 1.

Tableau 1
Données du cycle d'exploitation du produit Netix

Prix et taux

Taux de la TVA	20 % du prix HT	
Prix d'achat du litre de matière	250 F HT	300 F TTC
Prix de vente d'un lot de Netix ...	600 F HT	720 F TTC
Salaires	200 F	

Délais

Stock de matières premières	25 jours
Stock d'encours	25 jours
Stock de produits finis	25 jours
Clients	75 jours
TVA / achats	50 jours
Fournisseurs	25 jours
TVA / ventes	25 jours

Nombre de lots lancés en début de mois

		Années		
		1	2	3
mois		1989	1990	1991
1	J	5	11	13
2	F	5	12	16
3	M	5	14	15
4	A	5	12	12
5	M	5	0	0
6	J	5	4	10
7	J	5	5	12
8	A	5	5	14
9	S	6	6	16
10	O	8	8	18
11	N	9	9	20
12	D	10	10	23

I - OBJECTIFS ET PLAN DE L'ANALYSE

La décision de lancer la production d'une série d'articles provoque plusieurs chaînes de conséquences financières qui s'inscrivent sur le calendrier du cycle d'exploitation entre la date de facturation de la première livraison de matières et la date d'encaissement des ventes.

Les opérations d'approvisionnement, de fabrication et de vente font apparaître des stocks, des créances et des dettes qui influent sur l'actif et le passif d'exploitation. Il en résulte une variation du besoin en fonds de roulement (BFR).

Dans la mesure où ces opérations ne sont accompagnées d'aucun apport des ressources en fonds de roulement, la variation du BFR se répercute directement sur la trésorerie de l'entreprise.

Seul, le bénéfice tiré de la vente de la série d'articles réduit cet impact. Ce bénéfice, évalué au moyen de l'excédent brut d'exploitation (EBE), est destiné à s'inscrire, après impôt, dans la capacité d'autofinancement (CAF), c'est-à-dire en augmentation du FRN. La variation induite de la trésorerie est représentée par l'excédent de trésorerie d'exploitation (ETE). Elle s'évalue en formant la différence entre l'ETE et la variation du BFR :

$$\boxed{ETE = EBE - \Delta BFR}$$

Cette relation s'insère dans la relation fondamentale de trésorerie :

$$\Delta TRE = \Delta FRN - \Delta BFR$$

La perspective d'une rentabilité, même substantielle, n'est pas suffisante pour garantir l'équilibre financier du cycle d'exploitation. Les postes du bilan qui déterminent le BFR se situent à une toute autre échelle que celle des charges et produits dont résulte l'EBE. De plus, un déséquilibre des délais de rotation entre les emplois et les ressources d'exploitation peut accentuer l'effet de trésorerie.

De cette problématique naît un besoin de prévision. Si l'objectif est de dimensionner le BFR, par exemple pour équilibrer le bilan de fondation d'une entreprise au moment de sa création, la méthode des temps d'écoulement apporte une réponse satisfaisante. Si l'on se propose de relier les décisions de production au plan de trésorerie, la méthode de l'échéancier doit être développée.

La méthode des temps d'écoulement donne une évaluation du BFR proportionnelle au chiffre d'affaires hors taxes. Elle permet de prévoir la variation de trésorerie à laquelle il faudra faire face en cas de croissance de l'activité. Dans le cas où la variation de la trésorerie est négative et si l'entreprise choisit d'y remédier en augmentant dans la même mesure le fonds de roulement net, cette méthode permet d'obtenir le "Fonds de roulement normatif", celui qui finance le cycle d'exploitation sans recourir à l'endettement à court terme.

Bien-sûr, l'hypothèse d'un rapport constant entre le BFR et le chiffre d'affaires est commode et tout à fait admissible lorsque l'activité de l'entreprise est régulière. En revanche, lorsque la production est soumise à une montée en puissance ou à des discontinuités, l'interaction entre les différents délais peut modifier profondément ce rapport. La combinaison d'une croissance forte et de variations saisonnières importantes produit le même effet. La trésorerie induite par l'exploitation risque alors de connaître des pics et des creux bien plus que proportionnels aux variations du chiffre d'affaires. L'analyse chronologique des emplois et des ressources proposée par la méthode de l'échéancier représente alors un instrument de gestion adéquat des flux de trésorerie d'exploitation.

La logique de ces deux méthodes sera d'abord présentée dans le contexte le plus simple : celui de la production d'un seul lot de produit Netix. Ensuite, une extension à plusieurs lots permettra d'étudier la montée en puissance de la production. Enfin, la généralisation de la méthode de l'échéancier autorisera l'analyse et la prévision de la totalité du programme de production.

En dernier lieu, les particularités d'un cycle commercial seront analysées en considérant le cas du grossiste, client de Dicox, avec les informations suivantes :

– chaque lot de Netix sera vendu par ce grossiste à des détaillants au prix de 1 200 F hors taxes avec un délai de règlement d'un mois,

– le délai de rotation du stock sera d'un mois,

– les salaires versés le jour de la vente représenteront 25 % du prix de vente hors taxes.

Plus précisément, il s'agit d'effectuer les analyses suivantes.

1) Pour un seul lot du produit Netix, on cherche à :

– réaliser le schéma du cycle d'activité en faisant apparaître les différents délais qui engendrent soit un besoin, soit une ressource de financement,

– représenter l'évolution de la trésorerie,

– évaluer mensuellement le besoin en fonds de roulement (BFR),

– conclure provisoirement sur l'équilibre financier du cycle.

2) Pour les lots lancés pendant le premier semestre 1989, on souhaite :

– évaluer, mois par mois, les emplois et les ressources en fonds de roulement,

– représenter :
- d'une part, l'évolution du chiffre d'affaires hors taxes (CA HT), de la variation du BFR et de l'excédent de trésorerie d'exploitation (ETE),
- d'autre part, l'évolution du CA HT, du BFR et celle de l'ETE cumulé,

– caractériser cette phase de démarrage de la production.

3) Pour les lots lancés ultérieurement, on vise à :

– simuler, en généralisant la méthode précédente, l'évolution du BFR et de l'ETE,

– dégager les tendances des composantes de l'équilibre financier de l'exploitation :
- pendant la période de croissance sans variation saisonnière (cycles lancés d'août 1989 à mars1990),
- pendant la période de stabilité avec variations saisonnières (cycles lancés d'août 1989 à décembre 1990),
- pendant la période de croissance avec variations saisonnières (cycles lancés en 1991),

– évaluer le fonds de roulement nécessaire au développement de cette activité.

4) Pour le grossiste, on cherche à :
– analyser le cycle d'exploitation par les méthodes précédentes,
– évaluer les ressources en fonds de roulement dégagées par l'activité de négoce.

II - ÉLÉMENTS DE CORRIGÉ

1 - Etude d'un lot du produit Netix

11 - Cycle d'activité et évolution de l'encaisse (figures 1 et 2)

La réception d'un litre de détersif industriel et de la facture de 300 F TTC n'a aucune incidence immédiate sur la trésorerie, le rectangle "achat" qui la mentionne au jour 0 du cycle est en grisé.

Cependant cette opération a un triple aspect comptable et financier.

– Le montant de 300 F TTC est une dette-fournisseur qui représente une ressource pendant un mois.

– La TVA sur cet achat s'élève à 50 F, elle engendre une créance de Dicox sur l'Etat qui doit être financée pendant deux mois.

– Le stock de matière première de 250 F HT est un actif circulant qui fait naître un besoin de financement d'un mois. Ce besoin persiste le mois suivant sous la forme d'un encours de production, pour le même montant. L'essentiel du travail ayant lieu à la fin du deuxième mois, on suppose que le salaire de production est incorporé à cette date.

Figure 1
Les opérations et les délais de Dicox

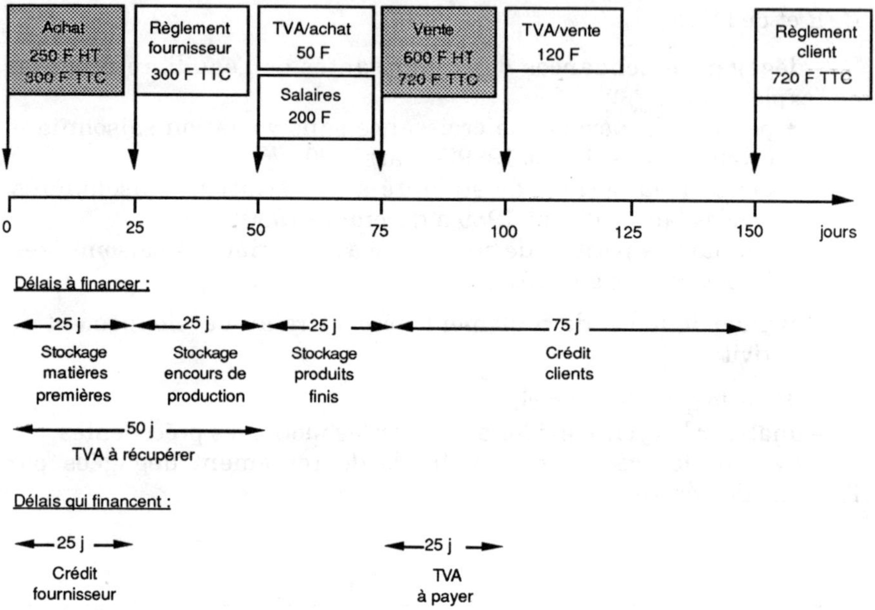

Il faut donc attendre le 25ème jour pour observer une diminution de 300 F de l'encaisse lors du règlement du fournisseur (figure 2).

Le 50ème jour, la récupération de la TVA / Achat se réalise en même temps que le versement des salaires, ce qui diminue encore l'encaisse de 200 – 50, soit 150 F.

Le délai de stockage du lot de 50 bidons de Netix ajoute un mois de financement pour un montant égal à son coût de production, soit 450 F.

La vente du lot intervient le 75ème jour. Elle n'affecte pas immédiatement la trésorerie. Elle a aussi un triple aspect comptable et financier.

– La facture de 720 F TTC est une créance-client qui occasionne un besoin de financement pendant le délai de paiement de trois mois accordé au grossiste.

– La TVA (120 F) relative à cette vente, payable un mois plus tard, dégage une ressource pendant la même durée.

– Le résultat enregistré sur cette vente est de 150 F (prix de vente HT – achat HT – salaires). Pour l'entreprise, il vient s'ajouter aux capitaux permanents de Dicox jusqu'à la fin du cycle, soit pendant 75 jours.

L'encaisse diminue encore de 120 F lors du versement de la TVA / vente et ne devient positive qu'au 150ème jour, quand le règlement du client se produit. La trésorerie s'élève alors à 150 F.

Figure 2
L'évolution de la trésorerie de Dicox

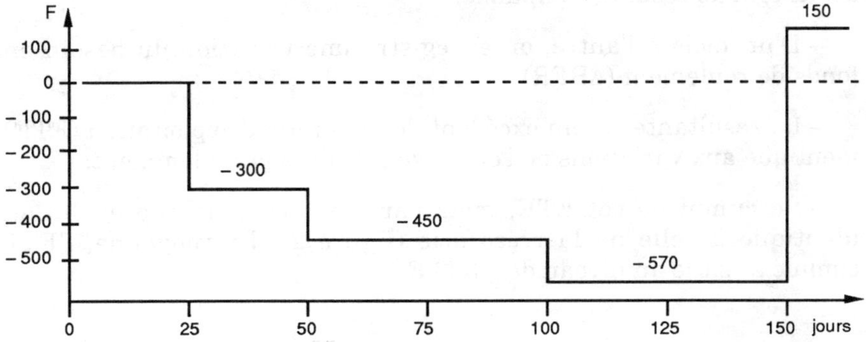

La trésorerie de ce cycle d'exploitation est fortement et durablement négative. Le poids des délais à financer l'emporte nettement sur celui des délais liés à une ressource de financement. Ces délais ne peuvent toutefois être additionnés sans être pondérés par leurs montants.

*12 – **Evaluation du besoin en fonds de roulement*** (tableaux 2 et 3)

121 – Méthode de l'échéancier

L'analyse précédente permet d'associer à chaque poste de l'actif et du passif circulant un montant et un délai. Dans le tableau 2, on voit se constituer le BFR, mois par mois. Nul au départ, positif lorsque les emplois dépassent les ressources, le BFR culmine pendant les deux derniers mois quand il n'y a plus qu'une créance-client à financer sans aucune ressource.

La dernière colonne montre en moyenne le poids de chaque poste. Le poste client représente 360 F/mois, c'est-à-dire plus de la moitié des emplois moyens (535 F/mois). En contrepartie, les ressources moyennes sont très faibles (70 F/mois).

L'excédent des emplois sur les ressources est en moyenne de 465 F/mois, tandis que le chiffre d'affaires mensuel moyen est de 100 F. Ce BFR est relativement important puisqu'il représente 4,65 fois le chiffre d'affaires.

D'une autre manière on peut rapporter ce BFR au chiffre d'affaires hors taxes quotidien. Ce dernier est de 600 F pendant les 150 jours du cycle, soit 4 F/jour. Le BFR représente ainsi 465/4, soit 116,25 jours de chiffre d'affaires hors taxes sur un semestre de 150 jours.

L'incidence du besoin de financement sur la trésorerie peut être aperçue dans la dernière partie du tableau 2. Elle se décompose de la manière suivante.

– Au 4ème mois, apparaît l'excédent brut d'exploitation (EBE), il est ici égal au résultat comptable.

– D'un mois à l'autre, on enregistre une variation du besoin en fonds de roulement (ΔBFR).

– La résultante est un excédent de trésorerie d'exploitation (ETE) identique aux variations de l'encaisse calculées précédemment.

– Le cumul de cet ETE, mois par mois, connaît une évolution identique à celle de la trésorerie (figure 2). En moyenne, l'ETE cumulé se situe au niveau de – 390 F.

Tableau 2
L'évaluation du BFR et de la Trésorerie "en moyenne"

Mois	1	2	3	4	5	6	Moyenne
Stock mat. prem.	250						41,67
Stock encours ...		250					41,67
Stock prod. finis			450				75,00
Clients				720	720	720	360,00
TVA / Achats	50	50					16,67
EMPLOIS	300	300	450	720	720	720	535
Fournisseurs ...	300						50
TVA / Ventes				120			20
RESSOURCES	300	0	0	120	0	0	70
BFR	0	300	450	600	720	720	465
CA HT				600			100
BFR / CA HT							4,65
EBE				150			25
ΔBFR		300	150	150	120	0	120
ETE	0	-300	-150	0	-120	0	-95
ETE cumulé	0	-300	-450	-450	-570	-570	-390

122 – La méthode des temps d'écoulement (tableau 3)

Une autre façon plus traditionnelle de calculer le BFR prévisionnel est présentée dans le tableau 3. L'objectif premier est alors d'exprimer le BFR en jours de chiffre d'affaires hors taxes. Ensuite, le BFR peut être traduit en francs, en fonction d'un chiffre d'affaires quotidien prévisionnel.

Tableau 3
L'évaluation du BFR par la méthode des temps d'écoulement

	Montants en F	Coeff. / CA HT	Délais en jours	Coeff x Délais
Stock mat. prem.	250	0,417	25	10,417
Stock encours ...	250	0,417	25	10,417
Stock prod. finis	450	0,750	25	18,750
Clients	720	1,200	75	90,000
TVA / Achats	50	0,083	50	4,167
EMPLOIS				133,750
Fournisseurs ...	300	0,500	25	12,500
TVA / Ventes	120	0,200	25	5,000
RESSOURCES				17,500
BFR en jours de CA HT				116,25
CA HT par jour				4
BFR en F				465

Les calculs s'organisent ainsi :

– le montant de chaque poste de l'actif et du passif d'exploitation [1] est rapporté au chiffre d'affaires hors taxes (600 F), ce qui donne un coefficient de pondération,

– chaque délai, une fois multiplié par le coefficient correspondant, se mesure en nombre de jours de chiffre d'affaires hors taxes.

Par exemple, le stock de produits finis vaut 450 F, c'est-à-dire 75 % du CA HT, il "dure" 25 jours, soit 25 x 75 % = 18,75 jours de CA HT. Dans un cycle où le CA HT sera de 4 F/jour, il représentera "en moyenne" 4 x 18,75, soit 75 F, comme dans le tableau 2.

Dans ce détour de calcul il faut comprendre que le montant de 450 F ne pèse que pendant 25 jours sur les 150 du cycle, autrement dit pendant 1/6ème de sa durée :

1. Les salaires n'ont pas été inclus parmi les ressources. Il a été supposé qu'ils étaient versés sans délai à la fin du deuxième mois. Un délai d'un demi-mois aurait diminué le BFR de : (200/600) x 12,5 j, soit 4,17 j de CA HT ou 4,17 j x 4 F/j = 16,67 F.

[Coefficient] x [Délai] x [CA HT par jour]

$$\frac{450\text{ F}}{600\text{ F}} \times 25\text{ j} \times \frac{600\text{ F}}{150\text{ j}} = 450\text{ F} \times \frac{1}{6} = 75\text{ F}$$

ou :

[18,75 j de CA HT] x [4 F de CA HT/j]

La simplification possible montre que le CA HT n'est qu'une variable intermédiaire. Il permet de relier le BFR à l'activité.

Ensuite :
– la balance des emplois et des ressources donne un BFR égal à 116,25 jours de CA HT (résultat déjà acquis dans le tableau 2),
– en considérant le chiffre d'affaires quotidien, de 4 F/jour en l'occurrence, le BFR en francs se déduit par une simple multiplication. On retrouve 465 F.

13 – Conclusion provisoire sur l'équilibre financier du cycle

Le résultat contribue à augmenter le fonds de roulement net de 150 F pendant la moitié du cycle, c'est-à-dire de 75 F/mois en moyenne. Cette information et les éléments dégagés dans les tableaux précédents permettent de poser la relation qui exprime l'influence de la production et de la vente d'un seul lot de Netix sur l'équilibre financier semestriel de l'entreprise Dicox :

$$\Delta FRN - \Delta BFR = \Delta TRE$$
$$75 - 465 = -390$$

Ces évaluations infligent une cruelle désillusion à M. Volludi, il espère, lancer une activité rentable sans devoir investir. Il attend même une solution radicale à ses difficultés de trésorerie.

Après avoir vérifié qu'il n'en est rien, M. Volludi accepte l'alternative suivante :
– ou il investit 390 F par lot fabriqué afin de constituer un fonds de roulement "normatif" et il évite une dégradation de sa trésorerie,
– ou il accepte de voir sa trésorerie diminuer de 390 F par lot fabriqué, alors la rentabilité de l'opération risque d'être compromise par des agios supplémentaires.

Averti de ce dilemme M. Vullodi souhaite maîtriser l'analyse d'une activité correspondant à son carnet de commande, c'est-à-dire au lancement de 5 lots par mois. Il évalue provisoirement l'investissement en fonds de roulement à 5 fois 390 F.

2 – Démarrage de la production au premier semestre

21 – Emplois et ressources en fonds de roulement (tableau 4)

Dans le tableau 4 on voit que les postes associés à des délais courts (un mois) se fixent à leur niveau définitif dès leur apparition dans l'échéancier. Les autres postes connaissent une évolution transitoire pendant la "montée en puissance" de la production.

Tableau 4
Le BFR et la trésorerie du premier semestre.

Mois	J 1	F 2	M 3	A 4	M 5	J 6
Nombre de lots	**5**	**5**	**5**	**5**	**5**	**5**
Stock mat. prem.	1 250	1 250	1 250	1 250	1 250	1 250
Stock encours ...	0	1 250	1 250	1 250	1 250	1 250
Stock prod. finis	0	0	2 250	2 250	2 250	2 250
Clients	0	0	0	3 600	7 200	10 800
TVA / Achats	250	500	500	500	500	500
EMPLOIS	1 500	3 000	5 250	8 850	12 450	16 050
Fournisseurs ...	1 500	1 500	1 500	1 500	1 500	1 500
TVA / Ventes	0	0	0	600	600	600
RESSOURCES	1 500	1 500	1 500	2 100	2 100	2 100
BFR	0	1 500	3 750	6 750	10 350	13 950
CA HT	0	0	0	3 000	3 000	3 000
BFR / CA HT				2,25	3,45	4,65
EBE	0	0	0	750	750	750
ΔBFR	0	1 500	2 250	3 000	3 600	3 600
ETE	0	-1 500	-2 250	-2 250	-2 850	-2 850
ETE cumulé	0	-1 500	-3 750	-6 000	-8 850	-11 700

Le lancement de 5 lots de Netix par mois entraîne un achat mensuel de 1 250 F HT et de 1 500 F TTC.

Le stock de matières premières se maintient au même montant tous les mois, le stock d'encours aussi à partir de février. A compter du mois de mars, l'incorporation de 1 000 F de main-d'œuvre se réalise chaque mois, d'où un stock de produits finis s'élevant à 2 250 F.

Par ailleurs, la dette-fournisseur se maintient à 1 500 F. La TVA sur les achats s'élève à 250 F en janvier, puis à 500 F à partir de février. Le délai de récupération étant de deux mois, ce poste conserve ensuite un montant égal à deux fois la TVA incluse dans les achats mensuels.

Le chiffre d'affaires mensuel TTC de 3 600 F se traduit dans le poste client en avril. Le délai-client est plus long (trois mois) ; il faut donc attendre juin pour qu'il se stabilise à trois fois le chiffre d'affaires TTC mensuel, soit 10 800 F. Inversement, la TVA collectée sur les ventes s'incrit dès le mois d'avril à son niveau définitif, 600 F.

Enfin, du BFR à l'ETE cumulé, les calculs s'organisent comme dans le tableau 2. En juin, sur la base d'une activité constante, les différents postes de l'actif et du passif circulant ont atteint un niveau stable.

22 – Les caractéristiques de l'évolution du cycle d'exploitation

En termes de flux, sur la figure 3, on voit se former la variation du BFR et de l'ETE. Pour une activité correspondant à un chiffre d'affaires mensuel de 3 000 F HT et pour un EBE de 750 F, la variation mensuelle du BFR finit par atteindre 3 600 F en mai, ce qui représente d'ailleurs le montant du chiffre d'affaires mensuel TTC. D'autre part, l'excédent mensuel de trésorerie d'exploitation vient de la différence entre l'EBE et la variation du BFR. Il diminue jusqu'en mai, ensuite il se maintient à – 2 850 F.

Pour les mois de juillet et d'août on peut anticiper une absence de variation du BFR puisque tous les postes ont atteint un niveau stable en juin. En conséquence, l'ETE mensuel se confondra alors avec l'EBE, soit 750 F par mois.

Figure 3
Les flux financiers

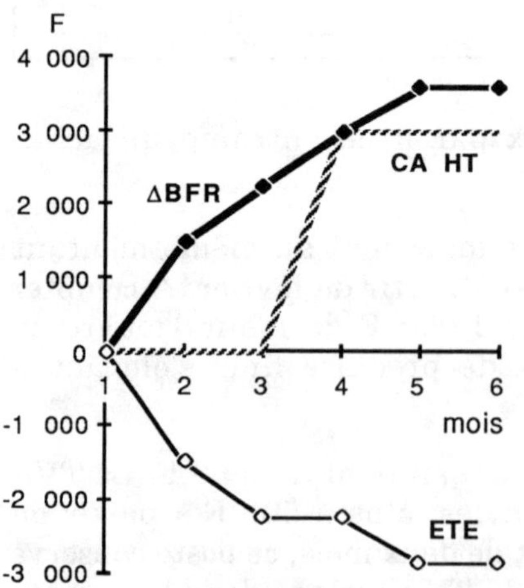

Figure 4
Les encours financiers

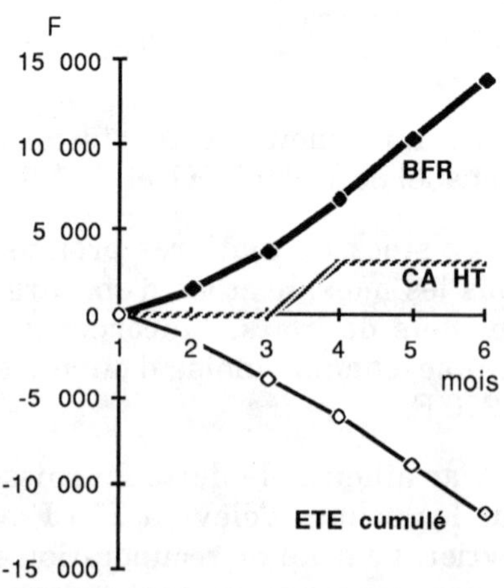

L'évolution des encours est décrite sur la figure 4. Elle montre que, pendant la période transitoire de six mois le BFR et l'ETE cumulé progressent de façon opposée, le premier jusqu'à 13 950 F, le second jusqu'à – 11 700 F. Il n'y a pas de proportionnalité entre le BFR et le CA HT, le ratio évolue de 2,25 en avril à 4,65 en juin, mois pour lequel il s'aligne cependant sur la valeur calculée dans le paragraphe 1.

A l'horizon de la fin du semestre, il était donc possible de faire l'économie des calculs qui viennent d'être présentés dans le tableau 4 en posant que :

– le BFR engendré par un chiffre d'affaires mensuel de 3 000 F HT s'élève à :

$$3\,000 \text{ F} \times 4{,}65 = 13\,950 \text{ F},$$

– l'ETE cumulé au 30 juin inclut un EBE de 750 F par mois à compter d'avril et se monte à :

$$(3 \times 750) - 13\,950 = -\,11\,700 \text{ F}.$$

Ensuite, en juillet et en août, l'ETE cumulé est appelé à diminuer au rythme de l'EBE mensuel, soit 750 F.

M. Volludi s'apprêtait à financer la phase de démarrage à hauteur de 1 950 F (390 F x 5). A présent, il se voit contraint de constituer en six mois un fonds de roulement de 11 700 F ! Ce fonds de roulement pourra certes diminuer au fur et à mesure de l'accumulation des bénéfices. L'analyse du cycle d'exploitation le conduisant d'une déception à une autre, il se demande avec angoisse à quel niveau va devoir culminer le fonds de roulement normatif pour répondre à la croissance prévue des ventes et à leurs fluctuations saisonnières.

3 – Croissance et variations saisonnières de la production

31 – Simulation de l'échéancier d'exploitation

Le développement sur plusieurs années des calculs sur le mode adopté dans le tableau 4 se révèle être d'une pratique fastidieuse. Une présentation matricielle autorise une généralisation plus aisée.

A cette fin il est nécessaire de construire deux matrices :
– la matrice relative à l'élaboration d'une unité du produit, la matrice P,
– la matrice des quantités en cours d'élaboration, la matrice Q.

La matrice P donne l'échéancier des emplois et des ressources concernés par l'exploitation d'une unité du produit. Elle comporte autant de lignes i que de postes de l'actif et du passif circulant, avec : i = 1, 2, ..., n ; et autant de colonnes j que le nombre de sous-périodes du cycle d'exploitation, avec : j = 1, 2, ..., m. Les éléments de cette matrice, $P_{i,\,j}$, sont les montants des différents postes à chaque sous-période. Ils sont notés positivement pour les emplois et négativement pour les ressources.

$$\underset{(n \times m)}{P =} \begin{bmatrix} P_{1,1} & P_{1,2} & \cdots & P_{1,j} & \cdots & P_{1,m} \\ P_{2,1} & P_{2,2} & \cdots & P_{2,j} & \cdots & P_{2,m} \\ \cdots & \cdots & \cdots & \cdots & \cdots & \cdots \\ P_{i,1} & P_{i,2} & \cdots & P_{i,j} & \cdots & P_{i,m} \\ \cdots & \cdots & \cdots & \cdots & \cdots & \cdots \\ P_{n,1} & P_{n,2} & \cdots & P_{n,j} & \cdots & P_{n,m} \end{bmatrix}$$

Cette matrice est déjà connue, ses éléments sont ceux du tableau 2. Elle est ici de dimension : 7 x 6.

Le programme des lancements en production prévus pour chacune des k prochaines sous-périodes est contenu dans le vecteur L, avec k = 1,2, ..., p.

$$\underset{(1 \times p)}{L =} [\ L_1 \quad L_2 \quad \cdots \quad L_k \quad \cdots \quad L_p\ ]$$

Ses éléments sont les nombres de lots dont le lancement est prévu en début de mois pour les trois prochaines années. Ils figurent dans le tableau 1. Le vecteur L est ici de dimension (1 x 36). D'une façon générale p représente l'horizon de la prévision.

La matrice Q va être constituée à partir du programme de production décrit par le vecteur L. Elle comprend n lignes pour saisir les quantités à chaque stade de l'élaboration des produits et p colonnes pour couvrir la période d'exploitation étudiée.

Dans ce qui suivra on supposera, sans perte de généralité, que $p > m$, c'est-à-dire que la période d'exploitation dépasse la durée d'un cycle.

Chaque vecteur colonne a pour éléments les quantités en cours de fabrication à la sous période k.

Ces éléments peuvent être notés $Q_{j,\,k}$ avec :

k = sous-période pour laquelle on calcule les emplois et les ressources,

j = stade atteint par la quantité dans le cycle de production qui en comporte m.

Pour donner une présentation plus explicite du contenu de la matrice Q il est préférable d'y inscrire les éléments concernés du vecteur L. Pour cela, il suffit de poser qu'à la sous période k, la quantité qui atteint le stade j d'élaboration a été lancée en production j-1 sous-périodes plus tôt. On peut poser que :

$$Q_{j,\,k} = L_{k-(j-1)} = L_{k-j+1}$$

Pour initialiser cette matrice, on peut supposer qu'il n'y ait aucun produit en cours de production en p = 1, alors :

$$Q_{j,\,k} = 0 \text{ pour tout } j > k$$

Elle se présente ainsi :

$$\underset{(m \times p)}{Q =} \begin{bmatrix} L_1 & L_2 & \dots & L_m & L_{m+1} & \dots & L_p \\ 0 & L_1 & \dots & L_{m-1} & L_m & \dots & L_{p-1} \\ \dots & \dots & \dots & \dots & \dots & \dots & \dots \\ 0 & 0 & \dots & L_2 & L_3 & \dots & L_{p-n+2} \\ 0 & 0 & \dots & L_1 & L_2 & \dots & L_{p-n+1} \end{bmatrix}$$

Le premier vecteur ligne de cette matrice est le programme de production des p sous périodes, le second est le premier avec l'insertion d'un zéro comme premier élément et la suppression du dernier élément, et ainsi de suite jusqu'à la mième ligne où figurent n – 1 zéros suivis du programme initial tronqué des n – 1 dernières quantités.

La matrice M, de dimension (n x p), contient l'échéancier d'exploitation pour le programme des p sous- périodes. Elle résulte du produit entre les deux matrices précédentes :

$$\underset{(n \times p)}{M} = \underset{(n \times m)}{P} \times \underset{(m \times p)}{Q}$$

Enfin, le produit du vecteur unité de dimension (1 x n) par la matrice M donne le vecteur ligne B :

$$\underset{(1 \times p)}{B} = \underset{(1 \times n)}{1} \times \underset{(n \times p)}{M}$$

Ce vecteur décrit la chronologie des besoins en fonds de roulement.

L'organisation de ces calculs sur p = 9 mois est présentée dans le tableau 5.

Le BFR et les autres variables financières du cycle d'exploitation sur p = 36 mois ont été reportés dans le tableau 6.

Tableau 5
Le calcul matriciel du BFR

Vecteur L 1 x (p=9)

Matrice Q (m=6) x (p=9)

Mois du programme de production p=9

	1	2	3	4	5	6	7	8	9
1	5	5	5	5	5	5	5	5	6
2	0	5	5	5	5	5	5	5	5
3	0	0	5	5	5	5	5	5	5
4	0	0	0	5	5	5	5	5	5
5	0	0	0	0	5	5	5	5	5
6	0	0	0	0	0	5	5	5	5

Mois du cycle d'élaboration m=6

Postes du BFR n=7

Matrice P (n=7) x (m=6)

Postes du BFR	1	2	3	4	5	6
1 Stock mat. premières	250	0	0	0	0	0
2 Stock encours	0	250	0	0	0	0
3 Stock produits finis	0	0	450	0	0	0
4 Clients	0	0	0	720	720	720
5 TVA / Achats	50	50	0	0	0	0
6 Fournisseurs	-300	0	0	0	0	0
7 TVA / Ventes	0	0	0	-120	0	0

Matrice M (n=7) x (p=9)

Postes du BFR	1	2	3	4	5	6	7	8	9
1	1250	1250	1250	1250	1250	1250	1250	1250	1500
2	0	1250	1250	1250	1250	1250	1250	1250	1250
3	0	0	2250	2250	2250	2250	2250	2250	2250
4	0	0	0	3600	7200	10800	10800	10800	10800
5	250	500	500	500	500	500	500	500	550
6	-1500	-1500	-1500	-1500	-1500	-1500	-1500	-1500	-1800
7	0	0	0	-600	-600	-600	-600	-600	-600

Vecteur unité 1 x (n=7)

1	1	1	1	1	1	1

Vecteur des BFR 1 x (m=6)

0	1500	3750	6750	10350	13950	13950	13950	13950

Tableau 6
Les variables financières du cycle d'exploitation

1989 — Mois	J 1	F 2	M 3	A 4	M 5	J 6	J 7	A 8	S 9	O 10	N 11	D 12
Nbre de lots	**5**	**5**	**5**	**5**	**5**	**5**	**5**	**5**	**6**	**8**	**9**	**10**
BFR	0	1 500	3 750	6 750	10 350	13 950	13 950	13 950	13 950	14 250	15 300	17 100
CA HT	0	0	0	3 000	3 000	3 000	3 000	3 000	3 000	3 000	3 000	3 600
BFR / CA HT				2,25	3,45	4,65	4,65	4,65	4,65	4,75	5,10	4,75
EBE	0	0	0	750	750	750	750	750	750	750	750	900
ΔBFR	0	1 500	2 250	3 000	3 600	3 600	0	0	0	300	1 050	1 800
ETE	0	-1 500	-2 250	-2 250	-2 850	-2 850	750	750	750	450	-300	-900
ETE cumulé	0	-1 500	-3 750	-6 000	-8 850	-11 700	-10 950	-10 200	-9 450	-9 000	-9 300	-10 200

1990 — Mois	J 13	F 14	M 15	A 16	M 17	J 18	J 19	A 20	S 21	O 22	N 23	D 24
Nbre de lots	**11**	**12**	**14**	**12**	**0**	**4**	**5**	**5**	**6**	**8**	**9**	**10**
BFR	19 770	23 280	26 790	29 880	32 220	30 360	27 120	22 020	14 790	9 930	14 580	17 100
CA HT	4 800	5 400	6 000	6 600	7 200	8 400	7 200	0	2 400	3 000	3 000	3 600
BFR / CA HT	4,12	4,31	4,47	4,53	4,48	3,61	3,77		6,16	3,31	4,86	4,75
EBE	1 200	1 350	1 500	1 650	1 800	2 100	1 800	0	600	750	750	900
ΔBFR	2 670	3 510	3 510	3 090	2 340	-1 860	-3 240	-5 100	-7 230	-4 860	4 650	2 520
ETE	-1 470	-2 160	-2 010	-1 440	-540	3 960	5 040	5 100	7 830	5 610	-3 900	-1 620
ETE cumulé	-11 670	-13 830	-15 840	-17 280	-17 820	-13 860	-8 820	-3 720	4 110	9 720	5 820	4 200

1991 — Mois	J 25	F 26	M 27	A 28	M 29	J 30	J 31	A 32	S 33	O 34	N 35	D 36
Nbre de lots	**13**	**16**	**15**	**12**	**0**	**10**	**12**	**14**	**16**	**18**	**20**	**23**
BFR	19 770	23 880	28 890	33 180	36 510	35 280	32 520	27 540	24 240	25 500	36 840	42 420
CA HT	4 800	5 400	6 000	7 800	9 600	9 000	7 200	0	6 000	7 200	8 400	9 600
BFR / CA HT	4,12	4,42	4,82	4,25	3,80	3,92	4,52		4,04	3,54	4,39	4,42
EBE	1 200	1 350	1 500	1 950	2 400	2 250	1 800	0	1 500	1 800	2 100	2 400
ΔBFR	2 670	4 110	5 010	4 290	3 330	-1 230	-2 760	-4 980	-3 300	1 260	11 340	5 580
ETE	-1 470	-2 760	-3 510	-2 340	-930	3 480	4 560	4 980	4 800	540	-9 240	-3 180
ETE cumulé	2 730	-30	-3 540	-5 880	-6 810	-3 330	1 230	6 210	11 010	11 550	2 310	-870

32 – Evaluation du fonds de roulement prévisionnel

Dans la mesure où M. Vollludi ne peut mobiliser aucune ressource supplémentaire de trésorerie, il va devoir réaliser un accroissement du fonds de roulement égal à l'insuffisance de trésorerie d'exploitation du produit Netix. Lorsque l'ETE cumulé redeviendra positif il pourra donner une autre destination à ces capitaux.

Afin de mieux percevoir l'évolution des besoins, les valeurs prises par le BFR et l'ETE ont été reportées du tableau 6 sur les figures 5 et 6.

321 – La phase de croissance de l'activité

La croissance de l'activité, d'août 1989 (mois n° 8) à mars 1990 (mois n° 14) se manifeste seulement à partir d'octobre 1989 (mois n° 10). On observe alors que :
– le ΔBFR redevient positif,
– le BFR augmente à nouveau,
– l'ETE diminue jusqu'en août 1990 (mois n° 16).

Les deux premiers effets persistent jusqu'au mois de mai 1990 (mois n° 17), bien que l'activité diminue dès le mois d'avril 1990.

L'ETE cumulé avait acquis à la fin de la phase de démarrage de la production une tendance à la hausse. Il attend le mois de novembre 1989 (mois n° 11) pour commencer à diminuer. En mai 1990 (mois n° 17), il est au plus bas, – 17 820 F.

322 – L'intervention des variations saisonnières

Les variations saisonnières, des deux dernières années génèrent un calendrier où certains extrema financiers peuvent être repérés.

Compte tenu des observations précédentes, les "pics" des lancements en production (mois n° 15 et 26) induisent, deux ou trois mois plus tard, un BFR maximum (mois n° 17 et 29), un ETE cumulé mimimum (mois n° 17 et 29), et une "pointe" du chiffre d'affaires (mois n° 18 et 29).

L'arrêt de la production en mai (mois n° 17 et 29) [1] entraîne, quatre ou cinq mois plus tard, un BFR minimum (mois n° 22 et 33) et un ETE cumulé maximum (mois 22 et 34). Ces extrema sont précédés au mois d'août par un chiffre d'affaires nul (mois n° 20 et 32).

Dans l'ensemble, on constate que les pointes saisonnières de production accentuent l'insuffisance de trésorerie d'expoitation au milieu de l'année 1990. L'année suivante elles sont la cause d'une plus brève et moins grave insuffisance de trésorerie.

---

1. L'absence de production au mois de mai est dictée par la fermeture en août du client de Dicox et le délai de production de trois mois. Si M. Volludi veut, lui aussi, cesser toute activité en août, il devra anticiper la production des lots à livrer en octobre. De ce fait, le stock de produits finis, et par conséquent, le BFR seront plus élevés pendant cette période d'anticipation.

Les variations saisonnières de l'activité provoquent un premier type de fluctuations des besoins de financement. En 1991, apparaît une tendance croissante. La combinaison des deux composantes chronologiques va générer un deuxième type de variations. L'on observe en effet un double phénomène : les flux (ΔBFR et ETE) sont sujets à des variations plus amples, tandis que les encours (BFR et ETE cumulé) subissent un lissage relatif.

Figure 5
Les flux financiers de Dicox sur 36 mois

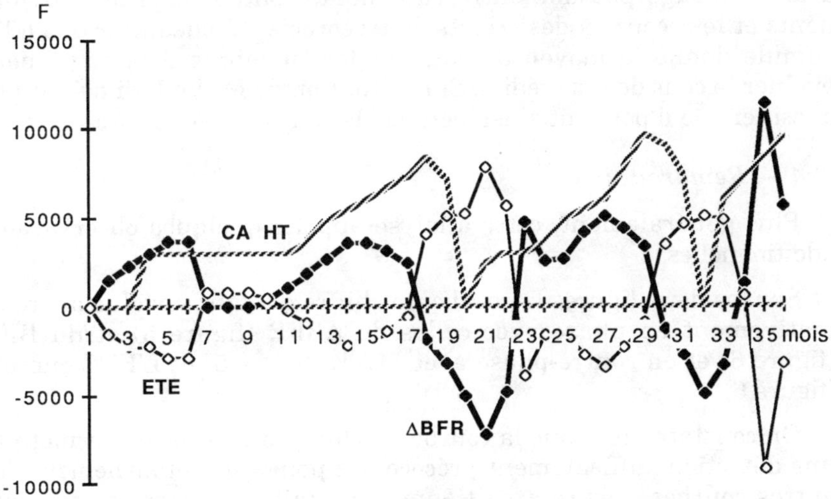

Figure 6
Les encours financiers de Dicox sur 36 mois

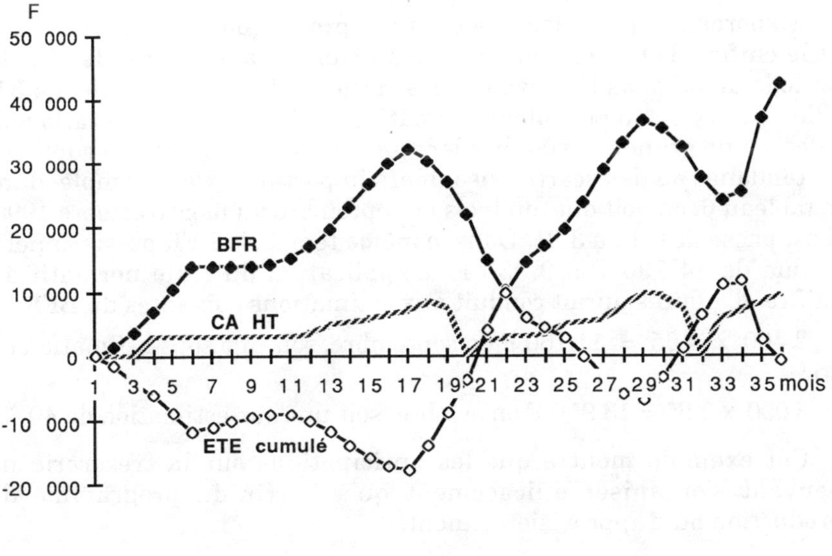

323 – Fonds de roulement prévisionnel

L'ETE cumulé le plus faible apparaît en mai 1990. Il va contraindre M. Volludi à accumuler progressivement un fonds de roulement normatif de 17 820 F pour se prémunir de toute insuffisance de trésorerie pendant les 17 premiers mois d'exploitation. Pendant cette période il doit bien sûr s'abstenir de toute distribution de bénéfice. Ensuite, il pourra diminuer ce concours, voire le retirer.

Cette évaluation doit être révisée à la hausse pour tenir compte de l'impôt sur les sociétés. Elle mérite aussi d'être nuancée par référence à un arbitrage possible entre l'augmentation des capitaux permanents et le recours à des crédits de trésorerie. L'échéancier de l'ETE cumulé donne le moyen de calculer les "nombres débiteurs" pour évaluer le coût de ces crédits. Si la situation de M. Volludi n'était pas aussi tendue il pourrait ainsi "écrêter" la courbe de l'encaisse.

324 – Remarques

Plus généralement, cette analyse appelle quelques observations additionnelles.

Sur les deux figures la courbe du chiffre d'affaires évolue approximativement en phase avec celles du ΔBFR (figure 5) et du BFR (figure 6) et en contre-phase avec l'ETE (figure 5) et L'ETE cumulé (figure 6).

On constate aussi que la courbe du chiffre d'affaires ne permet pas une détection suffisamment précoce des points de retournement des autres courbes. Les retards tiennent au fait que les encaissements sont décalés par rapport au chiffre d'affaires. Les décalages couvrent la période de production et de distribution, trois mois dans le cas de Dicox, davantage dans d'autre cycles industriels.

Elaborer une prévision fondée sur la proportionnalité entre le BFR et le chiffre d'affaires conduit à des résultats approximatifs. Sur la période de 36 mois la moyenne des ratios BFR / CA est égale à 4,31. Elle s'écarte peu de la valeur normative (4,65). Toutefois, ce ratio manifeste une grande variabilité lorsque l'activité connaît des ruptures de tendance ou des écarts saisonniers importants. Par exemple, dans le tableau 6, on voit que, du mois de septembre au mois d'octobre 1990, il est passé de 6,16 à 3,31. Dans le même temps, le BFR prévisionnel a évolué de 14 790 F à 9 930 F. L'application du ratio normatif au chiffre d'affaires aurait conduit aux estimations suivantes du BFR :

2 400 x 4,65 = 11 160 F en septembre, soit une sous-estimation de 25 %,

3 000 x 4,65 = 13 950 F en octobre, soit une sur-estimation de 40 %.

Cet exemple montre que les anticipations sur la trésorerie ne peuvent s'organiser efficacement qu'à partir du programme de production ou d'approvisionnement.

Pour des cycles industriels de longue durée, impliquant une montée en puissance de l'outil de production, une prévision mois par mois s'avère nécessaire afin d'équilibrer le plan de financement cycle d'exploitation.

L'approche conduite en termes d'échéancier facilite la prévision des besoins et/ou des ressources de financement. Elle peut apporter, après quelques simulations, une indication précieuse sur le rythme d'activité compatible avec l'équilibre financier de l'entreprise. Toutefois, elle ne permet pas de mettre à jour tous les liens qui se nouent entre les différentes opérations. Seule une formalisation intertemporelle pourrait donner une interprétation complète des décalages et des enchaînements.

4 – Le cycle d'exploitation du grossiste

41 – Analyse du cycle d'exploitation

Le cycle d'exploitation du grossiste est strictement lié à celui de M. Volludi. Les seules variables exogènes sont notées d'un astérisque dans le tableau 7.

Tableau 7

Les données du cycle d'exploitation commercial

Prix et taux

	Taux de la TVA	20 % du prix HT	
	Prix d'achat d'un lot de Netix	600 F HT	720 F TTC
*	Prix de vente d'un lot de Netix	1200 F HT	1440 F TTC
*	Salaires	300 F	

Délais

*	Stock de marchandises	25	jours
*	Clients	12,5	jours
	TVA/achats	50	jours
	Fournisseurs	75	jours
	TVA/ventes	25	jours

Nombre de lots lancés en début de mois

		1	2	3	4
mois		1989	1990	1991	1992
1	J		8	8	18
2	F		9	9	20
3	M		10	10	23
4	A	5	11	13	
5	M	5	12	16	
6	J	5	14	15	
7	J	5	12	12	
8	A	5	0	0	
9	S	5	4	10	
10	O	5	5	12	
11	N	5	5	14	
12	D	6	6	16	

Le grossiste approvisionne les magasins de vente au détail en réalisant des tournées dont la périodicité est mensuelle. Les détaillants règlent leurs achats deux semaines après la livraison en moyenne. Les vendeurs qui effectuent les tournées perçoivent leur commission de vente (300 F) un mois après la réception des lots de Netix par le grossiste.

Par rapport au programme de production de Dicox, l'échéancier d'acquisition des lots de Netix est décalé de trois mois.

Le cycle d'activité, d'une durée de trois mois, est représenté sur le même principe que la figure 1.

Figure 7
Les opérations et les délais du cycle commercial

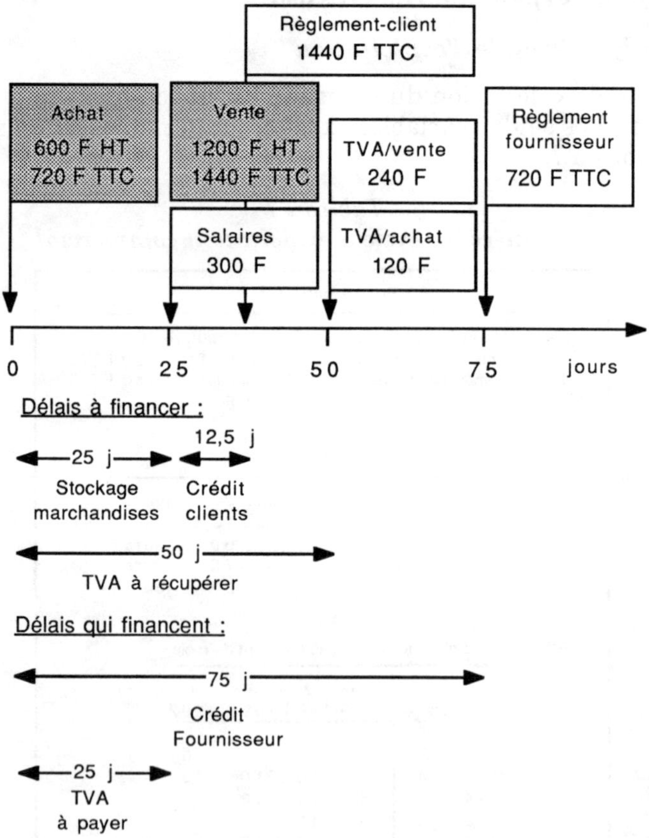

Sauf pour la TVA, l'ensemble du cycle bénéficie de délais plus favorables à la trésorerie de l'entreprise. Le fournisseur, Dicox en la circonstance, apporte un financement pendant la totalité du cycle.

La trésorerie apparaît globalement positive puisque l'encaissement du chiffre d'affaires précède le règlement du fournisseur (figure 8).

Figure 8
L'évolution de la trésorerie du cycle commercial

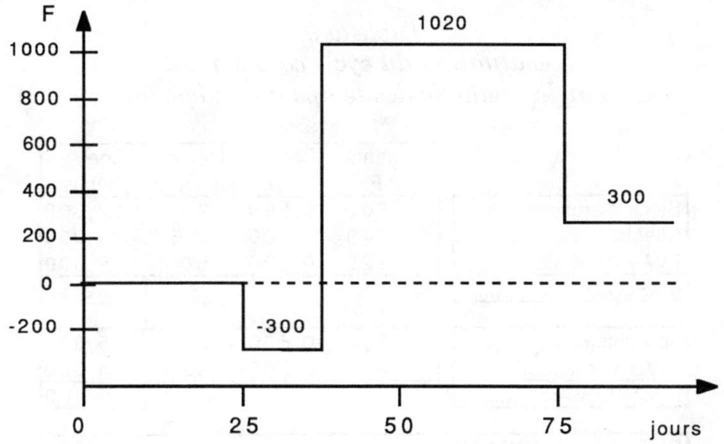

Le rapprochement de l'actif et du passif d'exploitation dégage une ressource de financement qui représente en moyenne 70 % du chiffre d'affaires hors taxes. En conséquence, l'ETE ressort positivement à 55 % du chiffre d'affaires hors taxes. *A priori,* ces évaluations offrent de meilleures perspectives d'équilibre financier pour le grossiste.

Tableau 8
L'évaluation du cycle commercial par la méthode de l'échéancier

Mois	1	2	3	Moyenne
Stock Marchandises	600			200
Clients *		720		240
TVA / Achats	120	120		80
EMPLOIS	720	840	0	520
Fournisseurs	720	720	720	720
TVA / Ventes		240		80
RESSOURCES	720	960	720	800
BFR	0	-120	-720	-280
CA HT		1200		400
BFR / CA HT		-0,10		-0,70
EBE		300		100
ΔBFR		-120	-600	-240
ETE	0	420	600	340
ETE cumulé	0	420	1020	480

* Le crédit-client n'étant que de 12,5 jours, soit environ un demi-mois, c'est la moitié de la créance-client TTC qui figure sur cette ligne.

Avec la méthode des temps d'écoulement, ces résultats sont confirmés dans le tableau 9.

Tableau 9
L'évaluation du cycle commercial
par la méthode des temps d'écoulement

	Montants en F	Coef. / CA HT	Délais en jours	Coef. x Délais
Stock marchandises ...	600	0,500	25	12,500
Clients	1440	1,200	12,5	15,000
TVA / Achats	120	0,100	50	5,000
EMPLOIS				32,50
Fournisseurs	720	0,600	75	45,000
TVA / Ventes	240	0,200	25	5,000
RESSOURCES				50,00
BFR en jours de CA HT				-17,5
CA HT par jour				16
BFR en F				-280

42 – Les ressources en fonds de roulement (figures 9 et 10)

La variation du BFR n'est positive qu'au début de la mise en vente du Netix et juste après la fermeture du mois d'août. Dans l'ensemble, le BFR et sa variation sont positifs.

Figure 9
Les flux financiers du cycle commercial sur 36 mois

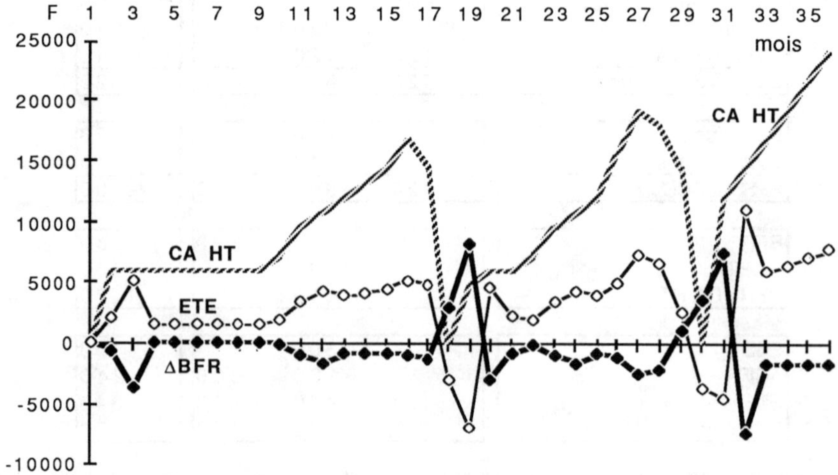

Figure 10
Les encours financiers du cycle commercial

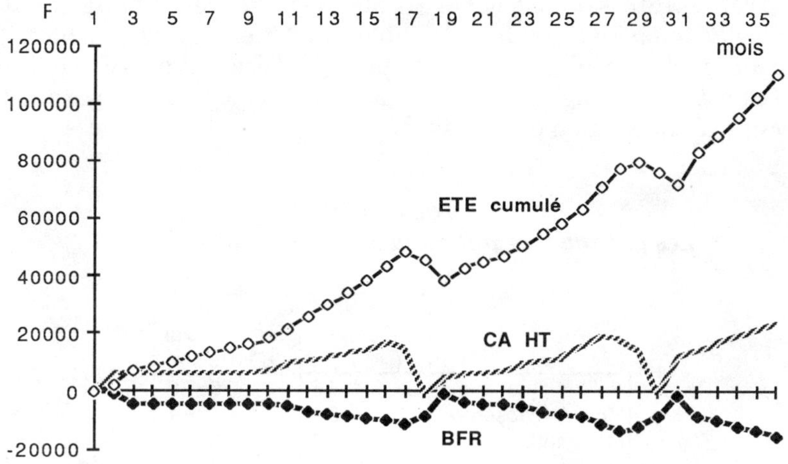

En conséquence, compte tenu d'un EBE substantiel, l'ETE est durablement positif, sauf en juin et juillet 1989 et 1990. Son cumul atteint 110 000 F environ au terme des trois années d'exploitation. Ce montant représente la contribution du Netix à la trésorerie du grossiste. Celui-ci va devoir affronter une alternative opposée à celle de M. Volludi : au rythme moyen de 3 000 F par mois environ :

– ou il choisit de placer au mieux les excédents de trésorerie ainsi dégagés,

– ou il diminue le montant des capitaux permanents.

A moins que M. Volludi ne lui propose un substantiel escompte pour règlement comptant !

III - SYNTHÈSE ET CONCLUSIONS

1 - Besoin en fonds de roulement et activité

Admettre que le BFR est proportionnel à l'activité et plus précisément au chiffre d'affaires est une hypothèse de travail largement répandue dans la littérature financière. Confortable et suffisante lorsque l'horizon de l'étude se confond avec un exercice comptable, elle devient plus difficile à tenir sur des périodes d'un mois ou moins ; cependant, elle reste vérifiée en moyenne.

L'analyse de la croissance ou des fluctuations de l'activité montre que le ratio BFR / CA HT peut varier sensiblement autour de sa valeur moyenne. Dans le cas de l'entreprise Dicox, par exemple, le BFR représente 4,65 fois le CA HT, la moyenne des valeurs simulées sur les 36 mois décrits dans le tableau n° 6 est assez proche : 4,31. Cependant la variabilité est forte puisque l'écart type s'élève à 68 % du CA HT, et le range à 391 %. Il en va de même pour les paramètres du cycle d'exploitation du grossiste.

Tableau 10
Les paramètres statistiques du ratio BFR / CAHT

	Cycle d'exploitation industriel (Dicox)	Cycle d'exploitation commercial (Grossiste)
Valeur théorique	4,65	-0,70
Moyenne observée	4,31	-0,61
Maximum	6,16	-0,10
Minimum	2,25	0,85
Range	3,91	0,75
Ecart type	0,68	0,16

Les figures 6 et 10 illustrent le fait que les fluctuations du BFR sont induites par les variations d'activité avec des décalages. Ces retards dépendent à la fois de la longueur du cycle d'activité et, en pratique, de la maîtrise des différents délais de rotation.

Que l'on se fonde sur les décisions de production (ou d'approvisionnement) ou sur le chiffre d'affaires réalisé la prévision des variations de trésorerie dexploitation peut s'organiser par la méthode de l'échéancier en évitant les approximations qui viennent d'être soulignées.

2 – Prolongements

21 – Questions complémentaires

Pour prolonger l'exploitation du cas "Dicox" on peut développer les interrogations suivantes :

1) Le coût du financement de la trésorerie de l'entreprise Dicox peut être évalué en pratiquant les conditions de banque relatives soit à l'escompte, soit au découvert. Quelle est son incidence sur l'échéancier ? Remet-il en cause la rentabilité de la production de Netix ?

2) D'un autre point de vue, le grossiste va pouvoir placer ses excédents de trésorerie, en compte bloqué par exemple. Quel supplément de marge doit-il attendre ?

3) Au lieu de placer ses excédents de trésorerie, le grossiste peut proposer à Dicox un escompte pour règlement à 1 ou 2 mois, voire même au comptant. A supposer qu'il offre un taux égal à celui des placements précédents, quel est l'avantage pour Dicox ?

22 – Travaux d'approfondissement

Enfin, parmi les nombreux thèmes d'approfondissement qui peuvent être suggérés à partir de la discussion de ce cas, on énoncera trois.

1) La généralisation à une ou plusieurs gammes d'articles peut se concevoir au moyen d'une simple sommation de matrices M (cf. *infra* p. 13 et 14). Qu'en est-il si les productions des différents articles sont successives ? Le coût du financement du cycle d'exploitation a-t-il une influence sur la programmation des différentes séries lancées en production ?

2) La méthode de l'échéancier a été présentée avec des délais certains qui correspondaient à des mois entiers. Les matrices précédentes sont-elles adaptables à des délais quelconques en jours ? Comment organiser une simulation aléatoire des délais sur la base d'un fichier d'observations ?

3) L'excédent de trésorerie d'exploitation a été évalué globalement. On peut concevoir de le répartir en fonction des délais propres à chaque domaine de responsabilité : approvisionnement, production, transport, vente. Quelles procédures de contrôle de gestion peut-on définir ?

Cas n° 12

Les Magasins Richard

Thèmes d'analyse :

- *Analyse financière et gestion prévisionnelle.*
- *Contrôle du plan financier.*

Outils et méthodes :

- *Plan d'investissement et de financement.*
- *Comparaison des flux réalisés et des flux prévisionnels.*
- *Suivi, adaptation et révision du plan.*

Objectifs pédagogiques :

- *Sensibilisation à l'utilisation* interne *des démarches d'analyse financière.*
- *Entraînement à l'utilisation des méthodes de contrôle et de révision des prévisions financières.*

L'exercice 1987 avait été médiocre pour les magasins Richard. La chaîne avait connu une croissance de 1 % sur ses ventes et une chute de ses bénéfices.

Pour les trois frères Richard qui dirigeaient la société Distriba SA, propriétaire des magasins Richard, la parution des comptes de l'exercice provoqua un véritable choc et les incita à une analyse approfondie de la situation.

*
* *

Le développement des magasins Richard avait commencé dans les années qui suivirent la seconde guerre mondiale à partir d'un magasin situé dans la ville de Changy. Disposant de liquidités à la suite d'un petit héritage, Monsieur Richard décida d'agrandir et de moderniser son magasin qui connut un développement rapide. Au cours des années 1951-1954, il fit l'acquisition de quatre autres points de vente, tous situés dans des agglomérations anciennes, quelque peu vétustes, dont les propriétaires-fondateurs se retiraient sans qu'un successeur fût en mesure de reprendre la gestion. Ces conditions avaient permis à Monsieur Richard de procéder à ces acquisitions aux meilleurs prix. Elles lui avaient aussi donné l'occasion de roder une formule qu'il résuma par la suite en quatre points :

- *confier la gérance de chaque point de vente à un employé jeune et dynamique pour concentrer ses propres efforts sur la gestion d'ensemble et la coordination du "réseau" ;*
- *mettre en place des approvisionnements groupés pour obtenir de meilleurs prix des fournisseurs et pour tenir les prix vis-à-vis de la clientèle ;*
- *moderniser chaque magasin de façon méthodique ;*
- *suivre attentivement l'évolution des populations et des habitudes de consommation, notamment alimentaires.*

L'application de ce que Monsieur Richard appela plus tard ses "règles d'or" fut menée avec persévérance. Elle permit ainsi aux magasins Richard d'installer les premières installations frigorifiques et de développer une formule de libre-service encore peu répandue à Changy et dans les environs.

Au début des années soixante, Monsieur Richard contrôlait seize points de vente exploités en libre-service. Selon leur surface, ils se répartissaient en :

- *7 "supérettes" dont les surfaces atteignaient de 150 à 300 m², *
- *9 "petites surfaces" (au-dessous de 120 m²).*

Pour rationaliser les approvisionnements et la gestion de l'ensemble, Monsieur Richard fonda en 1962 la société anonyme Distriba dont il prit la présidence, les magasins conservant cependant l'enseigne "Richard".

Il parvint également à convaincre ses trois fils de rejoindre la société après de brèves études et leur service militaire. Jean-Yves, l'aîné, s'occupait des approvisionnements sous le contrôle vigilant du père. Il avait mis au point un système comptable pour chaque magasin et cherchait à mettre en place un tableau de bord résumant sa situation et ses performances. Louis, enfin, avait des responsabilités moins clairement définies, mais il suivait l'évolution des techniques de transport, de conservation et de vente et faisait face aux multiples aléas qui pouvaient marquer le fonctionnement quotidien du "groupe".

*
* *

La famille Richard suivait avec attention l'évolution des circuits de distribution qui s'accélérait au cours des années soixante. La "chaîne" avait jusque-là bénéficié d'évolutions favorables qui avaient stimulé son développement.

L'exode rural avait accru la population de Changy et des agglomérations avoisinantes dans lesquelles les magasins Richard étaient situés.

Le groupe avait pris de l'avance sur ses concurrents locaux pour l'introduction de nouveaux produits ou de nouvelles formes de vente : le recours systématique à la formule de libre-service, les prix marqués, le développement de la gamme de produits frais et notamment de produits laitiers en pleine expansion, l'introduction de produits non alimentaires plus nombreux et plus diversifiés.

La plupart des concurrents restaient attachés à des formules traditionnelles, ce qui permettait aux magasins Richard d'afficher sereinement leur slogan commercial d'alors : "Magasins modernes ! Prix sages !.

A partir de 1965, l'évolution du groupe s'était cependant poursuivie de façon plus difficile. En premier lieu, la population de Changy et des environs avait cessé de croître et commençait à connaître un vieillissement : la fermeture d'une usine avait notamment entraîné d'importantes migrations et avait affecté l'activité de plusieurs magasins Richard.

En second lieu, plusieurs concurrents s'étaient affiliés à des chaînes régionales de distribution et faisaient un gros effort de modernisation et de maintien des prix. Enfin, Monsieur Richard père qui avait été jusqu'alors l'animateur de l'affaire, avait subi un accident en 1969 et il dut réduire sensiblement ses activités.

En 1974, le groupe subit une nouvelle alerte qui suscita une réaction énergique de la famille. L'ouverture d'un hypermarché, à la périphérie de B.., préfecture du département avait eu de sensibles répercussions sur les commerçants de Changy située à 45 kilomètres. De nombreuses familles avaient alors pris l'habitude de concentrer leurs achats, pour les effectuer à l'hypermarché de B... d'autant que "la différence de prix sur l'essence suffisait à payer le déplacement" ! Les magasins Richard n'avaient pas figuré parmi les commerces les plus directement atteints par cette évolution, mais leurs dirigeants avaient compris que de sérieuses difficultés pouvaient bien se manifester dans un avenir proche.

*
* *

Pour se préparer à ces évolutions du marché, les frères Richard menèrent une étude serrée de la gestion de leurs magasins. En outre, Louis fut chargé de suivre divers séminaires et journées d'études consacrés à l'évolution de la distribution. Il accumula ainsi une importante documentation qui alimenta la réflexion des trois frères auxquels le père venait d'abandonner l'entière direction de l'affaire. Après plusieurs mois de réflexions et de consultations, quatre lignes stratégiques d'évolution furent arrêtées :

- *Cinq magasins à petite surface dont les résultats commerciaux étaient trop médiocres devraient être cédés.*

- *Les quatre autres magasins à petite surface, tous situés en centre-ville, pouvaient être transformés en supérettes de 150 à 200 m*^{2} *et continuer à jouer un rôle de magasins de proximité proposant à la fois des produits alimentaires et des produits non alimentaires.*

- *Quant aux sept supérettes déjà gérées par le groupe, il fut décidé de les maintenir en activité en adoptant un plan d'extension des surfaces.*

Un plan d'investissement à 5 ans échelonné de 1977 à 1982 fut mis en place. Il impliquait des investissements de 9 millions de francs. Mais, l'autofinancement de la société Distriba permettait de prévoir des ressources additionnelles de 5 millions de francs. Les cessions devaient dégager 850 000 F environ. La famille était disposée à participer à une augmentation de capital de l'ordre de 1,5 million, pourvu qu'elle fût echelonnée. Enfin, la Banque commerciale des Pays de Loire, associée à la réflexion de la famille dès le début de l'élaboration du plan, accepta de participer à l'opération en apportant le complément de ressources nécessaires.

En 1983, le plan d'investissement projeté avait été conduit à son terme et pouvait être considéré dans l'ensemble comme un succès. le groupe avait augmenté ses ventes de 98 % par rapport à 1974 et, malgré l'inflation, la performance n'était pas médiocre, comparée à celles des concurrents. Pourtant, de nouvelles adaptations s'avéraient déjà nécessaires.

• *Les quatre supérettes que la société Distriba avait décidé de conserver en centre-ville avaient trouvé un équilibre économique assez satisfaisant, après rénovation.*

Les sept autres points de vente avaient connu des évolutions plus contrastées. Pour deux d'entre eux, l'évolution défavorable de l'environnement (l'implantation de concurrents agressifs) avait fait avorter les plans d'extension dans leur phase de démarrage même. Si les ressources engagées étaient restées limitées, elles n'avaient même pas permis de limiter la chute des ventes (– 14 % dans un cas, – 32 % dans l'autre sur la période 1978-1980 !). En revanche, l'extension avait constitué un succès modéré pour trois autres cas (+ 40 % des ventes pour la même période) et un franc succès pour deux autres (+ 70 % et 76 %).

L'entreprise connaissait enfin une dérive préoccupante de ses coûts d'approvisionnement et Jean-Yves Richard était partisan d'une adhésion à une centrale d'achats qui permettrait de bénéficier de conditions d'approvisionnement plus favorables et de réduire les coûts de fonctionnement. Mais cette proposition se heurtait à une opposition résolue de Pierre Richard qui, malgré un retrait définitif, continuait de suivre les affaires et était systématiquement consulté et informé par ses trois fils.

*
* *

Le décès de Pierre Richard en mars 1986 accéléra sans doute la préparation d'un nouveau plan de développement auquel ses trois fils avaient commencé à songer dès que les résultats des plans précédents avaient été connus. Désormais, Jean-Yves Richard menait la présidence de la Distriba avec la responsabilité des approvisionnements. Bernard conservait ses responsabilités avec le titre de Directeur administratif et financier. Enfin, Louis devenait Directeur du développement commercial, conservant les responsabilités qu'il exerçait de longue date, mais également chargé d'élaborer un plan d'expansion de l'entreprise.

A l'automne 1986, les grandes lignes de ce nouveau plan avaient été discutées et arrêtées par les trois frères. Elles comportaient trois points essentiels :

1 – Les points de vente dont les performances s'étaient avérées médiocres ou décevantes seraient cédés dans les meilleures conditions possibles. Dans un cas, une fermeture pure et simple était même envisagée. Selon les occasions de cession, ces dégagements pouvaient concerner de 2 à 4 points de vente et générer des ressources de 600 000 F à 2 500 000 F.

2 – Les deux points de vente dont l'extension avait été manifestement réussie seraient encore développés. On souhaitait parvenir à une surface de 1 200 à 1 300 m² environ et à un chiffre d'affaires de 25 millions de francs pour chacun d'entre eux. Les autres unités seraient pour leur part entretenues en l'état, une seconde phase de développement leur étant consacrée à partir de 1986, en cas de succès de la première phase prévue.

3 – Enfin, Jean-Yves Richard fut chargé de négocier l'adhésion du groupe à une centrale d'achats. Des contacts prometteurs avaient déjà été pris en ce sens avec deux de ces centrales : Cordobra et Murcitra. Le détail des prévisions d'emplois et de ressources concernant la période 1984-1986 est précisé en annexe 2.

*

* *

Les travaux prévus par le plan avaient été engagés dès janvier 1987. Ils se heurtèrent d'emblée à de multiples difficultés dues à la nécessité de conduire les travaux d'extension sans interrompre l'exploitation des deux établissements concernés. A l'expérience, ces perturbations entraînèrent à la fois un retard, un surcoût sur les chantiers et un certain tassement de l'activité commerciale. Les clients se plaignaient notamment du bruit, de la poussière et des difficultés de stationnement. Alors que les travaux devaient s'échelonner jusqu'en janvier 1988, ils ne furent achevés qu'au mois de septembre 1988. En outre, pour limiter les nuisances provoquées par le chantier, certaines opérations furent conduites le dimanche, et il fut nécessaire de fermer les établissements plusieurs jours. Tous ces imprévus se traduisirent par un dépassement des devis initiaux.

Dépenses (milliers de francs)	1987		1988	
	Prévues	Réalisées	Prévues	Réalisées
Bâtiment et génie civil	2 750	2 600	1 580	2 550
Aménagements, agencements	1 270	1 350	1 350	2 850

Les pertes de chiffre d'affaires pouvaient être estimées également par comparaison entre les prévisions et les réalisations concernant les deux établissements.

Dépenses (milliers de francs)	1987		1988	
	Prévues	Réalisées	Prévues	Réalisées
Ventes	35 000	29 580	52 000	36 430

Les conditions de réalisation des travaux entrepris s'avéraient d'autant plus dommageables qu'elles affectaient les performances des deux établissements les plus dynamiques du groupe et les dirigeants commençaient à regretter, mais bien tard, de n'avoir pas créé une ou deux unités sur d'autres sites plutôt que de procéder à l'extension des points de ventes existants.

Du fait des résultats obtenus sur les autres établissements, Distriba parvenait certes à maintenir ses ventes en 1987 et 1988, mais était bien loin de réaliser la croissance prévue et cela affectait sa capacité d'autofinancement et son bénéfice. Pourtant, à la fin de l'exercice 1988, l'ouverture des deux établissements rénovés et étendus apparaissait comme un plein succès, puisque le dernier trimestre permettait de dépasser de 15 % les prévisions initiales concernant cette période. Un dépassement du même ordre apparaissait également probable pour l'exercice 1989.

*
* *

En janvier 1989, les dirigeants de l'entreprise avaient enfin quelques raisons de croire au succès commercial de leur plan. En revanche, ils étaient vivement préoccupés par la dérive enregistrée sur le plan financier :

Distriba avait dû procéder à une augmentation de capital à laquelle la famille Richard avait pu répondre, en sacrifiant divers biens immobiliers pour conserver le contrôle intégral de l'entreprise. Les nouvelles actions avaient été émises pour un prix unitaire de 110 F, alors que leur valeur nominale s'établit à 100 F.

L'insuffisance de l'autofinancement et le gonflement des dépenses d'investissements avaient par ailleurs contraint l'entreprise à solliciter de nouveaux concours bancaires en mai 1988. Or certains de ces concours étaient à échéance courte et ce surcroît d'endettement avait entraîné un net accroissement des charges financières.

L'aptitude de l'entreprise à financer la seconde tranche d'investissements prévue sur la période 1989-1992 suscitait quelques doutes chez ses dirigeants et ses partenaires.

Une autre préoccupation des frères Richard provenait des difficultés inattendues qu'ils avaient rencontrées en cherchant à céder certains de leurs magasins. Des acquéreurs s'étaient bien manifestés, mais les prix proposés étaient peu attractifs. Les cessions avaient donc été différées, mais une négociation plus prometteuse venait d'être engagée en janvier 1989.

En attendant une amélioration des perspectives la famille Richard s'était résignée à ne percevoir aucun dividende au titre des bénéfices de 1988.

Annexe 1
Indications sur les structures de la distribution en France
(Extrait d'une note de synthèse établie par Louis Richard)

1 - Quelques définitions

– Hypermarchés : – Magasins en libre-service intégral ou partiel,
– Surface de vente > 2. 500 m2.

– Supermarchés : – Magasins en libre-service intégral ou partiel,
– Surface de vente : entre 400 et 2 500 m^2.

– Supérettes : – Magasins en libre-service intégral ou partiel,
– Surface de vente : entre 120 et 400 m^2.

– Petites surfaces : – Magasins en libre-service ou non,
– Surface de vente < 120 m^2.

2 - Données statistiques

	Nombre d'établissements au 1er janvier 1986	Surface moyenne	Chiffre d'affaires moyen 1985
Hypermarchés	580	5 712 m^2	330 476 400
Supermarchés	5 826	885 m^2	32 404 200
Supérettes	6 653	216 m^2	5 436 000

Annexe 2
Plan d'investissement et de financement initial [1]

Milliers de francs	1987	1988	1989	1990	1991	1992
Emplois						
– Investissements	4 020	1 980	100	1 100	3 500	4 100
– Remboursements d'emprunts	–	400	400	700	–	–
– Dividendes	100	100	500	500	550	600
– Reconstitution du fonds de roulement net	–	148	2 080	1 090	500	–
Total	4 620	2 628	3 080	3 390	4 550	4 700
Ressources						
– Capacité d'autofinancement	1 850	2 628	3 080	3 390	3 660	4 140
– Emprunts	1 200	–	–	–	890	560
– Augmentation de capital	800	–	–	–	–	–
– Prélèvement sur le fonds de roulement net	270	–	–	–	–	–
Total	4 620	2 628	3 080	3 390	4 550	4 700

1. Prévisions établies en janvier 1987 et libellées en francs courants.

Annexe 3
Justification des prévisions initiales relatives au plan d'extension [1]

Tableau 5. 1
Prévisions de chiffres d'affaires HT

Francs courants	Sans extension	Avec extension
Réalisé en 1986	70 084 509	–
Prévisions 1987	77 090 000	75 090 000
Prévisions 1988	84 799 000	93 860 000
Prévisions 1989	94 974 000	112 600 000
Prévisions 1990	104 500 000	133 200 000
Prévisions 1991	113 000 000	156 800 000
Prévisions 1992	118 700 000	178 900 000

Tableau 5. 2
Prévisions du résultat net

Francs courants	Sans extension	Avec extension
Réalisé en 1986	679 980	–
Prévisions 1987	754 600	685 000
Prévisions 1988	805 600	928 000
Prévisions 1989	902 500	1 230 000
Prévisions 1990	978 000	1 350 000
Prévisions 1991	1 120 000	1 510 000
Prévisions 1992	1 170 000	1 840 000

Tableau 5. 3
Prévisions relatives aux dotations de l'exercice aux amortissements et provisions

Francs courants	Sans extension	Avec extension
Réalisé en 1986	774 100	–
Prévisions 1987	850 000	1 165 000
Prévisions 1988	1 020 000	1 700 000
Prévisions 1989	1 050 000	1 850 000
Prévisions 1990	970 000	2 040 000
Prévisions 1991	950 000	2 150 000
Prévisions 1992	910 000	2 300 000

NB : Au début de 1987, les frères Richard s'étaient accordés pour estimer :
- à 10 % le taux d'actualisation (hors inflation) utilisable pour les calculs relatifs aux projets d'investissement du groupe.
- à 5 % "le taux d'inflation" moyen sur la période 1987-1991.

1. Prévisions établies en janvier 1987 et libellées en francs courants.

Annexe 4
Bilans au 31 décembre (en francs)

	1986	1987	1988
Actif			
Immobilisations incorporelles brutes	669 000	710 760	710 760
– Amortissements	– 62 300	– 225 550	– 338 120
Immobilisations corporelles nettes	607 100	485 210	372 640
Immobilisations corporelles nettes	13 710 800	18 099 135	21 830 500
– Amortissements	– 3 181 200	– 5 322 555	– 7 668 157
Immobilisations corporelles nettes	10 529 600	12 776 580	14 162 153
Immobilisations financières brutes	1 365 710	1 365 710	1 365 710
– Provisions	– 49 500	– 49 500	– 49 500
Immobilisations incorporelles nettes	1 316 210	1 316 210	1 316 210
Stock et encours	10 226 250	13 114 440	13 640 700
Clients et comptes rattachés	164 525	140 210	105 040
Autres créances	1 096 833	1 120 645	892 957
Valeurs mobilières de placement	2 580 200	1 495 400	625 700
Disponibilités	2 001 100	1 821 010	641 016
Total	28 521 818	32 269 705	32 756 606

NB : Toutes les acquisitions d'immobilisations effectuées en 1987 et 1988 ont concerné les deux opérations d'extension conduites par l'entreprise.

	1986	1987	1988
Passif			
– Capital social	3 500 000	4 300 000	5 000 000
– Réserves	5 015 250	5 354 250	5 937 160
– Résultat	679 980	682 910	375 600
– Provisions	374 150	515 240	565 840
– Dettes et emprunts auprès des établissements de crédit (1)	7 245 050	8 990 955	8 503 712
– Dettes fournisseurs	10 982 350	11 575 610	11 448 290
– Dettes fiscales et sociales	705 010	825 000	913 400
– Divers	20 028	25 740	12 604
Total	28 521 818	32 269 705	32 756 606

(1) Dont à plus d'un an	4 085 550	5 585 000	5 185 000

Annexe 5
Evolution de l'activité (en francs courants)

Exercice	Chiffre d'affaires hors taxes*	Bénéfice après impôts	Dotation aux amortissements et provisions
1985	60 943 051	593 835	774 100
1986	70 084 509	679 980	825 400
1987	73 855 735	682 910	2 380 910
1988	75 060 510	375 600	2 576 727
1989*	98 909 700	974 900	2 600 000
1990*	115 207 800	1 205 800	2 700 000
1991*	134 602 500	1 385 600	3 210 000
1992*	159 705 000	1 910 000	3 500 000

* Prévisions corrigées selon les indications disponibles au début de 1989. Ces prévisions reposent sur l'hypothèse du maintien du "taux d'inflation" dans une fourchette de 3 % à 3,5 % l'an.

L'entreprise est assujettie à un taux de TVA que l'on peut supposer uniforme de 18,60 % sur ses achats et ses ventes. Sa marge commerciale s'établit à 33,33 % du prix de vente hors taxes.

I - OBJECTIFS ET PLAN DE L'ANALYSE

Le cas "Magasins Richard" présente une situation typique : celle d'une entreprise en développement, engagée dans un plan d'investissement et de financement et contrainte, à mi-parcours, de s'interroger sur la poursuite de ses projets initiaux. La nécessité d'un tel réexamen tient à la "dérive" que les opérations déjà réalisées traduisent par rapport aux prévisions consignées dans le plan originel. L'énoncé proposé soulève donc un ensemble de thèmes analytiques et techniques du plus haut intérêt pour la gestion financière prévisionnelle, pour le contrôle des opérations financières et enfin, pour le diagnostic financier en général.

Compte tenu des illustrations déjà proposées dans cet ouvrage à propos du diagnostic global, on orientera surtout l'analyse vers l'examen de deux questions majeures.

La première porte sur le suivi des réalisations conduites dans le cadre d'un plan d'investissement et de financement. La confrontation systématique entre opérations prévues et opérations réalisées permettra de s'assurer que les secondes convergent avec les premières. Cette confrontation conduira cependant à mettre en évidence des *écarts* qu'il s'agira de mesurer et de justifier.

La seconde question soulevée par le cas porte sur les problèmes posés par l'actualisation du plan initial. Les entreprises engagées dans un plan financier à moyen terme sont en effet fréquemment confrontées à la nécessité de réviser ou de remettre en cause leurs visées initiales et c'est précisément l'interrogation énoncée par les dirigeants des Magasins Richard d'après les termes mêmes du dossier proposé.

II - ÉLÉMENTS DE CORRIGÉ

1 - La confrontation des opérations prévues et des opérations réalisées

11 - Le plan d'investissement et de financement (PIF)

Pour la période 1987-1992, les dirigeants des Magasins Richard ont formulé leurs prévisions financières dans un plan d'investissement et de financement (PIF) présenté en annexe 2.

111 – L'objet du PIF

De façon générale, un PIF apparaît en effet comme la traduction financière des plans opérationnels programmés par l'entreprise à moyen terme. Elaboré le plus souvent sur un horizon de 2 à 7 ans, le PIF constitue techniquement un simple *tableau de financement prévisionnel* puisqu'il consigne les emplois et les ressources prévus dans le cadre du plan. Sur le plan analytique, il faut cependant souligner aussi que le PIF représente une synthèse des *projets d'action* arrêtés dans le cadre du plan ; il revêt donc un *caractère volontariste* puisqu'il consigne des *décisions* dont il devrait traduire la coordination et la cohérence. Enfin, le PIF apparaît également comme la traduction concrète des orientations générales définies par le plan stratégique.

Schéma 1
Le PIF dans le dispositif de la gestion prévisionnelle

Champ décisionnel	Objet
Plan stratégique	Choix des orientations majeures relatives • aux domaines d'activité • aux structures internes • aux relations avec l'environnement
Plans opérationnels – Plan marketing – Plan d'équipement – Plan de développement des ressources humaines	Décisions et projets d'actions assurant la mise en œuvre à moyen terme, des orientations stratégiques
Plan d'investissement et de financement	Prévisions des emplois et ressources induits par l'ensemble des plans opérationnels
Budgets – d'exploitation – d'investissement – d'opérations financières – de trésorerie	Projets d'action à court terme

112 – Suivi et contrôle du PIF

Dans la mesure où le PIF est libellé en termes d'emplois et de ressources, son contrôle exige la comparaison systématique
• des *prévisions* qu'il consigne,
• des emplois et ressources effectivement réalisés, tels qu'on peut les reconstituer d'après un tableau de financement rétrospectif.

Cependant, la comparaison requiert une formulation homogène des principaux flux que l'on cherche à mesurer ex ante ou ex post. Le maintien de cette homogénéité constitue sans doute la difficulté technique principale suscitée par le cas "Magasins Richard".

Pour résoudre ce problème, on procèdera à l'évaluation, aussi précise que possible des réalisations concernant :
• les investissements,
• la CAF,
• les augmentations de capital.

La reconstitution apparaît plus délicate à propos des remboursements d'emprunts, des cessions et des distributions de dividendes. L'analyse sera pour ces opérations, conduite aussi loin que les données du cas le permettent. Les approximations irréductibles qui pourraient persister donneront alors lieu à des ajustements qui illustreront les contorsions auxquelles les analystes externes sont souvent condamnés, à cause des limites qu'ils rencontrent dans leur recherche d'informations.

12 – *La reconstitution des flux fondamentaux, d'emplois et de ressources*

121 – Les investissements réalisés.

Les bilans en fin d'année permettent de reconstituer les investissements réalisés, grâce à la mesure de la variation des immobilisations brutes.

Tableau 1
La reconstitution des investissements

	Exercice 1987	Exercice 1988
Immobilisations incorporelles à la fin de n – Immobilisations incorporelles à la fin de n – 1	710 760 669 400	710 760 – 710 760
= Investissements incorporels de l'exercice n	+ 41 360	–
Immobilisations corporelles à la fin de n – Immobilisations corporelles à la fin de n – 1	18 099 135 – 13 710 800	21 830 500 – 18 099 135
	+ 4 388 335	+ 3 731 365

122 – Les flux d'autofinancement

En l'absence de cession et de "sorties" d'immobilisations en 1987 et 1988, les dotations aux amortissements et provisions sont reconstitués d'après la démarche suivante.

Tableau 2
La reconstitution des flux d'amortissement et de provisions

	Exercice 1987	Exercice 1988
Amortissement des immobilisations incorporelles		
montant en fin de n	225 550	338 120
– montant en fin de n – 1	62 300	225 550
= Variation (1)	+ 163 250	+ 112 570
Amortissement des immobilisations corporelles		
montant en fin de n	5 322 555	7 668 157
– montant en fin de n – 1	3 181 200	5 322 555
= Variation (2)	+ 2 141 355	+ 2 345 602
• *Flux d'amortissements*		
= (3) = (1) + (2)	2 304 605	2 458 172
• *Dotations aux provisions*		
montant de la DAP (Annexe 5)	2 380 910	2 576 727
– Dotation aux amortissements (3)	2 304 605	2 458 172
= (4)	76 305	118 555

Quant aux montants des dividendes relatifs aux exercices considérés, ils peuvent être évalués à partir de la variation des réserves. En effet, cette variation est dûe de façon générale à deux causes distinctes :

• l'incorporation de bénéfices aux réserves,

• l'apport de fonds au titre des primes d'émission en cas d'augmentation de capital.

En outre, pour l'exercice 1988, l'énoncé du cas permet d'affecter en réserves l'ensemble de résultats obtenus.

D'après les données, on peut aisément reconstituer les primes d'émission intervenues à l'occasion des deux augmentations de capital auxquelles la société Magasins Richard a procédé. En effet, la prime représente 10 % de valeur nominale des actions. D'où les deux évaluations suivantes :

• En 1987, l'augmentation de capital de 800 000 francs suscite un apport de 80 000 francs au titre des primes.

• En 1988, une émission de nominal 700 000 francs suscite un apport de 70 000 francs en primes d'émissions.

On peut alors reconstituer le montant du résultat mis en réserve.

Tableau 3
La reconstitution des flux d'affectation du résultat

	Exercice 1987	Exercice 1988
Variation des réserves avant affectation		
• montant fin (n)	5 354 250	5 937 160
– • montant fin (n – 1)	– 5 015 250	5 354 250
= (1)	+ 339 000	+ 582 910
Apports en primes d'émission (2)	+ 80 000	70 000
Bénéfices mis en réserve (3) = (1) – (2)	+ 259 000	+ 512 910
Bénéfice distribué		
Résultat de n – 1	679 980	682 910
– Bénéfice de n – 1 mis en réserve (3)	– 259 000	– 512 910
= Bénéfice de n – 1 distribué en n (4)	420 980	170 000

123 – Les emprunts

Les emprunts sont reconstitués d'après les variations affectant les dettes du bilan.

Tableau 4
La variation globale de l'endettement

	1987	1988
Variation des emprunts et dettes à plus d'un an		
• fin d'exercice	5 585 000	5 165 000
– • début d'exercice	– 4 085 550	5 585 000
Solde des emprunts nouveaux (1)	+ 1 499 450	– 400 000
Variation des emprunts et dettes à plus moins d'un an		
• fin d'exercice	3 405 955	3 318 712
– • début d'exercice	– 3 159 500	– 3 405 955
Solde des emprunts nouveaux (2)	+ 246 455	– 87 243

124 – Synthèse et confrontation entre prévisions et réalisations

La synthèse des flux reconstitués prend la forme d'un tableau d'emplois et ressources, c'est-à-dire d'un tableau de financement. Ce document sera présenté ici dans une version simplifiée qui permet seule d'assurer la comparabilité entre flux prévisionnels et flux réalisés.

Tableau 5 - A
La comparaison des prévisions et des réalisations (1987)

	1987		Ecart
	Prévu	Réalisé	
Emplois			
• Investissements	4 020 000	4 429 695	+ 409 695
dont – incorporels	(nd)	(41 360)	
– corporels	(nd)	(4 388 335)	
– financiers	(nd)	(–)	
Remboursements des emprunts et dettes à plus d'un an	–	–	–
Dividendes mis en paiement au cours de l'exercice	100 000	420 980	+ 320 980
Reconstitution du FRN	–	592 595	+ 592 595
Total (1)	4 120 000	5 443 270	+ 1 323 270
Ressources			
• CAF	1 850 000	3 063 820	+ 1 213 820
– Amortissements		(2 304 605)	
– Provisions		(76 305)	
– Résultat		(682 910)	
• Emprunts	1 200 000	1 499 450	+ 299 450
• Augmentation de capital	800 000	880 000	+ 80 000
• Prélèvement sur le FRN	270 000	–	– 270 000
Total (2)	4 120 000	5 443 270	+ 1 323 270

Tableau 5 - B
La comparaison des prévisions et des réalisations (1988)

	1988		Ecart
	Prévu	Réalisé	
Emplois			
• Investissements	1 980 000	3 731 365	+ 1 751 365
dont – incorporels		–	
– corporels		(3 731 365)	
– financiers		–	
Remboursements des emprunts et dettes à plus d'un an	400 000	400 000	–
Dividendes mis en paiement au cours de l'exercice	100 000	170 000	+ 70 000
Reconstitution du FRN	148 000	–	– 148 000
Total (1)	2 628 000	4 301 365	+ 1 673 365

Tableau 5 - B
(suite)

	1988		Ecart
	Prévu	Réalisé	
Ressources			
• CAF	2 628 000	3 259 637	+ 631 637
– Amortissements	nd	(2 458 172)	
– Provisions	nd	(118 555)	
– Résultat	nd	(682 910)	
• Emprunts	–	–	–
• Augmentation de capital	–	770 000	+ 770 000
• Prélèvement sur le FRN	–	271 728	+ 271 728
Total (2)	2 628 000	4 301 365	+ 1 673 365

2 – La nécessité d'un réseau du plan financier

21 – L'état des réalisations

Les indications déjà recueillies permettent de "faire le point" sur les dérives intervenues dans la réalisation du plan d'investissement et de financement :

1 – Les prévisions d'investissement ont été littéralement débordées (+ 409 695 F) en 1987 et surtout en 1988 (+ 1 751 365 F). Le surcoût induit par les travaux semble donc considérable.

2 – En revanche, les performances sont plus que satisfaisantes en matière d'autofinancement (avec un dépassement sur les prévisions de 1 213 280 F en 1987 et de 631 637 F en 1988).

3 – L'augmentation de capital et la renonciation au prélèvement de dividendes améliorent également les ressources de l'entreprise.

4 – En fin de compte, le début du plan se solde donc par une nette amélioration du FRN. La structure financière ressort donc plutôt consolidée que dégradée des deux premières années du PIF.

22 – Les perspectives

Le traitement du cas peut dès lors se poursuivre dans deux directions non exclusives.

• Une première direction prolonge les développements déjà présentés. Elle consiste à réexaminer les prévisions initiales consignées dans l'annexe 2 en recherchant les influences possibles des évolutions engagées en 1987 et 1988 sur les projets initiaux relatifs à la période 1989-1992.

• Une seconde direction développe la discussion du cas en abordant les procédures de choix d'investissement. Elle conduit à déterminer non seulement l'effet que le PIF exerce sur les équilibres financiers mais également celui qu'il induit sur la rentabilité globale et sur la valeur actuelle nette de l'entreprise.

III - SYNTHÈSE ET CONCLUSIONS

Le cas "Magasins Richard", étant un cas ouvert, on ne développera pas l'analyse détaillée dans les différentes discussions qui viennent d'être dégagées.

Les éléments de corrigé fournis permettent cependant d'énoncer un diagnostic relatif à l'évolution de la société étudiée, en soulignant la volatilité de la société et sa capacité bénéficiaire. Malgré la dérive constatée sur le coût de ses investissements, la société "Magasins Richard" dégage des "cash flows" suffisants pour faire face à un effort d'investissement plus lourd que prévu. En outre, la mobilisation de ses actionnaires consolide la structure financière. Dans ces conditions, il semble que la poursuite du plan devrait être envisagée. Cette décision devrait être prise d'autant plus sereinement, que le PIF prévoit une pause des investissements en 1989 et 1990, et permettra donc une nouvelle consolidation de la structure financière, avant que la société aborde la dernière phase de son effort d'acquisition d'immobilisation.

Cependant, la discussion du cas peut permettre d'étoffer ces conclusions en les rapprochant des indications fournies :

• par une analyse statique comparative,

• par un réexamen des indications initiales du PIF relatives aux années 1989-1992,

• par des calculs financiers plus précis relatifs à la rentabilité des projets d'investissement et, plus généralement, aux performances financières des Magasins Richard.

Cas n° 13

Mata Agri

Thèmes d'analyse :

- *Redressement d'une entreprise après sa reprise.*
- *Analyse des structures financières et des performances de gestion.*

Outils et méthodes :

- *Bilan financier.*
- *Tableau des soldes intermédiaires de gestion.*
- *Tableau de la capacité d'autofinancement.*
- *Tableau de financement.*
- *Tableau des variations de l'encaisse.*
- *Statistiques sectorielles.*

Objectifs pédagogiques :

- *Observer la formation du besoin en fonds de roulement pendant le premier exercice comptable.*
- *Utiliser des références sectorielles dans l'analyse des performances.*
- *Comparer des exercices dont les durées sont différentes.*
- *Poursuivre l'exploitation de la base de données financières.*

Lectures recommandées :

Analyse financière :

- *Chapitre 5.*
- *Chapitre 8.*
- *Chapitre 9.*

Exercices et cas :

- *Cas n° 8 (p. 135)*

A la sortie de Montauban, M. Nérac ne s'engage pas sur la route nationale 20. Il s'arrête au dernier numéro de l'avenue Marceau Hamecher, sur le parking de la société Mata Agri. Trois ans auparavant, il avait projeté de reprendre cette entreprise en difficulté. Elle se dénommait alors Finabase SA. L'analyse des comptes de l'exercice 1985, qu'il avait réalisée en 1986, l'avait incité à ne pas se fourvoyer dans une aventure entrepreneuriale qu'il considérait vouée à l'échec ; cette société faisait alors l'objet d'un redressement judiciaire et l'évolution du secteur était en régression. Cette recherche l'avait conduit à mettre au point un logiciel de gestion qu'il vient aujourd'hui proposer à M. Blanco. Tandis qu'il patiente dans le hall de réception, sa curiosité est sollicitée par l'animation qui règne dans une entreprise qu'il croyait en déclin.

Le nouveau développeur en informatique de gestion sait qu'il s'apprête à rencontrer un repreneur d'entreprise dont le tempérament sanguin est bien connu. Spectateur passionné, il se souvient avoir applaudi à maintes reprises le vigoureux talent du demi de mêlée Blanco sur le stade voisin de Sapiac.

Après quelques instants d'attente, M. Nérac est enfin admis dans le bureau du président de Mata Agri. Au début de l'entretien, il se montre incapable de contenir la volubilité avec laquelle M. Blanco énumére les transformations opérées depuis deux ans.

Sa première décision l'avait conduit à fermer le magasin de vente de matériel de jardin et à supprimer la station-service, adjacents à l'entreprise de distribution et de réparation de matériel agricole. En conséquence, afin de recentrer l'entreprise sur sa vocation première, il avait choisi pour raison sociale "Mata Agri" et abandonné l'enseigne "Finabase SA" héritée d'une marque d'essence.

L'emplacement ainsi libéré avait permis d'ouvrir un point de vente de pièces de rechange et d'accessoires agricoles en libre service. La rénovation des locaux avait été parachevée en 1988 par l'isolation et le chauffage des ateliers de réparation, conformément à l'engagement qu'il avait pris après les rigueurs de l'hiver 1986. Le montant des investissements corporels s'était élevé à 1 277 000 F en 1987 et à 418 000 F en 1988.

Le maintien de l'emploi pour 32 des 54 membres du personnel de Finabase SA avait été subordonné au double impératif de suivre des stages de formation et de pratiquer une gestion plus serrée du temps de travail.

La réduction des délais de toute nature était devenue une obsession permanente qui se manifestait en toute circonstance. La mise en place d'un système informatique avait entraîné le règlement au comptant de la plupart des réparations. La durée d'exécution de celles-ci avait été intégrée dans la comptabilité analytique. Le personnel commercial avait été sensibilisé aux conséquences des retards de paiements de la clientèle et à une rotation insuffisante des stocks.

Les rapports avec les fournisseurs se déroulaient toujours en deux étapes : une pour négocier des remises en fonction des quantités sur la base des délais de règlement habituels (60 jours fin de mois), une autre pour obtenir des escomptes de règlement anticipé. Ainsi, Mata Agri parvenait souvent à gagner 1 % par mois lorsque le fournisseur disposait d'une trésorerie trop courte. Dans cette deuxième étape, il se flattait d'assumer le rôle du financier.

La recherche d'une rotation plus rapide des stocks l'avait conduit à opter pour une baisse générale des prix de vente. L'argumentaire de vente avait été remodelé pour faire reconnaître à la clientèle l'avantage d'acheter du matériel neuf moins cher, même si le montant des reprises était devenu moins élevé. En outre, de façon périodique il entreprenait "le nettoyage" des stocks de pièces et de matériel d'occasion en pratiquant des remises substantielles. Il procédait ainsi depuis qu'il avait découvert en octobre 1986 cinq tonnes de boulons accumulés par Finabase SA. Soldé à 12 F le kilo, ce stock excédentaire fut éliminé en moins de deux mois.

Interrompant le récit de son hôte, M. Nérac réussit à l'interroger sur le financement de l'opération de reprise.

M. Blanco avait réuni trois sortes de ressources :
– la vente de son logement lui avait permis de libérer 250 000 F au titre du capital social et de créer une société civile immobilière qui s'était portée acquéreuse de l'immeuble et du terrain,
– les vendeurs de Finabase SA avaient fini par accepter un échelonnement du paiement du prix d'acquisition des stocks, du matériel et de l'agencement, sur les 5 619 000 F, 2 519 000 F devaient être versés pendant l'exercice 1986-87, 2 150 000 F en 1988 et le reliquat en 1989,
– un emprunt bancaire de 2 760 000 F avec un différé d'amortissement en 1987 et un autre de 1 586 000 F en 1988.

M. Blanco avait fait face à ses échéances vis-à-vis des vendeurs de Finabase SA et des banques. Les versements effectués, 2 519 000 F en 1987 et 2 733 000 F en 1988, avaient permis de rembourser un montant de dettes à plus d'un an s'élevant à 2 150 000 F en 1987 et à 2 281 000 F en 1988.

Par ailleurs, l'insuffisance initiale des fonds propres ne l'avait pas empêché d'atteindre rapidement un équilibre financier.

En novembre 1986, il s'était refusé à tabler sur une capacité d'autofinancement supérieure à deux millions de francs pour le premier exercice. Son plan était alors de compléter cette ressource par un emprunt pour faire face au financement des investissements, au remboursement des dettes et à la variation du besoin en fonds de roulement qu'il estimait à un million.

Pendant l'exercice 1986-1987, il avait enregistré des excédents de trésorerie qui avaient persisté pendant la baisse saisonnière d'activité de fin d'année. Cette encaisse avait donné naissance à un portefeuille d'obligations bien diversifié, dont la rentabilité était cependant inférieure au coût de l'emprunt.

L'année suivante, il avait prévu une capacité d'autofinancement de quatre millions de francs et un nouvel accroissement du BFR de deux millions de francs environ. Afin de réduire l'encours des placements à court terme au niveau d'un ajustement périodique de trésorerie, il avait choisi d'emprunter un demi million de moins que ne l'auraient exigé les emplois prévisionnels.

Son plan de financement, très schématique, se présentait ainsi :

	Exercice 1986-87	Exercice 1988
CAF	2,0	4,0
Emprunts	2,8	1,6
Ressources	4,8	5,6
Investissements	1,3	0,4
Remboursements	2,5	4,2
Variation du BFR	1,0	2,0
Emplois	4,8	6,6
Variation des emplois de trésorerie	0,0	– 1,0

Sur le facteur le plus déterminant de sa réussite, M. Blanco est moins disert mais très catégorique : l'objectif stratégique de Mata Agri est la trésorerie. M. Nérac est très étonné de l'entendre prononcer cette règle de gestion. Pour avoir déjà rencontré M. Blanco au club des jeunes créateurs d'entreprise de la Chambre de Commerce, il garde le souvenir d'un responsable commercial dont la seule maxime était alors : "faire du chiffre" (d'affaires). Entre temps, M. Blanco était allé suivre, un soir par semaine, les cours de techniques financières et comptables à l'université de Toulouse. Ce détail, méconnu de M. Nérac, donne à M. Blanco une assurance qui déroute quelque peu son interlocuteur.

Pressé de mettre le logiciel de M. Nérac à l'épreuve, M. Blanco lui propose d'analyser les bilans des deux derniers exercices (tableau 1). Il souligne que M. Saburrès, l'expert-comptable de Mata Agri, a également préparé le tableau des soldes intermédiaires de gestion et celui de la capacité d'autofinancement (tableaux 2 et 3). M. Nérac lui rétorque aussitôt que le niveau atteint par les honoraires de M. Saburrès aurait justifié qu'il construise également le tableau de financement. Sur une feuille de saisie M. Nérac note rapidement les éléments nécessaires à l'élaboration de cet état de synthèse (tableau 4).

Tableau 1
Bilans financiers en milliers de francs

		Finabase	Mata Agri	Mata Agri		
		31 déc. 1985	31 oct. 1986	31 déc. 1987	31 déc. 1988	Var. %
ACTIFS BRUTS	Immobilisations incorp.	53	62	62	62	0
	Immobilisations corporelles...	4 620	282	1 511	1 878	24
	Immobilisations financières...	556	215	150	39	-74
	Immobilisations totales..........	5 229	559	1 723	1 979	15
	Stocks	12 501	5 275	7 839	8 876	13
	Clients	6 709		3 460	4 355	26
	Autres créances d'exploitation	549		697	1 971	183
	Créances hors exploitation	61		108	200	
	Valeurs mob. de placement			848	420	-50
	Disponibilités	522	250	930	1 400	51
	Total	25 571	6 084	15 605	19 201	23
AMORTIS. & PROV.	Immobilisations incorp.					
	Immobilisations corporelles...	3 325		377	750	99
	Immobilisations financières...	164				
	Immobilisations totales..........	3 489	0	377	750	99
	Stocks	1 177		232	446	92
	Clients					
	Autres créances d'exploitation					
	Créances hors exploitation					
	Valeurs mob. de placement					
	Total	4 666	0	609	1 196	96
ACTIFS NETS	Immobilisations incorp.	53	62	62	62	0
	Immobilisations corporelles...	1 295	282	1 134	1 128	-1
	Immobilisations financières...	392	215	150	39	-74
	Immobilisations totales	1 740	559	1 346	1 229	-9
	Stocks	11 324	5 275	7 607	8 430	11
	Clients	6 709		3 460	4 355	26
	Autres créances d'exploitation	549		697	1 971	183
	Créances hors exploitation	61		108	200	85
	Valeurs mob. de placement			848	420	-50
	Disponibilités	522	250	930	1 400	51
	Total	20 905	6 084	14 996	18 005	20
PASSIF	Capitaux propres (*).............	3 538	465	3 431	7 869	129
	Dettes à plus d'un an	707	3 100	3 672	2 981	-19
	Fournisseurs	9 939		2 892	2 945	2
	Autres dettes d'exploitation	1 614		2 148	3 299	54
	Dettes hors exploitation	1 680		120	193	61
	Dettes fin. à moins d'un an	3 427	2 519	2 733	718	-74
	Total	20 905	6 084	14 996	18 005	20
(*) dont :	provisions pour risques et ch.			62	187	
	groupe et associés > 1 an	168				

Tableau 2
Soldes intermédiaires de gestion
en milliers de francs

	Finabase 12 mois 1985	Mata Agri 14 mois 1986-87	Mata Agri 12 mois 1986-87	Mata Agri 12 mois 1988	Var. %
+ Ventes de marchandises	40 342	43 763	37 511	48 565	29
- Coût d'achat / march. vendues	-31 836	-33 585	-28 787	-37 752	31
+ = MARGE COMMERCIALE	8 506	10 178	8 724	10 813	24
Production vendue	1 857	1 409	1 208	1 276	6
+ Production stockée	-2	25	21	19	-10
+ Production immobilisée					
+ = PRODUCTION DE L'EXERCICE	1 855	1 434	1 229	1 295	5
+ Subventions d'exploitation					
- Consommations externes	-3 295	-2 610	-2 237	-2 032	-9
+ = VALEUR AJOUTEE	7 066	9 002	7 716	10 076	31
- Impôts et taxes et versements ass.	-170	-99	-85	-119	40
- Charges de personnel	-7 321	-5 930	-5 083	-5 431	7
+ = EXCEDENT BRUT D'EXPLOITATION	-425	2 973	2 548	4 526	78
+ Reprises et transferts de charges(*)	1 280	409	351	347	-1
+ Autres produits	127			2	
- Dot. aux amort. & aux prov. (**)	-512	-761	-652	-1 043	60
- Autres charges	-12	-97	-83	-92	11
+ = RESULTAT D'EXPLOITATION	458	2 524	2 164	3 740	73
+ Opé. en commun : bénéfice-perte					
+ Produits financiers	112	814	698	894	28
- Charges financières (***)	-919	-398	-341	-430	26
+ = RESULTAT COURANT AVANT IMPOT	-349	2 940	2 521	4 204	67
+ Produits exceptionnels	95	62	53	133	151
- Charges exceptionnelles	-159	-46	-39	-28	-28
- = RESULTAT EXCEPTIONNEL	-64	16	14	105	650
- Participation des salariés					
- Impôt sur les bénéfices	-5				
= RESULTAT COMPTABLE	-418	2 956	2 535	4 309	70
Achats de marchandises	29 133	26 704	22 889	25 014	9
Achats de matières premières	307	91	78	129	
Achats + charges externes	32 390	43 721	37 475	40 677	9
(*) dont : transferts de charges		409	351	53	-85
(* *) dont : dotations / crédit bail	61				
dotations pour dépréciation	23	232	199	446	124
dotations pour risques et charges		62	53	187	253
dotations / non valeurs		88	75	14	-81
(* * *) dont : intérêts / crédit-bail	43				
autres intérêts	876	398	341	408	20

Désireux de connaître sa position dans le secteur du commerce de matériel agricole, M. Blanco est adhérent de la Fedimag (Fédération des distributeurs de matériel agricole) qui publie un bulletin sur lequel figurent les performances de gestion des entreprises du secteur. N'ayant pas encore reçu l'édition relative à la "campagne" 1988, il propose à M. Nérac les chiffres de 1987 comme première base de comparaison (tableau 5).

Tableau 3
Capacité d'autofinancement
en milliers de francs

	Finabase 12 mois 1985	Mata Agri 14 mois 1986-87	Mata Agri 12 mois 1986-87	Mata Agri 12 mois 1988	Var %
+ Excédent brut d'exploitation	-425	2973	2548	4526	78
+ Transferts de charges		409	350	53	-85
+ Autres produits	127	0	0	2	
- Autres charges	-12	-97	-83	-92	11
+ Quotes-parts / opé. faites en com. ..					
+ Produits financiers	112	814	698	894	28
- Charges financières	-876	-398	-341	-430	26
- Redevances de crédit-bail	-104				
+ Produits exceptionnels				9	
- Charges exceptionnelles	-106				
- Participation des salariés					
- Impôt sur les bénéfices	- 5				
= CAPACITE D'AUTOFINANCEMENT	-1 289	3701	3172	4962	56
+ Résultat comptable	-418	2956	2534	4309	70
+ Dotations aux amor. et aux prov.	451	761	652	1043	60
- Reprises sur amor. et prov.	-1 280			-294	
+ Valeur comptable des actifs cédés ...	53	46	39	28	-28
- Produit des cessions d'actifs	-95	-62	-53	-124	134
= CAPACITE D'AUTOFINANCEMENT	-1 289	3701	3172	4962	56

Tableau 4
Non valeurs et éléments du tableau de financement
en milliers de francs

	Exercice 86-87	Exercice 1988
+ Frais d'établissement (brut)	130	130
- Amortissements	88	102
+ = Frais d'établissement (net)	42	28
+ Charges constatées d'avance	48	54
= TOTAL DES NON VALEURS	90	82
Créance fiscale latente	38	34
Acquisitions d'immo. incorporelles		
Acquisitions d'immobilisations corporelles	1277	418
Acquisitions d'immobilisations financières		
Réduction d'immobilisations financières ...	65	111
Amortisssements afférents aux cessions	2	23
Nouveaux emprunts à plus d'un an	2760	1 586
Remboursements de dettes à plus d'un an ...	2150	2 281
Distributions de dividendes		

Tableau 5
Extrait du bulletin de la Fedimag

1) Ratios des entreprises françaises adhérentes

			Moyenne 1986	Moyenne 1987	Quartiles Q1	Quartiles Q2	Quartiles Q3
Ratios de structure et de financement							
Capitaux permanents	/ Moyens d'exploitation	%	92,3	91,6	71,5	91,6	113,1
Dettes à plus d'un an	/ Capitaux propres	%	59,1	55,1	23,4	46,9	94,7
CAF	/ Endettement	%	40,6	56,1	10,9	30,3	86,2
Intérêts	/ Chiffre d'affaires HT	%	1,4	1,3	0,6	1,1	2,1
Ratios du besoin en fonds de roulement							
BFR	/ Chiffre d'affaires HT	j	71,0	70,0	46,0	68,0	89,0
Clients	/ Chiffre d'affaires TTC	j	59,0	58,0	42,0	55,0	76,0
Fournisseurs	/ Achats et charges ext. TTC	j	72,0	68,0	55,0	66,0	85,0
Stocks de march.	/ Achats de marchandises HT	j	90,0	115,0	89,0	111,0	142,0
Ratios de performances							
Marge commerciale	/ Ventes de marchandises HT	%	20,1	19,6	17,8	19,0	22,0
EBE	/ Chiffre d'affaires HT	%	3,4	3,8	2,6	3,9	5,2
EBE	/ Moyens d'exploitation	%	14,7	15,6	10,0	14,1	21,6
Valeur ajoutée	/ Chiffre d'affaires HT	%	17,7	17,6	15,3	16,9	20,1
Valeur ajoutée	/ Effectifs	KF	183,0	206,0	171,0	197,0	234,0
Valeur ajoutée	/ Immo. corp. d'exploitation	%	217,9	219,7	154,8	204,0	292,8

Les moyens d'exploitation *sont constitués de la valeur nette des immobilisations corporelles et du besoin en fonds de roulement d'exploitation calculé à partir des actifs nets.*

L'endettement comprend les dettes à plus d'un an et celles à moins d'un an.

Les numérateurs des ratios du besoin en fonds de roulement sont les montants inscrits au bilan de l'année considérée.

2) Ratios européens en % du chiffre d'affaires hors taxes (année 1987)

	Allemagne	Autriche	Pays-Bas	France
I Marge brute globale	23,06	24,40	27,60	23,01
Rémunération du personnel	12,99	9,80	10,50	9,22
Charges sociales	2,98	2,70	6,90	4,61
II Charges de personnel	15,97	12,50	17,40	13,83
Frais financiers	0,38	1,70	2,40	1,39
Autres frais d'exploitation	2,26	8,81	6,60	5,03
III Total	2,64	10,51	9,00	6,42
IV Charges - produits divers	3,81	1,30	0,85	1,74
V Total II+III+ IV	22,42	24,31	27,25	21,99
Marge nette = I - V	0,64	0,09	0,35	1,02

La marge brute globale est calculée en déduisant du chiffre d'affaires hors taxes :
– le coût d'achat des marchandises vendues,
– les achats de matières premières et autres approvisionnements.

I - OBJECTIFS ET PLAN DE L'ANALYSE

La faiblesse des ressources initiales du repreneur n'ont pas représenté un obstacle à la relance de cette société de distribution de matériel agricole. Le rachat de l'entreprise comme les investissements de développement ont fait l'objet d'un financement externe important. Le poids des engagements et le ryhme d'évolution de l'activité auraient pu être à la source des déséquilibres propres aux entreprises qui connaissent à la fois une restructuration et une forte croissance. L'observation de la composition du financement de Mata Agri permettra de détecter les éventuelles sources de fragilité.

Le choix d'une politique de concurrence par les prix dans un secteur où les marges nettes sont déclinantes fait peser une contrainte supplémentaire sur la rentabilité de la gestion courante. Il importera donc de vérifier si l'ajustement des délais de rotation et la maîtrise des charges d'exploitation ont été opérants.

Au niveau global, le rapprochement entre les charges liées au financement du capital économique et la rentabilité de l'exploitation conduira à apprécier la cohérence des choix stratégiques du dirigeant de l'entreprise. Il s'agira alors de vérifier si Mata Agri manifeste une aptitude à dégager des réserves d'autofinancement et si les flux de trésorerie apportent une contribution suffisante au développement de l'entreprise.

II - ÉLÉMENTS DE CORRIGÉ

1 - L'équilibre financier

Les caractéristiques initiales des ressources de la société Mata Agri sont appelées à évoluer rapidement pendant une phase transitoire de décollage. Au terme de la période étudiée, les premiers facteurs de l'équilibre pourront être discernés. La trajectoire financière entamée par cette entreprise se profilera plus nettement dans les tableaux de financement et de variation de l'encaisse.

11 - Le bilan de fondation

A l'actif du bilan de départ de la société Mata Agri, au 31 octobre 1986 (tableau 1), figurent les moyens d'exploitation initiaux :

– le fonds de commerce qui est inscrit dans les immobilisations incorporelles pour une valeur peu significative (62 000 F) ;

– les divers matériels, agencements et installations acquis pour 282 000 F ;

– le stock de matériel agricole neuf et d'occasion et le stock de pièces de rechange qui ont été négociés pour 5 275 000 F, soit moins de la moitié du montant net porté dans le dernier bilan de Finabase SA.

Le passif ne comprend que deux sources de financement.

– Les capitaux propres sont uniquement constitués du capital social. Leur contrepartie se trouve dans les disponibilités pour la partie libérée (250 000 F) et dans les immobilisations financières au titre du capital souscrit et non appelé (215 00 F).

– La dette à l'égard des vendeurs de Finabase SA se partage entre les dettes à plus d'un an (3 100 000 F) et les échéances à court terme (2 519 000 F). On peut vérifier que la somme des acquisitions correspond au montant de la dette totale.

Tableau 6
Structure du bilan à partir des actifs nets

	Finabase	Mata Agri	Mata Agri		
	31 déc. 1985	31 oct. 1986	31 déc. 1987	31 déc. 1988	Var %
+ BFR d'exploitation	7 029	5 275	6 724	8 512	27
+ BFR hors exploitation	-1 619	0	-12	7	158
= BESOIN EN FONDS DE ROULEMENT	5 410	5 275	6 712	8 519	27
+ Trésorerie	-2 905	-2 269	-955	1 102	
= FONDS DE ROULEMENT NET	2 505	3 006	5 757	9 621	67

Le bilan au 31 octobre 1986 comporte plusieurs particularités. Sur le tableau 6, on voit que le besoin en fonds de roulement (BFR) est, dans un premier temps, représenté uniquement par les stocks. Il est partiellement couvert par le fonds de roulement net (FRN), ce qui laisse apparaître une trésorerie fortement négative.

La faiblesse des fonds propres est patente, puisque le taux d'endettement (Endettement total / Capitaux propres) s'élève à 996 %. Cependant, aucun jugement ne peut être tiré de cette première image de la société Mata Agri. Il s'agit d'une structure provisoire, destinée à évoluer rapidement au rythme de la gestion courante.

12 – L'évolution de la structure et du coût du financement

Les événements des deux premières années dégagent quelques signes favorables. Le renforcement des capitaux stables est accompagné d'une indépendance financière accrue. Cette constatation jointe à la maîtrise des charges financières ouvre des perspectives de financement externe de la croissance.

121 – Le financement des moyens d'exploitation

Le financement stable comprend les capitaux propres et les dettes à plus d'un an. Pour apprécier leur concours, on peut les rapporter aux éléments d'actifs directement liés à l'exploitation : le besoin en fonds de roulement d'exploitation (BFRE), les immobilisations corporelles et incorporelles.

$$\frac{\text{Capitaux permanents}}{\text{Moyens d'exploitation}} = \frac{(465 + 3\,100)}{(62 + 282 + 5\,275)} = 63\ \%\ \text{dans le bilan de départ.}$$

Ensuite, ce ratio augmente, 90 % en 1987, et il atteint 107 % en 1988. En se référant au tableau 5 on voit que dès le premier exercice l'entreprise s'inscrit au niveau de la moyenne du secteur et au voisinage de la norme de 100 % généralement retenue.

Cependant, le dirigeant de Mata Agri pourrait rechercher une amélioration de ce taux. Dans la mesure où les bilans sont arrêtés au 31 décembre, on peut présumer qu'à d'autres moments de l'année le BFRE atteint des niveaux plus élevés. Les besoins de financement peuvent alors altérer trop fortement la trésorerie.

122 – L'indépendance financière

Le degré d'indépendance se mesure en rapportant l'ensemble des dettes à plus et moins d'un an aux capitaux propres. Dans le bilan de départ ce ratio était très élévé (996 %), en 1987 il devient égal à :

$$\frac{\text{Endettement}}{\text{Capitaux propres}} = \frac{3\,672 + 2\,733}{3\,431} = 187\ \%,\ \text{puis en 1988 il baisse jusqu'à 47 \%.}$$

Au terme du deuxième exercice, Mata Agri atteint une position médiane par rapport aux autres entreprises du secteur. Le gain d'autonomie réalisé peut aussi être interprété comme un gage de sécurité face aux aléas auxquels cette profession est exposée.

123 – Le coût du financement

Le remboursement de la dette à l'égard des vendeurs ayant eu lieu aux échéances prévues, le relai de financement a été assuré par les banques. Cependant l'évolution des charges financières semble être bien maîtrisée, avec un ratio proche de la médiane du secteur :

$$\frac{\text{Intérêts}}{\text{Chiffre d'affaires HT}} = \frac{408}{(48\,565 + 1\,276)} = 0{,}9\ \%\ \text{en 1988, et 0,9 \% en 1987.}$$

On peut noter qu'avec une structure d'endettement dominée par les concours à moins d'un an, la société Finabase SA supportait un coût de financement nettement plus élevé, le ratio s'élevait à 2,2 %.

124 – La capacité d'endettement

Le ratio de levier (Dettes à plus d'un an / Capitaux propres) diminue aussi très rapidement en passant de 1,07 en 1987 à 0,38 en 1988. Le retour du ratio au voisinage de l'unité dégagerait des possibilités d'emprunt de cinq millions de francs. L'opportunité de faire jouer l'effet de levier pourra donc être saisie lors du financement externe des prochains investissements productifs.

Durant la période étudiée, Mata Agri a constitué une importante capacité d'endettement. La capacité de l'entreprise à rembourser ses dettes s'est accrue en même temps que la capacité d'autofinancement. Le ratio suivant montre que les flux de trésorerie permettraient à l'entreprise de se libérer rapidement de tous ses engagements bancaires :

$$\frac{\text{CAF}}{\text{Endettement}} = \frac{3\,701 \times (12/14)}{(3\,672 + 2\,733)} = 50\ \%\ \text{en 1987.}$$

$$= \frac{4\,962}{(2\,981 + 718)} = 134\ \%\ \text{en 1988.}$$

L'inverse de ce ratio donne la durée du remboursement de l'ensemble des dettes. Il passe de deux ans en 1987 à neuf mois en 1988. Dans le tableau 5, on voit que la société Mata Agri occupe une position favorable, supérieure au troisième quartile de la profession.

Afin d'éviter un biais, la CAF de l'exercice 1986-87, qui comptait 14 mois, est ramenée à une durée de 12 mois. D'une façon générale, cette correction s'imposera par la suite chaque fois qu'un flux sera comparé à un encours.

13 – Le tableau de financement

131 – La structure du bilan en fonction des actifs bruts

Dans la perspective du tableau de financement, les grandes masses financières du bilan peuvent encore être évaluées en fonction des actifs bruts (tableau 7). En tant que réserve d'autofinancement, les amortissements et les provisions s'ajoutent alors aux capitaux propres.

En 1988, par exemple, le fonds de roulement net se compose (tableau 1) ainsi :

Capitaux propres	+	amortisements et provisions	+	dettes à plus d'un an	–	immobilisa-sations totales	=	Fonds de roulement net
7 869	+	1 196	+	2 981	–	1 979	=	10 067 KF

Au besoin en fonds de roulement calculé dans le tableau 6 s'ajoutent maintenant les provisions pour dépréciations inscrites au bilan. En 1988, le BFR s'élève à :

8 519 + 446 = 8 965 KF.

En l'absence de provisions relatives au valeurs mobilières de placement, la trésorerie reste au même niveau que dans le tableau 6.

Tableau 7
Structure du bilan à partir des actifs bruts

	Finabase	Mata Agri	Mata Agri		
	31 déc. 1985	31 oct. 1986	31 déc. 1987	31 déc. 1988	Var %
+ BFR d'exploitation	8 206	5 275	6 956	8 958	29
+ BFR hors exploitation	-1 619	0	-12	7	158
+= BESOIN EN FONDS DE ROULEMENT	6 587	5 275	6 944	8 965	29
+ Trésorerie	-2 905	-2 269	-955	1 102	
= FONDS DE ROULEMENT NET	3 682	3 006	5 989	10 067	68

La reprise de l'activité en 1986 et 1987 a entraîné une augmentation du BFR d'exploitation proportionnellement moins importante que celle provoquée par l'augmentation du chiffre d'affaires en 1988. L'effort de liquidation du stock initial et le contrôle des délais exercés par M. Blanco expliquent en partie cette hausse modérée pendant le premier exercice.

Le remboursement du crédit accordé par les vendeurs a considérablement allégé l'endettement à court terme de l'entreprise. La trésorerie enregistre cet effet favorable. On observe qu'elle devient positive en 1988.

L'évolution du besoin en fonds de roulement et celle de la trésorerie ont joué dans le même sens, celui d'un accroissement du fonds de roulement net, 2 983 KF en 1986-87 et 4 078 KF en 1988. Les mouvements qui ont conduit à des variations aussi importantes peuvent être distingués dans le tableau de financement.

Les flux financiers qui ont affecté le fonds de roulement pendant l'exercice ont été reportés des tableaux 1, 3 et 4 dans la partie supérieure du tableau 8. La partie inférieure est obtenue en réalisant, pour chaque poste, la différence entre deux bilans successifs.

La présentation des emplois et des ressources surprend M. Blanco. Il a déjà réalisé les calculs sur un tableau-type extrait de ses notes de cours. Ce modèle lui était apparu d'un maniement aisé puisqu'il suffisait d'inscrire les chiffres dans les cases prévues à cet effet. En comparant avec le tableau 8, il ne retrouve pas les mêmes montants. En outre, la désignation des postes n'est pas la même !

M. Blanco accepte d'entendre les explications de M. Nérac sur la nécessité des reclassements. Mais, au moment où il aperçoit sur la sixième ligne une réduction des capitaux propres de 178 000 F, il commence à éprouver des doutes sérieux sur les qualités méthodologiques du logiciel de M. Nérac. Il sait bien que, depuis le 31 octobre 1986, aucun dividende n'a été distribué et, qu'à titre personnel, il n'a réalisé aucun prélèvement. En adressant un sourire narquois à son interlocuteur, il lui demande si celui-ci n'aurait pas commis une erreur, de saisie par exemple.

132 – Le traitement des non valeurs

Les informations apportées par le tableau 4 suffisent à éclairer le traitement qui a été opéré lors de l'élaboration du bilan financier. Deux postes ont été soustraits de l'actif du bilan comptable et des capitaux propres :
– les frais d'établissement pour leur montant net, soit 42 000 F,
– les charges constatées d'avance, 48 000 F.

Avec un taux de l'impôt sur les sociétés égal à 42 %, ces non-valeurs ont engendré une créance fiscale latente qui se calcule ainsi :

$$(42\,000 + 48\,000) \times 42\,\% = 37\,800 \approx 38\,000 \text{ F.}$$

Du bilan comptable au bilan financier, les capitaux propres ont donc été réduits de :

$$42\,000 + 48\,000 - 38\,000 = 52\,000 \text{ F.}$$

D'autre part, la créance fiscale latente a été placée en diminution des dettes à plus d'un an.

Dans le tableau 8, la réduction des capitaux propres reflète les non-valeurs inscrites au bilan pendant l'exercice. Le retraitement opéré conduit à évaluer plus exactement le niveau des ressources propres de l'entreprise. La diminution des fonds propres correspond seulement à une réalité financière. Elle est dépourvue d'implications juridiques puisque le capital social, les réserves et le report à nouveau ne sont bien sûr pas modifiés.

La capacité d'autofinancement du premier exercice de la société Mata Agri n'enregistre pas la contrepartie des décaissements relatifs aux frais d'établissement et aux charges constatées d'avance. Ces non-valeurs représentent donc un emploi de la capacité d'autofinancement, au même titre que les augmentations des postes de l'actif immobilisé ou que les diminutions des capitaux permanents.

Tableau 8
Tableau de financement

	Mata Agri 14 mois 1986-87	Mata Agri 12 mois 1988
+ Capacité d'autofinancement	3701	4962
+ Cessions d'immobilisations	62	124
+ Réductions d'immobilisations financières	65	111
+ Augmentation des dettes à plus d'un an	2760	1586
+ Augmentation des capitaux propres		
- Réduction des capitaux propres	-178	-6
- Distributions de l'exercice		
- Acquisitions d'immobilisations incorporelles		
- Acquisitions d'immobilisations corporelles	-1277	-418
- Acquisitions d'immobilisations financières		
- Remboursement des dettes à plus d'un an	-2150	-2281
= Δ FONDS DE ROULEMENT NET	2983	4078
+ Δ Stocks	2564	1037
+ Δ Clients	3460	895
+ Δ Autres créances d'exploitation	697	1274
- Δ Fournisseurs	-2892	-53
- Δ Autres dettes d'exploitation	-2148	-1151
+ = Δ BFR D'EXPLOITATION	1681	2002
+ Δ Créances hors exploitation	108	92
- Δ Dettes hors exploitation	-120	-73
+ = Δ BFR HORS EXPLOITATION	-12	19
= Δ BESOIN EN FONDS DE ROULEMENT	1669	2021
+ Δ Valeurs mobilières de placement	848	-428
+ Δ Disponibilités	680	470
- Δ Dettes financières à moins d'un an	-214	2015
= Δ TRESORERIE	1314	2057

133 – Les égalités comptables

La cohérence des informations peut être appréciée en vérifiant que la somme des flux correspond aux variations des postes du bilan.

Avant de se reconnaître convaincu par les explications précédentes, M. Blanco entreprend la série des calculs reproduits ci-dessous. Sous une apparence de contrôle pointilleux, son but, inavoué, est de maîtriser définitivement la liaison entre la version financière et les écritures comptables de la même réalité économique. M. Nérac le laisse opérer.

	Exercice 86-87	Exercice 1988
1) *Egalité comptable des capitaux propres*		
Résultat de l'exercice	2 956	4 309
– Distribution de dividendes	0	0
– Variation des frais d'établissement	– 130	0
+ Dotations aux amortissements des frais d'établissement	88	14
+ Variation des charges constatées d'avance	– 48	– 6
+ Variation de la créance fiscale latente	38	– 4
+ Dotations aux provisions pour risques et charges	62	125
= Variation des capitaux propres	2 966	4 438
Capitaux propres en fin d'exercice	3 431	7 869
– Capitaux propres en début d'exercice	– 465	– 3 431
= Variation des capitaux propres	2 966	4 438
2) *Egalité comptable des dettes à plus d'un an*		
Emprunts à plus d'un an souscrits pendant l'exercice	2 760	1 586
– Remboursements des emprunts à plus d'un an	– 2 150	– 2 281
– Variation de la créance fiscale latente	– 38	4
= Variation des dettes à plus d'un an	572	– 691
Dettes à plus d'un an en fin d'exercice	3 672	2 981
– Dettes à plus d'un an en début d'exercice	– 3 100	– 3 672
= Variation des dettes à plus d'un an	572	– 691
3) *Egalité comptable des immobilisations corporelles*		
Acquisitions d'immobilisations corporelles	1 277	418
– Valeur nette comptable des immobilisations cédées	– 46	– 28
– Amortissements afférents aux immobilisations cédées	– 2	– 23
= Variation des immobilisations corporelles brutes	1 229	367
Immobilisations corporelles brutes en fin d'exercice	1 511	1 878
– Immobilisations corporelles brutes en début d'exercice	– 282	– 1 511
= Variation des immobilisations corporelles brutes	1 229	367
4) *Egalité comptable des immobilisations financières*		
Acquisitions d'immobilisations financières	0	0
– Réduction des immobilisations financières	– 65	– 111
= Variation des immobilisations financières	– 65	– 111
Immobilisations financières en fin d'exercice	150	39
– Immobilisations financières en début d'exercice	– 215	– 150
= Variation des immobilisations financières brutes	– 65	– 111

	Exercice 86-87	Exercice 1988
5) *Egalité comptable des amortissements inscrits à l'actif*		
Dotations aux amortissements et aux provisions	761	1 043
– Dotations aux amortissements des non-valeurs	– 88	– 14
– Dotations aux provisions pour dépréciation	– 232	– 446
– Dotations aux provisions pour risques et charges	— 62	_ 187
= Dotations aux amortissements des éléments d'actif	379	396
Dotations aux amortissements des éléments d'actif	379	396
– Amortissements afférents aux immobilisations cédées	— 2	– 23
= Variation des amortissements inscrits à l'actif	377	373
Amortissements inscrits à l'actif en fin d'exercice	377	750
– Amortissements inscrits à l'actif en début d'exercice	0	– 377
= Variation des amortissements inscrits à l'actif	377	373

134 – La formation de l'équilibre financier

Les grandes lignes du plan de financement prévisionnel établi par M. Blanco ont été réalisées. Toutefois, à la fin de l'année 1987, l'encaisse effective est supérieure aux prévisions.

Pour l'exercice 1986-1987, l'erreur de prévision (favorable) relative à l'activité et surtout à la rentabilité de l'exploitation a entraîné deux écarts notables :

– un écart de capacité d'autofinancement qui accroît les ressources en fonds de roulement de 1,7 MF,

– un écart de besoin en fonds de roulement qui augmente les emplois de 0,7 MF.

L'incidence sur la trésorerie correspond à un écart d'un million de francs environ. Les difficultés à anticiper sur conditions d'activité du premier exercice font observer, *ex post,* un surfinancement à long terme compensé par des emplois de trésorerie en portefeuille.

En 1988, un écart de capacité d'autofinancement accroît les ressources d'un million de francs de plus que prévu environ. Ainsi, au lieu de diminuer d'un demi million de francs, les emplois de trésorerie se maintiennent au même niveau.

Un point de vue complémentaire peut être recherché avec un autre regroupement des flux financiers.

*14 – **Le tableau des variations de l'encaisse***

Les flux financiers du tableau de financement peuvent encore être réordonnés à partir de l'excédent brut d'exploitation afin de conduire à la détermination des variations de l'encaisse (tableau 9).

Tableau 9
Tableau des variations de l'encaisse

	Mata Agri 14 mois 1986-87	Mata Agri 12 mois 1988
+ Excédent brut d'exploitation	2973	4526
- Δ BFR d'exploitation	-1681	-2002
+ = EXCEDENT DE TRESORERIE D'EXPLOIT.	1292	2524
+ Excédent brut hors exploitation	728	436
- Δ BFR hors exploitation	12	-19
+ = EXCEDENT DE TRESORERIE HORS EXPLOIT.	740	417
+ = EXCEDENT DE TRESORERIE GLOBAL	2032	2941
+ Cessions d'immobilisations	62	124
+ Réductions d'immobilisations financières	65	111
- Acquisitions d'immobilisations	-1277	-418
+ = FLUX D'INVESTISSEMENT	-1150	-183
+ Augmentation des capitaux propres		
+ Augmentation des dettes à plus d'un an	2760	1586
- Réduction des capitaux propres	-178	- 6
- Remboursement des dettes à plus d'un an	-2150	-2281
+ = FLUX DE FINANCEMENT	432	-701
DISTRIBUTIONS		
+ Δ Dettes financières à moins d'un an	214	-2015
- Δ Valeurs mobilères de placement	-848	428
+ = FLUX DE TRESORERIE	-634	-1587
= VARIATION DE L'ENCAISSE	680	470

Le premier solde, l'excédent de trésorerie d'exploitation (ETE), donne une mesure de la contribution de l'exploitation au financement de l'entreprise. L'ETE associe la marge brute avec les charges et les délais de rotation. La politique de M. Blanco qui a consisté, d'une part à baisser les prix de vente et, d'autre part à diminuer les délais de paiement et de stockage, produit tous ses effets au travers de ce solde.

A ce niveau, la progression de Mata Agri est remarquable, la différence de durée des exercices comptables ne fait qu'accentuer cette performance.

Le second solde du tableau 9 reproduit la même combinaison pour les opérations de gestion qui ne concernent pas directement l'exploitation courante. L'excédent brut hors exploitation résulte de tous les flux qui ont été enregistrés après l'EBE dans la première partie du tableau de calcul de la capacité d'autofinancement (tableau 3). Le plus important de ces flux est représenté par les produits financiers. On vérifie que, hors exploitation, Mata agri manifeste aussi une aptitude à secréter des ressources de trésorerie.

La réunion de ces deux soldes donne un excédent global de trésorerie (ETG). Dans la mesure où cet excédent dépasse les besoins qui apparaissent plus bas, l'efficacité de la gestion réalisée par M. Blanco est confirmée. On peut poser que si l'ETG de Mata Agri avait été affecté au financement des flux d'investissement, le solde de trésorerie se serait alors établi à 2 032 – 1 150 = 882 KF en 1987 et à 2 758 KF en 1988.

Dans le cadre du tableau pluriannuel des flux financiers, le solde "DAFIC" (Disponible après financement de la croissance) se serait révélé positif et l'on aurait également décelé la capacité de Mata Agri à financer son développement de façon autonome par ses seules activités d'exploitation.

Le financement de la croissance étant assuré, le rôle imparti aux nouveaux emprunts est plutôt de relayer le crédit accordé par les vendeurs de Finabase SA. A ce stade le solde de trésorerie devient égal à 882 + 432 = 1 314 F en 1987 et 2 057 F en 1988.

Aprés le règlement des dettes financières à moins d'un an, il subsiste un excédent de 1 314 – 214 = 1 100 KF en 1987, et de 42 KF en 1988. Par une autre voie, on retrouve le surfinancement de l'exercice 1986-87 observé dans le tableau de financement.

2 – L'exploitation

La situation financière florissante de Mata Agri semble avoir trouvé son origine dans la croissance de l'ETE. Avant de se livrer à d'autres prévisions au moyen du tableau des variations de l'encaisse, il importe d'analyser la gestion courante de cette société au travers des deux composantes de l'ETE : la variation du BFR et l'excédent brut d'exploitation.

21 – La gestion du besoin en fonds de roulement d'exploitation

Les délais associés aux trois principales composantes du BFR d'exploitation peuvent être estimé par les ratios suivants.

En 1988, le délai de rotation des stocks s'établit à :

$$\frac{\text{Stocks}}{\text{Achats de marchandises HT}} = \frac{8\,876 \times 360}{25\,014} = 128\,\text{jours},$$

contre 124 en 1986-87 (pour cet exercice, les flux doivent être ramenés à douze mois) et 154 pour Finabase SA. Ce délai est surestimé puisque les stocks d'encours de réparation n'ont pas été isolés et retirés du numérateur. Cependant on peut admettre que ce ratio place l'entreprise dans le troisième quart de l'échantillon de la

Fedimag. La gestion courante et les opérations périodiques de liquidation des stocks n'ont pas permis de réaliser une performance significative.

Pendant le deuxième exercice, le délai de rotation des créances clients est égal à :

$$\frac{\text{Clients}}{\text{Chiffre d'affaires TTC}} = \frac{4\,355}{(48\,656 + 1\,276) \times 1{,}186} = 27 \text{ jours,}$$

Pour l'exercice 1986-87, il prend la même valeur, tandis que le délai médian de la profession est de 55 jours. Avec la gestion de Finabase SA, ce délai s'élève à 48 jours. Les effets des mesures prises par M. Blanco se font nettement sentir puisque la clientèle a accepté de modifier ses habitudes de règlement.

En 1988, le délai de rotation dettes-fournisseurs s'élève à :

$$\frac{\text{Fournisseurs}}{\text{Achats de marchandises} + \text{Charges externes TTC}} = \frac{8\,876 \times 360}{40\,677 \times 1{,}186} = 22 \text{ jours,}$$

contre 23 en 1986-87 et, 93 pour Finabase SA. Le décalage avec les habitudes de la profession est très important. Le gain réalisé par M. Blanco au niveau des escomptes de règlement anticipé est contrebalancé par la faiblesse de ce délai.

En 1988, le poids du BFR dans le chiffre d'affaires devient comparable à celui de Finabase SA :

$$\frac{\text{BFR d'exploitation}}{\text{Chiffre d'affaires HT}} = \frac{8\,958 \times 360}{48\,565 + 1\,276} = 65 \text{ jours,}$$

contre 55 en 1987 et, 70 pour Finabase SA. Le raccourcissement des délais de règlement des fournisseurs dans le but de réaliser des emplois de trésorerie a contribué au relèvement de ce ratio. Néanmoins, il se maintient dans le deuxième quart des entreprises de la profession (tableau 5).

21 – La gestion des opérations d'exploitation

Le chiffre d'affaires du premier exercice (ramené à 12 mois) marque une diminution de 8 % par rapport aux ventes de Finabase SA. Il faut attendre 1988 pour que se manifeste une croissance des ventes avec une hausse de 29 %.

211 – L'évolution des résultats

En 1988, le taux de marge commerciale s'élève à :

$$\frac{\text{Marge commerciale}}{\text{Chiffre d'affaires HT}} = \frac{10\,813}{48\,565 + 1\,276} = 22{,}3\ \%$$

contre 23,3 % en 1986-87, 21,1 % pour Finabase SA en 1985 et 19 % pour l'entreprise médiane. Ce ratio révèle une performance, puisque l'effet négatif de la politique de baisse des prix de vente a été surcompensé de quelques points grâce à l'aptitude de M. Blanco à négocier avec ses fournisseurs.

En 1988, le taux de marge brute globale est égal à :

$$\frac{\text{EBE}}{\text{Chiffre d'affaires HT}} = \frac{4\,526}{48\,565 + 1\,276} = 9{,}1\%$$

contre 6,6 % en 1986-87, – 1,0 % pour Finabase SA en 1985 et 3,9 % pour la médiane de la profession. L'efficacité commerciale de Mata Agri prend ici toute sa dimension pour placer l'entreprise en tête de sa profession. La contribution du personnel et des moyens d'exploitation à cette performance peut être évaluée à l'aide des ratios suivants :

$$\frac{\text{Valeur ajoutée}}{\text{Effectifs}} = \frac{10\,076}{32} = \text{315 KF en 1988, contre 204 KF pour la médiane}$$

$$\frac{\text{EBE}}{\text{Moyens d'exploitation}} = \frac{4\,526}{1\,878 + 8\,512} = \text{42 \% en 1988, contre 14 \% pour la médiane,}$$

Le calcul de ce dernier ratio prête à discussion. D'une part, les moyens d'exploitation sont sous-estimés puisque Mata Agri n'est pas propriétaire des bâtiments, d'autre part, les loyers versés à la société civile immobilière viennent minorer l'EBE, les deux effets ne se neutralisent pas forcément. En l'absence de contrat de crédit-bail, le retraitement n'a pas été effectué dans le bilan financier.

211 – La gestion des charges

Trois éléments de comparaison tirés de la deuxième partie du tableau 5 permettent de recouper les conclusions précédentes.

Le taux de la marge brute gobale du deuxième tableau publié par la Fedimag peut être déterminé à partir des pourcentages du tableau 9. Pour Mata Agri, il évolue de 25,4 % à 24,0 % entre 1987 et 1988, en plaçant cette entreprise à un ou deux points au-dessus de la moyenne française.

Tableau 10
Soldes de gestion en pourcentage du chiffre d'affaires

	Finabase	Mata agri	
	1985	86-87	1988
+ Ventes de marchandises	95,6	96,9	97,4
- Coût d'achat des march. vendues	-75,4	-74,3	-75,7
+ = MARGE COMMERCIALE	20,2	22,5	21,7
Production vendue	4,4	3,1	2,6
+ Production stockée	0,0	0,1	0,0
+ Production immobilisée			
+ = PRODUCTION DE L'EXERCICE ...	4,4	3,2	2,6
+ Subventions d'exploitation			
- Consommations externes	-7,8	-5,8	-4,1
+ = VALEUR AJOUTEE	16,7	19,9	20,2
- Impôts et taxes et versements ass. ..	-0,4	-0,2	-0,2
- Charges de personnel	-17,3	-13,1	-10,9
+ = EXCEDENT BRUT D'EXPLOITATION	-1,0	6,6	9,1
+ Reprises et transferts de charges	3,0	0,9	0,7
+ Autres produits	0,3		0,0
- Dot. aux amort. & aux prov.	-1,2	-1,7	-2,1
- Autres charges	0,0	-0,2	-0,2
+ = RESULTAT D'EXPLOITATION	1,1	5,6	7,5
+ opé. en commun : bénéfice-perte			
+ Produits financiers	0,3	1,8	1,8
- Charges financières	-2,2	-0,9	-0,9
+ = RESULTAT COURANT AVANT IMPOT	-0,8	6,5	8,4
+ Produits exceptionnels	0,2	0,1	0,3
- Charges exceptionnelles	-0,4	-0,1	-0,1
- = RESULTAT EXCEPTIONNEL	-0,2	0,0	0,2
- Participation des salariés			
- Impôt sur les bénéfices	0,0	0,0	0,0
= RESULTAT COMPTABLE	-1,0	6,5	8,6
Achats de marchandises	69,0	59,1	50,2
Achats de matières premières	0,7	0,2	0,3

La part des charges de personnel dans le chiffre d'affaires diminue sensiblement ; elle passe de 13,1 % à 10,9 % de 1987 à 1988, alors qu'elle est de 13,8 % pour la moyenne française. Les accroissements de productivité se traduisent aussi dans ce ratio.

Les frais financiers pèsent plus faiblement que pour la moyenne des entreprises françaises ou étrangères.

La marge nette mentionnée dans le tableau 5 correspond vraisemblablement au résultat courant avant impôt. Le passage de 6,5 % en 1987 à 8,4 % en 1989 confirme l'exceptionnelle rentabilité de la société Mata Agri dans un contexte européen où le résultat global est extrêmement réduit.

III - SYNTHÈSE ET CONCLUSIONS

L'étude des comptes de la société Mata Agri a révélé un accroissement des performances d'exploitation à un niveau sensiblement plus élévé que la majorité des entreprises de la profession. L'effet de management s'est nettement manifesté sur les résultats. En revanche, il a pesé plus faiblement sur les structures financières. On a pu observer que la composition du bilan d'une entreprise saine est très proche de la moyenne ou de la médiane du secteur. La donne technologique et économique propre au secteur d'activité semble bien dominer la dynamique de gestion au niveau de la structure du bilan.

La projection des tendances actuelles dans un plan de financement pluriannuel devra intégrer des éléments restés hors du champ de l'analyse.

L'exonération temporaire d'impôt sur les sociétés [1] a permis à l'entreprise de dégager une capacité d'autofinancement majorée de 2956 x 42 % = 1 242 KF en 1986-87 et de 1810 KF en 1988. A l'avenir, la disparition de cet avantage ne devrait pas compromettre les capacités de financement de la croissance puisque jusque là l'exploitation y subvenait et que, par ailleurs, l'entreprise dispose d'une réelle capacité d'endettement. La rentabilité des capitaux propres pourrait s'en ressentir sauf si l'entreprise fait jouer l'effet de levier.

Une analyse prévisionnelle du marché permettra au dirigeant de Mata Agri d'orienter sa stratégie d'investissement et d'implantation. Sous l'angle du volume de vente, les perspectives de développement sont liées à des facteurs adverses tels que le déclin démographique agricole et le renforcement de la mécanisation dans l'agriculture. Par ailleurs, au plan local, la répartition à terme des parts de marché entre les différentes marques fixe des limites à l'expansion de l'entreprise dans le même métier. En termes qualitatifs, l'évolution des prestations de service après-vente peut engendrer une nouvelle structure de coûts et faire appel à un redéploiement des activités commerciales.

---

1. Les sociétés créées depuis le 1er octobre 1988 pour la reprise d'une entreprise industrielle en difficulté bénéficient d'une exonération d'impôt sur les sociétés et d'impôt forfaitaire pendant les deux premières années d'activité (Code général des impôts, art. 44 septies).

Cas n° 14

Harmoniques

Thèmes d'analyse :

- *Evaluation d'entreprise.*

Outils et méthodes :

- *Diagnostic global de l'entreprise.*
- *Valeur patrimoniale.*
- *Valeur de rendement.*
- *Confrontation des différentes mesures de la valeur.*

Objectifs pédagogiques :

- *Entraînement à l'application des méthodes d'évaluation.*
- *Analyse critique des estimations "théoriques" fournies par ces méthodes.*

Lectures recommandées :

Analyse financière :

- *Chapitre 11. Section 2.*

Après son deuxième accident cardiaque, M. Tybalt comprit qu'il était temps pour lui de prendre sa retraite.

Jusqu'à sa soixante-douzième année, la poursuite de son activité professionnelle n'avait été à ses yeux ni une obligation alimentaire, ni une contrainte sociale, mais une raison d'être. M. Tybalt était en effet bien plus que le PDG de la société "Harmoniques et vieilles cires". Cette société anonyme dont le principal objet social concernait l'exploitation d'un fonds de distribution de disques, de livres, de matériel audio et vidéo constituait certes sa principale source de revenus. Mais, par-delà son activité commerciale, M. Tybalt apparaissait d'abord comme un des principaux animateurs de la vie culturelle de la ville de Saint-Grapou. Dans cette sous-préfecture de l'Ouest, il n'était pas une manifestation musicale, théâtrale, picturale, en un mot, pas un événement culturel ou artistique qui pût se concevoir, se préparer ou se dérouler sans que M. Tybalt apparût aussitôt comme l'un de ses promoteurs, ou au moins, comme l'un de ses animateurs.

Présent partout "où il se passait quelque chose", connu de tous, M. Tybalt avait su créer des passerelles efficaces entre les deux aspects de son activité. Personnalité "culturelle", il utilisait son magasin comme lieu d'animation, y accueillait des artistes ou des écrivains de passage pour des rencontres avec le public, des expositions ou des débats. Commerçant avisé, il collait à l'actualité et se maintenait en avance d'une mode ou d'un produit nouveau sur ses concurrents locaux. Son magasin à l'enseigne "Harmoniques" offrait le plus vaste choix de livres, le plus important rayon de disques classiques, de rock, de jazz ou de "bonne variété" comme il aimait à le souligner. Il avait aussi créé un auditorium qui permettait aux clients exigeants de trouver une sélection restreinte d'articles audio ou vidéo de grande qualité. Enfin, M. Tybalt avait réussi à maintenir des prix attractifs grâce à son adhésion à un groupement de détaillants spécialisés qui lui permettait d'effectuer ses approvisionnements dans de bonnes conditions de coût et de délai.

Tout cela lui avait permis de développer brillamment son affaire. Et celle-ci était devenue un des commerces les plus prospères d'une ville où la distribution tradtionnelle avait subi durement l'implantation de trois grandes surfaces.

Mais, en ce jour de septembre 1989, ce n'était pas un mondain, ni un conquérant qui se trouvait assis dans le cabinet de Maître Dumotard, notaire à R.... C'était simplement un vieux monsieur, brusquement usé, fatigué, anxieux. M. Tybalt avait pris la décision de vendre ses intérêts dans la société propriétaire du magasin "Harmoniques" et venait l'annoncer à son notaire qui était aussi un conseiller et, peut-être, un ami. Actionnaire à 98 % de cette SA, il souhaitait trouver un repreneur intéressé par l'ensemble de ses actions.

M. Tybalt fit part de sa résolution à Maître Dumotard et lui confia qu'il désirait se retirer pour partager son temps entre Saint-Grapou et La Baule où il avait acquis un appartement.

Mais, il n'avait aucune idée de ce que ses actions pouvaient lui rapporter. D'ailleurs il se sentait dépassé par les aspects "techniques" du problème et désirait confier à Maître Dumotard le soin de régler l'ensemble de cette cession au mieux, comme il avait déjà traité tous les problèmes juridiques ou immobiliers auxquels M. Tybalt avait été précédemment confronté.

Le notaire accepta évidemment cette mission sous réserve de recevoir les documents et les informations nécessaires pour formuler une estimation relative à la valeur de l'affaire.

Quelques jours plus tard, il se rendait au bureau de M. Tybalt pour examiner le dossier préparé à son intention. Les annexes jointes présentent les principales indications recueillies par M. Dumotard à l'occasion de cette visite.

Annexe 1
Extraits de la déclaration fiscale de la société "Harmoniques SA"

cerfa N° 30-2335

Formulaire obligatoire (article 53 A du code général des impôts).

(1) BILAN — ACTIF

D.G.I. N° 2050-N 9
(Janvier 1989)

Désignation de l'entreprise : HARMONIQUES S.A. — Durée de l'exercice exprimée en nombre de mois* 12

Adresse de l'entreprise 148, rue du Mont-Plaisant à Saint-Grapou — Durée de l'exercice précédent* 12

Numéro SIRET* — Code APE

Exercice précédent (N-1) clos le : 31 12 87

Rubrique	Poste (Ne pas reporter le montant des centimes)*		Exercice N, clos le : 31 12 88 — Brut 1		Amortissements, provisions 2	Net 3	Net 4
	Capital souscrit non appelé (0)	AA					
ACTIF IMMOBILISÉ* — Immobilisations incorporelles	Frais d'établissement*	AB		AC			
	Frais de recherche et développement*	AD		AE			
	Concessions, brevets et droits similaires	AF		AG			
	Fonds commercial (1)	AH		AI			
	Autres immobilisations incorporelles	AJ		AK			
	Avances et acomptes sur immobilisations incorporelles	AL		AM			
Immobilisations corporelles	Terrains	AN		AO			
	Constructions	AP		AQ			
	Installations techniques, matériel et outillage industriels	AR		AS			
	Autres immobilisations corporelles	AT	1.060.616	AU	253.404	807.212	710.044
	Immobilisations en cours	AV		AW			
	Avances et acomptes	AX		AY			
Immobilisations financières (2)	Participations	AZ		BA			
	Créances rattachées à des participations	BB		BC			
	Autres titres immobilisés	BD		BE			
	Prêts	BF		BG			
	Autres immobilisations financières*	BH	7.536	BI	814	6.722	6.722
	TOTAL (I)	BJ	1.068.152	BK	254.218	819.934	716.766
ACTIF CIRCULANT — Stocks*	Matières premières, approvisionnements	BL		BM			
	En cours de production de biens	BN		BO			
	En cours de production de services	BP		BQ			
	Produits intermédiaires et finis	BR		BS			
	Marchandises	BT	2.718.610	BU	97.044	2.621.566	2.130.747
	Avances et acomptes versés sur commandes	BV		BW			
Créances	Clients et comptes rattachés (3)*	BX	98,222	BY	1.747	96.475	78.610
	Autres créances (3)	BZ	72,618	CA	14.605	58.013	60.746
	Capital souscrit et appelé, non versé	CB		CC			
Divers	Valeurs mobilières de placement (dont actions propres : ....)	CD		CE			
	Disponibilités	CF	318.707	CG		318.707	347.600
Comptes de régularisation	Charges constatées d'avance (3)*	CH	12,024	CI		12.024	16.044
	TOTAL (II)	CJ	3.220.181	CK	113.396	3.106.785	2.633.747
	Charges à répartir sur plusieurs exercices* (III)	CL					
	Primes de remboursement des obligations (IV)	CM					
	Ecarts de conversion actif* (V)	CN					
	TOTAL GÉNÉRAL (0 à V)	CO	4.288.333	1A	367.614	3.920.719	3.350.513

Renvois : (1) Dont droit au bail :		(2) part à moins d'un an des immobilisations financières nettes :	CP	(3) Part à plus d'un an :	CR
Clause de réserve de propriété :*	Immobilisations :	Stocks :		Créances :	

* Des explications concernant cette rubrique sont données dans la notice n° 2032-N

1er EXEMPLAIRE DESTINÉ À L'ADMINISTRATION

N° 2050-N · Série G · Imprimerie Nationale 9403010 L 35 (33) · Octobre 1988

N° 30-2336

Formulaire obligatoire (article 53 A du Code général des impôts)

② **BILAN — PASSIF avant répartition**

D.G.I. N° 2051-N 9
(Janvier 1989)

Désignation de l'entreprise HARMONIQUES SA

	(Ne pas reporter le montant des centimes) *		Exercice N 1	Exercice N – 1 2
CAPITAUX PROPRES	Capital social ou individuel (1)* (Dont versé : 250.000 F.)	DA	250.000	250.000
	Primes d'émission, de fusion, d'apport, ...	DB	20.000	20.000
	Ecarts de réévaluation (2)*	DC		
	Réserve légale (3)	DD	25.000	21.000
	Réserves statutaires ou contractuelles	DE	187.620	178.901
	Réserves réglementées (3) (4)	DF		
	Autres réserves	DG		
	Report à nouveau	DH	112.624	98.707
	RÉSULTAT DE L'EXERCICE (bénéfice ou perte)	DI	174.610	209.747
	Subventions d'investissement	DJ		
	Provisions réglementées *	DK		
	TOTAL (I)	DL	769.854	778.355
Autres fonds propres	Produit des émissions de titres participatifs	DM		
	Avances conditionnées	DN		
	TOTAL (II)	DO		
Provisions pour risques et charges	Provisions pour risques	DP		
	Provisions pour charges	DQ		
	TOTAL (III)	DR		
DETTES (5)	Emprunts obligataires convertibles	DS		
	Autres emprunts obligataires	DT		
	Emprunts et dettes auprès des établissements de crédit (6)	DU	1.345.114	902.911
	Emprunts et dettes financières divers (7)	DV		
	Avances et acomptes reçus sur commandes en cours	DW		
	Dettes fournisseurs et comptes rattachés	DX	1.210.727	1.148.552
	Dettes fiscales et sociales	DY	270.024	250.695
	Dettes sur immobilisations et comptes rattachés	DZ		
	Autres dettes	EA	325.000	270.000
Compte régul.	Produits constatés d'avance (5)	EB		
	TOTAL (IV)	EC	3.150.865	2.572.158
	Ecarts de conversion passif* (V)	ED		
	TOTAL GÉNÉRAL (I à V)	EE	3.920.719	3.350.513

Total du bilan de l'exercice N en francs et centimes * 3.920.719 | 24

RENVOIS					
(1)	Écart de réévaluation incorporé au capital		1B		
(2)	Dont	Réserve spéciale de réévaluation (1959)	1C		
		Ecart de réévaluation libre	1D		
		Réserve de réévaluation (1976)	1E		
(3)	Dont réserve réglementée des plus-values à long terme *		EF		
(4)	Dont réserve relative à l'achat d'œuvres originales d'artistes vivants		EJ		
(5)	Dettes et produits constatés d'avance à moins d'un an		EG	2.525.865	2.002.158
(6)	Dont concours bancaires courants, et soldes créditeurs de banques et CCP		EH	1.045.114	602.911
(7)	Dont emprunts participatifs		EI		

* Des explications concernant cette rubrique sont données dans la notice n° 2032-N

1er EXEMPLAIRE DESTINÉ À L'ADMINISTRATION

N° 2051-N - Série G - Imprimerie Nationale 9403011.L.42 (33) - Octobre 1988

cerfa N° 30-2337

Formulaire obligatoire (article 53 A du Code général des impôts).

(3) COMPTE DE RÉSULTAT DE L'EXERCICE (En liste)

D.G.I. N° 2052-N [9]
(Janvier 1989)

Désignation de l'entreprise : HARMONIQUES SA

(Ne pas reporter le montant des centimes)*			Exercice N France 1		Exercice N Exportation 2		Exercice N Total 3	Exercice (N-1) 4
PRODUITS D'EXPLOITATION	Ventes de marchandises*	FA	7.025.747	FB		FC	7.025.747	6.210.429
	Production vendue biens	FD		FE		FF		
	Production vendue services*	FG		FH		FI		
	Chiffres d'affaires nets*	FJ	7.025.747	FK		FL	7.025.747	6.210.429
	Production stockée*					FM		
	Production immobilisée*					FN		
	Subventions d'exploitation					FO		
	Reprises sur amortissements et provisions, transfert de charges*					FP	14.030	16.144
	Autres produits (1)					FQ		
	Total des produits d'exploitation (2) (I)					FR	7.039.777	6.226.573
CHARGES D'EXPLOITATION	Achats de marchandises (y compris droits de douane)*					FS	4.875.448	3.997.425
	Variation de stock (marchandises)*					FT	(490.819)	187.647
	Achats de matières premières et autres approvisionnements (y compris droits de douane)*					FU		
	Variation de stock (matières premières et approvisionnements)*					FV		
	Autres achats et charges externes (3)*					FW	829.785	399.741
	Impôts, taxes et versements assimilés*					FX	118.432	99.605
	Salaires et traitements*					FY	618.915	582.329
	Charges sociales					FZ	297.648	254.317
	DOTATIONS D'EXPLOITATION — Sur immobilisations - dotations aux amortissements*					GA	112.615	108.322
	DOTATIONS D'EXPLOITATION — Sur immobilisations - dotations aux provisions					GB		
	DOTATIONS D'EXPLOITATION — Sur actif circulant : dotations aux provisions					GC	60.227	25.130
	DOTATIONS D'EXPLOITATION — Pour risques et charges : dotations aux provisions					GD		
	Autres charges					GE		
	Total des charges d'exploitation (4) (II)					GF	6.422.251	5.654.516
1 - RÉSULTAT D'EXPLOITATION (I - II)						GG	617.526	572.057
opérations en commun	Bénéfice attribué ou perte transférée* (III)					GH		
	Perte supportée ou bénéfice transféré* (IV)					GI		
PRODUITS FINANCIERS	Produits financiers de participations (5)					GJ		
	Produits des autres valeurs mobilières et créances de l'actif immobilisé (5)					GK		
	Autres intérêts et produits assimilés (5)					GL		
	Reprises sur provisions et transferts de charges					GM		
	Différences positives de change					GN		
	Produits nets sur cessions de valeurs mobilières de placement					GO		
	Total des produits financiers (V)					GP		
CHARGES FINANCIÈRES	Dotations financières aux amortissements et provisions*					GQ		
	Intérêts et charges assimilées (6)					GR	180.712	108.027
	Différences négatives de change					GS		
	Charges nettes sur cessions de valeurs mobilières de placement					GT		
	Total des charges financières (VI)					GU	180.712	108.027
2 - RÉSULTAT FINANCIER (V - VI)						GV	(180.712)	(108.027)
3 - RÉSULTAT COURANT AVANT IMPÔTS (I - II + III - IV + V - VI)						GW	436.814	464.030

(RENVOIS : voir tableau n° 2053 (1) * Des explications concernant cette rubrique sont données dans la notice n° 2032 N

1er EXEMPLAIRE DESTINÉ A L'ADMINISTRATION

N° 2052-N - Série G - Imprimerie Nationale 9403012.L.49 (49) - Octobre 1988

cerfa N° 30-2338 Formulaire obligatoire (article 53 A du Code général des impôts)

(4) COMPTE DE RÉSULTAT DE L'EXERCICE (Suite)

D.G.I. N° 2053-N (Janvier 1989) [9]

Désignation de l'entreprise HARMONIQUES SA

(Ne pas reporter le montant des centimes) *			Exercice N 1	Exercice N − 1 2
PRODUITS EXCEPTIONNELS	Produits exceptionnels sur opérations de gestion	HA		
	Produits exceptionnels sur opérations en capital *	HB		
	Reprises sur provisions et transferts de charges	HC		
	Total des produits exceptionnels (7) (VII)	HD		
CHARGES EXCEPTIONNELLES	Charges exceptionnelles sur opérations de gestion	HE	114.221	84.668
	Charges exceptionnelles sur opérations en capital *	HF		
	Dotations exceptionnelles aux amortissements et provisions	HG		
	Total des charges exceptionnelles (7) (VIII)	HH	114.221	84.668
3 — RÉSULTAT EXCEPTIONNEL (VII — VIII)		HI	(114.221)	(84.668)
Participation des salariés aux résultats de l'entreprise	(IX)	HJ		
Impôts sur les bénéfices *	(X)	HK	147.983	169.615
	TOTAL DES PRODUITS (I + III + V + VII)	HL	7.039.777	6.226.573
	TOTAL DES CHARGES (II + IV + VI + VIII + IX + X)	HM	6.865.167	6.016.826
4 — BÉNÉFICE OU PERTE (total des produits — total des charges)		HN	174.610	209.747

RENVOIS

(1)	Dont produits nets partiels sur opérations à long terme	HO		
(2)	Dont produits d'exploitation afférents à des exercices antérieurs (à détailler au (8) ci-dessous)			
(3) Dont	— Crédit-bail mobilier	HP		
	— Crédit-bail immobilier	HQ		
(4)	Dont charges d'exploitation afférentes à des exercices antérieurs (à détailler au (8) ci-dessous)			
(5)	Dont produits concernant les entreprises liées			
(6)	Dont intérêts concernant les entreprises liées			

(7) Détail des produits et charges exceptionnels (Si ce cadre est insuffisant, joindre un état du même modèle) :	Exercice N — Charges exceptionnelles	Exercice N — Produits exceptionnels
Stoks	114.221	

(8) Détail des produits et charges sur exercices antérieurs :	Exercice N — Charges antérieures	Exercice N — Produits antérieurs

* Des explications concernant cette rubrique sont données dans la notice n° 2032-N.

1er EXEMPLAIRE DESTINÉ À L'ADMINISTRATION

N° 2053-N · Série G - Imprimerie Nationale 9403013.L.56 (60) - Octobre 1988 cerfa N° 30-2339 (5) **IMMOBILISATIONS** D.G.I. N° 2054-N [9]

Formulaire obligatoire (article 53 A du Code général des impôts) (Janvier 1989)

Désignation de l'entreprise HARMONIQUES SA

(Ne pas reporter le montant des centimes) *

CADRE A	IMMOBILISATIONS		Valeur brute des immobilisations au début de l'exercice 1		Augmentations — Consécutives à une réévaluation pratiquée au cours de l'exercice 2		Augmentations — Acquisitions, créations, apports et virements de poste à poste 3
INCORP.	Frais d'établissement, de recherche et de développement TOTAL I	KA		KB		KC	
INCORP.	Autres postes d'immobilisations incorporelles TOTAL II	KD		KE		KF	
CORPORELLES	Terrains	KG		KH		KI	
CORPORELLES	Constructions — Sur sol propre	KJ		KK		KL	
CORPORELLES	Constructions — Sur sol d'autrui	KM		KN		KO	
CORPORELLES	Constructions — Installations générales, agencements et aménagements des constructions *	KP		KQ		KR	
CORPORELLES	Installations techniques, matériel et outillage industriels	KS		KT		KU	
CORPORELLES	Autres immobilisations corporelles — Installations générales, agencements, aménagements divers *	KV	728.110	KW		KX	
CORPORELLES	Autres immobilisations corporelles — Matériel de transport *	KY	112.193	KZ		LA	
CORPORELLES	Autres immobilisations corporelles — Matériel de bureau et informatique, mobilier	LB		LC		LD	210.413
CORPORELLES	Autres immobilisations corporelles — Emballages récupérables et divers *	LE		LF		LG	
CORPORELLES	Immobilisations corporelles en cours	LH		LI		LJ	
CORPORELLES	Avances et acomptes	LK		LL		LM	
CORPORELLES	TOTAL III	LN	850.303	LO		LP	210.413
FINANCIÈRES	Participations et créances rattachées à des participations	1L		1M		1N	
FINANCIÈRES	Autres titres immobilisés	1P		1R		1S	
FINANCIÈRES	Prêts et autres immobilisations financières	1T	7.536	1U		1V	
FINANCIÈRES	TOTAL IV	LQ	7.536	LR		LS	
	TOTAL GÉNÉRAL (I + II + III + IV)	ØG	857.839	ØH		ØJ	210.413

CADRE B	IMMOBILISATIONS		Diminutions — par virements de poste à poste 1		Diminutions — par cessions à des tiers ou mises hors service 2		Valeur brute des immobilisations à la fin de l'exercice 3		Réévaluation légale * — Valeur d'origine des immobilisations en fin d'exercice 4
INCORP.	Frais d'établissement, de recherche et de développement TOTAL I			LT		LU		1W	
INCORP.	Autres postes d'immobilisations incorporelles TOTAL II			LV		LW		1X	
CORPORELLES	Terrains			LX		LY		LZ	
CORPORELLES	Constructions — Sur sol propre			MA		MB		MC	
CORPORELLES	Constructions — Sur sol d'autrui			MD		ME		MF	
CORPORELLES	Constructions — Inst. gales, agencts et am. des constructions			MG		MH		MI	
CORPORELLES	Installations techniques, matériel et outillage industriels			MJ		MK		ML	
CORPORELLES	Autres immobilisations corporelles — Inst. gales., agencts, aménagements divers			MM		MN	728.110	MO	
CORPORELLES	Autres immobilisations corporelles — Matériel de transport			MP		MQ	122.193	MR	
CORPORELLES	Autres immobilisations corporelles — Matériel de bureau et informatique, mobilier			MS		MT	210.413	MU	
CORPORELLES	Autres immobilisations corporelles — Emballages récupérables et divers*			MV		MW		MX	
CORPORELLES	Immobilisations corporelles en cours	MY		MZ		NA		NB	
CORPORELLES	Avances et acomptes	NC		ND		NE		NF	
CORPORELLES	TOTAL III			NG		NH	1.060.716	NI	
FINANCIÈRES	Participations et créances rattachées à des participations			1Y		1Z		2A	
FINANCIÈRES	Autres titres immobilisés			2B		2C		2D	
FINANCIÈRES	Prêts et autres immobilisations financières			2E		2F	7.536	2G	
FINANCIÈRES	TOTAL IV			NJ		NK	7.536	2H	
	TOTAL GÉNÉRAL (I + II + III + IV)			ØK		ØL	1.068.252	ØM	

* Des explications concernant cette rubrique sont données dans la notice n° 2032-N

1er EXEMPLAIRE DESTINÉ À L'ADMINISTRATION

N° 2054-N - Série G - Imprimerie Nationale 9403014.L.63 [41] - Octobre 1988

cerfa N° 30-2340
Formulaire obligatoire (article 53 A du Code général des impôts)

⑥ **AMORTISSEMENTS**

D.G.I. N° 2055-N (S)
(Janvier 1989)

Désignation de l'entreprise HARMONIQUES SA

(Ne pas reporter le montant des centimes) *

CADRE A — SITUATIONS ET MOUVEMENTS DE L'EXERCICE*

IMMOBILISATIONS AMORTISSABLES			Montant des amortissements au début de l'exercice 1		Augmentations : dotations de l'exercice 2		Diminutions : amortissements afférents aux éléments sortis de l'actif et reprises 3		Montant des amortissements à la fin de l'exercice 4
Frais d'établissement, de recherche et de développement TOTAL I		PA		PB		PC		PD	
Autres immobilisations incorporelles TOTAL II		PE		PF		PG		PH	
Terrains		PI		PJ		PK		PL	
Constructions	Sur sol propre	PM		PN		PO		PQ	
	Sur sol d'autrui	PR		PS		PT		PU	
	Inst. générales, agencements et aménagements des constructions	PV		PW		PX		PY	
Installations techniques, matériel et outillage industriels		PZ		QA		QB		QC	
Autres immobilisations corporelles	Inst. générales, agencements, aménagements divers	QD	134.680	QE	75.115	QF		QG	209.795
	Matériel de transport	QH	6.109	QI	24.438	QJ		QK	30.547
	Matériel de bureau et informatique, mobilier	QL		QM	13.062	QN		QO	13.062
	Emballages récupérables et divers	QP		QR		QS		QT	
TOTAL III		QU	140.789	QV	112.615	QW		QX	253.404
TOTAL GÉNÉRAL (I + II + III)		ØN	140.789	ØP	112.615	ØQ		ØR	253.404

CADRE B — VENTILATION DES DOTATIONS AUX AMORTISSEMENTS DE L'EXERCICE* / CADRE C — MOUVEMENTS AFFECTANT LA PROVISION POUR AMORTISSEMENTS DÉROGATOIRES*

Immobilisations amortissables			Amortissements linéaires 1		Amortissements dégressifs 2		Amortissements exceptionnels 3		Dotations 4		Reprises 5
Frais établissement et recherche TOTAL I		QY		2J		2K		2L		2M	
Immob. incorporelles TOTAL II		QZ		2N		2P		2R		2S	
Terrains		RA		RB		RC		2T		2U	
Constructions	Sur sol propre	RD		RE		RF		2V		2W	
	Sur sol d'autrui	RG		RH		RI		2X		2Y	
	Inst. gales, agenc et am. des const.	RJ		RK		RL		2Z		3A	
Inst. techniques mat. et outillage		RM		RN		RO		3B		3C	
Autres immobilisations corporelles	Ins. gales, agenc. am. divers	RP	75.115	RQ		RR		3D		3E	
	Matériel de transport	RS	24.438	RT		RU		3F		3G	
	Mat. bureau et inform. mobilier	RV		RW	13.062	RX		3H		3J	
	Emballages récup. et divers	RY		RZ		SA		3K		3L	
TOTAL III		SB	99.553	SC	13.062	SD		SE		SF	
TOTAL GENERAL (I + II + III)		SG	99.553	SH	13.062	SJ		SK		SL	

CADRE D

MOUVEMENTS DE L'EXERCICE AFFECTANT LES CHARGES RÉPARTIES SUR PLUSIEURS EXERCICES*	Montant net au début de l'exercice 1	Augmentations 2		Dotations de l'exercice aux amortissements 3		Montant net à la fin de l'exercice 4
Charges à répartir sur plusieurs exercices			SM		SN	
Primes de remboursement des obligations			SP		SR	

* Des explications concernant cette rubrique sont données dans la notice N° 2032-N

1er EXEMPLAIRE DESTINÉ À L'ADMINISTRATION

N° 2056 N° Série G · Imprimerie Nationale 9403016.L.77 (49) · Octobre 1988

cerfa N° 30-2341
Formulaire obligatoire (article 53 A du Code général des impôts)

⑦ PROVISIONS INSCRITES AU BILAN

D.G.I. N° 2056-N [9]
(janvier 1989)

Désignation de l'entreprise HARMONIQUES SA

(Ne pas reporter le montant des centimes) *

	Nature des provisions		Montant au début de l'exercice 1		AUGMENTATIONS : Dotations de l'exercice 2		DIMINUTIONS : Reprises de l'exercice 3		Montant à la fin de l'exercice * 4
Provisions réglementées	Provisions pour reconstitution des gisements miniers et pétroliers	3T		TA		TB		TC	
	Provisions pour investissement (1)	3U		TD		TE		TF	
	Provisions pour hausse des prix (2)	3V		TG		TH		TI	
	Provisions pour fluctuation des cours	3W		TJ		TK		TL	
	Amortissements dérogatoires	3X		TM		TN		TO	
	Provisions fiscales pour implantations commerciales à l'étranger (4)	9T		NL		NM		NN	
	Autres provisions réglementées (3)	3Y		TP		TQ		TR	
	TOTAL I	3Z		TS		TT		TU	
Provisions pour risques et charges	Provisions pour litiges	4A		4B		4C		4D	
	Provisions pour garanties données aux clients	4E		4F		4G		4H	
	Provisions pour pertes sur marchés à terme	4J		4K		4L		4M	
	Provisions pour amendes et pénalités	4N		4P		4R		4S	
	Provisions pour pertes de change	4T		4U		4V		4W	
	Provisions pour pensions et obligations similaires	4X		4Y		4Z		5A	
	Provisions pour impôts (3)	5B		5C		5D		5E	
	Provisions pour renouvellement des immobilisations	5F		5H		5J		5K	
	Provisions pour grosses réparations	5L		5M		5N		5P	
	Provisions pour charges sociales et fiscales sur congés à payer *	5R		5S		5T		5U	
	Autres provisions pour risques et charges (3)	5V		5W		5X		5Y	
	TOTAL II	5Z		TV		TW		TX	
Provisions pour dépréciation	sur immobilisations - incorporelles	6A		6B		6C		6D	
	sur immobilisations - corporelles	6E		6F		6G		6H	
	sur immobilisations - financières	6J	814	6K		6L		6M	814
	Sur stocks et en cours	6N	57,122	6P	53:837	6R	13.915	6S	97.044
	Sur comptes clients	6T	367	6U	1.495	6V	115	6W	1.747
	Autres provisions pour dépréciation (3)	6X	9,710	6Y	4.895	6Z		7A	14.605
	TOTAL III	7B	68.013	TY	60.227	TZ	14.030	UA	114.210
	TOTAL GÉNÉRAL (I + II + III)	7C	68.013	UB	60.227	UC	14.030	UD	114.210
Dont dotations et reprises	– d'exploitation			UE	60.227	UF	14.030		
	– financières			UG		UH			
	– exceptionnelles			UJ		UK			

(1) provisions réservées aux entreprises faisant participer leurs salariés aux résultats de l'entreprise (ordonnance n° 86-1134 du 21 octobre 1986)
(2) à détailler sur feuillet séparé selon l'année de constitution de la provision.
(3) à détailler sur feuillet séparé selon l'objet des provisions.
(4) Il s'agit des provisions prévues par les articles 39 octies B et 39 octies A-I bis et quater du CGI, constituées sans accord ni agrément préalable.

NOTA : Les charges à payer ne doivent pas être mentionnées sur ce tableau mais être ventilées sur l'état détaillé des charges à payer dont la production est prévue par l'article 38 II de l'annexe III au CGI.

* Des explications concernant cette rubrique sont données dans la notice n° 2032-N

1er EXEMPLAIRE DESTINÉ À L'ADMINISTRATION

N° 2056 N - Série G - Imprimerie Nationale 9403017.L.84 (60) - Octobre 1988 cerfa N° 30-2342 (8)

Formulaire obligatoire (article 53 A du Code général des impôts). (ne pas reporter le montant des centimes *)

ÉTAT DES ÉCHÉANCES DES CRÉANCES ET DES DETTES A LA CLOTURE DE L'EXERCICE*

D.G.I. N° 2057-N [9] (Janvier 1989)

Désignation de l'entreprise : HARMONIQUES SA

CADRE A	ÉTAT DES CRÉANCES	Code	Montant brut 1	Code	A 1 an au plus 2	Code	A plus d'un an 3
DE L'ACTIF IMMOBILISÉ	Créances rattachées à des participations	UL		UM		UN	
	Prêts (1) (2)	UP		UR		US	
	Autres immobilisations financières	UT	7.536	UV		UW	7.536
DE L'ACTIF CIRCULANT	Clients douteux ou litigieux	VA	1.747		1.747		
	Autres créances clients	UX	96.475		96.475		
	Créance représentative de titres prêtés * (Provision pour dépréciation antérieurement constituée* UQ)	UU					
	Personnel et comptes rattachés	UY	16.628		16.628		
	Sécurité sociale et autres organismes sociaux	UZ					
	Etat et autres collectivités publiques – Impôts sur les bénéfices	VM					
	Etat et autres collectivités publiques – Taxe sur la valeur ajoutée	VB					
	Etat et autres collectivités publiques – Autres impôts, taxes et versements assimilés	VN					
	Etat et autres collectivités publiques – Divers	VP					
	Groupe et associés (2)	VC					
	Débiteurs divers	VR	55.990		55.990		
	Charges constatées d'avance	VS	12.024		12.024		
	TOTAUX	VT	190.400	VU	182.864	VV	7.536

RENVOIS			
(1)	Montant des - Prêts accordés en cours d'exercice	VD	
(1)	Montant des - Remboursements obtenus en cours d'exercice	VE	
(2)	Prêts et avances consentis aux associés (personnes physiques)	VF	

CADRE B	ÉTAT DES DETTES	Code	Montant brut 1	A 1 an au plus 2	A plus d'1 an et 5 ans au plus 3	A plus de 5 ans 4
Emprunts obligataires convertibles (1)		7Y				
Autres emprunts obligataires (1)		7Z				
Emprunts et dettes auprès des établissements de crédit (1)	à 2 ans maximum à l'origine	VG	1.045.114	1.045.114		
	à plus de 2 ans à l'origine	VH	300.000		300.000	
Emprunts et dettes financières divers (1) (2)		8A				
Fournisseurs et comptes rattachés		8B	1.210.727	1.210.727		
Personnel et comptes rattachés		8C				
Sécurité sociale et autres organismes sociaux		8D	78.707	78.707		
État et autres collectivités publiques	Impôts sur les bénéfices	8E	45.621	45.621		
	Taxe sur la valeur ajoutée	VW	123.049	123.049		
	Obligations cautionnées	VX				
	Autres impôts, taxes et assimilés	8H	22.647	22.647		
Dettes sur immobilisations et comptes rattachés		8J				
Groupe et associés (2)		VI	325.000		325.000	
Autres dettes		8K				
Dette représentative de titres empruntés*		SZ				
Produits constatés d'avance		8L				
TOTAUX		VY	3.150.865	VZ 2.525.865	625.000	

RENVOIS			
(1)	Emprunts souscrits en cours d'exercice	VJ	614.406
(1)	Emprunts remboursés en cours d'exercice	VK	172.203
(2)	Montant des divers emprunts et dettes contractés auprès des associés personnes physiques	VL	325.000

* Des explications concernant cette rubrique sont données dans la notice n° 2032-N

1er EXEMPLAIRE DESTINÉ A L'ADMINISTRATION

n° 2057-N · Série G · Imprimerie Nationale 9403032.L.61 (41) · Octobre 1988

Annexe 2
Evolution des résultats

	Chiffre d'affaires hors taxes	Résultat de l'exercice	Dotation aux amortissements et provisions
1982	3 525 727	81 140	51 192
1983	4 215 800	100 644	59 210
1984	4 917 650	121 341	65 447
1985	5 415 067	138 404	83 121
1986	5 705 615	152 621	95 743
1987	6 210 429	209 747	108 322
1988	7 025 747	174 610	112 615

Annexe 3
Distribution de dividendes

1985	75 000
1986	80 000
1987	81 686
1988	92 600

Annexe 4
Synthèse des indications orales fournies par M. Tybalt

Au cours de son second entretien avec Maître Dumotard, M. Tybalt apporta les indications complémentaires suivantes.

1 – La société emploie 4 salariés dont M. Tybalt. Ce dernier a perçu un salaire annuel qui représente une charge totale de 298 705 F en 1987 et de 338 610 F en 1988 (charges sociales incluses).

2 – Les provisions relatives au stock de marchandises concernent du matériel audio et vidéo acquis par la société et qui devront probablement être soldés, compte-tenu de l'évolution technologique. Les provisions concernant les créances commerciales portent sur des achats effectués par la discothèque "Le Calypso" aujourd'hui en liquidation et pour lesquels aucun recouvrement ne semble envisageable.

3 – La société bénéficie d'un bail expirant le 25 mars 1994 sur les locaux qu'elle occupe, rue du Mont Plaisant, en plein centre de Saint-Grapou. Elle a fait procéder à des aménagements importants en 1986. Elle a fait l'acquisition d'un véhicule de service en juin 1987.

4 - La société n'est en relation qu'avec une seule banque, la Banque Régionale pour l'Industrie et le Commerce (BRIC). La BRIC tient les comptes de "Harmoniques SA" depuis sa fondation et n'a jamais signalé d'incident de règlement concernant cette entreprise.

I - OBJECTIFS ET PLAN DE L'ANALYSE

Le cas "Harmoniques" constitue un support approprié à l'étude des démarches et méthodes d'évaluation. Les données présentées permettent à la fois une sensibilisation du lecteur à la complexité des aspects qualitatifs de l'évaluation et un entraînement efficace à l'application des différents modes de calcul de la valeur d'une entreprise.

Les *aspects qualitatifs* mis en jeu par le cas sont assez typiques pour susciter une riche discussion, même si les informations fournies par le dossier sont, sur ce plan, relativement limitées. En effet, la société "Harmoniques" se trouve confrontée à un problème classique de cession par un propriétaire-dirigeant âgé, soucieux de se retirer. La détermination de la valeur que ce propriétaire peut espérer retirer de la vente de ses actions appelle donc un diagnostic préalable relatif à la stratégie, à la gestion commerciale, financière, humaine, opérationnelle de l'entreprise. En vue de ce diagnostic préalable, le cas "Harmoniques" comporte des éléments suffisamment précis pour éclairer le contexte de l'évaluation. Toutefois, il ne permet pas d'étayer des diagnostics techniques relatifs à des approches plus spécialisées de l'entreprise.

Quant aux *aspects quantitatifs* de la démarche d'évaluation, ils peuvent en revanche être abordés en termes techniques et analytiques. En effet, le cas fournit les éléments qui permettent d'appliquer les différentes méthodes d'évaluation et de confronter les indications qu'elles établissent. Ainsi, la discussion du dossier conduit à apprécier ces méthodes, leur portée, leurs limites, les conditions précises de leur utilisation efficace.

Dès lors, la note pédagogique relative au cas "Harmoniques" comporte :

• une synthèse introductive concernant le contexte dans lequel se situe le problème de l'évaluation,

• puis trois parties relatives à l'application des grandes méthodes d'évaluation, soit les méthodes fondées sur la valeur patrimoniale, celles qui reposent sur la valeur de rendement et, enfin, celles qui combinent ces deux modes d'évaluation.

II - ÉLÉMENTS DE CORRIGÉ

1 - Le contexte général de l'évaluation de la société Harmoniques SA

11 - Eléments de diagnostic stratégique

Le problème de l'évaluation de Harmoniques SA se pose dans un contexte marqué par deux caractéristiques majeures.

En premier lieu, l'orientation d'ensemble des activités de la société, son axe stratégique majeur, peut être résumé ainsi : Harmoniques a su occuper un créneau de "qualité" sur un marché local, fortement concurrentiel, grâce à l'entregent et aux qualités d'animation de M. Tybalt, son principal associé et son principal dirigeant. La société s'est constituée une très forte image locale, acquérant le statut d'une véritable institution culturelle autant que d'une entreprise de distribution. Malgré la concurrence qu'exercent sur ce marché des grandes surfaces généralistes ou spécialisées, la qualité du service offet au public cultivé de la région, le choix proposé, le réseau relationnel noué autour des activités et une performance correcte en matière de prix permettent à Harmoniques de résister avec succès sur un segment étroit mais suffisant.

En second lieu, la structure et l'organisation de la société sont appropriées mais légères. Une "équipe" de sept personnes peu hiérarchisée, avec une division du travail limitée constitue le noyau stable du personnel. Parmi elles, la "doyenne", Mme Deslandes suit depuis toujours les questions "administratives" : commandes, factures, relations avec la banque et liaison avec l'expert-comptable qui assure la tenue des comptes de l'entreprise. A ce noyau, viennent s'adjoindre des "extras" lors des coups de feu de la fin de l'année ou lors d'opérations ponctuelles d'animation-promotion. Mais surtout, M. Tybalt apparaît comme l'homme-orchestre de la maison, au contact de chacun, au courant de tout, intervenant sur les grands choix comme sur des vétilles. Si cette structure semble parfaitement adaptée à l'activité de la société, elle traduit cependant une extrême personnalisation qui a constitué un atout, mais pourrait devenir un handicap pour la société.

Au total, ces deux observations présentent pour l'évaluation un intérêt majeur. En effet, une importante part du dynamisme de la société semble liée à la contribution personnelle de M. Tybalt. Dès lors, n'importe quel successeur ne serait probablement pas à même de se substituer sans problème au dirigeant actuel. Ce fait limite la négociabilité du fonds en le réservant à certains types d'acquéreurs ou lui fait courir le risque d'une forte dépréciation à l'occasion d'une cession. Bien sûr, M. Tybalt fait état de la qualité de ses collaborateurs qui, dit-il, sont prêts à prendre la relève. Cependant, cette appréciation comporte un pari que de nombreux acquéreurs potentiels pourront hésiter à accepter.

12 – Eléments de diagnostic financier

Dans le cas d'une entreprise plus complexe ou avec un dossier plus explicite, les observations stratégiques qui précèdent auraient dû être complétées par des éléments de diagnostic relatifs aux différentes rubriques de la "check list" reprise dans le tableau 1.

Les données du cas Harmoniques ne nécessitent pas une démarche aussi analytique. Elles suggèrent cependant des observations complémentaires en matière de diagnostic financier.

Tableau 1
Les principaux éléments du diagnostic d'entreprise préalable à l'évaluation, dans un cas général

1 – Diagnostic relatif aux orientations stratégiques.
- Analyse du portefeuille d'activités.
- Analyse des relations avec l'environnement.
- Analyse des objectifs explicites ou implicites.
- Analyse du système de planification et de gestion prévisionnelle.
- Analyse des procédures de contrôle.

2 – Diagnostic relatif aux structures.
- Analyse de l'organisation formelle.
- Analyse du système d'information.

3 – Diagnostic relatif aux structures.
- Achats, approvisionnements, stockage, logistique.
- Production et gestion technique.
- Marketing et ventes.
- Ressources humaines et relations dans l'entreprise.
- Diagnostic financier.

Source : d'après E. Cohen. *Analyse financière, op. cit.*

Après retraitements, les grandes masses du bilan financier peuvent en effet être reconstituées de la façon suivante.

Tableau 2
Eléments du bilan financier

	1988	1987
Actifs immobilisés	813 934	716 766
Emplois cycliques*	2 621 566 96 475 58 013	2 130 747 78 610 60 746
	2 776 054	2 270 103
Emplois de trésorerie	318 707	347 600
Actif total (après retraitements)	3 908 695	3 334 469
Capitaux propres et assimilés**	757 830 325 000	762 311 270 000
	1 082 830	1 032 311
Dettes à plus d'un an	300 000	300 000
Ressources cycliques*	1 480 751	1 399 247
Ressources de trésorerie	1 045 114	602 911
Passif total (après retraitements)	3 908 695	3 334 469

* Les emplois et ressources cycliques sont définis ici de façon extensive, car les données disponibles n'auraient pas permis d'isoler les encours hors exploitation pour 1987.

** Le compte d'associés, assorti d'une convention de blocage est ici assimilable à des fonds propres. L'incidence fiscale de l'élimination des non-valeurs est ici négligée mais pourrait aisément être introduite dans une analyse plus précise.

On peut alors établir les grandeurs permettant de formuler un diagnostic financier synthétique.

Tableau 3
La relation de trésorerie

	1988	1987
Capitaux permanents – Actifs immobilisés	1 382 830 813 934	1 332 311 716 766
= Fonds de roulement net "global" (FRNG)	568 896	615 545
Emplois cycliques – Ressources cycliques	2 776 054 1 480 751	2 270 103 1 399 247
= Besoin en fonds de roulement (BFR)	1 295 303	870 856
Emplois de trésorerie – Ressources de trésorerie	318 707 – 1 045 114	347 600 – 602 911
= Trésorerie (T)	– 726 407	– 255 311

Ces éléments conduisent à observer un FRNG apparemment élevé, mais insuffisant pour faire face au BFR. Dès lors, le déficit de trésorerie, déjà notable en 1987, connaît une très nette aggravation en 1988 du fait de la forte croissance du BFR. Or cette évolution du BFR est essentiellement imputable à la progression du stock qui croît de 23 % au cours de l'exercice alors que les ventes n'augmentent que de 13 % et les crédits reçus des fournisseurs de 5 %.

Les indications ainsi rassemblées ne débouchent pas sur une vision préoccupante de la situation, mais elles ne reflètent pas non plus une structure financière satisfaisante. En réalité, l'entreprise conserve une assise solide, mais des performances commerciales récentes en léger repli, sans doute à cause du ralentissement des activités de M. Tybalt, occasionnent un gonflement du BFR et, en conséquence, une dégradation de la trésorerie. Enfin, il semble que des distributions de dividendes élevés ont été réalisées en 1987 (plus de 80 % du résultat). Cela a privé la société d'une amélioration de son fonds de roulement pourtant à sa portée compte tenu du niveau de ses résultats. A cet égard, le calcul effectué au tableau 3 sur *le FRNG avant répartition* fournit une vision "optimiste" de la situation : un *FRN après répartition* ferait ressortir une marge de sécurité beaucoup plus étroite pour la société.

2 - La valeur patrimoniale de la société

L'acquéreur éventuel de la société Harmoniques ferait l'acquisition d'un patrimoine, c'est-à-dire d'un ensemble d'actifs et d'engagements permettant de mesurer une "richesse nette" ou une "situation nette" correspondant strictement à la valeur patrimoniale attachée à l'entreprise.

21 - La situation nette comptable

Les éléments du bilan fournis par l'annexe 1 du cas permettent déjà d'évaluer cette situation nette d'après la définition du plan comptable général de 1982. Cette situation *nette comptable* correspond à la somme des capitaux propres, c'est au sous-total (I) du passif, figurant à la ligne DL. Elle s'établit à 778 335 francs fin 1987 et à 769 854 francs en fin 1988. Mais cette estimation "comptable" de la valeur patrimoniale doit être corrigée, compte tenu des retraitements qu'exige un bilan "financier", traduisant la réalité de la situation financière de l'entreprise de façon plus significative et moins influencée par des contingences formelles.

22 - La situation nette "corrigée" après retraitements

Les retraitements nécessaires pour préparer le bilan financier utilisable aux fins d'évaluation concernent essentiellement l'élimination des "non-valeurs", actifs fictifs dont la soustraction à l'actif entraîne également la contraction des capitaux propres.

Dans le cas de la société Harmoniques, des non-valeurs sont seulement, associées aux charges constatées d'avance mentionnées à l'actif du bilan. Leur élimination n'a donc qu'une incidence restreinte sur l'actif et la situation nette.

	Fin 1988	Fin 1987
Charges constatées d'avance	12 024	16 044
Actifs "comptables"	3 920 719	3 350 513
– Non-valeurs	– 12 024	— 16 044
Actifs corrigés	3 908 695	3 334 469
Situation nette "comptable"	769 854	778 355
– Non-valeurs	– 12 024	– 16 044
	757 830	726 311

On remarquera enfin qu'en l'absence de patrimoine immobilier, d'immobilisations sujettes à obsolescence, de stocks périssables ou de titres sujets à fluctuations spéculatives, l'évaluation patrimoniale apparaît peu sensible à l'usage des modes de valorisation des actifs alternatifs au coût historique (coût de remplacement ou de renouvellement, valeur de cession, valeur d'usage...).

3 – La valeur de rendement

La valeur de rendement de l'entreprise correspond pour sa part à la "capitalisation" des revenus futurs qu'elle engendre. En pratique, les difficultés de prévision des revenus futurs conduisent à rechercher la valeur actuelle d'un flux de revenus futurs stables et durables". On recourt alors à la capitalisation des résultats présents, si l'on peut supposer que l'entreprise maintiendra sa capacité bénéficiaire dans l'avenir.

31 – La mesure du resultat

L'indicateur retenu dans cette démarche cherchera à identifier les effets des éléments exceptionnels. C'est pourquoi on testera ici, de façon parallèle,

- le résultat comptable,
- un résultat "économique" calculé sans prise en compte des éléments exceptionnels.

Tableau 4
Calcul du résultat "économique"

	1988	1987
Résultat courant (A)	436 814	464 030
– Imposition liée au résultat courant [42 % x (A)]	– 183 462	— 194 893
Résultat "économique"	+ 253 352	+ 269 137
Résultat "comptable"	+ 174 610	+ 209 747

32 – *Le taux de capitalisation*

Le taux de capitalisation correspond au coût du capital supporté par l'agent économique qui investit. Or le calcul présenté ici n'est pas conduit du point de vue d'un acquéreur particulier puisque le problème d'évaluation est posé par le cédant potentiel, soucieux de déterminer ce qu'il pourrait obtenir de la cession.

Dans ces conditions, on considère que la référence au marché des capitaux fournit l'indication impersonnelle dont on a besoin en l'occurence. A la date de l'évaluation, les taux d'emprunt à long terme pour des emprunteurs sans risque (emprunts d'Etat ou garantis par l'Etat) avoisinnent 10 %. Compte tenu des risques spécifiques liés à l'activité et à la taille de l'entreprise une "prime de risque" de 2 à 3 % apparaît empiriquement "raisonnable". C'est pourquoi on capitalisera les revenus actuels au taux de 12 % et de 13 %.

Tableau 5
Calcul de la valeur de rendement

	Résultat "économique"	Résultat "comptable"
Capitalisation à 12 % V. REND = $\frac{\text{Résultat}}{0{,}12}$ VR_1	$\frac{253\ 352}{0{,}12}$ **= 2 111 266 F**	$\frac{174\ 610}{0{,}12}$ **= 1 455 083 F**
Capitalisation à 13 % V. REND = $\frac{\text{Résultat}}{0{,}13}$ VR_2	$\frac{253\ 352}{0{,}13}$ **= 1 948 861 F**	$\frac{174\ 610}{0{,}13}$ **= 1 343 154 F**

Ainsi, malgré la dispersion des valeurs de rendement obtenues, on constate qu'elles aboutissent à des estimations beaucoup plus favorables que la valeur patrimoniale, ce qui suggère l'importance du "goodwill" associé à l'entreprise.

4 - Les évaluations mixtes

Les évaluations mixtes cherchent à établir un compromis entre valeur de rendement et valeur patrimoniale. Comme c'est le cas ici, ces deux types d'estimation conduisent en effet à des résultats qui peuvent être très dispersés puisque la valeur de rendement projette dans l'avenir les performances présentes, alors que la valeur patrimoniale résulte de l'état des droits et engagements de l'entreprise à une date donnée.

41 - La méthode des praticiens

La "méthode des praticiens" fournit la façon la plus simple d'établir un tel compromis entre valeur de rendement et valeur patrimoniale puisqu'elle se borne à définir la valeur globale de l'entreprise (VENTR) comme la moyenne arithmétique de ces deux types d'estimations :

$$\text{VENTR} = \frac{\text{V PATR} + \text{V REND}}{2}$$

Avec V ENTR, valeur de l'entreprise
V PATR, valeur patrimoniale
V REND, valeur de rendement.

Pour limiter le nombre de variantes auxquelles on peut parvenir grâce à cette méthode, on prendra en considération

- pour la valeur patrimoniale, 757 830 F, soit la situation nette corrigée précédemment établie ;
- pour la valeur de rendement, les deux estimations extrêmes dégagées au tableau 5, soit 1 343 154 F et 2 111 266 F.

	V PATR	V REND	V ENTR
Evaluation A	757 830	1 343 154	1 050 492
Evaluation B	757 830	2 111 266	1 434 548

42 – Le goodwill

D'après les deux estimations ainsi obtenues, on peut évaluer le "goodwill" de l'entreprise, c'est-à-dire la valeur que l'on peut associer – au-delà des éléments patrimoniaux – aux aspects qualitatifs de son potentiel : compétence, image, qualité de la gestion....

$$GW_A = V\ ENTR_A - V\ PATR = 292\ 662\ F$$

$$GW_B = V\ ENTR_B - V\ PATR = 676\ 718\ F$$

III - SYNTHÈSE ET CONCLUSIONS

La société Harmoniques présente une valeur que l'on peut estimer grâce aux méthodes mises en œuvre entre 1 050 000 F et 1 434 000 F, d'après les éléments rassemblés dans la note pédagogique.

D'autres démarches (méthode "anglo-saxonne", "méthode de la rente du goodwill", méthode de l'Union Européenne des Experts-Comptables) pourraient également être expérimentées sans conduire à des résultats très divergents par rapport à ceux-ci.

Il paraît cependant probable, compte tenu du contexte dans lequel la cession des parts de M. Tybalt risque d'intervenir, que la négociation se déroulera pour lui avec des prémisses défavorables :

- difficultés de santé du dirigeant dans une entreprise en fonctionnement très personnalisé,
- ralentissement de la croissance,
- baisse des résultats.

Tout cela conduit à craindre que l'accord ne puisse se réaliser, en fin de compte, que sur la borne inférieure de cet intervalle. Mais, si en matière d'évaluation, l'analyse financière et le diagnostic financier proposent leurs estimations "théoriques" de la valeur, c'est la conduite de la négociation qui fixe en fin de compte le prix auquel s'effectue la transaction.

Composé par Economica, 49, rue Héricart, 75015 PARIS
Imprimé en France. — JOUVE, 18, rue Saint-Denis, 75001 PARIS
N° 12356. Dépôt légal : Janvier 1990